split

Sportsko-trgovački kompleks Koteks Gripe

Sportsko-trgovački kompleks Koteks Gripe
Foto: Bojan Mrđenović

Koteks Gripe Sports and Commerce Complex
Photo: Bojan Mrđenović

sara

ievo

Kulturno-sportski i sajamski centar – KSC Skenderija

Kulturno-sportski i sajamski centar – KSC Skenderija
Foto: Saša Šimpraga

Cultural, Sports and Business Center – KSC Skenderija
Photo: Saša Šimpraga

pris

tinë

Omladinski i sportski centar u Prištini
Foto: Eliza Hoxha

Youth and Sports Center in Prishtina
Photo: Eliza Hoxha

Omladinski i sportski centar u Prištini
Arhiv Živorada Jankovića

Youth and Sports Center in Prishtina
Photo: architect Živorad Janković's archives

novi

sad

Sportsko-poslovni centar Vojvodina (*Spens*)

Sportsko-poslovni centar Vojvodina (*Spens*)

adidas
POLJOBANKA

Sportsko-trgovački kompleks
Koteks Gripe, detalj
Foto: Sonja Jankov

Koteks Gripe Sports and
Commerce Complex, detail
Photo: Sonja Jankov

PEJZAŽI POTROŠAČKE KULTURE U SOCIJALISTIČKOJ JUGOSLAVIJI

CONSUMER CULTURE LANDSCAPES IN SOCIALIST YUGOSLAVIA

slobodne veze / loose associations

ONOMATOPEE 152

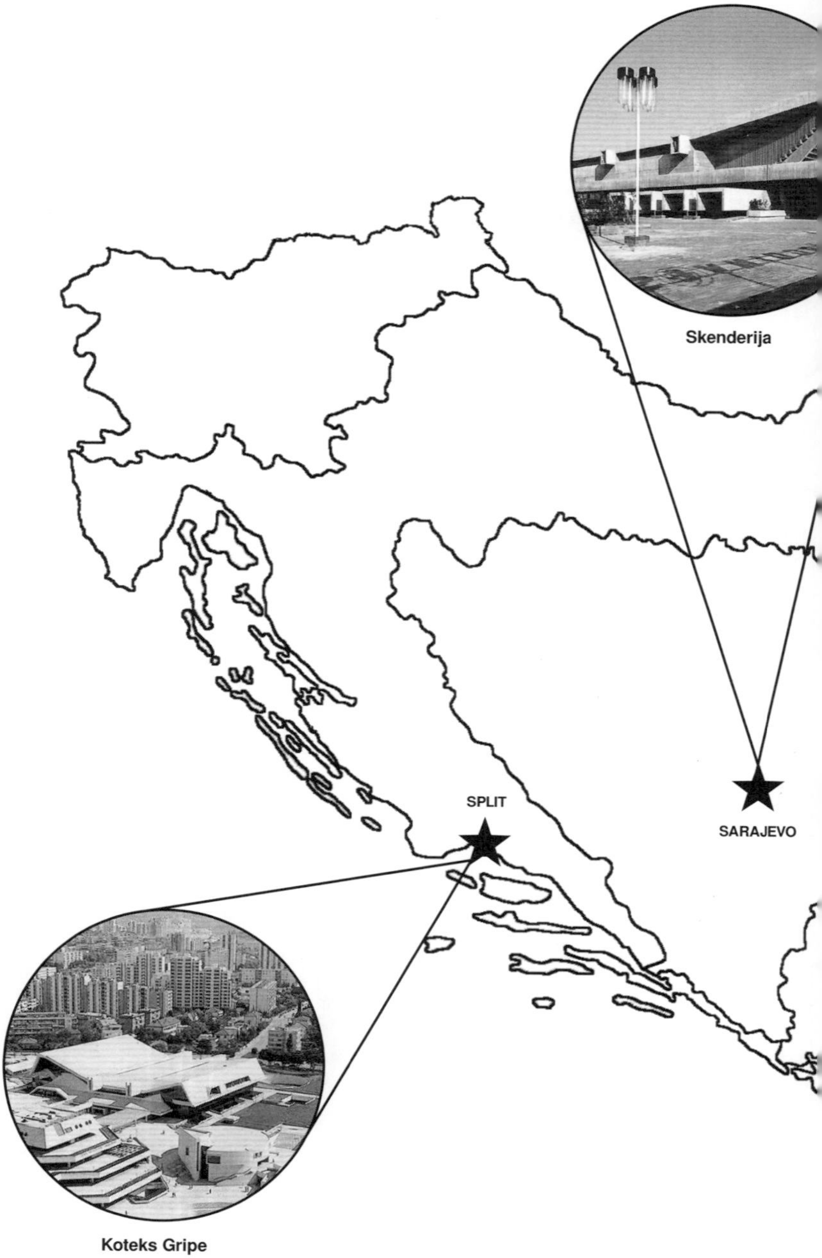
Skenderija
SPLIT
SARAJEVO
Koteks Gripe

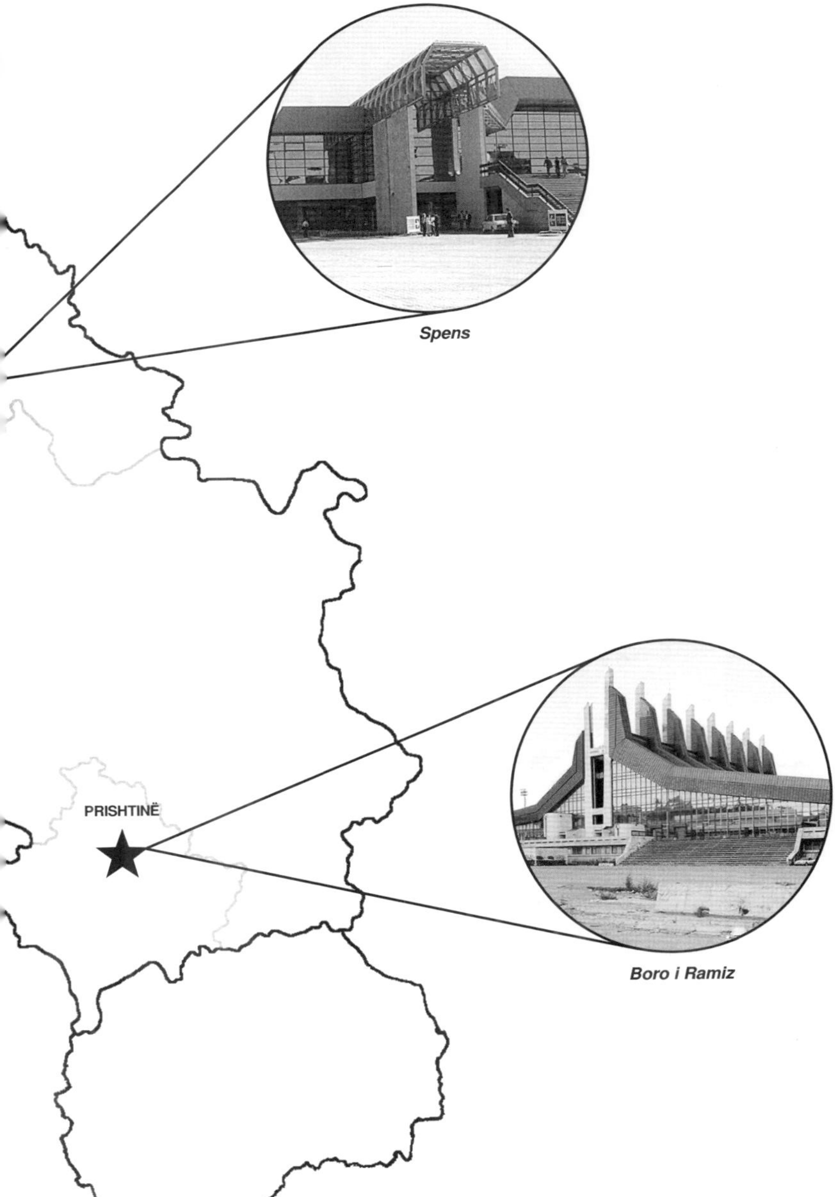

Spens

Boro i Ramiz

SADRŽAJ

POGLAVLJE

CONTENTS

KOTEKS GRIPE – PARALELNI CENTAR SPLITA

POGLAVLJE

ARHITEKTONSKE MIGRACIJE UNUTAR PROSTORA SFRJ / ARHITEKT ŽIVORAD JANKOVIĆ

POGLAVLJE

CHAPTER

THE KOTEKS GRIPE COMPLEX – SPLIT'S PARALLEL CITY CENTER

CHAPTER

ARCHITECTURAL MIGRATIONS WITHIN THE TERRITORY OF SFRY / ARCHITECT ŽIVORAD JANKOVIĆ

Koteks, detalj
Foto: Saša Šimpraga

Koteks, detail
Photo: Saša Šimpraga

UVOD

Nataša Bodrožić, Lidija Butković Mićin, Saša Šimpraga

Četvrtu godinu djelovanja projekta Motel Trogir[1] obilježio je novi poduhvat. Započeli smo kritičku evaluaciju, interpretaciju i propitivanje mogućnosti zaštite poznatog splitskog repera, sportsko-trgovačkog centra Koteks Gripe (1979.–1981.) arhitekata Živorada Jankovića i Slavena Rožića. Nakon jadranskih motela Ivana Vitića, u Trogiru i Rijeci, kojima smo markirali trasu projekta od 2013. do 2016. godine[2], i koji su posljedično zaštićeni kao kulturna dobra Republike Hrvatske[3], kompleks Koteks Gripe je predstavljao sasvim drugačiji izazov pa time i podrazumijevao nešto drukčiji način djelovanja.

U veljači 2016. godine uputili smo pismo Konzervatorskom odjelu u Splitu kojim smo predložili da se kompleks zaštiti kao jedno od ponajboljih arhitektonsko-urbanističkih ostvarenja modernog Splita, još uvijek ne ulazeći u razine, odnosno stupnjeve zaštite, prikupivši već tada značajnu listu potpisnika, prvenstveno arhitekata i kulturnih radnika te Splićana, koji su spremno podržali inicijativu. Činjenica da je kompleks izgrađen prije manje od četrdeset godina te njegova relativna uščuvanost, činili su se dobrim razlogom da se o modernoj arhitekturi – u ovom slučaju i splitskom *landmarku*, počne misliti na vrijeme kako ne bi izgubio spomenička svojstva preinakama ili doživio sudbinu nekih nepovratno izgubljenih vrijednih modernističkih građevina. Tim više što se o iracionalnoj ideji rušenja kompleksa već govorilo u javnosti unatrag nekoliko godina (2010.), i to s najviših gradskih pozicija, odnosno od strane tadašnjeg splitskog gradonačelnika i većinskog vlasnika Koteksa[4], čemu se usprotivio tada još živući arhitekt Slaven Rožić, dok se sama struka o tome, uz neke iznimke, nedovoljno jasno očitovala.

Centar Koteks Gripe jedan je od rezultata kompleksnih prostornih zahvata i razvoja Splita uoči VIII. Mediteranskih sportskih igara 1979. godine. Riječ je o suradničkom projektu sarajevskog profesora Živorada Jankovića, koji je dotad već afirmirani arhitekt u osmišljavanju složenih arhitektonsko-urbanističkih sustava za sportsku, kulturnu i trgovačku namjenu, i njegovog učenika, mlađeg splitskog arhitekta, sarajevskog studenta Slavena Rožića.

INTRODUCTION

Nataša Bodrožić, Lidija Butković Mićin, Saša Šimpraga

The fourth year of the Motel Trogir project activities[1] was marked by a new initiative. We have begun the critical evaluation, interpretation and exploration of the possibilities for the protection of the famous Split point de repère, the Koteks Gripe sports and commercial center (1979–1981), designed by Živorad Janković and Slaven Rožić. After Ivan Vitić's Adriatic coast motels in Trogir and Rijeka, which were in the project's focus from 2013 to 2016[2] and were consequently protected as cultural property of the Republic of Croatia[3], the Koteks Gripe complex posed a completely different challenge. Therefore, the required method of action with regard to it was also somewhat different.

In February 2016, we sent a letter to the Department of Conservation in Split, with the proposal for placing the complex under protection as one of the foremost architectural and urbanistic accomplishments of modern Split. At that point, we did not mention the level, i.e. degree of protection and we had already come up with a considerably long list of signatories, primarily architects, cultural workers and Split citizens, who willingly supported the initiative. The fact that the complex was built less than forty years ago and its relatively preserved condition seemed like good reasons to start thinking about modern architecture – as exemplified in this Split landmark – on time, in order to prevent the loss of its monumental characteristics through modifications and save it from the fate of other irreparably ruined valuable Modernist buildings. The issue seemed even more pressing considering that the irrational idea of tearing down the complex had already been publicly discussed for several years (since 2010), by the highest city authorities, i.e. the Split mayor and the majority owner of Koteks[4], despite it being disapproved of by the complex's architect Slaven Rožić, who was still alive at the time. Meanwhile, apart from several individuals, the expert circles failed to provide a clear opinion on the issue.

The Koteks Gripe centre was one of the outcomes of complex spatial interventions and development activities in Split prior to the 8th Mediterranean

Ovaj spoj protagonista iz tada bliskih, ali i različitih geografija, donio je na splitske Gripe konfluenciju utjecaja, ali i otvorio potencijalno zanimljivu raspravu, pomalo suprotstavljenu interpretaciju (pojedinih segmenata) ove arhitektonske cjeline, što je vidljivo i u ovoj knjizi, kao prvom cjelovitijem pokušaju njenog sagledavanja i tumačenja.

Sportsko-prodajni centar Koteks Gripe
Foto: Saša Šimpraga

The Koteks Gripe Sports and Commerce Complex
Photo: Saša Šimpraga

Games of 1979. It was a collaborative project of Sarajevo professor Živorad Janković, who had by then become a recognised architect of complex architectural and urbanistic systems for sports, cultural and commercial purposes, and his student, a younger-generation Split architect Slaven Rožić. This combination of protagonists from such similar, and yet so different, geographical backgrounds, brought to the Split neighbourhood of Gripe a confluence of influences and initiated an intriguing discussion, as well as a slightly contradictory interpretation of (certain segments) of this architectural unit. The latter is also reflected in this book, as the first comprehensive attempt at studying and interpreting the complex.

The financing of what was often referred to as the “first real shopping mall” in socialist Yugoslavia was supported by the Koteks company and 200 business partners who pooled their resources to help build this state-of-the-art “consumer city”, which employed around five hundred people. At the time of its opening, Koteks was an attraction in its own right and the culmination of the idea of integrated consumerism, but its fame was short-lived due to the economic crisis which followed, as well as the political changes, including (just as in the case of Vitić’s motel in Trogir) the non-transparent privatization, which speeded up its “aging” and gradual decay process. Although experts have agreed on the value of this architectural complex, its deteriorated segments have not been repurposed as yet, apart from the polyfunctional sports hall which is still extensively used as an essential part of Split’s sports infrastructure.[5]

Today, Koteks is an impressive (post)modernist edifice in the Split neighbourhood of Gripe, which many consider synonymous with the golden 1980s, the first pizza parlors, the well-equipped stores and discotheques. It is for this reason that many middle-aged citizens remember it with nostalgia – an incomplete, although legitimate, code for interpreting such localities.

The aim of the initiative for the formal protection of the complex was not the proclamation of yet another “cultural monument” – this particular one being a successful spatial manifestation of consumerism within the then socialist state, which was a fact in the later period of the Yugoslav society, and one criticized from within it during the entirety of this period. Rather, the initia-

Nerijetko predstavljen kao „prvi pravi shopping mall" u socijalističkoj Jugoslaviji, financiranje tog objekta poduprlo je, uz tvrtku Koteks, 200 poslovnih partnera koji su udruživanjem sredstava potpomogli podizanje tog suvremeno opremljenog „potrošačkog grada", koji je zaposlio oko pet stotina radnika. Koteks je u vrijeme otvaranja bio svojevrsna atrakcija i kulminacija ideje integriranog konzumerizma, ali je njegova slava bila relativno kratkog daha zbog ekonomske krize koja je uslijedila, a zatim i političkih promjena, uključujući (kao i u slučaju Vitićevog motela u Trogiru) netransparentnu privatizaciju što je ubrzalo njegovo „starenje" i polagano propadanje. Premda postoji stručni konsenzus oko vrijednosti ovog arhitektonskog sklopa, za njegove se zapuštene segmente danas još uvijek ne nalazi nova namjena te se čini kako najvećim dijelom ubrzano propada, izuzev polifunkcionalne sportske dvorane koja se još uvijek ekstenzivno koristi kao neizostavni dio splitske sportske infrastrukture.[5]

Koteks je i danas impresivno (post)modernističko zdanje na splitskim Gripama, koje je za mnoge sinonim zlatnih 1980-ih godina, prvih pizzerija, dobrih dućana i diskoteka pa ga se srednje generacije sjećaju s nostalgijom, koja je, iako legitiman, sasvim nepotpun kod za čitanje ovakvih mjesta.

Samom inicijativom za formalnu zaštitu kompleksa nije se smjeralo proglasiti još jedan „spomenik kulture" – u ovom slučaju uspjelu prostornu manifestaciju konzumerizma unutar tadašnje socijalističke države, koji je bio činjenica u poznom jugoslavenskom društvu, ali i meta unutarnje kritike tijekom cijelog tog razdoblja. Namjera je legitimirati principe arhitektonskog i prostornog planiranja očitovane u slučaju Koteks Gripe, afirmirati „praznine", odnosno primat javnih prostora u promišljanju i koncipiranju urbanih cjelina te potaknuti razmišljanja o revitalizaciji čitavog kompleksa, osobito trgovačkog centra Koteks koji je danas opterećen hipotekama i financijskim spekulacijama. Stoga se nadamo da će ova knjiga potaknuti dijalog o tome koliko i što zaštititi u ovom konkretnom slučaju, a gdje i kako otvoriti prostor za suvremene intervencije i nove funkcije. Sigurno je da osnovne premise treba (o)čuvati. Nažalost, zakonodavni okviri i opća društvena atmosfera u Hrvatskoj ne idu u prilog sustavnom pristupu ovoj problematici te iznalaženju ekonomski i socijalno održivog rješenja. Ako se, primjerice, najbolji dijelovi gradske četvrti Split 3, valoriziranog urbanističkog ostvarenja moder-

tive's intent was to legitimize the principles of architectural and spatial planning manifest in the example of Koteks Gripe, to affirm the "voids", i.e. the primacy of public space in considering and conceptualizing urban units, and encourage considerations of revitalising the entire complex, especially the Koteks shopping centre, which is currently encumbered by mortgages and financial speculations. We therefore hope that this book will initiate a dialogue on the level and extent of protection in this particular case, as well as on where and how to open up a space for contemporary interventions and new uses. What is certain is that the basic premises must be preserved. Unfortunately, the legal framework and general social atmosphere in Croatia do not favor a systematic approach to this issue or the devising of an economically and socially sustainable solution. If, for example, the best parts of the Split 3 neighbourhood – a highly-valued urbanistic achievement of modern Split – cannot be adequately rescued from the aggression of incongruous real-estate development, one wonders what chance do the less-known urban complexes stand. Still, with the knowledge put forward by this book, we aim to encourage the public authorities to take action with the aim of preserving undisputed spatial-planning values.

Rooted in the local situation of Split and the Koteks Gripe complex[6], our research gradually took us outside Croatia. While following the trail of the architectural practice of Živorad Janković, i.e. of the building of similar multi-purpose facilities in Sarajevo, Prishtina and Novi Sad, we began intensively communicating with colleagues from these cities. Over the last few decades, and especially during the three years of working on this book, all four of Janković's complexes[7] became the prey of investors, enterpreneurs and new (spatial) administrators. Thus, in Pristhina, the great hall of the *Boro i Ramiz* complex (today known under the name *Adem Jashari*) was burnt down in a fire of mysterious origin[8], at the start of 2018, the Sarajevo Skenderija Sports and Cultural Centre became the target of local authorities in collusion with investors from Dubai.[9] The public was then presented with plans for the complex's reconstruction, with the intent of turning Skenderija into "little Dubai", which faced strong disapproval from the experts and a significant part of the Sarajevo public.[10] Moreover, at the end of August 2018, the Novi Sad mayor commented on the situation of the Vojvodina Sports and Commercial Center (*Spens*), saying that the

nog Splita, ne mogu adekvatno spasiti od agresije neprimjerene gradnje, ostaje zapitati se čemu se mogu nadati manje antologijski urbani sklopovi? Ipak, znanjem koje je ova knjiga proizvela nastojimo potaknuti javne službe na djelovanje s ciljem očuvanja nedvojbenih prostornih vrijednosti.

Započevši od lokalne situacije, Splita i kompleksa Koteks Gripe[6], istraživanje nas je postepeno odvelo izvan granica Hrvatske. Slijedeći tragove arhitektonske prakse arhitekta Živorada Jankovića, tj. realizacije srodnih multifunkcionalnih objekata u Sarajevu, Prištini i Novom Sadu, započeli smo intenzivnu komunikaciju sa kolegama u navedenim gradovima. U posljednjih par desetljeća, a posebno tijekom tri godine rada na ovoj knjizi, sva četiri Jankovićeva kompleksa[7], došla su na udar investitora i novih prostornih upravitelja. Dok je u Prištini velika dvorana kompleksa *Boro i Ramiz* (danas *Adem Jashari*) 2000. godine misteriozno gorila u požaru[8], sarajevska KSC Skenderija je početkom 2018. godine postala metom lokalnih vlasti u sprezi s investitorima iz Dubaija.[9] Tada su javnosti predstavljene namjere da se kompleks rekonstruira te da se od Skenderije napravi „mali Dubai", čemu se struka i velik dio sarajevske javnosti oštro usprotivio.[10] Nedavno se, krajem kolovoza 2018. godine, i u Novom Sadu gradonačelnik oglasio u vezi kompleksa SPC Vojvodina (*Spens*) riječima „da bi taj objekat trebalo srušiti i na njegovom mestu izgraditi manji, koji ne bi bio na teretu gradskog budžeta."[11] Ono što se ovdje naslućuje i zabrinjava jest da se pod krinkom „rekonstrukcije" ili argumenata o „neodrživosti ovakvih megastruktura", krije privatizacija i njihovo postepeno otuđivanje, tj. promjena vlasničke strukture i načina njihova korištenja te polagano ukidanje ili reduciranje njihove javne namjene.

„Nomadsku arhitektonsku praksu" arhitekta i akademika Živorada Jankovića (1924.–1990.), cijenjenog i utjecajnog profesora na Arhitektonskim fakultetima u Sarajevu i Prištini, činilo nam se važno sagledati iz više razloga. Centar Koteks Gripe bilo je potrebno smjestiti u širi kontekst kako bi se proširio i interpretacijski rakurs, odnosno: „U današnjem postjugoslavenskom vremenu (i prostoru), kada je neophodno stalno se opirati dominantnim tendencijama da novo uspostavljene nacionalne granice prerastu u mentalne, istraživanje Jankovićeva opusa, razasutog od Splita do Kosova, čini se kao odlična studija slučaja za razumijevanje funkcioniranja

"facility ought to be torn down and replaced by a smaller one which would not be a burden to the city's budget".[11] The hidden and worrying aspect of these statements is that the guise of "reconstruction" or of arguments in favour of the "unsustainability of such megastructures" is being used to cover up their privatization and creeping alienation, i.e. the change of their ownership structure and the gradual abandonment or restriction of their public purpose.

We thought it important for a variety of reasons to consider the "nomadic architectural practice" of academic Živorad Janković (1924–1990), an esteemed and influential professor at the Sarajevo and Prishtina faculties of architecture. Koteks Gripe had to be placed in a wider context in order to expand the interpretation framework, in other words: "In this post-Yugoslav time (and space), when one must constantly resist the dominant tendencies of turning the newly established national borders into mental ones, the study of Janković's oeuvre, scattered as it is from Split to Kosovo, represents an excellent case study for understanding the workings of Yugoslav architectural practice, especially the interconnectedness of its focal points in different republics. One such point was the Koteks Gripe sports and commercial complex whose stylistic provenance and specific relationship with the context of Split can be identified and analyzed only through comparison with other Janković's structures. Inversely, this method would also enable a historically more authentic and complete interpretation of the mentioned – tentatively speaking, "our" – Croatian part of his oeuvre."[12] We also felt it was important to enable direct communication between these four cities, connect the new (and older) generations of architects and activists in their efforts to preserve these specific buildings, whose survival in each of the four geographic locations remains uncertain. In short, the aim of this publication is dual. We have attempted to outline the sociopolitical and historical framework that enabled the building of these mixed-purpose sports and commercial / cultural / youth centers, with the intent of their reconsideration and reevaluation. On the other hand, the intent was also to form a comprehensive base of interconnected subjects from today's independent states, in order to strengthen the argumentation in favour of the conservation and protection of these exceptional works.

jugoslavenske arhitektonske prakse, naročito međupovezanosti republičkih žarišta. Među njima je i sportsko-trgovački sklop Koteks Gripe čija se stilska provenijencija, kao i specifični odnos prema splitskom kontekstu, mogu uočiti i analizirati tek komparacijom sa preostalim Jankovićevim gradnjama te, povratno, osigurati da i ovaj, uvjetno rečeno „naš“ (hrvatski) segment njegove produkcije, interpretiramo na povijesno autentičniji i potpuniji način.“[12] Također, bilo nam je važno i staviti u direktnu komunikaciju ova četiri grada, povezati nove (i starije) generacije arhitekata i aktivista u nastojanju očuvanja tih specifičnih građevina čiji je opstanak upitan na sve četiri geografske lokacije. Ukratko, cilj ove publikacije je dvojak. Pokušali smo naznačiti društveno-politički i povijesni okvir koji je omogućio izgradnju ovakvih mješovitih sportsko-trgovačkih / kulturnih / omladinskih centara s namjerom njihovog ponovnog sagledavanja i re-evaluacije. S druge strane, intencija je i oformiti širu bazu međusobno povezanih aktera iz danas zasebnih država kako bi se osnažila argumentacija za očuvanje i zaštitu ovih izuzetnih ostvarenja.

Bitan segment ove publikacije jest i pokušaj sagledavanja šireg političkog, ekonomskog i društvenog konteksta Socijalističke Federativne Republike Jugoslavije. Fokus nam je bio uglavnom na 1970-ima, desetljeću obilježenom (svjetskim, ekonomskim) krizama, ali i transformacijom jugoslavenskog socijalističkog društva. U tom razdoblju bilježimo sve osjetnije ekonomske razlike među građanima SFRJ i etabliranje srednje klase, kao i nejednaku ekonomsku razvijenost jugoslavenskih republika i autonomnih pokrajina. Neizbježno dotičemo kontroverzno pitanje konzumerizma u jednoj socijalističkoj državi te socijalnih, ali i prostornih manifestacija koje je taj fenomen proizveo, od robnih kuća do prvih trgovinskih centara.

Interes i afirmacija moderne arhitekture socijalističkog razdoblja može se promatrati i u kontekstu u Hrvatskoj snažnih revizionističkih teza o „totalitarnom jugoslavenskom režimu“. Ako je svaka arhitektura manifestacija kulture, društvenog okvira u kojem nastaje, dosezi jugoslavenskog socijalističkog političkog eksperimenta, koji je imao svoje prednosti i mane, bez dvojbe uključuje vrhunska djela koja su odražavala upravo progresivna stremljenja, ne samo u izgrađenim formama već i društvenim vrijednostima koje su promovirala, od procesa nastanka do njihove upotrebe. Ta ostvarenja kako

An important aspect of this publication is the attempt to grasp the wider political, economic and social context of the Socialist Federal Republic of Yugoslavia. We mostly focussed on the 1970s, a decade marked by (global, economic) crises, as well as by the transformation of the Yugoslav socialist society. It was a period of increasing economic disparities amongst SFRY citizens and of the establishment of a middle class, as well as of unequal economic development of the Yugoslav republics and autonomous provinces. Inevitably, we have dealt with the controversial issues of consumerism in a socialist state and of the social and spatial manifestations of this phenomenon, from the department stores to the first shopping centres.

The interest for the modern architecture of the socialist period and its affirmation can also be viewed in the context of the revisionist claims of the "totalitarian Yugoslav regime" prominent in Croatia. If architecture is a manifestation of culture, of its originating social framework, the achievements of the Yugoslav political experiment, with all of its advantages and flaws, undoubtedly include the spectacular works which reflected progressive tendencies, not only with respect to their form, but also with respect to the social values they promoted, from the process of their making up to their use. Then, as now, these achievements do not only make up an integral part of Croatian and European heritage and culture, without which the entirety of Croatian and European heritage could not be fully grasped, but also represent the better side of the qualitative scale.

Apart from the archive material kindly provided by Živorad Janković's family – Mirza and Nevenka Huntić, Mladen Cukrov from the Museum of Sports in Split, photographer Mario Javorčić, the Croatian State Archives in Split, Mejrema Zatrić, Aleksandar Bede, Sanja Matijević Barčot and many others, the publication also contains materials documenting our artistic work in Gripe, study visits, guided tours and *in situ* lectures. This publication would not have been possible without the widespread support of our activist, architect and journalist colleagues and citizens who responded to our call to action aimed at protecting the sophisticated architectural heritage of the recent, often stigmatised past.

onda, tako i danas, ne čine samo integralni dio hrvatske i europske baštine i kulture, bez kojih ukupnost graditeljske i druge prošlosti nije moguće sagledati cjelovito, već se ona nalaze i s bolje strane kvalitativne ljestvice.

Uz arhivske materijale koje nam je ljubazno ustupila obitelj Živorada Jankovića – Mirza i Nevenka Huntić, Mladen Cukrov iz Muzeja sporta u Splitu, fotograf Mario Javorčić, Hrvatski državni arhiv u Splitu, Mejrema Zatrić, Aleksandar Bede, Sanja Matijević Barčot i mnogi drugi, publikacija sadrži i dokumentaciju umjetničkih radova koje smo izvodili na Gripama, studijskih obilazaka, stručno vođenih tura, *in situ* predavanja. Ova publikacija ne bi bila moguća bez široke potpore kolega aktivista, arhitekata, entuzijasta, novinara, građana, koji su se odazvali našem pozivu da učinimo nešto kako bismo pokušali zaštititi kvalitetno graditeljsko naslijeđe nedavne, često stigmatizirane prošlosti.

Gildo Bavčević: *Balans bijele*, performans
2017., photo: Lucija Bosančić

Gildo Bavčević: *White Balance*, performance
2017, photo: Lucija Bosančić

1
Motel Trogir naziv je projekta i građanske kampanje usredotočene na društvenu valorizaciju i formalnu zaštitu arhitektonske ostavštine kasnog modernizma u Hrvatskoj, graditeljske baštine kojoj još uvijek nije posvećena sustavnija institucionalna pažnja, s posebnim naglaskom na zaštitu jadranskih motela arhitekta Ivana Vitića te arhitektonskih i urbanističkih vrijednosti srednjodalmatinskog modernizma druge polovine 20. stoljeća. Projekt je pokrenula udruga za suvremene umjetničke prakse Slobodne veze sa suradnicima 2013. godine.

2
Razdoblje je sažeto i opisano u prvoj publikaciji projekta, naziva *MOTEL TROGIR: nije uvijek budućnost ono što dolazi / MOTEL TROGIR: it's not always the future that comes after* (ur. Bodrožić, Šimpraga / Slobodne veze, Onomatopee, Zagreb / Eindhoven, 2016.)

3
Motel u Trogiru zaštićen je krajem 2013., a onaj kod Rijeke, u Preluku, sredinom 2015. godine.

4
Vidulić, Sandi, „BAGERIMA PO KOTEKSU. Rožić: Kerum bi rušio kao da mu je ćaćino; Šundov: Star je i ružan", *Slobodna Dalmacija,* 3. ožujka 2010.

5
Pojedini ugostiteljski objekti još uvijek su djelatni (i dobro posjećeni), a 2016. godine otvoren je i hostel u valjkastom volumenu nekadašnje robne kuće, za čije potrebe je podignuta i željezna vitičasta ograda uz stepenište, koju su prolaznici upadljivo komentirali i dokumentirali jer predstavlja upečatljivu intruziju, tj. element koji nikako ne pripada semantici kompleksa, iako njegovi devastirani, sjeverozapadni dijelovi ubrzano gube formu.

6
Još u ljeto 2015. godine centar Koteks Gripe uvrstili smo u studijski posjet/ program umjetničke rezidencije otvoren za građane, stručnu turu naziva „Od Dalme do Koteksa: Poslijeratno stanovanje, shopping i programiranje socijalističke svakodnevice" koju je osmislila arhitektica Sanja Matijević Barčot., http://stav.cenzura.hr/programiranje-socijalisticke-svakodnevice-u-splitu/

7
Sva četiri kompleksa Živorad Janković ostvario je sa suradnicima: KSC Skenderiju u Sarajevu s Halidom Muhasilovićem i Ognjenom Malkinom, Omladinski i sportski centar *Boro i Ramiz* u Prištini s Halidom Muhasilovićem i Srećkom Ešpekom te Sportsko-poslovni centar Vojvodina (*Spens*) u Novom Sadu s Brankom Bulićem.

8
Dvorana je potom djelomično rekonstruirana (krov, fasada), a veliki dijelovi kompleksa ostali su nefunkcionalni i izgubili prvotnu namjenu.

9
Državni investicijski fond Dubaija (Investment Corporation of Dubai) potpisao je u sarajevskoj Vijećnici „Memorandum o razumijevanju" s Vladom Kantona Sarajevo još u rujnu 2016. godine navodeći Skenderiju kao „prvu u fokusu". Više: http://www.seebiz.eu/investment-corporation-of-dubai-ce-ulagati-u-kanton-sarajevo-prva-u-fokusu-skenderija/ar-142762/

10
Krajišnik, Đorđe, „Slučaj Skenderija – urbicid ili investicija?", *Oslobođenje*, Sarajevo, 22. veljače 2018., https://www.oslobodjenje.ba/o2/kultura/slucaj-skenderija-urbicid-ili-investicija

11
http://rs.n1info.com/a415810/Biznis/Vucevic-bi-Spens-da-posalje-u-istoriju-struka-revoltirana.html

12
Lidija Butković Mićin u nastavku ove publikacije, str. 358.

1
Motel Trogir is the name of a project and citizens' campaign focussed on the social valuation and formal protection of the architectural legacy of late Modernism in Croatia, which has not yet come under more systematic institutional attention, particularly as concerns the protection of the Adriatic Coast motels by architect Ivan Vitić and of the architectural and urbanistic values of Middle-Dalmatian Modernism in the second half of the 20th century. The project was launched in 2013 by Loose Associations, an association for contemporary art practices, and its collaborators.

2
This period is summarized and described in the project's first publication called *MOTEL TROGIR: nije uvijek budućnost ono što dolazi / MOTEL TROGIR: it's not always the future that comes after* (ed. Bodrožić, Šimpraga / Loose Associations, Onomatopee, Zagreb / Eindhoven, 2016)

3
The motel in Trogir was proclaimed protected property towards the end of 2013 and the one near Rijeka, in Preluk, in 2015.

4
Sandi Vidulić, "BAGERIMA PO KOTEKSU. Rožić: Kerum bi rušio kao da mu je ćaćino; Šundov: Star je i ružan", *Slobodna Dalmacija,* 3rd March 2010

5
Several catering facilities are still in operation (and well-frequented) and in 2016 a hostel was opened in the cylindrical volume of the former department store, for whose purposes an iron trellis was raised next to the stairs. The latter was resoundingly commented upon and documented, as passers-by considered it an ostentatious intrusion, i.e. an element incongruent with the semantics of the complex, even though its devastated north-western parts are rapidly losing their form.

6
Already in the summer of 2015, we included the Koteks Gripe centre in a study visit/artists' residence program open to the general public – an expert tour called "From Dalma to Koteks: Post-war living, shopping and planning daily life in socialism", conceived by the architect Sanja Matijević Barčot.

7
All four of Živorad Janković's complexes were collaborative projects: the Skenderija Cultural and Sports Center in Sarajevo was designed together with Halid Muhasilović and Ognjen Malkin, the *Boro i Ramiz* Youth and Sports Center in Prishtina was designed in collaboration with Halid Muhasilović and Srećko Ešpek, while Živorad Janković's collaborator on the Vojvodina Sports and Commercial Center (*Spens*) in Novi Sad was Branko Bulić.

8
The hall was then partially rebuilt (the roof and facade), while the other parts of the complex remain largely unused and stripped of their original purpose.

9
As early as in September 2016, in the Sarajevo City Hall, the Investment Corporation of Dubai signed with the Government of the Sarajevo Canton a Memorandum of Understanding, citing Skenderija as a "top priority". More at: http://www.seebiz.eu/investment-corporation-of-dubai-ce-ulagati-u-kanton-sarajevo-prva-u-fokusu-skenderija/ar-142762/

10
Đorđe Krajišnik, "Slučaj Skenderija – urbicid ili investicija?", *Oslobođenje, Sarajevo,* 22nd February 2018, https://www.oslobodjenje.ba/o2/kultura/slucaj-skenderija-urbicid-ili-investicija

11
http://rs.n1info.com/a415810/Biznis/Vucevic-bi-Spens-da-posalje-u-istoriju-struka-revoltirana.html

12
Lidija Butković Mićin, later in this publication, p. 358

Gildo Bavčević: *Balans bijele*, performans
2017., video still, video: Roko Birmiša

Gildo Bavčević: *White Balance*, performance
2017, video still, video: Roko Birmiša

INICIJATIVA ZA UVRŠTAVANJE SPORTSKO-TRGOVAČKOG KOMPLEKSA KOTEKS GRIPE U SPLITU U REGISTAR KULTURNIH DOBARA REPUBLIKE HRVATSKE

Ministarstvo kulture RH
Konzervatorski odjel Split

Veljača 2016. godine /

Poštovani/a,

ovim putem tražimo da se sportsko-trgovački kompleks Koteks Gripe, izuzetni primjer kasnog modernizma i uopće jedno od ponajboljih arhitektonsko-urbanističkih ostvarenja modernog Splita, uvrsti na listu zaštićenih kulturnih dobara Republike Hrvatske.

Kompleks sagrađen povodom Mediteranskih igara u Splitu obuhvaća sportsku dvoranu Gripe (arhitekti Živorad Janković i Slaven Rožić, dovršetak izgradnje 1979. godine) te trgovački centar Koteks (arhitekt Slaven Rožić, dovršetak izgradnje 1981. godine), a uz svoju je izuzetnu oblikovnu vrijednost postao i neizostavni i prepoznatljivi dio slike suvremenog Splita.

Trgovački je centar tipološki rijedak i vrijedan primjer prostorne manifestacije, odnosno arhitektonske interpretacije potrošačke kulture kao jednog od markera razvoja svoga vremena. Elegantne kaskade javni prostor dijele u seriju površina različita karaktera, a zgrada se snažnim horizontalnim linijama ograda izvrsno uklopila u okoliš, uravnotežujući i ublažujući znatne proporcije čitavog kompleksa koji sadrži i svoj trg. Koteks predstavlja i svojevrsnu kulminaciju ideja iz kasnih 1950-ih / ranih 1960-ih godina kada je „lagodniji život“

INITIATIVE FOR THE ENTRY OF THE KOTEKS GRIPE SPORTS AND COMMERCIAL COMPLEX IN SPLIT INTO THE REGISTER OF CULTURAL GOODS OF THE REPUBLIC OF CROATIA

Ministry of Culture of the Republic of Croatia
Split Department of Conservation

February 2016 /

Dear Sir/Madam,

we hereby demand that the Koteks Gripe sports and commercial complex, an outstanding example of late Modernism and generally one of the very best architectural and urban-planning achievements of modern Split, be included on the list of protected cultural goods of the Republic of Croatia.

The complex, built on the occasion of the Mediterranean Games in Split, consists of the Gripe sports hall (designed by Živorad Janković and Slaven Rožić, construction completed in 1979) and the Koteks shopping center (designed by Slaven Rožić, construction completed in 1981), and, in addition to its exceptional formative value, it has become an indispensable and distinguishing feature of the image of modern Split.

The shopping center is a typologically rare and valuable example of a spatial manifestation, that is, an architectural interpretation of consumer culture as one of the developmental markers of its time. Its elegant cascades divide public space into a series of surfaces varying in character, while the robust horizontal lines of its railings deftly integrate the building into its environment, by balancing

označen kao jedan od političkih ciljeva koji se trebao ostvariti i kroz što bolje usluge pružene potrošačima te povećanom brigom za svakodnevne potrebe, slobodno vrijeme i zabavu.

Dispozicije kompleksa, koji se nalazi u neposrednoj blizini tvrđave Gripe i splitske gradske jezgre, danas su pogodne i za razvijanje novih sadržaja. U središtu do danas vitalnog prostora namijenjenog sportskim sadržajima velika je dvorana čiji krov podsjeća na pticu u letu, snažnom dinamikom ukazujući na namjenu, ali i duh vremena u kojem je nastajala, istovremeno dominirajući dobrim dijelom splitskog nebopisa (*skylinea*). Smještanje Muzeja sporta unutar kompleksa naznačilo je i njegovu kulturnu i simboličku vrijednost za grad, a ovom inicijativom ističe se i ona arhitektonska.

Činjenica da je kompleks izgrađen prije manje od četrdeset godina te njegova uščuvanost dobar su razlog da se o modernoj arhitekturi - u ovom slučaju i splitskom *landmarku*, počne misliti na vrijeme kako ne bi izgubio spomenička svojstva preinakama ili doživio sudbinu nekih nepovratno izgubljenih vrijednih modernih građevina.

U iskoraku splitskog Konzervatorskog odjela prema formalnoj zaštiti objekata izgrađenih u drugoj polovici 20. stoljeća, smatramo da kompleks Koteks Gripe zauzima važno mjesto te u tome smislu zaslužuje status zaštićenog kulturnog dobra RH, sve kako bi ta vrijednost bila trajno sačuvana kao dio kulturne baštine.

S poštovanjem,
MOTEL TROGIR tim

and attenuating the considerable proportions of the entire complex, which also contains its own square. The Koteks also represents a kind of a culmination of the ideas from the late 1950s / early 1960s, when "comfortable living" was seen as a political goal, to be accomplished, among other ways, by improving the services provided to consumers and increasing concern for their daily needs, leisure and entertainment. Today, the disposition of the complex, which is located in the immediate vicinity of the Gripe fortress and the Split city center, is also suitable for the development of new functions. At the center of this space intended for sports programs, which is very much in use even today, is a large hall whose roof reminds of a bird in flight, its robust dynamics indicating its purpose and the zeitgeist in which it was built, as well as dominating a good part of the Split skyline. While the placement of the Sports Museum inside the complex indicated its cultural and symbolic value to the city, this initiative also aims to emphasize its architectural significance.

The fact that the complex was built less than forty years ago and its current state of preservation are reason enough to start thinking about modern architecture - in this case, about a Split landmark-on time, so as to ensure that it does not lose its monumental characteristics due to modifications or undergo the fate of certain modern buildings whose value was irretrievably lost.

In view of the progress made by the Split Department of Conservation in ensuring the official protection of structures built in the second half of the 20th century, we believes that the Koteks Gripe complex deserves special consideration and, consequently, the status of a protected cultural good of the Republic of Croatia, all in order to permanently preserve its value as part of the cultural heritage.

Sincerely,
the MOTEL TROGIR team

Radoslav Bužančić <Radoslav.Buzancic@min-kulture.hr>
15. velj

Prima: ja, Ljiljana

Poštovani,

Svaka inicijativa proučavanja, valoriziranja i istraživanja kulturnih dobara je hvalevrijedna. Sklop robne kuće Koteks kojeg predlažete za upis u registar kulturnih dobara RH, je vrlo zanimljiv arhitektonski sklop i očito je predmet istraživanja i proučavanja eminentnih stručnjaka koji su supotpisali Vašu inicijativu. Radi se o autorskom djelu arhitekata Živorada Jankovića i Slavena Rožića čiji rad tek očekuje znanstvenu obradu i valorizaciju.
Sam sklop pripada kategoriji spomenika koji imaju i značajnu urbanističku vrijednost. Mišljenja smo da bi kroz zaštitu koju provodi lokalna zajednica za dobra od lokalnog značaja bilo dobro odmah zaštititi kompleks, koji se i tako nalazi u takozvanoj zoni C gdje je predviđena zaštita lokalne vrijednosti koju provode pravila GUP-a. Ujedno i autorska prava još su na snazi što priječi svaku proizvoljnu intervenciju na objektu. Svakako je potrebno vrijeme kako bi se bolje valoriziralo autorsko djelo te obradilo u znanstvenim domaćim i svjetskim publikacijama, a to će omogućiti preciznije mjere neke buduće zaštite.
U ovom trenutku konzervatori, prema naputku Ministarstva kulture i Vlade RH, težište rada usmjeravaju na izradu pojedinačnih zaštita visoko valoriziranih povijesnih objekata koji su se do sada štitili kroz zakonske mehanizme urbanističkih, etnoloških ili ruralnih cjelina, radi pripreme projekata financiranih iz sredstava Evropske Unije.

S poštovanjem,
Radoslav Bužančić

Reply by the head of Conservation Department in Split

Radoslav Bužančić <Radoslav.Buzancic@min-kulture.hr>
15 Feb

To: me, Ljiljana

Dear Madam,

Every initiative involving the study, valuation and research of cultural goods is commendable. The Koteks department store complex, which you are proposing for entry in the Register of Cultural Goods of the Republic of Croatia, is a very interesting architectural complex and obviously a subject of research and study by the distinguished experts who have co-signed your initiative. It is the copyright work of architects Živorad Janković and Slaven Rožić, whose oeuvre is yet to be subjected to scientific analysis and valuation.
The complex itself belongs to a category of monuments that have substantial value in terms of urban development. It is our view that the measures for the conservation of goods of local importance, implemented by the local community, should be applied without delay to the complex, which is already located in the so-called Zone C, where the conservation of local values has been provided for under the rules of the Urban Development Master Plan. Moreover, the copyrights are still applicable, which prevents any arbitrary interventions on the structure. It will certainly take time for the copyright work to be more adequately valuated and analysed in domestic and global scientific publications, which will enable the elaboration of more detailed measures of its future conservation.
At present, the conservators, in compliance with the guidelines of the Ministry of Culture and the Government of the Republic of Croatia, are focussing their efforts on the conservation of certain highly valuated historical buildings, which have so far been protected under the legal mechanisms of urban-development, ethnologic or rural entities, all for the purpose of preparing projects to be financed from European Union funds.

Sincerely,
Radoslav Bužančić

POGLAVLJE 1:

TRANSFORMACIJA JUGOSLAVENSKE SOCIJALISTIČKE IMAGINACIJE

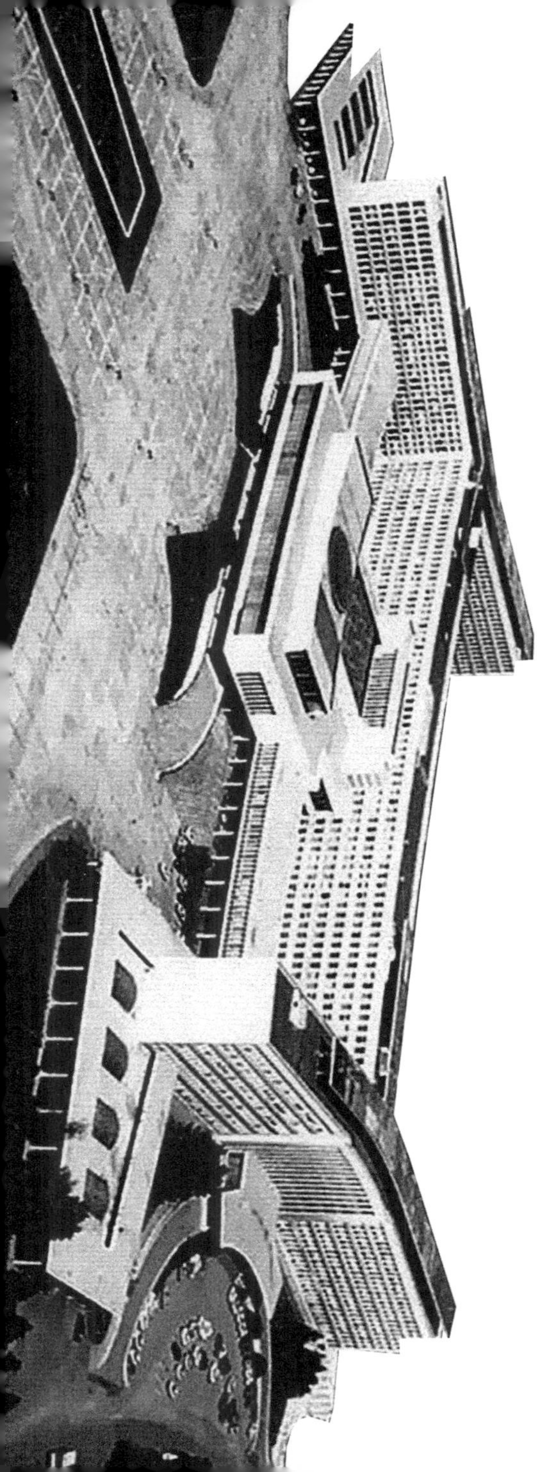

CHAPTER 1:

THE TRANSFORMATION OF THE YUGOSLAV SOCIALIST IMAGINATION

Tvrtko Jakovina

JUGOSLAVIJA 1970-ih: DESETLJEĆE IZGUBLJENIH PRILIKA

Tvrtko Jakovina

YUGOSLAVIA IN THE 1970s: A DECADE OF WASTED OPPORTUNITIES

Jugoslavija iznutra: lutanje prema slomu

Početkom siječnja 1970. Institut za istočnoeuropske zemlje Sveučilišta u Amsterdamu organizirao je međunarodni simpozij o samoupravljanju u Jugoslaviji.[1] Skup u jednoj od najnaprednijih zapadnih država o sustavu koji se tek trebao pokazati uspješnim u jednom od dugo vremena najnerazvijenijih dijelova Europe, bio je logičan iskaz zanimanja za zemlju koja je u mnogo toga bila eksperiment. Eksperiment s načinom na koji su riješeni odnosi između različitih, često vrlo suprotstavljenih nacija, proučavali su Belgijanci, koji su 1968. prošli kroz krizu odnosa između Valonaca i Flamanaca, a mnoge zemlje u Trećem svijetu Socijalističku Federativnu Republiku Jugoslaviju (SFRJ) su na različite načine doživljavale uzorom. U vanjskoj politici Jugoslavija je za sebe izgradila vrlo poželjnu percepciju u nizu država, posebno u zemljama Nesvrstanih, ali i među velikim silama. Savjetnik za nacionalnu sigurnost predsjednika SAD-a Jimmy Cartera (1977.–1981.), rekao je, kako je uz SAD i SSSR, Jugoslavija jedina država koja se pokazuje faktorom na globalnoj razini.[2] Jugoslavija je robusno nastupala i na međunarodnoj sportskoj sceni, ne samo s uspješnim sportašima, već i u organizaciji ili nastojanju da organizira velike sportske manifestacije. Domaćinstvo Mediteranskih igara u Splitu 1979. – na kojoj je nastupao i srebrnu medalju osvojio i atentator na egipatskog predsjednika Sadata – bilo je uvod i dokaz sposobnosti da zemlja može poduzeti najveće i najzahtjevnije projekte, uključujući i organizaciju Olimpijskih igara (konačno 1984. u Sarajevu). Isto tako, jugoslavenska poduzeća tada su gradila najzahtjevnije objekte u nizu zemalja svijeta.

Sedamdesete godine na više su načina bile određujuće za jugoslavensko društvo. Početak desetljeća označio je vrhunac reformskih nastojanja, ulazak u najvišu politiku onih koji su za vrijeme Drugog svjetskog rata bili vrlo mladi, a poslije rata su se školovali. Smjena takvih početkom desetljeća, 1971. i 1972., prije svega vodstva „Hrvatskog proljeća“ i Liberala u Srbiji[3], u određenom je smislu slomila kičmu potencijala SFRJ za reforme i prilagodbu svijetu koji je nastajao. Kraj epohe određen je 1980. godinom i fizičkim odlaskom vrhovnog zapovjednika i, od 1974., doživotnog predsjednika SFRJ Josipa Broza Tita u velikom stilu, pogrebom koji je brojem stranih izaslanstava i državnika, bio najveći u svjetskoj povijesti. Sedamdesete su

Yugoslavia from within: wandering towards collapse

At the beginning of January 1970, the Institute for East-European Countries of the University of Amsterdam organized an international symposium on self-management in Yugoslavia.[1] A conference in one of the most prosperous Western countries on a system which had yet to prove successful in what had been, for a long time, one of the most underdeveloped parts of Europe, was a logical statement of interest in a country which was, in many ways, an experiment. The aspect of the experiment which dealt with the structuring of relations between different, often opposing, nations was being examined by Belgium, which had experienced a crisis in Walloon-Flemish relations in 1968. Many Third-World countries also considered the Socialist Federal Republic of Yugoslavia (SFRY) a paragon for various reasons. Through its foreign policy, Yugoslavia had built a very favorable image in a number of countries, especially in the members of the Non-Aligned Movement, but also amongst the global powers. According to the National Security Adviser to US President Jimmy Carter (1977–1981), Yugoslavia was, along with the USA and the USSR, the only country asserting itself as a global influence.[2] Yugoslavia also established a robust presence in the international sports arena, not only due to the successes of its athletes, but also by organizing or attempting to organize large sports events. The hosting of the 1979 Mediterranean Games in Split – one of whose competitors and silver-medalists would later assassinate the Egyptian president Sadat – was an introduction to, and proof of, the country's capacity to take on the biggest and most demanding projects, including the subsequent organization of the Olympics (in 1984 in Sarajevo). At the same time, Yugoslav construction companies were being commissioned for the most demanding projects in a number of countries around the globe.

In many ways, the seventies were a defining era for Yugoslav society. The decade's beginning was marked by the culmination of reform efforts and the entry into high-level politics of generations that had been very young during the Second World War and had been educated after it. In a certain sense, the deposition of such cadres, primarily of the leading figures of the "Croatian Spring" and Serbian Liberals[3], early in the decade, in 1971 and 1972, broke the back of the SFRY's potential to reform and adapt to the emerging

donijele i pojačavanje nekih doktrinarnih elemenata režima. Koncept naoružanog naroda, općenarodne obrane i društvene samozaštite, prihvaćen je i razvijan na temelju iskustva u Drugom svjetskom ratu i straha nakon intervencije zemalja Varšavskog pakta (osim Rumunjske) u Čehoslovačkoj 1968. godine. Zemlja s ionako velikom i utjecajnom armijom, čiji su pripadnici vrlo često bili i ministri unutarnjih poslova, počela je razvijati model „ježa", model u kojem baš svi odrasli građani imaju ulogu u obrani.[4] Tijekom Hladnog rata vjerojatno je i to bio razlog odbijanja neprijatelja, ali stvarna intervencija i smrtni problemi režima ionako nikada nisu došli izvana.

Samoupravljanje, jugoslavenska inovacija u izgradnji društva, je sada ideološki razrađeno, a Ustav iz 1974., koji je naknadno dobio gotovo mitsko značenje, imao je brojne konfederalne značajke. Sa svojih 406 članaka bio je najduži Ustav na svijetu, a trebao je učvrstiti socijalističke temelje zemlje. Slijedio je Zakon o udruženom radu iz kraja 1976., golemi paket zakona kojim su regulirani odnosi na tržištu i u gospodarstvu, OOUR-izacija (osnovne organizacije udruženog rada) gospodarstva, a u stvari birokratiziranje društva. Nakon što je 1966. smijenjen Aleksandar Ranković, do tada najmoćniji srpski političar, Edvard Kardelj ostao je sam kao predestinirani nasljednik šefa jugoslavenske države. Kardelj je imao sjajnu sposobnost Titove ideje i dogovore jugoslavenskih političara pretvarati u koncepte, sustav, zakone. Socijalistička država trebala je odumirati, jer je sama po sebi represivna. Socijalizam kakav je postojao trebalo je napuštati. Samoupravljanje je, općenito, imalo mnoštvo elemenata koji su trebali olakšati jugoslavenskim poduzećima suradnju sa zapadnim tržištima. Ustav je svim republikama, članicama federacije, davao velika prava, mogućnost zaduživanja bez rasprave sa saveznim centrom. Tako je razmjerno malo zadužena država sredinom sedamdesetih, do kraja desetljeća povećala dug s manje od 5 milijardi na čak 16 milijardi dolara.[5] Novo je zakonodavstvo, pa i Ustav, iznijela struja koja je porazila, smijenila ili zamijenila političare iz 1971. i 1972. U hrvatskom slučaju, značilo je to da su protuproljećari krajem 1978. potpisali i pristupanje Hrvatske, a Slovenci svoje republike, u sastav Radne zajednice Alpe Adria, koja je obuhvaćala uglavnom bivše pokrajine Austro-Ugarske.[6]

world. The epoch came to a close in 1980, with the solemn departure of Josip Broz Tito, commander-in-chief and, as of 1974, lifelong president of the SFRY, marked by the biggest funeral in world history with respect to the number of attending foreign delegations and statesmen. The 1970s also brought the intensification of certain doctrinal elements of the Yugoslav regime. The concepts of an armed people, the people's defense and public self-defense were accepted and developed based on the experience of the Second World War and the fear following the 1968 intervention of Warsaw Pact states (except Romania) in Czechoslovakia. Although Yugoslavia already had a large and influential army, whose members were very often ministers of interior, it started developing the "hedgehog defense" model, in which every adult citizen had a role in defending the country.[4] During the Cold War, this was probably one of the reasons behind its successful resistance to enemy forces, but a foreign intervention never occurred and the regime's fatal problems had never really come from across the border.

By 1970, self-management, a Yugoslav innovation in social organization, had already been ideologically elaborated, whereas the 1974 Constitution, which would later obtain an almost mythical status, had numerous confederal characteristics. With 406 articles, it was the longest constitution in the world, meant to consolidate the country's socialist foundations. It was followed, at the end of 1976, by the adoption of the Associated Labor Act, a huge legislation package regulating market and economic relations, as well as the formation of basic associated labor organizations – heralding, in fact, the bureaucratization of the society. After the 1966 deposition of Aleksandar Ranković, then the most powerful Serbian politician, Edvard Kardelj remained the sole predestined heir to the Yugoslav head of state. Kardelj had the superb ability to translate Tito's ideas and Yugoslav politicians' agreements into concepts, systems, legislation. The socialist state was meant for self-abolishment, since it was repressive in itself. Socialism, such as it was, had to be transcended. Self-management generally included many elements meant to facilitate the cooperation of Yugoslav companies with Western markets. The Constitution provided the six republics, members of the federation, with ample rights and the option of incurring a debt without the approval of the central government. Consequentially, the relatively small five-billion-dollar debt the state had incurred by the mid-seventies increased

Beograđanka,
arhitekt Branko Pešić
dovršena 1974.
Foto: Filip Maljković

Beograđanka, literally: the Belgrade Lady,
officially Belgrade Palace, architect Branko Pešić
completed in 1974
Photo: Filip Maljković

to no less than 16 billion dollars by the decade's end.[5] The new legislation and the Constitution were adopted by the faction which had defeated, deposed or replaced the politicians active in 1971 and 1972. In the case of Croatia, in 1978, the opponents of the Croatian Spring also enacted the country's accession to The Alps-Adriatic Working Group which mostly consisted of former Austro-Hungarian provinces. The same was done in Slovenia.[6]

Although the 1970s were probably the decade with the highest standard of living, with more and more people being able to travel and live out the aspects of a consumer society, they also brought a loss of faith in the system, cynicism and increased negative selection. Indicators of the country's optimism were an increasingly stronger tourism industry and the fact that the country had an automobile, aviation and computer industry. Yugoslav companies were capable of carrying out the most complex engineering projects, which was what they did all over the world, primarily in the Non-Aligned countries. However, the large growth rates that had been recorded up to the beginning of the 1970s were now halted. In the mid-1970s, economic growth in Yugoslavia averaged 3.9 % (1975/76), and yet, it was accompanied by increasing oscillations, the rise of unemployment and the fall of productivity. The trends were negative, unemployment grew and the migration of young people from rural areas intensified, all of which would dramatically increase in the eighties. Nevertheless, what was built during the seventies and completed at the very beginning of the eighties, was impressive. In Croatia alone, these building projects included the Zagreb-Karlovac and Ivanja Reka-Kutina motorways, the Zagreb beltway, the Rijeka-Grobnik-Orehovica three-lane semi-motorway, the Učka tunnel, the bridge connecting the island of Krk with the mainland (Tito's Bridge), which was, at the time, the bridge with the biggest concrete arch in the world, the airport on the island of Krk, the bridges across the Sava in Zaprešić and in Zagreb, as well as the Krško nuclear power plant, built in collaboration with the Socialist Republic of Slovenia, using exclusively the Western technology of the Westinghouse corporation. The country's telecommunications system was modernized and the ACY (Adriatic Club Yugoslavia) nautical marina network was built.

Sedamdesete su vjerojatno bile desetljeće s najugodnijim životom, sve više ljudi je putovalo, živjelo elemente potrošačkog društva, ali je donijelo i gubljenje povjerenja u sistem, cinizam, pojačalo negativnu selekciju kadrova. Optimizam u državi pokazivala je sve snažnija turistička industrija, činjenica da je država imala industriju koja je proizvodila automobile, zrakoplove, računala. Jugoslavenska poduzeća bila su u stanju izvesti najsloženije inženjerske projekte, što su i činila posvuda u svijetu, prije svega u zemljama Nesvrstanih. Velike stope rasta, kakve su bile do početka sedamdesetih, sada su se ipak smanjile. Sredinom sedamdesetih prosječan rast gospodarstva u Jugoslaviji bio je 3.9 % (god. 1975./76.), ali sa sve većim oscilacijama, rastom nezaposlenosti i padom produktivnosti. Trendovi su bili negativni, rastao je broj nezaposlenih, migracija mladih sa sela, što je do dramatičnog izražaja došlo tijekom osamdesetih. Ono što se izgradilo tijekom sedamdesetih i dovršilo samim početkom osamdesetih, bilo je ipak impresivno. Samo u Hrvatskoj je izgrađena auto-cesta od Zagreba do Karlovca i od Ivanje Reke do Kutine, obilazna cesta oko Zagreba, poluautoput Rijeka-Grobnik-Orehovica, tunel Učka, most kopno-otok Krk (Titov most), tada most s najvećim betonskim lukom na svijetu, zračna luka na Krku, mostovi preko Save kod Zaprešića i u Zagrebu, a sa SR Slovenijom nuklearna elektrana Krško. Krško je bilo posve izgrađeno sa zapadnom tehnologijom Westinghousea. Moderniziran je telefonski sustav u državi, osnovan sustav ACY (Adriatic Club Yugoslavia) s izgrađenim nizom marina za jedriličare.

Izgrađeni su hoteli na Babinom kuku u Dubrovniku, *Laguna* u Poreču, *Solaris* kod Šibenika i *Lav* kod Splita. Izgrađene su tri istraživačke platforme INA-e i talijanskih partnera u Jadranu. U Podravini se radilo na naftnim poljima, a u Kutini je otvorena tvornica umjetnih gnojiva. Naftovod (JANAF) je izgrađen od Omišlja i vodio dalje prema istoku zemlje. Zajedničko poduzeće nekoliko velikih naftnih kompanija sjedište je imalo na Krku. INA, godinama najveće poduzeće na Balkanu i najsnažnija hrvatska korporacija, istraživala je naftu u Angoli. Osim INA-e, u Hrvatskoj su odlično poslovala poduzeća kao što su INGRA, Industrogradnja, Pomgrad, Pliva, Prvomajska, Jugotanker, Rade Končar. Brojna, često i uspješnija, bila su poduzeća u Sloveniji, a poneka i u Srbiji te drugim dijelovima zemlje.

The hotels in Babin kuk in Dubrovnik, Laguna in Poreč, Solaris near Šibenik and Lav near Split were also built. The state oil company INA and its Italian partners built three drilling rigs in the Adriatic. There were oil fields in the region of Podravina and an artificial fertilizer factory in Kutina. An oil pipeline (the JANAF – Jadranski naftovod, "Adriatic Pipeline") was built from Omišalj to the eastern parts of the country. A joint venture of several big oil companies had its headquarters on the island of Krk. INA, for years the biggest company in the Balkans and the most powerful Croatian corporation, had drilling rigs in Angola. Apart from INA, other prosperous companies in Croatia included INGRA, Industrogradnja, Pomgrad, Pliva, Prvomajska, Jugotanker and Rade Končar. Companies in Slovenia were also numerous and even more successful, while some were based in Serbia and other parts of the country.

The Meštrović Gallery in Split was renovated and the construction of a new University Library in Zagreb, and museums in Zadar and Split was under way. Preliminary renovation works on the Mimara Museum also began. A reform of the educational system was instituted and often vocally criticized.[7] Although the reform of vocational education was partly modeled after the one in Sweden, considering all of the former's subsequent failures, the fact that it had been implemented at all was achievement enough. As far as printed media were concerned, the Vjesnik publishing house in Zagreb was the biggest rotary-press plant in the Balkans.

The expanding rights of the republics did not entail the democratization of the country. Fears of unitarianists and technocrats[8] had been looming, but the main Yugoslav problem, only partly related to economy and amplified by the global economic crisis, was nationalism. Namely, the oil crisis of the early 1970s had influenced Yugoslavia as well, albeit to a lesser extent. Notwithstanding all of its peculiarities, the country lagged behind the West, just as the other real-socialist states did. Finally, as the economic crisis deepened and ideological monolithism tapered, relations between nationalities were increasingly becoming a burden. In early January 1977, a group of high-level Serb and Croat politicians gathered in the apartment of Croatian politician Ivan Buković Ćiro. The political climate in the society was conducive to the development of nationalism.

Detalj sajma u Lagosu izgrađenog po projektu Energoprojekta iz Beograda, glavni arhitekt Zoran Bojović, 1976.

Detail of Lagos Fair, designed and built by Energoprojekt from Belgrade, head architect Zoran Bojović, 1976

Uređena je Meštrovićeva galerija u Splitu, počela izgradnja nove Sveučilišne knjižnice u Zagrebu, muzeja u Zadru, Splitu, počele su pripreme za uređenje Muzeja Mimara. Poduzeta je reforma školstva, često žestoko kritizirana.[7] Reforma usmjerenog obrazovanja dijelom je slijedila švedski uzor, ali u svjetlu svih kasnijih neuspjelih nastojanja da se izvede bilo kakva reforma, postignuće je bila sama činjenica da se uopće mogla izvesti. Izdavačka kuća *Vjesnik* iz Zagreba, bila je najveća novinska rotacija na Balkanu.

Sve veća prava republikama nisu značila da se zemlja demokratizira. Strahovi od unitarista i tehnokrata[8] bili su veliki, no glavni jugoslavenski problem, koji je samo dijelom bio povezan s ekonomijom, ali jest bio pojačan globalnom ekonomskom krizom, bio je nacionalizam. Naftna kriza početkom sedamdesetih okrznula je Jugoslaviju, koja je, unatoč svim specifičnostima, zaostajala za Zapadom poput država realnog socijalizma.

Konačno, kako je gospodarska kriza postajala sve ozbiljnija, ideološka monolitnost sve je više pucala, konačno su međunacionalni odnosi počeli postajati sve veće opterećenje. Početkom siječnja 1977. u stanu hrvatskog političara Ivana Bukovića Ćire okupilo se društvo visokih političara, Srba i Hrvata. Politička klima u društvu pogoduje razvoju nacionalizma. „Hrvati teško mogu da se reprezentiraju kao Hrvati. Čim se pojavi takav slučaj, odmah se krsti nacionalizmom. To rađa pobunu na Srbe. Daju se šovinističke antisrpske izjave u raznim sredinama. U isto vrijeme Srbi tražeći ravnopravnost u Hrvatskoj guraju na svoju dominaciju. Široko se okolo priča o ugroženosti Srba. (...) Za čudo mi nismo u stanju da te strasti prevladamo i da Hrvati stvarno osjete da su ravnopravni i da to u biti budu, a da Srbi u toj okolnosti također mogu da izraze svoju nacionalnu pripadnost i budu ravnopravni i ne traže zaštite od povezivanja sa Srbima iz Srbije.“[9] Poteškoće koje su narastale, ostale su velikim dijelom zakopane dok je vrhovni vođa bio živ. S Titovim odlaskom, do izražaja su došli svi negativni trendovi, a nijedan pozitivni. Najuspješnija javna politika, ona vanjska, sama po sebi nije bila dovoljna da bi takve trendove zaustavila, mada ih je za Jugoslaviju, u povoljnim okolnostima Hladnog rata, dugo ublažavala.

"Croats have a hard time presenting themselves as Croats. As soon as such an instance arises, it is immediately declared an act of nationalism. This, in turn, stirs up indignation with the Serbs. Chauvinistic anti-Serb observations can be heard in various environments. At the same time, by demanding equality in Croatia, the Serbs are pushing for their domination. Threats to Serbian existence are discussed at length.(...) Oddly enough, we are unable to overcome these passions and make Croats feel equal and experience equality, or enable Serbs to express their nationality, enjoy equal rights and refrain from seeking protection by connecting with the Serbs in Serbia."[9] The growing problems were mostly buried under the rug while the supreme leader was alive. With Tito's death, all the negative trends, and none of the positive ones, gained prominence. Even the SFRY's most successful public policy, i.e. the foreign one, was not sufficient to halt them, although they had long been mitigated in Cold War circumstances, which had been advantageous to Yugoslavia.

Yugoslavia from without: the most successful public policies

The 1970s brought an improvement in foreign relations on all fronts. For several years after the shock of the 1968 intervention of the Warsaw Pact states (except Romania) in Czechoslovakia, Josip Broz Tito traveled only to the West and the Non-Aligned countries. In 1970, the year of the renewal of the Non-Aligned Movement, his foreign-policy offensive included, apart from a number of African states, Belgium, Netherlands, France and, as of 1971, Italy, USA, Canada and the United Kingdom.[10] On 19th March 1970, Yugoslavia signed a trade agreement with the European Economic Community (EEC) regulating the most advantageous treatment of goods of both parties.[11] This westward shift was primarily motivated by the fear of an invasion of the Red Army and its allies into Yugoslavia, which would finally bring the socialist experiment that Alexander Dubček had implemented for only a few months to its close in the European southeast. "Foolish, a tragic decision, irremediable", were Tito's words after the intervention, as recorded by Miko Tripalo in the minutes of the session of the Presidium of the League of Communists of Yugoslavia (LCY) and the SFRY. "We will fight" was Tito's clear message to everyone, whether it was the members

Zgrada Findeco, Lusaka, arhitekti Dušan Milenković i Branimir Ganović, 1976.

Findeco House, Lusaka, architects Dušan Milenković and Branimir Ganović, 1976

Jugoslavenski Aerotransport (JAT), nacionalna avio-kompanija Jugoslavije

JAT Airways, the national flag carrier of Yugoslavia

of Dubček's government and family, who were then on vacation in Kvarner and Istria, or the other countries of the world.[12] The determination of Yugoslavia to resist the endangering of its sovereignty, primarily aroused by the prospect of intervention immediately after the Prague Spring and sustained by the fear of a repeated invasion – based on the Brezhnev Doctrine of limited sovereignty – after Tito's death, naturally steered it towards the West and made it once again interesting to the countries of the opposed ideological bloc. Within the United Nations and the Non-Aligned Movement (NAM), a group of countries brought together and heavily influenced by Yugoslavia advocated the principles of non-intervention in internal affairs and unacceptability of interference and intervention.[13]

Yugoslavia was the first and, for a number of years, the only socialist country apart from the Soviet Union to establish and maintain relations with West Germany. Although these were suspended in 1957 because of the Yugoslav recognition of the German Democratic Republic, from the aspect of economy, the relationship between the governments of the SFRY and the Federal Republic of Germany remained, in fact, ideal. Diplomatic relations were not reestablished until 1969. The new German social-democratic government headed by Willy Brandt was interested in much more than the renewal of political and diplomatic relations. The "Ostpolitik", which it began systematically developing, opened up a *détente* on the European continent. The policy of decreasing tensions between the East and the West was what the SFRY government had been advocating ever since the stabilization of its own foreign-policy position – or, at least, what it claimed to have been advocating. The restored relations with the government in Bonn turned the Federal Republic of Germany into SFRY's most important foreign-policy partner and certainly the most important European destination for Yugoslav diplomats. Germany was thus interspersed with SFRY consulates, while its hundreds of thousands of Yugoslav temporary workers – a total of eight percent of Yugoslavia's working-age population – became important contributors to Yugoslav economic development, along with German technology and capital, including in the form of war reparations. The foreign remittances of temporary workers abroad were a constant source of foreign currency in the SFRY, while the SFRY consulates' earnings ensured the self-sufficiency of diplomatic missions in a number of Western European countries. Even more important was the bridging of

Jugoslavija izvana: najbolje javne politike

Tijekom sedamdesetih popravili su se odnosi sa svim zemljama. Nakon šoka zbog intervencije zemalja Varšavskog ugovora (osim Rumunjske) u Čehoslovačkoj 1968., Josip Broz Tito nekoliko je godina putovao isključivo u zemlje Zapada i Nesvrstane. Njegova vanjskopolitička ofenziva 1970., u godini obnove Pokreta nesvrstanih, osim niza afričkih država, obuhvaćala je Belgiju, Nizozemsku, Francusku, pa 1971. Italiju, SAD, Kanadu, Ujedinjeno Kraljevstvo.[10] Jugoslavija je 19. 3. 1970. potpisala trgovinski sporazum s Europskom ekonomskom zajednicom (EEZ), koja je uključivala najpovoljniji tretman roba obje strane.[11] Uklon prema Zapadu bio je velikim dijelom određen strahom od, najprije, mogućnosti da će Crvena armija i saveznici provaliti u Jugoslaviju, gdje će socijalistički eksperiment kakav je Aleksander Dubček provodio samo nekoliko mjeseci, završiti pokretom prema jugoistoku Europe. „Glupo, tragična odluka, nepopravljivo", zapisao je Titove riječi u bilješkama sa sastanka Predsjedništva Saveza komunista Jugoslavije (SKJ) nakon što se dogodila intervencija, Miko Tripalo. „Mi ćemo se boriti", rekao je Tito i poslao jasnu poruku svima, članovima Dubčekove vlade i obitelji koji su bili na Kvarneru i Istri na ljetovanju, ali i drugima u svijetu.[12] Jugoslavenska odlučnost da se suprotstavi ugrožavanju vlastitog suvereniteta, najprije zbog mogućnosti intervencije odmah nakon Praškog proljeća, a onda straha da bi se slično moglo ponoviti na temelju Brežnjevljeve doktrine o ograničenom suverenitetu nakon Titove smrti, Jugoslaviju je prirodno okrenulo Zapadu i učinilo ponovo zanimljivom državama drugog ideološkog bloka. Unutar skupine država koju je Jugoslavija oformila i čije je djelovanje velikim dijelom usmjeravala, načelo nemiješanja u unutarnje odnose i nedopustivost miješanja i intervencije, gurano je unutar Ujedinjenih nacija, kao i Pokreta nesvrstanih zemalja (PNZ).[13]

Jugoslavija je bila prva i dugo godina jedina socijalistička država, osim Sovjetskog Saveza, koja je imala odnose sa Zapadnom Njemačkom. Oni su potom prekinuti 1957. zbog jugoslavenskog priznanja DDR-a, iako su na gospodarskom planu veze Bonna i Beograda i dalje zapravo ostale uzorne. Diplomatski su odnosi iznova uspostavljeni tek 1969. godine. Nova njemačka vlada socijaldemokrata Willy Brandta bila je zainteresirana za mnogo više od obnove političkih i diplomatskih odnosa.

the rift caused by the recognition of the GDR and the application of the Hallstein Doctrine[14] to Yugoslavia.

Since the beginning of the 1970s, the SFRY government had had good relations with all western countries, except for the fascist dictatorships in the southern part of the continent, i.e. Greece under the colonels' regime, Spain under Francisco Franco and Portugal. Nevertheless, by the mid-1970s, diplomatic relations were established even with those countries and began to solidify relatively fast. During a visit to Belgrade and Rijeka at the end of October 1975, General Francisco de Costa Gomes clearly stated that the Portuguese approved of Yugoslav socialism. In 1977, Rudi Čačinovič became the first Yugoslav ambassador to Spain. He could speak Spanish and the Communist Party was important there. Eurocommunism transformed from a press quip[15] into a phenomenon characteristic of south-European communist parties and influenced Yugoslavia as well. However, the Spaniards, or at least a part of them, were more interested in Yugoslav federalism than self-management.

***Ne želim pokazati ništa novo i originalno*, Goran Trbuljak, plakat izložbe, 1971.**
ljubaznošću umjetnika

***I do not wish to show anything new and original*, Goran Trbuljak, exibition poster, 1971**
courtesy of the artist

Titov pogreb, Beograd, svibanj 1980.

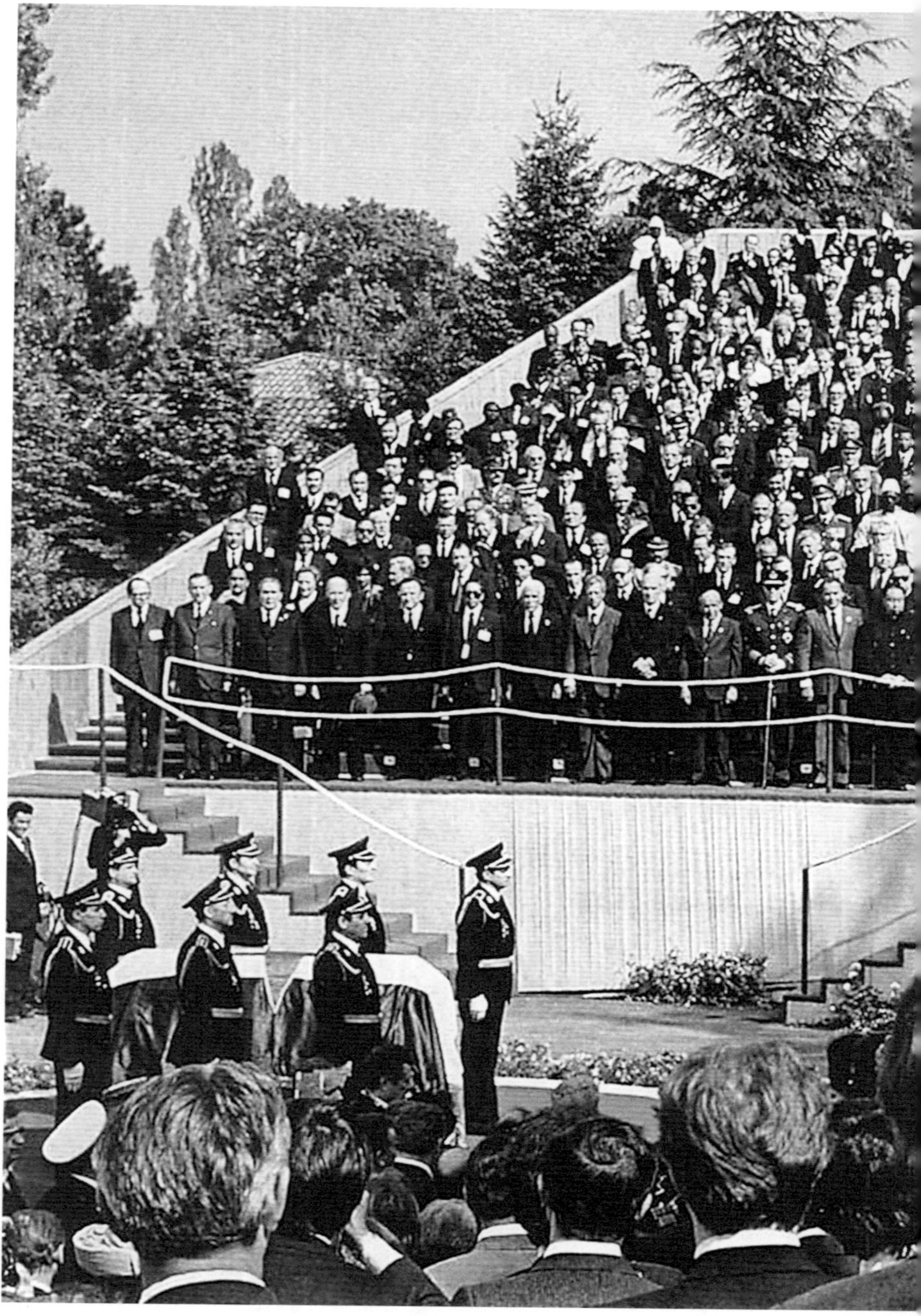

„Ostpolitik“ koju je Bonn počeo sustavno graditi otvorilo je *detènte* na europskom kontinentu. Politika popuštanja između Istoka i Zapada bila je, barem se tako moglo prodavati, ono što je Beograd zagovarao još od stabilizacije vlastitog vanjskopolitičkog položaja. Sada su obnovljeni odnosi s Bonnom SR Njemačku učinili najvažnijom vanjskopolitičkom partnericom, sasvim sigurno najvažnijom europskom adresom za jugoslavenske diplomate. Njemačka je bila ispresijecana konzulatima SFRJ, stotine tisuća radnika na privremenom radu u inozemstvu – ukupno osam posto radno sposobnih – postali su važni kontributori jugoslavenskog privrednog razvoja, a njemačka tehnologija i kapital, uključujući i pitanje ratnih dugova, bila je važna za gospodarski život. Devizne doznake radnika na privremenom radu u inozemstvu bile su stalni izvor deviza u SFRJ, a zarada u konzulatima osiguravala je samodostatnost diplomatskih predstavništava u nizu zapadnoeuropskih država. Daleko važnije bilo je zaliječenje rane nastale priznanjem DDR-a i primjene Halsteinove doktrine[14] na Jugoslaviju.

Od početka 1970-ih Beograd je imao solidne odnose sa svim zapadnim državama, osim fašističkih diktatura u južnim zemljama kontinenta, Grčkom pod pukovnicima, Španjolskom Francisca Franca i Portugalom, ali i s tim su se zemljama polovicom desetljeća odnosi uspostavili i počeli razmjerno brzo graditi. General Francisco da Costa Gomes tijekom posjete Beogradu i Rijeci krajem listopada 1975. jasno je rekao kako se Portugalcima jugoslavenski socijalizam sviđa. U Madrid je prvi jugoslavenski ambasador otišao 1977. Rudi Čačinovič znao je španjolski, komunistička partija tamo je bila važna, Eurokomunizam, koji je započeo kao novinarska dosjetka[15], pretvorio se u fenomen KP juga Europe i utjecao na Jugoslaviju. Španjolce ili barem dio Španjolaca više od samoupravljanja, zanimao je jugoslavenski federalizam. Jugoslavenski veleposlanik već je tada na Bledu organizirao katalonsko-slovenske susrete, što je, naravno, bilo sukladno ukupnoj jugoslavenskoj politici. Italija je bila nešto posve drugo, najvažnija i najveća jugoslavenska susjeda, zemlja nauštrb koje se još Demokratska Federativna Jugoslavija, teritorijalno proširila. Granice su razriješene 1954., no tek 10. 11. 1975. potpisani su Osimski sporazumi i definitivno razriješena granična crta dvije susjedne države. Tako je Tito na svoje prvo službeno putovanje u Italiju otišao tek 1971. i bio prvi komunistički vođa neke zemlje koji je posjetio Papu.[16] U Parizu je Tito bio tri puta, ali je između dva posjeta, onog

Already at that time, the Yugoslav ambassador had been organizing Catalan-Slovenian conferences at Lake Bled, which was, naturally, consistent with general Yugoslav policy. Italy was another matter entirely, as the most significant and biggest Yugoslav neighbor and the state which took the toll of Yugoslav territorial expansion already in the period of the Democratic Federal Yugoslavia. Although the two countries' border issues were nominally resolved in 1954, the border was not finally determined until the signing of the Treaty of Osimo on 10th November 1975. Thus, Tito's first official visit to Italy occurred in 1971 and he was the first communist head of state to visit the Pope.[16] As far as France is concerned, Tito visited Paris three times, but too many years had passed between two of his visits, i.e. the one after the war and the one made to president Georges Pompidou in 1969. It was only Tito's visit to Valery Giscard D' Estaing (1974–1981) at the end of 1976 that marked the normalization of the two countries' relations, too long disrupted on account of Yugoslavia's connections with Algeria and the animosity between Charles de Gaulle and Tito, although the two leaders had never actually met.

Plakat filma *W.R. Misterij organizma*. Režija: Dušan Makavejev, 1971.

***W.R.: Mysteries of the Organism.* Director: Dušan Makavejev, film poster, 1971**

poslije rata i predsjedniku Georgesu Pompidouu 1969., proteklo previše godina. Tek je dolazak u posjetu Valery Giscard d'Estaingu (1974.–1981.) krajem 1976. označio normaliziranje odnosa, predugo narušenih zbog jugoslavenske bliskosti s Alžirom, a onda i animozitetom između Charlesa de Gaullea i Tita, mada se dvojica vođa osobno nisu susrela.

Najvažnija vanjskopolitička posjeta, koja je imala prekretničko, svjetsko značenje, dogodila se u rujnu i listopadu 1970., kada je na dugo putovanje u Beograd, Zagreb i Kumrovec došao američki predsjednik Richard Nixon. Bio je to drugi ikada organiziran posjet nekog američkog predsjednika socijalističkoj zemlji, ali zbog svoga dugog trajanja i obilaska druge najveće republike i glavnog industrijskog središta u državi, značio je podvlačenje federalizma SFRJ i pokazao koliko su SAD zainteresirane za opstanak režima kojeg je vodio Tito. Tito je uzvratio odlaskom u SAD 1971., pa je u ljeto 1975. u Beograd došao predsjednik Gerald Ford. Kako je izjavio njegov savjetnik za nacionalnu sigurnost Henry Kissinger, odlazak u Beograd (i Bukurešt) trebao je razbiti sve dvojbe oko američkog interesa u neovisnost „ove dvije zemlje".[17] S predsjednikom Jimmy Carterom Tito se susreo 1978. u Washingtonu. Carter je u Jugoslaviju došao kratko, 24. lipnja 1980., samo na Titov grob. Mada u narednim desetljećima, sve do dvosatnog posjeta Billa Clintona 1998. Hrvatskoj, nije bilo posjeta nekoj od jugoslavenskih država na najvišoj razini, intenzivni se odnosi nisu prekidali, mada su putovanja bila uglavnom jednosmjerna. Sjedinjene Američke Države tijekom sedamdesetih nastavile su, dijelom i produbile, politiku koja je već davno bila definirana. Tita je trebalo ostaviti na površini, Jugoslavija je trebala i dalje biti primjer istočnoeuropskim državama koje, vidjelo se to u Čehoslovačkoj, Sovjetski Savez čvrsto stišće. Liberalni komunistički režim bio je, doduše, za dio američkog establišmenta uvijek samo polovičan iskorak, no za dio politike bio je najbolje što se moglo i zato su ga pazili i pomagali, žmirili na sve politike ili kršenja ljudskih prava.[18] Sjedinjene Američke Države od prekida odnosa Tita i Staljina 1948., vrlo brzo su svoju politiku prilagodile novoj realnosti i ostale materijalno i politički pomagati režim u Beogradu, tako dugo dok je on značio jasnu razliku u odnosu na zemlje Istočne Europe. Američki zajmovi, pomoć u oružju, hrani, kasnije i ulaganja, bila su golema. Export-Import banka SAD-a kreditirala je različite projekte desetljećima, a 1973. sklopljen je Međuvladin sporazum o znanstvenoj i tehničkoj suradnji

The most significant foreign-policy encounter, pivotal and global in its significance, occurred from September to October 1970, when American president Richard Nixon arrived for a long visit to Belgrade, Zagreb and Kumrovec. It was the second ever organized visit of an American president to a socialist country, but its length and the fact that it included a tour of the second biggest republic and main industrial center of the federation emphasized SFRY's federalism and showed just how much the USA was interested in the survival of the regime run by Tito. Tito reciprocated with a visit to the USA in 1971, which was followed by President Gerald Ford's visit to Belgrade in the summer of 1975. As stated by his national security adviser Henry Kissinger, the visit to Belgrade (and Bucharest) was meant to shatter all doubts regarding the American interest in the independence of "these two countries".[17] President Jimmy Carter met Tito in Washington in 1978 and would only briefly visit Yugoslavia on 24th June 1980, to pay his respects at Tito's grave. Although, in the following decades, up until Bill Clinton's two-hour visit to Croatia in 1998, there were no top-level visits to any Yugoslav republic, strong relations were maintained, even if the trips were mostly one-directional. During the 1970s, the United States of America continued pursuing its long-ago defined policy, even somewhat intensifying it. Tito had to retain visibility and Yugoslavia still needed to set an example to Eastern European countries which, as seen in Czechoslovakia, were in the tight grip of the Soviet Union. Admittedly, for a part of the American establishment, a liberal communist regime represented only a partial step forward, but for the other part, it was the best that could be done. Therefore, the regime was protected and supported, with a blind eye was turned on any disagreeable policies or human rights violations.[18] Following the termination of Tito-Stalin relations in 1948, the United States of America very quickly adjusted its policy to the new reality and continued financially and politically supporting the Belgrade regime, so long as it remained clearly distinct from other Eastern European countries. American loans, aid in arms and food, as well as subsequent investments, were huge. For decades, the USA's Export-Import Bank supplied credit for various projects, and the Inter-Governmental Agreement on Scientific and Technical Cooperation was signed in 1973, establishing a Joint Fund for Scientific and Technical Cooperation. The Coca-Cola company entered the Yugoslav market under the countertrade model, according to which wines of the "Avia" brand (named after "Yugosl-avia") were exported to the

i uspostavljen Zajednički fond za naučnu i tehničku suradnju. Coca-Cola je na jugoslavensko tržište ušla po modelu kompenzacijske trgovine, tako da su u SAD izvožena vina Avia (od Jugosl-avia), a marketinški ih je plasirala Coca-Cola, koja je od zarade naplaćivala uvoz bezalkoholnog pića u SFRJ.[19] Nuklearna elektrana u Krškom, zajednički projekt SR Slovenije i Hrvatske, koji se počeo graditi 1975., koristio je tehnologiju Westinghousea za svoj reaktor, jedini takav slučaj u nekoj socijalističkoj državi. Jugoslavija je zahvaljujući zapadnoj podršci ionako već 1966. postala članicom GATT-a, preteče Svjetske trgovinske organizacije WTO.

Kontakti sa Sjedinjenim Državama i Zapadnim zemljama nisu značili da su zanemareni odnosi sa Istokom, a još manje s Nesvrstanima. Jugoslavenski režim nikada nije namjeravao napustiti temeljnu ideološku orijentaciju, ostao je vjeran marksizmu i ostao jednopartijski sustav sa Savezom komunista kao jedinom strankom, ali razliku u odnosu na Moskvu, pa i stečeni ugled i samostalnost, nikada nije želio ugroziti. Upravo je intervencija u Čehoslovačkoj i Brežnjevljeva doktrina bila odlučni impuls Beogradu da se zastoj u Pokretu nesvrstanih zemalja prevlada. Zbog Izraelsko-arapskog rata 1967., pa udara u Gani, Indoneziji, svijet je ponovo ušao u opasniju fazu, a PNZ se umrtvio. Desetak godina neovisnosti zemalja Trećeg svijeta, od kojih su mnoge postale članice Pokreta nesvrstanih, pokazale su brojne poteškoće u načinu na koji su tamošnji vođe shvaćali ljudska prava, korupciju, razvoj. Državni udari, kršenja manjinskih prava, gospodarsko nazadovanje, pa i biranje savezništava koja po mišljenju Jugoslavije nisu bila ne samo u skladu s „izvornim načelima nesvrstavanja“, već su bila protivna jugoslavenskim interesima, dovela je i tamo do dinamizacije jugoslavenskog međunarodnog položaja. Stoga se postupno u nesvrstanoj politici počela događati transformacija ili popunjavanje vanjskopolitičkih opcija. Jugoslavija je postala neobično aktivna i zainteresirana za sazivanje Konferencije o europskoj sigurnosti i suradnji, u čijoj je organizaciji i radu učinila puno. Tito je u Helsinkiju 1975. bio vidljiv, a američki predsjednik Gerald Ford posjetio je Beograd u ljeto 1975., između ostaloga i zato jer je Beograd bio domaćin, prvi nakon Finske, druge konferencije OECD-a (1977. i 1978.).[20]

Odnosi su popravljeni i s Albanijom, a onda se u balkanska zbivanja uključila i Kina. Peking, u ideološkom sukobu visokog i vojnom sukobu niskog

USA. Their market placement was done by Coca-Cola, which took a part of the sales earnings as a fee for the import of non-alcoholic beverages into the SFRY.[19] The nuclear power plant in Krško, a joint project of the federal republics of Slovenia and Croatia, whose construction began in 1975, used the Westinghouse technology for its reactor, which was the only such instance of East-West cooperation registered in a socialist country. As of 1966, as a result of Western support, Yugoslavia had been a party to the General Agreement on Tariffs and Trade (GATT), the precursor to the World Trade Organization (WTO).

Contacts with the United States and Western countries did not imply that relations with the East were neglected, even less so in the case of Non-Aligned states. The Yugoslav regime never intended to abandon its basic ideological orientation, staying true to Marxism and remaining a one-party system with the League of Communists as the only party. However, it never wanted to jeopardize its distinction from the USSR, or its acquired reputation and independence. In fact, the intervention in Czechoslovakia and the Brezhnev Doctrine provided the final impulse for the Yugoslav government to overcome the standstill in the Non-Aligned Movement. Following the Arab-Israeli war of 1967 and the *coups d'état* in Ghana and Indonesia, the world once again entered a dangerous period, while the NAM stagnated. A decade of independence of Third World countries, many of which became members of the Non-Aligned Movement, had shed light on numerous problems in their leaders' understanding of human rights, corruption and development. The *coups d'état*, minority rights violation and economic decline that characterized these countries, as well as their choice of allies, which, in the eyes of Yugoslavia, was not only incongruous with the "primary principles of non-alignment", but also contrary to Yugoslav interests, also contributed to the dynamization of Yugoslavia's international position. Therefore, non-aligned policy was increasingly undergoing transformations, that is to say, various foreign-policy options were being expanded. Yugoslavia became unusually active and interested in convoking the Conference on Security and Cooperation in Europe and participated extensively in its organization and work. Tito cut a powerful figure in Helsinki in 1975, and the visit of American president Gerald Ford to Belgrade in the summer of 1975 owed much to the fact that Belgrade was to host the second conference of the Organization for Economic Cooperation and Development (1977 and 1978), after Finland.[20]

intenziteta sa SSSR-om, postajao je sve zainteresiraniji smetati sovjetskim interesima posvuda. Branio je poljsku neovisnost 1970., podržavao Rumunjsku i Albaniju, ali i ublažio ideološke napade na jugoslavenski „revizionizam".[21] Mada su neki analitičari smatrali kako je Jugoslavija početkom 1970-ih napuštala svoju nesvrstanu orijentaciju, prije bi se moglo reći da je pojačano naglašavala orijentaciju na druge dijelove svijeta i Europu. Naime, Treća konferencija PNZ, održana u Lusaki, Zambija, bila je u mnogočemu upravo jugoslavensko postignuće.[22] Jugoslavenski diplomati pomagali su u pisanju dokumenata, deklaracija, logistici. Od toga trenutka dalje, svake su se tri godine konferencije PNZ održavale (Alžir, Šri Lanka, Havana i dalje), redoviti su bili i ministarski sastanci, a na svima je SFRJ imala najistaknutiju ulogu. Istina, jugoslavenski je stav prema Pokretu postao pragmatičniji. Pokret je bio važna vanjskopolitička alatka koja se čuvala, koja je pomagala Jugoslaviji da zadrži važnost, da i dalje bude smatrana jednom od pivotalnih država unutar UN-a. Princ Kambodže Norodum Sihanuk 1973. tijekom posjete Jugoslaviji dao je zato svoju ocjenu: „Svuda je socijalizam izrastao do pupa, ali se dalje ne rascvjetava", mada u Jugoslaviji počinju promjene. „U svijetu je Jugoslavija zemlja na čiji se stav reagira. Tito je čudesna i uticajna ličnost...".[23]

Na europskom kontinentu, posebno u svjetlu priprema za Konferenciju o europskoj sigurnosti i suradnji (KESS) koja je trebala razriješiti stanje na europskom kontinentu, postalo je razvidno da se neke države daleko bolje slažu ili da im se gledanja na mnoge probleme u svijetu daleko više poklapaju s jugoslavenskima, mada su suprotstavljene ideološke osnove i nisu članice Pokreta. Stoga je Ranko Petković u poluslužbenoj *Međunarodnoj politici*, časopisu Instituta za međunarodnu politiku i privredu 1969. napisao kako se nesvrstavanje najčešće smatra „azijsko-afričkim fenomenom". Riječ je o globalnoj političkoj orijentaciji, s univerzalnim vrijednostima, a to je značilo i europskim. „Juridički i politički jaz između politike neutralnosti i politike nesvrstavanja de facto ne postoji", pisao je Petković i donekle pojasnio zašto je Beograd otkrio kako Beč, Stockholm, Bern, prijestolnice koje su na intervenciju u Čehoslovačkoj reagirale sličnije Jugoslaviji, mogu postati bliže saveznice.[24] Tako je usporedo sa snaženjem uloge Helsinškog procesa, posebno jugoslavenske uloge, djelovanje zemalja koje su stajale između Istoka i Zapada, postajalo sve prepoznatije i organiziranije. Neu-

Relations with Albania improved as well, and before long, China took an interest in the developments in the Balkans. Involved in a high-intensity ideological conflict and a low-intensity military one with the USSR, the Chinese government was becoming increasingly interested in disrupting Soviet interests all over the globe. It defended Polish independence in 1970, supported Romania and Albania, but also mollified its ideological attacks on Yugoslav "revisionism".[21] Although some analysts believed that, by the beginning of the 1970s, Yugoslavia had forsaken its non-aligned orientation, it would have been more accurate to say that it had emphasized its orientation towards other parts of the world and Europe. Namely, the Third Conference of the Non-Aligned Movement held in Lusaka, Zambia, was in many ways a Yugoslav achievement.[22] Yugoslav diplomats helped with the drafting of documents and declarations, as well as with logistics. From then on, NAM conferences were held every three years (in Algeria, Sri Lanka, Havana etc.), while NAM summits were also regularly held. At all of them, the SFRY had a key role. In truth, Yugoslavia's vision of the Movement became more pragmatic. The Movement was an essential foreign policy tool which was protected and which helped the Yugoslavia preserve its importance and status as one of the pivotal UN Member States. Hence the following assessment by the Prince of Cambodia Norodom Sihanouk, given in 1973 during his visit to Yugoslavia: "Socialism is budding everywhere, but nowhere is it in full bloom.", although changes in Yugoslavia were starting to happen. "Throughout the world, Yugoslavia is a country whose positions provoke reactions. Tito is a marvelous and influential figure...".[23]

On the European continent, it became clear, especially in the light of the preparations for the Conference on Security and Cooperation in Europe (CSCE), which was meant to resolve the situation in Europe, that certain countries got along far better than others, that is, that their perspectives regarding many global issues were much more compatible with the Yugoslav one, notwithstanding their opposite ideological bases and the fact that they were not members of the Movement. With this in mind, in 1969, in the semiofficial journal of the Institute for International Policy and Economy *Međunarodna politika*, Ranko Petrović wrote that non-alignment was usually considered an "Asian-African phenomenon". However, it was a global political orientation, with universal – therefore, also European – values. "The juristic and political gap between the policy of neutrality and the policy

tralne i nesvrstane zemlje (NN) bile su način na koji se koordinirala politika unutar Starog kontinenta i razlog zašto je Jugoslavija morala inzistirati na svjetskoj, univerzalnoj komponenti svoje vanjske politike. Nesvrstavanje bez Europe, pa makar pune članice Pokreta iz Europe bile samo Malta, Cipar i SFRJ, uz brojne zemlje promatrače, bilo bi svedeno na „trikontinentalni" koncept, koji je jedno vrijeme zagovarala Indonezija, pa kasnije Kuba i neke druge države.

S kubanskim uspjesima 1970-ih godina u Africi, prije svega u Angoli, Etiopiji i Zelenortskim Otocima, Kubanci su željeli preusmjeriti PNZ i pretvoriti ga u „prirodnog saveznika" socijalističkog bloka zemalja. Napetosti između Jugoslavije i Kube, pa i dijela zemalja koje je Kuba privukla, osjećale su se tijekom većeg dijela sedamdesetih, a kulminirale su prije konferencije u Havani, u rujnu 1979. Sedma konferencija PNZ bilo je posljednje vanjskopolitičko putovanje Josipa Broza Tita i posljednji vanjskopolitički uspjeh. Naime, mogućnost da Kuba preuzme dominaciju u PNZ nije odgovarala ne samo Beogradu, koji se borio da životno djelo predsjednika i višedesetljetni napori diplomacije ne budu razbijeni, već i Sjedinjenih Država i Zapada, koji su između jugoslavenske, u osnovi, neideološke ideje pokreta i kubanskog vodstva, bili posve na strani Beograda. Uopće, jugoslavenski pogledi na PNZ bili su razmjerno široki, protiv ideologizacije, svakako puno više no što je to slučaj iznutra, unutar Jugoslavije.

Tito je u Kinu otputovao 1977. godine, prvi puta od uspostave diplomatskih odnosa. Polovicom 1978. u Jugoslaviju je u prvo slično putovanje došao i kineski vođa Hua Guo Feng, što je osobito ljutilo najneprijateljskiju od svih jugoslavenskih susjeda, Albaniju.[25] Kineski vođa u Skopje je doputovao da bi „kovao intrige" protiv Tirane, vikao je Enver Hoxha. Odnosi sa susjedima, posebno Bugarima i Albancima, bili su najlošiji, najslabiji dio jugoslavenske vanjske politike.

Tijekom sedamdesetih diplomacija zemlje koja je u vanjskih poslovima posve otupjela ideološku oštricu koju je imala u pedesetima i dijelu šezdesetih, postajala je zrela, sređena, otvorenija, spremna tražiti saveznike mimo ideoloških ograda – što je, doduše, uvijek i znala – ali sada i mimo dramatičnih, kriznih vremena. Popravljeni su odnosi s većinom zapadnih dr-

of non-alignment is de facto non-existent", Petković wrote, explaining to some extent how the Yugoslav government discovered that its counterparts in Vienna, Stockholm and Bern, whose reaction to the intervention in Czechoslovakia was more similar to theirs, could become closer allies.[24] In this way, simultaneously with the strengthening of the impact of the Helsinki process, especially of the role of Yugoslavia in it, the activities of the countries that stood between the East and the West were becoming more and more visible and organized. The neutral and non-aligned countries (NNAC) exemplified a method of coordinating the politics of the Old Continent and provided a reason for Yugoslavia's insistence on the global, universal component of its foreign policy. Non-alignment without Europe, even if the only European states with full membership in the Movement were Malta, Cyprus and the SFRY, while many of the others were observer states, would have been reduced to a "tricontinental" concept, at one point advocated by Indonesia and later by Cuba and some other countries.

Following its successes in the 1970s in Africa, primarily in Angola, Ethiopia and Cape Verde, Cuba wanted to change the course of the NAM and turn it into a "natural ally" of the socialist bloc. Tensions between Yugoslavia and Cuba, with the latter being backed by a part of the cluster of countries under its influence, had been felt during the bigger part of the 1970s and culminated before the conference in Havana in September 1979. The seventh NAM conference was Josip Broz Tito's last foreign-policy trip and his final foreign-policy achievement. Namely, the prospect of Cuba's dominance in the NAM was unacceptable both to the SFRY government, which fought to preserve the president's life's work and the multidecadal efforts of its own diplomacy, and to the United States and the West, which, faced with the choice between Yugoslavia's basically non-ideological idea of the Movement and Cuban leadership, strongly supported the SFRY government. The Yugoslav perspective on the NAM was relatively broad and opposed ideologization, certainly much more than it did in the case of Yugoslavia's internal affairs.

Tito visited China in 1977, for the first time after the establishment of diplomatic relations. In mid-1978, Chinese leader Hua Guofeng paid his first visit to Yugoslavia with a similar purpose, which particularly angered the most hostile of all Yugoslav neighbors, Albania.[25] The Chinese leader had come to Skopje to "plot intrigues" against the Albanian government, Enver

žava, uspostavljeni su diplomatski odnosi sa zemljama juga Europe. SAD i SSSR, Kina, bili su partneri. Nesvrstani su bili pod prijetnjom udara radikalnih država, ali Jugoslavija je i dalje kontrolirala i bila, konačno, najmoćnija i najuspješnija u usmjeravanju Pokreta. Imajući na umu ograničenja s kojima je startala, poteškoće u slaganju diplomatske mreže, na što je sve više utjecao dogovor pojedinih republika, riječ je bila o jednoj od najuspješnijih politika SFRJ, koja je uvijek bila uglednija od države koju je predstavljala. Diplomaciju je na samom početku epohe vodio Mirko Tepavac, koji je otišao zajedno sa cjelokupnim liberalnim vodstvom SK Srbije 1972. Potom je šef diplomacije Miloš Minić, a nakon 1978. prvi je puta poslije odlaska Edvarda Kardelja 1953., šef diplomacije postao ne-Srbin, hrvatski političar Josip Vrhovec, do tada jedan od najmoćnijih ljudi te republike. Dok god je bio živ i u snazi, diplomatske odnose usmjeravao je Josip Broz Tito, a oni su mu ostali među najdražima od svih politika na koje je utjecao.

Sedamdesete su godine donijele završetak politici popuštanja u odnosima dva ideološki suprotstavljena bloka, simbolički, nakon sovjetske intervencije u Afganistanu. Tito je još izdiktirao reakciju na ulazak Sovjeta u Kabul, a onda, kratko nakon dočeka Nove 1980., završio u bolnici u Ljubljani. Bio je to početak njegovog fizičkog odlaska i zaoštravanja svih suprotnosti SFRJ koje su jednim dijelom bile potiskivane toliko dugo dok je vrhovni vođa bio na političkoj sceni.

Dobrodošlica Titu u Africi.
Arhivska fotografija

Welcoming Tito in Africa.
Archive photo

Hoxha clamored. Relations with the neighbors, especially with the Bulgarians and the Albanians, were the weakest and least successful part of Yugoslav foreign policy.

In the 1970s, the diplomacy of a country which had retracted its ideological demands made during the fifties and a part of the sixties matured, became more consistent, open and ready to look for allies, not only beyond ideological divisions – which it had, indeed, always been good at – but also in times other than those of crisis. Diplomatic relations with most Western countries improved and those with south-European countries were established. The USA, USSR and China became Yugoslavia's partners. Although the Non-Aligned Movement was under threat of domination by the radical states, Yugoslavia still directed its course and was, ultimately, the most powerful and successful to do so. Bearing in mind the limitations with which it started out and the problems with forming a diplomatic network, increasingly aggravated by agreements between some of its republics, the SFRY's foreign policy was one of its most successful and always more respectable than the country it represented. At the decade's beginning, the diplomatic service was headed by Mirko Tepavac, who was later deposed along with the entire liberal leadership of the League of Communists of Serbia in 1972. He was succeeded by foreign minister Miloš Minić. After 1978, for the first time since Edward Kardelj left the post in 1953, a non-Serb became foreign minister. It was the Croatian politician Josip Vrhovec, one of the most powerful people in the republic at the time. Josip Broz Tito steered the diplomacy for as long as his health permitted. Of all the policies under his influence, foreign relations were his favorite.

The 1970s also saw the end of the politics of *détente* in the relations between two ideologically opposed blocs. Symbolically, it was marked by the aftermath of the Soviet intervention in Afghanistan. Tito still managed to dictate a response to the entry of Soviets into Kabul, and then, shortly after New Year's Eve 1980, he was admitted into a hospital in Ljubljana. This signaled the beginning of his physical departure and the intensification of all the oppositions in the SFRY that had been partially suppressed while the supreme leader was present on the political stage.

1
Hronika međunarodnih događaja 1970, Beograd, 1975., 2175.

2
Jakovina, Tvrtko, Aktivna koegzistencija nesvrstane Jugoslavije, *Jugoslavija u istorijskoj perspektivi*, Helsinški odbor za ljudska prava Srbije, Beograd, 2017.,469–470, 476–477.

3
Ono što je kasnije, vjerojatno prema čehoslovačkom primjeru Praškog proljeća, nazvano Hrvatskim proljećem, predvodila je skupina mladih i često izvan zemlje obrazovanih komunista predvođenih prvom ženom predsjednicom Izvršnog vijeća Sabora (Vlade) i Saveza komunista Hrvatske, dr. Savkom Dabčević Kučar i vrlo uglednim Mikom Tripalom. Srbijansko vodstvo na čelu s Markom Nikezićem, bivšim šefom diplomacije i Latinkom Perović, povjesničarkom, slijedilo je ideju o nedovršenoj socijalističkoj modernizaciji, i igrali ulogu „prosvjećenih" vladara koji su smatrali da je osnovna zadaća vodstva najveće republike stvarati što povoljnije uvjete za vlastito stanovništvo, razvijati svoje vlastite potencijale, ne plašiti ostale od kojih su Srbi bili višestruko brojniji. Isto je bila riječ o dinamičnom, zapadnom svijetu okrenutom vodstvu. Proljećari su smijenjeni u prosincu 1971., Liberali su podnijeli ostavke krajem 1972. godine. Smjene su se dogodile i nešto ranije u Sloveniji (Stane Kavčič), Makedoniji i Bosni i Hercegovini.

4
NIE: *Yugoslavia: From National Communism to National Collapse, US Intelligence Community Estimative Products on Yugoslavia*, 1948–1990, National Intelligence Council and Office of the Director of National Intelligence, Washington DC, 2006-004 December 2006, October 1976

5
Pirjevec, Jože, *Tito in tovariši*, Cankarjeva založba, Ljubljana, 2011., 616.

6
Jakovina, Tvrtko, Hrvatska izlazi u svijet, Hrvatska/Jugoslavija u svjetskoj politici 1945.–1991., *Hrvatska politika u XX. stoljeću, Zbornik radova*, Matica hrvatska, Zagreb, 2006., 378–380; Pirjevec, Jože, *Tito in tovariši,* 605.

7
Stipe Šuvar, visoki hrvatski dužnosnik, profesor sociologije na Filozofskom fakultetu Sveučilišta u Zagrebu, u osamdesetim godinama predsjednik Saveza komunista Jugoslavije (1988.–1989.) i član kolektivnog Predsjedništva SFRJ (do 1991.). Njegova ideja reforme srednjoškolskog obrazovanja, koja je zapravo do kraja provedena samo u SR Hrvatskoj, imala je namjeru ukinuti postojeći ustroj obrazovanja smanjenjem broja škola koja su davala opća, humanistička znanja (Gimnazije) i organizirati više „usmjerenih škola" za proizvodna zanimanja, sa ciljem da đaci odmah budu spremni ući u proizvodni proces. Reforma je za uzore imala važne zapadne kurikulume, ali je napadana zbog besmislenih specijalizacija i uskih usmjeravanja koja je davala, a koji nisu imala mjesta na tržištu rada. To, istovremeno, ne znači da je obrazovanje kakvo je do tada bilo dominantno, davalo sjajne rezultate.

8
Tehnokratima su u jugoslavenskom kontekstu obično nazivani političari koji su samo formalno prigrlili komunističku ideologiju i samoupravni socijalizam, a zapravo su bili zainteresirani za novac, interese vlastitog poduzeća, oni koji su time manje mislili na radnika, a više na materijalne interese, bili otvoreni kapitalističkoj logici proizvodnje i sl.

9
Dnevnik Ivana Bukovića Ćire, 7. 1. 1977. Buković u Dnevniku piše „šovinističke izjave antisrpske"; u tekstu je red riječi promijenjen u skladu s govornim jezikom.

10
Mandić, Blažo, *Tito u dijalogu sa svijetom*, Agencija "MiR", Novi Sad, 2005., 289–299. (Tito je 1970. bio u Tanzaniji, Etiopiji, Keniji, Ugandi, Sudanu, UAR, Libiji i Zambiji).

11
Hronika međunarodnih događaja 1970, 2312.

12
Arhiv Mike Tripala; Politička djelatnost do 1971; rukopisne bilješke sa sastanka Predsjedništva Partije i Države na Brijunima nakon intervencije Varšavskog ugovora u Čehoslovačkoj 1968.

1
Hronika međunarodnih događaja 1970, Belgrade, 1975, 2175.

2
Tvrtko Jakovina, "Aktivna koegzistencija nesvrstane Jugoslavije" in: *Jugoslavija u istorijskoj perspektivi,* Helsinki Committee for Human Rights in Serbia, Belgrade, 2017, pp. 469–470, 476–477

3
The movement which later became known as the Croatian Spring, probably named after the Czechoslovakian Prague Spring, was led by a group of young communists, many of whom were educated abroad, headed by Savka Dabčević Kučar, the first female president of the Executive Council of the Parliament (i.e., the Government) and the League of Communists of Croatia, and the reputable Miko Tripalo. The Serbian leadership, headed by former foreign minister Marko Nikezić and historian Latinka Perović, adhered to the idea of unfinished socialist modernization and played the role of "enlightened" rulers, who believed that the main task of the government of the largest republic was to create the best possible conditions for its population, develop its own potential and not intimidate the other nationalities inhabiting its territory, outnumbered several times by the Serbs. They too were a dynamic, Western-influenced group focused on leadership. The Croatian Spring activists were deposed in December 1971, while the Liberals stepped down at the end of 1972. Depositions also occurred somewhat earlier in Slovenia (Stane Kavčič), Macedonia and Bosnia and Herzegovina.

4
NIE: *Yugoslavia: From National Communism to National Collapse, US Intelligence Community Estimative Products on Yugoslavia*, 1948–1990, National Intelligence Council and Office of the Director of National Intelligence, Washington DC, 2006-004 December 2006, October 1976

5
Jože Pirjevec, *Tito in tovariši*, Cankarjeva založba, Ljubljana, 2011, p. 616

6
Tvrtko Jakovina, "Hrvatska izlazi u svijet, Hrvatska/Jugoslavija u svjetskoj politici 1945.–1991." in: *Hrvatska politika u XX. stoljeću*, Matica hrvatska, Zagreb, 2006, pp. 378–380; Jože Pirjevec,*Tito in tovariši*, p. 605

7
Stipe Šuvar was a high-ranking Croatian official, sociology professor at the Faculty of Humanities and Social Sciences of the University of Zagreb, president of the League of Communists of Yugoslavia (1988–1989) and member of the collective Presidency of the SFRY (until 1991). His idea of the reform of secondary education, fully implemented only in the Federal Republic of Croatia, included abolishing the existing educational structure by reducing the number of schools providing general, humanistic knowledge and skills (grammar schools) and establishing more "vocational schools" for industrial professions, in order to enable the students to enter the production process immediately after graduation. Although modeled upon influential Western curricula, the reform came under attack for advocating meaningless specializations and overly specific vocations which were irrelevant on the labor market. However, the outcomes of mainstream education weren't particularly good either.

8
In the Yugoslav context, the term "technocrats" was commonly used for politicians who only formally endorsed the communist ideology and self-management socialism, while in fact prioritizing money and the interests of their companies. Consequently, they were less concerned about the workers than about their own financial interests, open to the capitalist modes of production etc.

9
Diary of Ivan Buković Ćiro, 7th January 1977. In the Diary, Buković wrote "chauvinist observations against the Serbs"; however, in the above quote, the word order has been changed in order to reflect spoken language.

10
Blažo Mandić, *Tito u dijalogu sa svijetom*, Agencija "MiR", Novi Sad, 2005, pp. 289–299. (In 1970, Tito traveled to Tanzania, Ethiopia, Kenya, Uganda, Sudan, the UAR, Libya and Zambia).

13
Vučković, Čedomir, *Nesvrstani u podeljenom svetu*, IRO „Rad“, Beograd, 1981., 226–233.

14
Prema visokom službeniku zapadnonjemačkog Ministarstva vanjskih poslova Walteru Hallsteinu dugogodišnja doktrina SR Njemačke nazvana je Halsteinovom. Doktrina je tražila da vlasti u Bonnu prekinu diplomatske odnose sa svim vladama koje bi priznale vlasti Istočne Njemačke, DDR-a u Istočnom Berlinu. Primijenjena je na Beograd i Havanu.

15
Otac termina „eurokomunizam“ bio je poznati jugoslavenski novinar Frane Barbieri, Dalmatinac koji je bio urednik nekih od najvažnijih novina ondašnje SFRJ. Kasnije je radio kao dopisnik iz Italije i postao stručnjak za talijansku politiku, a posebno zbivanja u komunističkim i lijevim partijama zemalja Južne Europe.

16
Mandić, Blažo, *Tito u dijalogu sa svijetom*, 359–360.

17
FRUS (Foreign relations of the United States), 1966–1976, China, Vol. XVIII, Washington: US Government Printing Office, Document 95, Memorandum of Conversation, Teng Hsiao-p'ing, Ch'iao Kuan-hua; Henry Kissinger, George Bush, November 27, 1974 and Burr (ed), 1998, 308. Kissinger je doslovno rekao: „...to make clear the American interest in the independence of these two countries".

18
Jakovina, Tvrtko, *Trenuci katarze*, Fraktura, Zaprešić, 2013., 341.

19
Adamović, Ljubiša, Lempi, Džon R. (John R. Lampe), Priket, Rasel O. (Russell O. Prickett), *Američko jugoslovenski ekonomski odnosi posle Drugog svetskog rata*, Radnička štampa, Beograd, 1990., 101–103.

20
Jakovina, Tvrtko, It's Either Tito or the Soviet Aparatchik: Tito's Yugoslavia and the United States of America (1945–1999), *Revolutionary Totalitarianism, Pragmatic Socialism, Transition, Volume one, Tito's Yugoslavia, Stories Untold,* (ur.) Gordan Ognjenović i Jasna Jozelić, Palgrave Macmillan, London, 2016., 99–137.

21
A. Ross Johnson, The Sino-Soviet Relationship and Yugoslavia 1949-1971, April 1971, Santa Fonica. FOLIO fjc/f156, LSE, Paper prepar for discussion at the Annual Convention for the AAASS, Denver, March 24-27, 1971., 11–12.

22
Jakovina, Tvrtko, *Treća strana Hladnog rata*, Fraktura, Zaprešić, 2012., 71–79.

23
Dnevnik Ivana Bukovića Ćire, 12. 6. 1973.

24
Petković, Ranko, Principi nesvrstanosti u Evropi, *Međunarodna politika*, br. 454, IMOE, Beograd, 1969., 8–10.

25
Jakovina, Tvrtko, *Treća strana Hladnog rata*, 54.

11
Hronika međunarodnih događaja: 1970, 2312

12
Archives of Miko Tripalo; Political Activity until 1971; hand-written notes from a meeting of the Party and State Presidium on Brijuni after the Warsaw Pact intervention in Czechoslovakia in 1968

13
Čedomir Vučković, *Nesvrstani u podeljenom svetu*, Publishing Work Organization "Rad", Belgrade, 1981, pp. 226–233

14
The longstanding doctrine of the Federal Republic of Germany was named after Walter Hallstein, a high-ranking official at the West German Foreign Office. According to the doctrine, the government of the Federal Republic of Germany was to cease diplomatic relations with any government that recognized the legitimacy of the government of East Germany, the GDR, in East Berlin. It was applied to the governments of the SFRY and Cuba.

15
The term "Eurocommunism" was coined by Yugoslav journalist Frane Barbieri, a Dalmatian who was the editor of some of the most important newspapers in the former SFRY. He later worked as a correspondent from Italy and became an expert in Italian politics, especially in the developments in communist and left-wing parties of South-European countries.

16
Blažo Mandić, *Tito u dijalogu sa svijetom*, pp. 359–360

17
FRUS (Foreign relations of the United States), 1966–1976, China, Vol. XVIII, Washington: US Government Printing Office, Document 95, Memorandum of Conversation, Teng Hsiao-p'ing, Ch'iao Kuan-hua; Henry Kissinger, George Bush, November 27, 1974 and Burr (ed), 1998, p. 308. Kissinger stated the following: "...to make clear the American interest in the independence of these two countries".

18
Tvrtko Jakovina, *Trenuci katarze*, Fraktura, Zaprešić, 2013, p. 341

19
Ljubiša Adamović, John R. Lampe, Russell O. Prickett, *Američko jugoslovenski ekonomski odnosi posle Drugog svetskog rata*, Radnička štampa, Beograd, 1990, pp. 101–103

20
Tvrtko Jakovina, "It's Either Tito or the Soviet Aparatchik: Tito's Yugoslavia and the United States of America (1945–1999)" in: *Revolutionary Totalitarianism, Pragmatic Socialism, Transition, Volume one, Tito's Yugoslavia, Stories Untold*, ed. by Gordan Ognjenović and Jasna Jozelić, Palgrave Macmillan, London, 2016, pp. 99–137

21
A. Ross Johnson, The Sino-Soviet Relationship and Yugoslavia 1949–1971, April 1971, Santa Fonica. FOLIO fjc/f156, LSE, Paper prepar for discussion at the Annual Convention for the AAASS, Denver, March 24-27, 1971, pp. 11–12

22
Tvrtko Jakovina, *Treća strana Hladnog rata*, Fraktura, Zaprešić, 2012, pp. 71–79

23
Diary of Ivan Buković Ćiro, 12th June 1973

24
Ranko Petković, "Principi nesvrstanosti u Evropi", *Međunarodna politika*, vol. 454, IMOE, Belgrade, 1969, pp. 8–10

25
Tvrtko Jakovina, *Treća strana Hladnog rata*, p. 54

Igor Duda

O VRHUNCU JUGOSLAVENSKE POTROŠAČKE KULTURE

Igor Duda

ON THE APOGEE OF YUGOSLAV CONSUMER CULTURE

Povodom četrdesete godišnjice osnutka Komunističke partije Hrvatske i dolaska Tita na čelo Komunističke partije Jugoslavije predstavnici općinskih i republičkih vlasti otvarali su 1977. nove objekte i postavljali kamene temeljce. Među industrijskim pogonima, trafostanicama, telefonskim centralama, cestama, hotelima, ambulantama i bolnicama, jaslicama, vrtićima i školama našli su se i novootvoreni opskrbni centri u Karlovcu, Krapini i Đurmancu, robne kuće u Rijeci, Imotskom i Krapini te temeljci za robne kuće u Petrinji, Valpovu i Vinkovcima.[1] Sedamdesete su bile sretno desetljeće za razvoj potrošačke kulture u Jugoslaviji. Hrvatska je na njihovu početku imala 13 robnih kuća i 607 samoposluga, a deset godina kasnije brojke su porasle višestruko na 60 i dvostruko na 1194.[2] Bio je to nastavak razvoja čiji se začeci nakon Drugoga svjetskog rata mogu smjestiti u kasne pedesete i još izraženije u šezdesete godine. Potrošačka je kultura tada zahvaćala sve veći dio stanovništva pa bi se zbog te masovnosti moglo reći da je u tome razdoblju rođeno hrvatsko i jugoslavensko potrošačko društvo. Možda već oko 1958., u jeku jugoslavenskoga privrednog čuda, kada potrošači dobivaju mjesto u Programu SKJ kao ključnom partijskom dokumentu i kada na opatijskom festivalu zabavne glazbe pobjeđuje pjesma *Mala djevojčica*, poznatija po stihu „Tata, kupi mi auto“.[3] Ovi počeci bili bi drugačiji bez prethodnoga otvaranja Zapadu i ne bi bili uspješni bez ulaganja u laku industriju i životni standard tijekom šezdesetih, bez tadašnje političke liberalizacije, osmišljavanja tržišnoga socijalizma i dostizanja ranga srednje razvijene zemlje. Od početka pedesetih jugoslavensko je gospodarstvo, uz povremene teškoće, sljedećih tridesetak godina bilježilo stalni gospodarski rast. Druga polovica sedamdesetih na kraju je toga razdoblja i povijesni je vrhunac životnoga standarda i kupovne moći jugoslavenskoga potrošača.[4]

Mnogi se autori slažu u procjeni o jugoslavenskoj „groznici zarađivanja i trošenja“, o podlijeganju „šarmu materijalističkoga društva“ ili o „zapadnoj oazi“ u kojoj su uvozni proizvodi zemlju – posebno Sloveniju i Hrvatsku – činili privlačnom gostima s druge strane željezne zavjese.[5] Može se reći da je u potrazi za blagostanjem oblikovan svojevrstan „jugoslavenski san“, donekle kontroliran i discipliniran, „suvremen i skroman, vrijedan i prihvatljiv“.[6] Povrh toga, Jugoslavija nije poput sovjetskih društava pokazivala obilježja „diktature nad potrebama“, niti je odozgo odvajala stvarne od lažnih potre-

In 1977, to mark the fortieth anniversary of the founding of the Communist Party of Croatia and Tito's leadership of the Communist Party of Yugoslavia, representatives of municipal and republican authorities were opening new facilities and attending groundbreakings. Springing up amongst the industrial plants, electrical substations, telephone exchanges, roads, hotels, medical clinics and hospitals, nurseries, kindergartens and schools were the new supermarkets in Karlovac, Krapina and Đurmanec, department stores in Rijeka, Imotski and Krapina, as well as the cornerstones for the ones in Petrinja, Valpovo and Vinkovci.[1] The seventies were a fortunate decade for the development of consumer culture in Yugoslavia. At their beginning, there were 13 department stores and 607 supermarkets in Croatia. Ten years later, these numbers respectively increased several fold to 60 and twofold to 1194.[2] It was a continuation of a development whose origins can be traced back to the period after the Second World War, i.e. to the late fifties and, more prominently, the sixties. The consumer culture was then permeating an ever-increasing part of the population; it could be stated that this massive reach created the Croatian and Yugoslav consumer society. It is likely that this occurred as early as in 1958, at the peak of the Yugoslav economic miracle, when the issue of consumers was first raised in the Programme of the League of Communists of Yugoslavia, a key party document, and the winning song of the Opatija Popular Music Festival was *Mala djevojčica* (*Little Girl*), better known for the lyric "Tata, kupi mi auto" ("Daddy, buy me a car").[3] These beginnings would have been different without the previous opening up to the West and not as successful without investments in light industry and the living standard made during the sixties, or without the simultaneous political liberalisation, the development of market socialism and the rise to the rank of a medium-developed country. For some thirty years, from the beginning of the fifties, the Yugoslav economy had recorded constant economic growth, hampered by occasional hardships. The second half of the seventies marked the end of that period and a historical culmination of the living standard and purchasing power of the Yugoslav consumer.[4]

Many authors agree in their view of the Yugoslav "earning and spending frenzy", the succumbing to "the charms of a materialist society" or the "Western oasis" whose imports made it attractive to visitors from the other

ba.[7] Sve je to omogućilo uspostavu uvjeta koji su odgovarali opisu potrošačkoga društva: dostupna je bila dovoljna – veća no ikad, iako nikad prevelika – količina robe, novca i potrošačkih kredita; usprkos nekim suprotnim nastojanjima društvene su vrijednosti nerijetko bivale određene kupovnom moći i materijalnim vlasništvom; stalna je bila želja za novim, uzbudljivim i modernim; nabava robe bila je dio identiteta i emocionalnoga zadovoljstva, a traženje proizvoda nije bilo određeno borbom za preživljavanje.[8]

Potrošačka je kultura neodvojivo povezana sa širenjem automobilske kulture te opremanjem doma namještajem i kućanskim uređajima, o čemu postoje i statističke potvrde.[9] Između 1968. i 1983. udio kućanstava s osobnim automobilom porastao je u Hrvatskoj s 9,3 na 38,9 posto, dok je proširenost televizora rasla s 31,4 na 86,4 posto, perilice rublja s 14,3 na 69,9 posto, hladnjaka s 30,7 na 83,9 posto. Ovi podaci odraz su ranije nezamislivo brzih promjena u elektrifikaciji i automatizaciji svakodnevnih kućanskih obaveza i slobodnoga vremena, no svedeni na prosjek prikrivaju velike razlike između grada i sela, radničkih i poljoprivrednih kućanstava. Godine 1978., jedne od onih s najvišom kupovnom moći građana, prosječna plaća iznosila je 5 432 dinara i bila je otprilike jednaka cijeni televizora ili perilice rublja, dok se kilogram kruha mogao kupiti za 6,35, litra mlijeka za 6,21, a kino ulaznica za 14,70 dinara. Te su godine tri od četiri kućanstva posjedovala hladnjak i televizor, perilicu rublja više od polovice, svako treće vozilo se u automobilu, svako peto imalo je fotoaparat, svako šesto gramofon i telefon, svako deveto kasetofon. I pored zahuktale stanogradnje, infrastruktura u prosjeku nije bila dovoljno razvijena, no bila je bolja no ikada ranije te su anketirani u Hrvatskoj mahom tvrdili da su potpuno ili uglavnom zadovoljni uvjetima stanovanja, što su na jugoslavenskoj razini bili najbolji rezultati. O širenju kulture putovanja i razvoju domaćega turizma govori podatak da je 1974. 41,1 posto ispitanika putovalo na godišnji odmor, najčešće na jadransku obalu i stoga znatno češće oni iz većih gradova i iz unutrašnjosti. Povrh toga, ojačali inozemni turizam s velikim priljevom iz zapadne Europe značajno je utjecao na domaće modernizacijske procese i potrošačku kulturu.

Dok je prodaja popularnih tjednika i mjesečnika dosezala nekoliko stotina tisuća primjeraka po broju, na njihovim su stranicama oglasi u boji sa svojim

side of the Iron Curtain, especially in the case of Slovenia and Croatia.[5] It could be argued that the search for prosperity infused a kind of "Yugoslav Dream", somewhat regulated and disciplined, "modern but modest, rewarding but reasonable".[6] Besides, unlike the Soviet societies, Yugoslavia did not display the characteristics of a "dictatorship over needs" nor did it separate real from false needs "from above".[7] All of this had enabled the establishment of conditions which fit the description of a consumer society: a sufficient – bigger than ever, but never too big – amount of goods, money and consumer credits was available; despite some efforts to the contrary, social values were frequently determined by purchasing power and material possessions; the desire for the new, the exciting and the modern was ceaseless; the acquisition of goods was a part of identity and emotional satisfaction, whilst the search for products was not conditioned by the struggle for survival.[8]

Consumer culture was inseparably tied to the expansion of automotive culture and home furnishing and mechanization, which is also corroborated by the statistics.[9] In Croatia, between 1968 and 1983, the share of households with a passenger vehicle rose from 9.3 to 38.9 percent and the ownership of television sets spread from 31.4 to 86.4 percent of households. The share of households that owned washing machines rose from 14.3 to 69.9 percent, while in the case of refrigerators, it rose from 30.7 to 83.9 percent. These data reflect the previously inconceivably fast changes in the electrification and automation of household chores and leisure. However, the reduction of these phenomena to statistical averages conceals big differences between the city and the country, that is, between the working-class and agricultural households. In 1978, one of the years in which the citizens' purchasing power was at its peak, the average salary amounted to 5 432 dinar and was approximately equal to the price of a television set or a washing machine, whereas a kilogram of bread could be bought for 6.35 dinar, a litre of milk for 6.21 dinar and a cinema ticket for 14.70 dinar. That year, three in four households owned a refrigerator and a television set, more than half of them owned a washing machine, one in three had a car, one in five a camera, one in six a record player and a telephone, while one in nine had a tape recorder. Although the infrastructure was, on average, underdeveloped, even with the housing boom, it was better than

sloganima mamili potrošače. Sedamdesetih je Faks Helizim obilježavala „bjelina koju možete pokazati“, Marlboro „okus, koji uvijek nanovo oduševljava“, a Plivin Ambre Solaire bio je tu „ako vas ipak iznenadi sunce“. Automobil Zastava 101 bio je „brz jer živimo brzo“, Renault 4 bio je „mali div“, a Citroën Dyane „automobil koji ima smisao za štednju“. Pazinkine tapete Tana bile su „ukras vašeg stana“, Jamnička kiselica bila je „mineralna voda vašeg podneblja“, Tuborg „kruna vašeg užitka“, čarape samoborske Slobode „vaš tihi pratilac u svečanim trenucima“. „Svako je zrno izabrano“, poručivali su iz Francka, „odmorite se“ iz JAT-a, a iz jugoslavenskim kupcima omiljene tršćanske prodavaonice satova i nakita: „Čitav svijet mjeri vrijeme po Darwilu! Zašto ne biste i vi?“. Najpoznatiji Podravkin začin prodavao se uz slogan „s Vegetom se bolje jede“, za Badelovu šljivovicu vrijedilo je „malo, ali dobro!“, a za vino Ribar „uz dobro jelo, dobro vino“. Iz Iskre su reklamirajući televizor tvrdili: „oči su stvorene za gledanje u bojama!“, a zagrebački je konkurent pozivao: „kupujte s povjerenjem kućanske aparate Končar“. Žene u odjeći osječke Slavonije bile su „dobro odjevene – dobro raspoložene“.

Dobro raspoloženje u potrošačkoj svakodnevici mogla su kvariti zakidanja potrošača, najčešće zamijećena u prodavaonicama i tijekom sedamdesetih zabilježena u tisku i spisima mjerodavnih tijela.[10] Ponekad je na proizvodima bila istaknuta veća cijena, roba niže kvalitete prodavala se po cijeni kvalitetnijega proizvoda, zalihe su se prodavale po novim višim cijenama, u ponudi se bez ikakve napomene mogla naći roba s greškom ili isteklim rokom trajanja, kvaliteta namirnice ponekad nije odgovarala

Zastava 101, Crvena zastava, reklama (*Start*, časopis, 1974.)

Zastava 101, Crvena zastava, commercial (*Start*, magazine, 1974)

it had ever been. The results of the surveys showed that the citizens of Croatia were, for the most part, completely or mostly satisfied with the housing conditions, which was the best response on the Yugoslav level. The concomitant spread of travel culture and development of domestic tourism are reflected in the fact that, in 1974, 41.1 percent of survey respondents went on summer vacation, most often to the Adriatic coast, which implied that they were much more frequently from bigger cities and inland areas. Moreover, the increasing influx of foreign tourists, most notably from Western Europe, significantly influenced the domestic modernisation processes and consumer culture.

Popular weekly and monthly publications whose sales figures reached several hundred thousand copies per issue featured colour ads with slogans that lured consumers. In the 1970s, the Faks Helizim laundry detergent provided a "whiteness which you can reveal", Marlboro's was "the taste that thrills you over and over again", whereas Pliva's Ambre Solaire sunscreen was there for you "should the sun catch you by surprise". As far as cars were concerned, the Zastava 101 was "fast because we live fast", the Renault 4 was a "small giant", whereas the Citroën Dyane was "a car with a knack for saving". Pazinka's Tana wallpapers were the "ornaments of your home", the Jamnička kiselica mineral water was the "mineral water of your climate", Tuborg was the "crown of your delight", while the tights made by Sloboda in Samobor were "your silent companion in formal occasions". "Each bean is hand-picked", Franck said of its coffee, while the Yugoslav

Citroën Dyane 6, Cimos, reklama (*Sam svoj majstor*, časopis, 1976.)

Citroën Dyane 6, Cimos, commercial (*Sam svoj majstor*, magazine, 1976)

deklaraciji, varalo se pri vaganju i na blagajni gdje je bilo pogrešaka pri zbrajanju, zaokruživanja iznosa, nemarnog vraćanja sitniša i neizdavanja računa. Opskrba nekim proizvodima poput mesa sedamdesetih nije uvijek bila redovita, asortiman mnogih proizvoda često nije odgovarao širini ponude na tržištu jer su trgovci sami sužavali izbor, a prodavaonice u manjim mjestima ionako su bile slabije opskrbljene. Nadalje, prodavačima se ponekad zamjerala nestručnost i neljubaznost dok se radnicima u ugostiteljstvu predbacivalo kršenje normativa jela i pića, nepridržavanje cjenika i skrivanje knjige žalbe.

Tana tapete, Pazinka
(*Sam svoj majstor*, časopis, 1976.)

Tana wallpapers, Pazinka
(*Sam svoj majstor*, magazine, 1976)

Airlines invited you to "take a vacation" and the Yugoslav customers' favourite watch and jewellery store in Trieste claimed that "The whole world keeps time by Darwil! Why wouldn't you?". The Podravka food company's best-known seasoning mix was sold under the slogan "Eat better with Vegeta", Badel's plum brandy was extolled as "A drop, but a good one!", whereas the Ribar wine was the "good wine" to be paired "with good food". In the advertisements for their television set, the Iskra company claimed that "the eyes were made for colour vision!", while its Zagreb competitor invited you to "rely on Končar when buying household appliances". Women who wore the clothes of the Slavonija company from Osijek were "well-dressed – in a good mood".

However, the good mood inherent to the daily life of the consumer could be ruined by cutting them short, which usually occurred in shops and was noted in the seventies by the press and the competent authorities.[10] Products would sometimes be overpriced, off-grade goods would be sold at the prices of higher-quality products, goods in stock would be sold at new, higher prices, offers would include, without notice, damaged or expired goods, the quality of foodstuffs would occasionally not match their declarations, cheating was not uncommon when weighing the goods or at the cash register, including miscalculations, rounding off of charged amounts, cutting back on change and not issuing receipts. In the seventies, the supply of certain products, such as meat, was not all that regular and the shops' product ranges would often not correspond to that of the market supply, since the retailers would limit them, while shops in less-populated areas were more sparsely supplied to begin with. Furthermore, salespeople were sometimes criticised for their unprofessionalism and unfriendliness, while hospitality and catering workers were called out for violating standards regarding food and beverages, ignoring the price list and hiding the book of complaints. Violations of consumer rights were covered by the press, in pieces about, for instance, the quality of coffee, the selection of coats, the difference in the price of the same product in different shops, the need for longer working hours in the evening and on weekends, or the fraudulent bunkering and motor oil refilling at petrol stations.

Tref odjeća, Slavonija, reklama
(*Studio*, časopis, 1980.)

Tref clothing, Slavonija, commercial
(*Studio*, magazine, 1980)

Čarape, Sloboda, reklama
(*Vikend*, časopis, 1975.)

Stockings, Sloboda, commercial
(*Vikend*, magazine, 1975)

Nepoštivanje potrošačkih prava pratio je i tisak pišući, primjerice, o kvaliteti kave, ponudi kaputa, razlici u cijeni istoga proizvoda u različitim prodavaonicama, potrebi za duljim radnim vremenom navečer i vikendom te o varanju na benzinskim crpkama pri točenju goriva i dolijevanju motornog ulja.

Sve ovo upućivalo je na potrebu za razvojem sustava zaštite potrošača koja zamah doživljava upravo u drugoj polovici sedamdesetih. Iako su savjeti potrošača u Jugoslaviji uspostavljeni još 1950. uvođenjem samoupravljanja, od kraja šezdesetih osnivaju se novi savjeti potrošača koji su djelovali na novoj osnovi društvenoga dogovaranja. U Osijeku je 10. studenoga 1970. potpisan prvi društveni dogovor o zaštiti potrošača i taj će se dan u Jugoslaviji potom obilježavati kao Dan potrošača. Ključnu podlogu zaštiti dali su Ustav iz 1974., Zakon o udruženom radu iz 1976. i drugi propisi na temelju kojih su postupno uspostavljana tijela zaštite: od savjeta potrošača u mjesnoj zajednici, preko razine općine i zajednice općina do Vijeća potrošača pri Republičkoj konferenciji Socijalističkoga saveza radnog naroda Hrvatske. Namjera je bila da organizirani aktivni potrošači preuzmu ulogu zaštite čime bi se stvorili uvjeti za povlačenje države koja je u tom području djelovala putem nedovoljno ekipiranoga tržišnog inspektorata, no nisu sve općine jednako dobro reagirale na ovu inicijativu i novu zakonsku obavezu. Povrh toga, pri raspravama na republičkoj razini bilo je riječi i o tome je li moguće da u samoupravnome socijalizmu treba štititi potrošače i zašto radnici u udruženome radu, koji su u svoje slobodno vrijeme također kupci roba i usluga, uopće krše prava potrošača. Praksa je sigurno pokazivala da se prava često ne poštuju, ali i da građani nisu dovoljno aktivni u korištenju dostupnih mehanizama zaštite. Tražila se najbolja formula u odnosu radnik – potrošač kojom bi se izbjeglo dvojako ponašanje iste osobe u različitim društvenim ulogama.

Rasprave o tome sukobu unutar socijalističkoga građanina bile su mali dio širih prijepora o mjestu potrošačke kulture u društvu.[11] Nesumnjivo, njezino postojanje svjedočilo je u prilog podizanja životnih i radnih uvjeta, rasta životnoga standarda i uspjeha makroekonomske politike. Međutim, upitno je bilo pitanje granice preko koje bi potrošačko ponašanje postalo neprihvatljivo, prije svega u teoriji jer na svakodnevicu ove sociološke, politološke, ekonomske i političke rasprave nisu imale prevelikog izravnog

All of this pointed to the need for developing a system of consumer protection, which would flourish in the second half of the seventies. Although consumer councils had been established in Yugoslavia as early as in 1950, with the introduction of workers' self-management, the end of the sixties saw the founding of new consumer councils whose operation was based on social consensus. The first social contract on consumer protection was concluded in Osijek on 10th November 1970. That day in November would subsequently be celebrated in Yugoslavia as Consumer Day. The key background documents for this type of protection were the Constitution of 1974, the Associated Labour Act of 1976 and other regulations based on which protective bodies were gradually established: from consumer councils at the sub-municipal, municipal and municipal-association level, to the Consumer Board of the Republican Council of the Socialist Alliance of Working People of Croatia. These were founded with the intention of enabling organised active consumers to act as protectors and subsequently creating the conditions for the withdrawal of the role of the state, represented in that field by the understaffed market inspectorate. However, not all municipalities reacted equally positively to this initiative and the new legal obligation it entailed. What is more, there were debates at the republican level over whether consumer protection should even be provided for in self-management socialism and why workers within the associated-labour system, who are, in their spare time, also buyers of goods and services, would even violate consumer rights. In practice, it was evident that such violations often occurred, but also that the citizens were not active enough in terms of using the available protection mechanisms. The best formula for the worker – consumer relationship, one which would prevent the duplicitous behaviour of the same person in their different social roles, was yet to be discovered.

Debates about this internal conflict of the socialist citizen were a small part of the broader disputes regarding the place of consumer culture within the society.[11] Undoubtedly, its existence was evidence of the improvement of living and working conditions, the increase of the living standard and the success of the macroeconomic policy. However, the limits of acceptability of consumer behaviour were disputable, primarily in theory, since such sociological, political, economic and policy disputes had little direct impact on

utjecaja. Stipe Šuvar je početkom sedamdesetih zaključio da socijalističko društvo – kao prijelazni oblik između prošloga kapitalističkog i budućega komunističkog društva – mora biti potrošačko „jer ono treba da zadovolji osnovne potrebe širokih radnih masa i da im osigura sve više tekovina materijalne i duhovne kulture".[12] Istodobno je na osjetljivost postavljene granice prema konzumerizmu upozoravao Josip Županov: „Mi smo glavačke uletjeli u potrošačku civilizaciju i trošimo više nego zarađujemo. Tako dolazi do nekonzistentnosti sistema: dopuštamo ljudima da se uspoređuju sa zapadom, a kad oni dostignu taj nivo, otvaramo paljbu."[13] Takav je potez sigurno bila tadašnja najava Saveza komunista Hrvatske o ulasku u „otvorenu bitku protiv potrošačkog mentaliteta".[14]

Na istome tragu bilo je Titovo pismo članovima SKJ u kojem je, između ostaloga, pozvao na „odlučnije suprotstavljanje na svim linijama pritisku potrošačke psihologije".[15] O bitki protiv potrošačkoga mentaliteta bilo je riječi i na Sedmom kongresu SKH 1974., a šest godina kasnije, u bitno izmijenjenim ekonomskim okolnostima, Predsjedništvo CK SKJ istaknulo je važnost „odricanja u investicijama, općoj, zajedničkoj i osobnoj potrošnji, u uvozu i na drugim sektorima".[16] U međuvremenu je Komisija Izvršnoga komiteta Predsjedništva CK SKH za informativno-propagandnu djelatnost raspravljala o „idejno-političkim problemima i karakteru naše ekonomske propagande" upozoravajući na njezin „nagovarački, nametljiv karakter, svojstven potrošačkoj psihologiji" dok bi prihvatljiva reklama morala „pridonijeti objektivnom informiranju, i suzbijanju malograđanskog ukusa, potrošačkog mentaliteta, nelojalne konkurencije i obmanjivanja potrošača".[17]

Međutim, tih se godina više od polovice ispitanika u Jugoslaviji pozitivno izražavalo o ekonomskoj propagandi, dok je trećina bila indiferentna, a tek svakom sedmom anketiranom reklame su smetale.[18] Povrh toga, u stajalištima visokih razina vlasti može se iščitati da je – čak i uz pritisak stabilizacije na potrošnju države i gospodarstva – sasvim dobrodošla bila osobna potrošnja koja se temeljila na osobnim primanjima i ponekom potrošačkom kreditu, dakle vlastitom radu, a ne dodatnoj zaradi iz izvora koji su smatrani sumnjivima, bogaćenjem bez rada ili zloupotrebom društvenih sredstava. No, ni država se nije ponašala štedljivo. Međunarodna kreditna zaduženja te dobra i loša ulaganja bujala su tijekom sedamdesetih. Svi su

everyday life. At the beginning of the seventies, Stipe Šuvar concluded that the socialist society – as an intermediary stage between the past capitalist and the future communist society - ought to be a consumer one, "because it needs to satisfy the basic needs of the broad working-class masses, as well as provide them with progressively more material and spiritual cultural achievements".[12] At the same time, Josip Županov stressed the fragility of the limits placed on consumerism: "We ran headlong into the consumer civilisation and now spend more than we earn. This causes the system's inconsistency: we allow people to compare themselves to the West, and then, when they reach its level, we open fire."[13] The declaration of "an open battle against the consumer mentality" by the League of Communists of Croatia was certainly made in that vein.[14]

Written in the same tone was Tito's letter to the members of the League of Communists of Yugoslavia, in which, among other things, he urged towards a "more determined opposition, on all fronts, to the pressure of consumer psychology".[15] The battle against the consumer mentality was also discussed at the Seventh Congress of the League of Communists of Croatia in 1974, whereas six years later, in significantly changed economic circumstances, the Presidency of the Central Committee of the League of Communists of Yugoslavia emphasised the importance of "restraint with regard to investments, public, collective and consumer spending, import and other areas".[16] Meanwhile, the Commission for Informative and Propaganda Activity of the Executive Committee of the League of Communists of Croatia Central Committee Presidency discussed the "conceptual and political problems and character of our economic propaganda", warning of its "persuasive, obtrusive character, characteristic of consumer psychology" and maintaining that acceptable advertising should "contribute to the goal of objective informing and curb provincial taste, consumer mentality, unfair competition and consumer deception".[17]

However, according to the surveys conducted in that period, more than half of the respondents in Yugoslavia had a positive attitude towards the economic propaganda, a third of them were indifferent to it, while merely one in seven respondents found it annoying.[18] Moreover, the positions of those at the high levels of government revealed that – even with the pres-

željeli više, a to je državu vodilo prema krizi i dovodilo u pitanje očekivana moralna načela socijalističkoga društva. Osamdesetih je Ante Marković u ulozi hrvatskoga premijera, odnosno predsjednika Izvršnoga vijeća Sabora, govorio o pogrešnoj koncepciji razvoja u drugoj polovici sedamdesetih „kad su svi vidovi potrošnje bujali, kada smo živjeli zaista iznad svojih mogućnosti“.[19] U takvom ozračju sedamdesetih je daljnji procvat potrošačke kulture nastavio biti znak sretnoga suživota socijalizma i konzumerizma jer je potonji dokazivao uspješnost prvoga i, vjerovali su neki, ubrzavao njegov put prema komunizmu u kojem bi sve potrebe morale biti zadovoljene. Iz gledišta građanina koji je kao potrošač mogao i imao sve više, sedamdesete su bile izvrsne godine: živjelo se bolje i zarađivalo više nego u šezdesetima, a pozlatu desetljeća još sjajnijom čini prijelaz u osamdesete koji je donio bitno drugačije okolnosti.

Faks, reklama
(*Svijet*, časopis, 1973.)

Faks, commercial
(*Svijet*, magazine, 1973)

sure to stabilise state and economy spending – consumer spending based on personal income and a certain amount of consumer credit, i.e. on own labour, was perfectly welcome, as long as it wasn't enabled by extra profits of origins which were considered dubious, such as enrichment without work or the misappropriation of socially-owned resources. However, the country's attitude was by no means frugal. International loan commitments and good and bad investments soared during the seventies. Everybody wanted more, which lead the country towards a crisis and brought into question the envisaged ethical principles of a socialist society. In the eighties, Ante Marković, as Croatian prime minister, i.e. the president of the Executive Council of the Parliament, spoke about the erroneous concept of development permeating the second half of the seventies, "when spending flourished in all its aspects and we really lived beyond our means".[19] In such an atmosphere of the seventies, the further expansion of consumer culture would continue to signal a favourable coexistence of socialism and consumerism, as the latter was to prove the success of the former, and, as some believed, advance its path towards communism, as the ultimate fulfilment of all needs. From the viewpoint of the citizen who, as a consumer, could do and have increasingly more, the seventies were splendid: life was better and earnings were higher than in the sixties. What made the decade's gilding even shinier was the transition into the eighties, which would

Ambre Solaire, Pliva, reklama (*Svijet*, časopis, 1973.)

Ambre Solaire, Pliva, commercial (*Svijet*, magazine, 1973)

1
„U znaku novih radnih uspjeha", Informativni pregled, CK SKH, 11, 1977., 16–18.

2
Statistički godišnjak Republike Hrvatske: 1991., Republički zavod za statistiku, Zagreb, 1991., 79.

3
Vidi Duda, Igor, *U potrazi za blagostanjem. O povijesti dokolice i potrošačkog društva u Hrvatskoj 1950-ih i 1960-ih*, Srednja Europa, Zagreb, 2005., 60.

4
Vidi Duda, Igor, *Pronađeno blagostanje. Svakodnevni život i potrošačka kultura u Hrvatskoj 1970-ih i 1980-ih*, Srednja Europa, Zagreb, 2010., 26–35.

5
Bilandžić, Dušan, *Hrvatska moderna povijest*, Golden marketing, Zagreb, 1999., 635; Singleton, Fred, Bernard Carter, *The Economy of Yugoslavia*, Croom Helm – St. Martin's Press, London – New York, 1982., 169; Berend, Ivan T., *Central and Eastern Europe 1944–1993: Detour from the Periphery to the Periphery*, Cambridge University Press, Cambridge, 1996., 216; Patterson, Patrick H., *Bought and Sold. Living and Losing the Good Life in Socialist Yugoslavia*, Cornell University Press, Ithaca – London, 2011., 265.

6
Patterson, *Bought and Sold*, 194.

7
Fehér, Ferenc, Agnes Heller, György Márkus, *Diktatura nad potrebama*, Rad, Beograd, 1986., 11–12.

8
Vidi Duda, *U potrazi za blagostanjem*, 22.

9
Za statističke pokazatelje u ovom odlomku vidi: Duda, *Pronađeno blagostanje*, 33, 116, 149, 301.

10
Vidi Duda, Igor, „Potrošači kao nositelji socijalizma. Zaštita potrošača u sustavu društvenoga samoupravljanja i udruženoga rada", *Stvaranje socijalističkoga čovjeka. Hrvatsko društvo i ideologija jugoslavenskoga socijalizma*, ur. Igor Duda, Srednja Europa – Sveučilište Jurja Dobrile u Puli, Zagreb – Pula, 2017., 245–272.

11
Vidi Duda, *Pronađeno blagostanje*, 87–98.

12
Šuvar, Stipe, *Sociološki presjek jugoslavenskog društva*, Školska knjiga, Zagreb, 1970., 110–111.

13
„Josip Županov: Glavačke u potrošačku civilizaciju", *VUS*, 22. ožujka 1972.

14
„Informacija o političkom stanju i ekonomskim problemima u SRH", *Informativni pregled*, 3, 1972., 29.

15
„Pismo predsjednika SKJ i Izvršnog biroa Predsjedništva SKJ svim organizacijama i članovima SKJ", *Informativni pregled*, 5, 1972., 31.

16
„Zaključci Predsjedništva CK SKJ o ostvarivanju ekonomske i socijalne politike", *Informativni pregled*, 1, 1980., 43–44.

17
„O ulozi i problemima ekonomske propagande u našem društvu", *Informativni pregled*, 9, 1977., 31–32.

18
O ekonomskoj propagandi vidi: Duda, *Pronađeno blagostanje*, 55–61.

19
„O idejno-političkim aspektima koncepcije srednjoročnog razvoja SRH 1986–1990. godine", *Informativni pregled*, 4, 1985., 7.

1
"U znaku novih radnih uspjeha", *Informativni pregled*, Central Committee of the League of Communists of Croatia, 11, 1977, pp. 16–18

2
Statistički godišnjak Republike Hrvatske: 1991. (Statistical Yearbook of the Republic of Croatia: 1991), Republički zavod za statistiku (Republican Bureau of Statistics), Zagreb, 1991, p. 79

3
See: Igor Duda, *U potrazi za blagostanjem. O povijesti dokolice i potrošačkog društva u Hrvatskoj 1950-ih i 1960-ih*, Srednja Europa, Zagreb, 2005, p. 60

4
See: Igor Duda, *Pronađeno blagostanje. Svakodnevni život i potrošačka kultura u Hrvatskoj 1970-ih i 1980-ih*, Srednja Europa, Zagreb, 2010, pp. 26–35

5
Dušan Bilandžić, *Hrvatska moderna povijest*, Golden marketing, Zagreb, 1999, p. 635; Fred Singleton, Bernard Carter, *The Economy of Yugoslavia*, Croom Helm – St. Martin's Press, London-New York, 1982, p. 169; Berend, Ivan T., *Central and Eastern Europe 1944–1993: Detour from the Periphery to the Periphery*, Cambridge University Press, Cambridge, 1996, p. 216; Patterson, Patrick H., *Bought and Sold. Living and Losing the Good Life in Socialist Yugoslavia*, Cornell University Press, Ithaca – London, 2011, p. 265

6
Patterson, *Bought and Sold*, p. 194

7
Ferenc Fehér, Agnes Heller, György Márkus, *Diktatura nad potrebama*, Rad, Belgrade, 1986, p. 11–12

8
See Duda, *U potrazi za blagostanjem*, p. 22

9
For the statistical indicators regarding this paragraph, see: Igor Duda, *Pronađeno blagostanje*, pp. 33, 116, 149, 301

10
See Igor Duda, „Potrošači kao nositelji socijalizma. Zaštita potrošača u sustavu društvenoga samoupravljanja i udruženoga rada", *Stvaranje socijalističkoga čovjeka. Hrvatsko društvo i ideologija jugoslavenskoga socijalizma*, ed. Igor Duda, Srednja Europa – Juraj Dobrila University of Pula, Zagreb – Pula, 2017, pp. 245–272

11
See Duda, *Pronađeno blagostanje*, pp. 87–98

12
Stipe Šuvar, *Sociološki presjek jugoslavenskog društva*, Školska knjiga, Zagreb, 1970, pp. 110–111

13
"Josip Županov: Glavačke u potrošačku civilizaciju", *VUS*, 22nd March 1972

14
"Informacija o političkom stanju i ekonomskim problemima u SRH", *Informativni pregled*, 3, 1972, p. 29

15
"Pismo predsjednika SKJ i Izvršnog biroa Predsjedništva SKJ svim organizacijama i članovima SKJ", *Informativni pregled*, 5, 1972, p. 31

16
"Zaključci Predsjedništva CK SKJ o ostvarivanju ekonomske i socijalne politike", *Informativni pregled*, 1, 1980, pp. 43–44

17
"O ulozi i problemima ekonomske propagande u našem društvu", *Informativni pregled*, 9, 1977, pp. 31–32

18
On economic propaganda, see: Duda, *Pronađeno blagostanje*, pp. 55–61

19
"O idejno-političkim aspektima koncepcije srednjoročnog razvoja SRH 1986–1990. godine", *Informativni pregled*, 4, 1985, p. 7

Sanja Matijević Barčot, Ana Grgić

OD ROBNIH KUĆA DO TRGOVAČKIH CENTARA U POSLIJERATNOM RAZDOBLJU

Sanja Matijević Barčot, Ana Grgić

FROM DEPARTMENT STORES TO SHOPPING CENTERS IN THE POST-WAR PERIOD

Čuo sam jednom u nekoj Skupštini općine s ponosom izrečenu misao da su robne kuće u našim gradovima ono što su nekada bili hramovi i katedrale. I zaista, postoje li građevine u našim gradovima i gradićima (i ne samo našim) u kojima se redovito okuplja toliko svijeta, koje usmjeruju cijeli gradski promet, pješački i kolni, koje se ističu položajem i veličinom, u koje se često odlazi i kada se nema što kupiti, da se njima luta, da se u njima ugrije, da se uživa u plodovima i dostignućima potrošačkog društva – kao u velikim prostranim, svijetlim i živim robnim kućama i supermarketima?

Duško Kečkemet: *Robne kuće – hramovi suvremene civilizacije?*, 1978.[1]

Šezdesetih godina prošlog stoljeća intenzivnu izgradnju stambenih sadržaja i javne infrastrukture: škola, vrtića, bolnica, sportskih objekata prati i izgradnja sadržaja komercijalne namjene, prostora za trgovinu. Uz nove stanove te dostupnu javnu infrastrukturu, i izgradnja trgovačkih sadržaja imala je za cilj poboljšati svakodnevnicu građana te je bila dio programa uspostave socijalističke *države blagostanja*. Nadilazeći svoju funkcionalnu ulogu i preuzimajući ulogu mjesta kolektiviteta i društvenog života, robne kuće i trgovački centri postali su tako neizostavan dio slike tadašnjeg modernog društva.

Njihove tipološke karakteristike ovise o lokaciji na kojoj se grade: u centru grada ili, pak, na njegovim rubovima, unutar novoizgrađenih stambenih naselja. U prvom slučaju trgovački sadržaji nadopunjuju postojeći lokalni urbanitet, a u drugom ga izgrađuju *ab ovo*.[2]

U gradskim centrima se grade robne kuće. Kao i drugdje u europskom poslijeratnom kontekstu rekonstrukcije ratom razrušenih gradova, ta je tipologija prepoznata kao jedan od potencijalnih alata urbane rekonstrukcije gradskog centra. Robna kuća tako se koristi kao svojevrstan *urban-patch* kojim se *popunjavaju* porušene ili nikad završene urbane strukture (Robne kuće „Maja“ i „Prima“ u Splitu, „Korzo“ u Rijeci) te, kod projekata proširenja gradskih centara, kao *urbani magnet* novih pješačkih okosnica. Neki od primjera toga su: robna kuća „Prehrana“ u Osijeku slovenskog arhitekta

Once, at a municipal council meeting, I heard it proudly stated that department stores were to our cities what temples and cathedrals had been in the past. Indeed, are there any other buildings in our (and not only our) cities and towns in which so many people regularly gather, which direct the entire urban traffic, pedestrian and vehicular, which are so distinct in terms of location and size and so often frequented even without the intention to make a purchase, but rather, just to be wandered through, warmed up in, while enjoying the fruits and achievements of consumer society, as in these large, spacious, bright and lively department stores and supermarkets?

Duško Kečkemet: Robne kuće – hramovi suvremene civilizacije?, 1978[1]

In the 1960s, the intensive construction of residential facilities and public infrastructure, i.e. schools, kindergartens, hospitals and sports facilities, was accompanied by the construction of commercial facilities. Just like the new apartments and available of the public infrastructure, these facilities were built to improve the citizens' daily lives and contribute to the implementation of a socialist *welfare-state* program. The department stores and commercial centers eventually surpassed their functional role and became the hubs of collectivity and social life, and thus, an integral part of the period's image of the modern society.

Their typological characteristics depended on their location, which was either in the city center or in the suburbs, inside the newly built housing estates. In the former case, the commercial facilities complemented the existing local urbanity, while in the latter, they created it *ab ovo*.[2]

Department stores were built in the city centers. As elsewhere in the European postwar context of the reconstruction of war-ravaged cities, their typology was recognized as one of the potential tools of the urban reconstruction of city centers. Thus, department stores were used as a kind of urban patch for torn-down or uncompleted urban structures (the *Maja* and *Prima* department stores in Split, the *Korzo* department store in Rijeka) or, in city center expansion projects, as *urban magnets* for prospective main pedestrian routes. Some of the examples of this type of use are the *Prehra-*

Milana Miheliča i robna kuća „Dalma“ u Splitu autora Vuke Bombardellija. Potonja je bila jedna od čak četiri novoizgrađene robne kuće strateški pozicionirane uz planirani pješački tok koji se, prema *Urbanističkom rješenju novog gradskog centra* Berislave Kalogjere, serijom pasaža, trijemova te poluotvorenih i otvorenih trgova, protezao od Rive do parka Mladosti na području Glavičine-Turska kula.[3] Ipak, među domaćim primjerima, najambiciozniji je projekt robne kuće „Ri“ koja je u Rijeci realizirana prema pobjedničkom natječajnom rješenju autora Ninoslava Kučana, Borisa Babića i Vjere Kučan. Robna kuća je ovdje korištena kao urbanistički alat povezivanja starog grada, glavne riječke ulice Korza i luke, pa u idejnom urbanističkom rješenju zauzima dva gradska bloka, premošćuje ulicu i prelazi preko glavne prometnice između Korza i Rive. Ideja je bila da se kroz robnu kuću i atrakciju kupovine ostvari pješačka veza iz grada do luke, no nažalost ovakav radikalni arhitektonsko-urbanistički zahvat nije u potpunosti realiziran.[4]

Osim u gradskim centrima, novi se trgovački sadržaji, tkz. *opskrbno-trgovački centri*, planiraju kao prateći sadržaji novih stambenih naselja izgrađenih po modelu društvene stanogradnje koji, prema CIAM-ovskim idejama urbanizma, niču na dotadašnjoj gradskoj periferiji. Ovisno o stupnju centraliteta koji se na nivou grada pridružuje planiranom naselju, ti se centri naselja programski definiraju od onih s tek nekoliko osnovnih sadržaja (prehrambena trgovina, servisi, tzv. prostor za društveno-političku aktivnost) pa sve do onih koje imaju cijeli niz javnih sadržaja: školu, vrtić, upravu mjesne zajednice, društveni dom, zdravstvenu stanicu, čitaonicu te trgovinu u sklopu *opskrbno-trgovačkog centra.*

Aleksandar Dragomanović, Radovan Nikšić i Edo Šmidihen, Opskrbni centar „Trnsko“, Zagreb, urbanističko rješenje, 1963.

Aleksandar Dragomanović, Radovan Nikšić and Edo Šmidihen, Supply Center "Trnsko", Zagreb, urbanistic solution, 1963

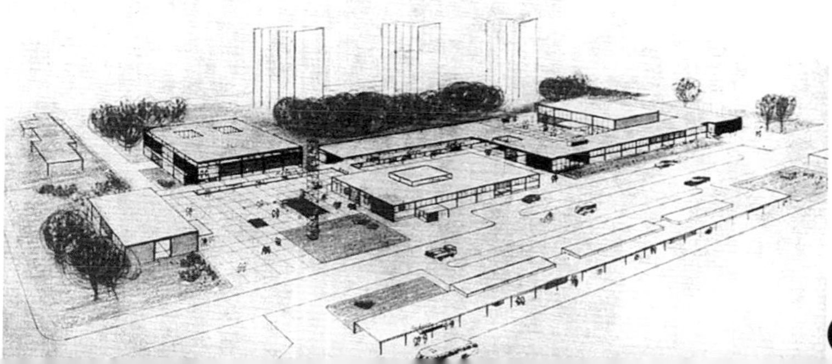

na department store in Osijek by Slovenian architect Milan Mihelič and the *Dalma* department store in Split by Vuko Bombardelli. The latter was one of no less than four newly built department stores strategically positioned along a planned pedestrian route which, according to the *Urban Development Plan for the New City Center* by Berislav Kalogjera, included a series of passageways, verandas, as well as partially enclosed and open-air squares, which stretched from the Riva waterfront to the Youth Park in the Glavičine-Turkish Tower area.[3] SL However, the most ambitious of the local examples is the Ri department store project realized in Rijeka according to the winning design tender by Ninoslav Kučan, Boris Babić and Vjera Kučan. In this example, the department store was used as an urban-planning tool for connecting the old town, Korzo (Rijeka's main street) and the port, which is why, according to the preliminary urban design, it spans across two city blocks, bridging the street and traversing the main road between Korzo and the waterfront. The idea was to use the department store and the appeal of shopping to create a pedestrian connection between the city and the port. Unfortunately, this radical architectural and urban-planning intervention was never completed.[4]

Frano Buškariol, Opskrbni centar u naselju Skalice, Split, 1961.

Frano Buškariol, Supply Center in Skalice neighborhood, Split, 1961

Na-Ma (Narodni magazin) u zagrebačkom kvartu Trnsko,
arhitekt: Aleksandar Dragomanović, 1963.–1965.
Foto: Zagreb kakav je bio nekada

Na-Ma department store, Trnsko neighborhood of Zagreb, architect: Aleksandar Dragomanović, 1963–65
Photo: Zagreb kakav je bio nekada

Takav *opskrbno-trgovački centar* može sadržavati: robnu kuću, samoposlugu, prodavaonicu tekstila, prodavaonicu novina i duhana, ljekarnu, papirnicu, restoran, mliječni restoran, slastičarnicu te frizerski i krojački salon. Među kompleksnije primjere spada Opskrbni centar „Trnsko" u Zagrebu autora Aleksandra Dragomanovića, Radovana Nikšića i Ede Šmidihena iz 1963. godine, zamišljen kao urbani sklop paviljonskih objekata organiziranih oko otvorene pješačke promenade koja spaja dva trga.[5] Programski mnogo jednostavniji je primjer opskrbnog centra u splitskom naselju Glavičine koji se sastojao od samoposluge čiji je krov služio kao javna terasa.

Osim servisne uloge, uloga centara naselja bila je stvoriti prostorni okvir za socijalnu koheziju novih gradskih dijelova – mjesto neformalnih druženja, samoupravnih aktivnosti stanara i kulturnih priredbi. Opskrbno-trgovački

Berislav Kalogjera, Studija regulacije gradskog centra, Split, 1958.

Berislav Kalogjera, Study for the City Center regulation, Split, 1958

Other than in the city centers, new commercial facilities known as *supply and commercial centers* were planned to accompany the new housing projects built – in keeping with CIAM's ideas concerning urban-planning – on the former urban peripheries according to the model of social housing. The types of facilities available in these neighbourhood centers depended on the level of *centrality* attributed to a planned neighborhood, and included anything from several basic types (a grocery store, a service shop, the so-called area for sociopolitical activities) to a wide range of public facilities, such as schools, kindergartens, community offices, community centers, medical clinics, reading rooms and stores integrated into supply and commercial centers. A supply and commercial center could thus contain, for example, a department store, a supermarket, a textile goods store, a news and tobacco stand, a pharmacy, a stationery store, a restaurant, a milk bar,

centri u sklopu tih centara su predstavljali model trgovačke i uslužne decentralizacije gradske jezgre te tako sudjelovali u urbanoj ekspanziji grada. No, kako je u konačnoj realizaciji često izostajala izgradnja nekih drugih planiranih javnih sadržaja, upravo je trgovina preuzimala glavnu ulogu u potenciranju socijalnog života stambenog naselja.[6] U tom se smislu može povući analogija između modela trgovačkog centra Victora Gruena koji se gotovo u isto vrijeme razvio u Americi. Iako se ne može tvrditi da je Gruenov model na ikoji način utjecao na ideju opskrbno-trgovačkog centra i između njih postoje bitne tipološke razlike, Gruenov trgovački centar je također bio zamišljen upravo kao okosnica kolektiviteta i društvenog života tipičnog stambenog naselja američkog predgrađa. Otkrivaju to izvorni planovi za njegov prvi i najpoznatiji projekt Southdale trgovačkog centra u Edini, Minnesota. U njima je taj centar smješten u srcu naselja, okružen stambenim zgradama, školom, medicinskim centrom, parkom i jezerom.[7] Međutim, kako je poznato, od svega je realiziran samo trgovački centar, zatvoreni objekt okružen parkiralištem, koji je pod jednim krovom, između dvije robne kuće na krajevima okupio sedamdeset dva manja dućana, te je, ubrzo prerastao u *ex situ* arhetip repliciran diljem svijeta.

Ninoslav Kučan, Boris Babić, Vjera Kučan, Robna kuća „Ri", Rijeka, 1966.

Ninoslav Kučan, Boris Babić, Vjera Kučan, Department Store "Ri", Rijeka, 1966

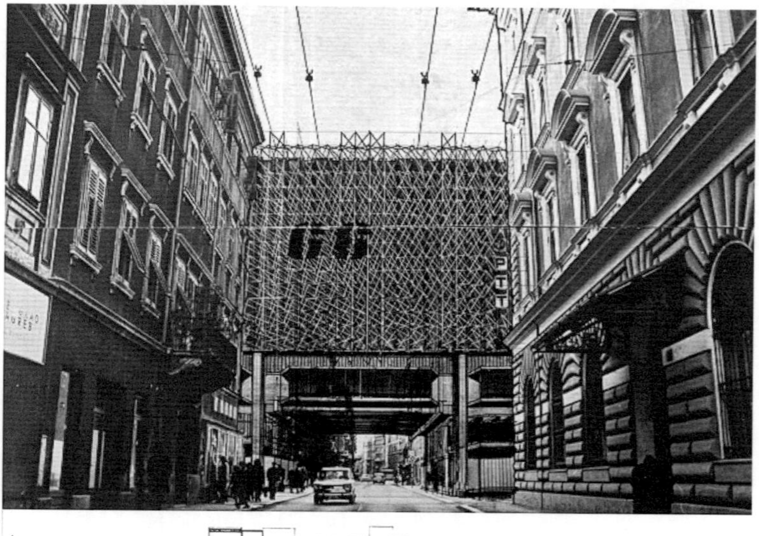

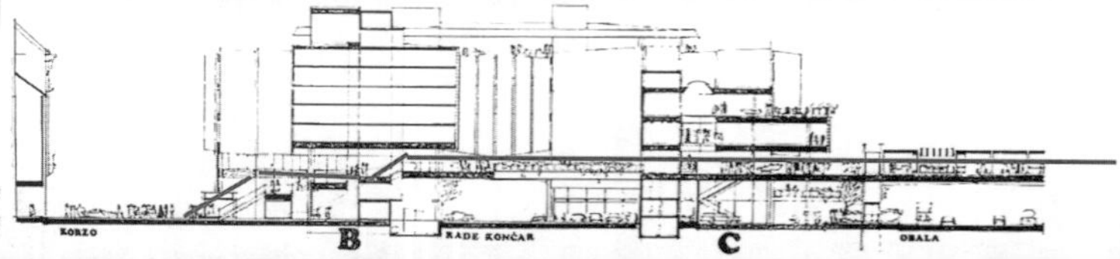

a pastry shop a hair salon and a tailor's shop. One of the more distinctive examples of such a structure was the *Trnsko* Supply Center in Zagreb by Aleksandar Dragomanović, Radovan Nikšić and Edo Šmidihen, built in 1963 and envisaged as an urban complex of pavilion-like structures organized around an outdoor pedestrian promenade.[5]

Much simpler in terms of content than some of its Zagreb counterparts was the supply center in the Split neighborhood of Glavičine, which consisted of a supermarket whose roof was used as a public terrace.

Apart from the provision of services, the function of neighborhood centers was to create a spatial framework for creating social cohesion in the new parts of the city – a place for informal socializing, the tenants' self-managed activities and cultural events. As parts of these centers, the supply and commercial centers represented a model for the decentralization of commerce and service provision and, as such, participated in urban expansion. However, seeing that the ultimately realized neighborhood center projects often lacked other planned public facilities, the supermarkets took on the leading role in the consolidation of social life in the housing projects.[6] In this sense, one can make an analogy with Victor Gruen's model of the shopping mall developed in America almost at the same time. Although it cannot be claimed that Gruen's model influenced in any way the idea of the supply and commercial center and there are significant typological differences between them, the former was also envisaged as the linchpin of the collectivity and social life of a typical housing project in the American suburbs. This is confirmed by the original plans for his first and best-known project, the Southdale shopping mall in Edina, Minnesota. According to them, the mall is located in the heart of the neighborhood and surrounded by residential buildings, a school, a medical center, a park and a lake.[7] However, as is known, the shopping mall was the only completed part of the project. This enclosed structure, surrounded by a car park and containing seventy-two smaller shops occupying the area between two department stores on each end of it, soon developed into an *ex situ* archetype replicated all over the world.

Victor Gruen je takav model trgovačkog centra definirao kao: „jedan od rijetkih slučajeva u kojem niz individualnih poduzeća, međusobno se povezujući, prihvaćaju određena pravila kako bi unaprijedili vlastitu dobrobit."[8] Precizniju definiciju kasnije je ponudio američki *Urban Land Institute*, u kojem je trgovački centar definiran kao sklop više arhitektonski unificiranih komercijalnih sadržaja koji su izgrađeni na jedinstvenoj lokaciji, koja je planirana, razvijena, posjedovana i upravljana kao jedinstvena operativna jedinica.[9] Toj se definiciji trgovačkog centra približava splitski „Koteks".

Ipak, njegove su tipološke karakteristike potpuno drugačije od onih koji imaju trgovački centri izgrađeni prema Gruenovom modelu. I upravo je u tim razlikama ključna Koteksova kvaliteta. Naime, dok Gruenov model trgovačkog centra preuzima arhitektonski repertoar javnog gradskog prostora i parafrazira ga unutar svoje zatvorene opne, pa je taj „javni" prostor kontroliran u svakom pogledu: vremenu i načinu korištenja, osvjetljenju, temperaturi, kod Koteksa je javni prostor autentičan i dostupan. Nadalje, dok je kod Gruenovog modela, neovisno da li se radi o standardiziranom ili specifičnom arhitektonskom izričaju, kuća nepovezana sa svojim okolišem, kod Koteksa je urbanotvorna ambicija nedvojbeno prisutna. Stoga, o Koteksu treba razmišljati ne samo kao o arhitektonskom djelu, već kao dijelu grada, pa ga u tom smislu treba i sačuvati.

Roba kuća u zagrebačkom kvartu Dubrava
Foto: Zagreb kakav je bio nekada

Department store in Dubrava neighborhood of Zagreb
Photo: Zagreb kakav je bio nekada

Victor Gruen defined such a model of the shopping center as "one of the rare instances in which a number of individual enterprises, in banding together, are ready to submit to certain overall rules in order to further their common welfare".[8] A more precise definition was later proposed by the American Urban Land Institute, according to which a shopping center was a complex of several architecturally standardized commercial facilities built in a single location, which was planned, developed, owned and controlled as a complete operational unit.[9] Split's Koteks approximates this definition of a shopping center.

However, Koteks' typological characteristics are completely different than those of the shopping centers built based on Gruen's model. These differences are crucial to Koteks' quality. Namely, while Gruen's shopping center model adopts the architectural repertoire of a public urban space and paraphrases it inside its closed shell, subjecting all the aspects of the "public" space – the time and manner of its usage, its lighting, ambient temperature – to control, in the case of Koteks, the public space is authentic and accessible. Furthermore, while in Gruen's model, regardless of whether it refers to a standardized or particular architectural idiom, the building is disconnected from its surroundings, in the case of Koteks, the urban-development ambition is undeniably present. Therefore, Koteks should be regarded not only as a work of architecture, but also as a part of the city, and be preserved precisely as such.

Robna kuća „Prima" u Splitu
Arhivska fotografija

"Prima" Department Store in Split
Archive photo

1
Kečkemet, Duško, „Robne kuće – hramovi suvremene civilizacije?“, *Vjesnik,* Zagreb, 5. 12. 1978., 11.

2
O tipološkom razvoju i arhitekturi trgovačkih objekata u periodu od 1960.–1980. godine vidi: Matijević Barčot, Sanja, Grgić, Ana, „Shopping as a Part of Political Agenda: Emergence and Development of Shopping Centre Typology in Socialist Croatia (1960–1980)“, *Shopping Towns Europe: Commercial Collectivity and the Architecture of the Shopping Centre, 1945–1975,* (ur.) Janina Gosseye, Tom Avermaete, Bloomsbury Academic, London, 2017, 155–167.

3
Kalogjera, Berislav, „Novi gradski centar“, *URBS*, 6 (1966), 71–73.

4
Izvorno natječajno rješenje je publicirano u: „Izvještaj ocjenjivačkog suda natječaja za izradu idejnog rješenja robne kuće u Rijeci“, *Čovjek i prostor* 215 (1971), 14–16.

5
Žunić, Alen, Karač, Zlatko, „Robne kuće i opskrbni centri arhitekta Aleksandra Dragomanovića“, *Prostor*, 23 (2015), 287.

6
Matijević Barčot, Sanja, Grgić, Ana, „Shopping as a Part of Political Agenda: Emergence and Development of Shopping Centre Typology in Socialist Croatia (1960–1980)“, 160–161.

7
Gosseye, Janina, Avermate, Tom, „Shopping towns Europe, 1945–1975“, *Shopping Towns Europe: Commercial Collectivity and the Architecture of the Shopping Centre, 1945–1975*, 4.

8
Gruen, Victor, Smith, Larry, *Shopping Towns USA: The Planning of Shopping Centers* (Centers, Reinhold Publishing Corporation, New York, 1960., 11., prijevod autorica.

9
Urban Land Institute, „Shopping Center Development Handbook“, (Washington DC: Urban Land Institute, 1977), 1., preuzeto iz: Gosseye, Avermate, *Shopping towns Europe, 1945–1975*, 15., prijevod autorica

1
Duško Kečkemet, "Robne kuće – hramovi suvremene civilizacije?", *Vjesnik*, Zagreb, 5th December 1978, p. 11

2
Regarding the typological development and the architecture of commercial facilities in the period from 1960–1980, see: Sanja Matijević Barčot, Ana Grgić, "Shopping as a Part of Political Agenda: Emergence and Development of Shopping Centre Typology in Socialist Croatia (1960–1980)", *Shopping Towns Europe: Commercial Collectivity and the Architecture of the Shopping Centre*, 1945–1975, ed. Janina Gosseye, Tom Avermaete, Bloomsbury Academic, London, 2017, pp. 155–167

3
Berislav Kalogjera, "Novi gradski centar", *URBS* 6 (1966), pp. 71–73

4
The original design tender was published in: "Izvještaj ocjenjivačkog suda natječaja za izradu idejnog rješenja robne kuće u Rijeci", *Čovjek i prostor* 215 (1971), pp. 14–16

5
Alen Žunić, Zlatko Karač, "Robne kuće i opskrbni centri arhitekta Aleksandra Dragomanovića", *Prostor*, 23 (2015), p. 287

6
Sanja Matijević Barčot, Ana Grgić, *Shopping as a Part of Political Agenda: Emergence and Development of Shopping Centre Typology in Socialist Croatia (1960–1980)*, pp. 160–161

7
Janina Gosseye, Tom Avermate, "Shopping towns Europe, 1945–1975", *Shopping Towns Europe: Commercial Collectivity and the Architecture of the Shopping Centre, 1945–1975*, p. 4

8
Victor Gruen, Larry Smith, *Shopping Towns USA: The Planning of Shopping Centers*, Reinhold Publishing Corporation, New York, 1960, p. 11

9
Urban Land Institute, *Shopping Center Development Handbook*, (Washington DC: Urban Land Institute, 1977), p. 1. Quoted in: Gosseye, Avermate, *Shopping Towns Europe, 1945–1975*, p. 15

Intervju s Branislavom Dimitrijevićem

Razgovarala: Nataša Bodrožić

OD UTOPIZMA REVOLUCIONARNE JEDNAKOSTI DO ANTI-UTOPIZMA POTROŠAČKOG BLAGOSTANJA

Interview with Branislav Dimitrijević

by Nataša Bodrožić

FROM THE UTOPIANISM OF REVOLUTIONARY EQUALITY TO THE ANTI-UTOPIANISM OF CONSUMER WELFARE

Branislav Dimitrijević autor je knjige *Potrošeni socijalizam Kultura, konzumerizam i društvena imaginacija u Jugoslaviji (1950–1974)* u izdanju Fabrike knjiga i Peščanika, 2016. Riječima samog autora, ova knjiga zagovara kritičko prevazilaženje kako „totalitarne" tako i „jugonostalgičarske" paradigme u nastojanju da se jugoslavenska socijalistička imaginacija reartikulira na ruševinama njenog tranzicijskog sloma.

U knjizi opsežno govorite o prodoru konzumerizma u tadašnje jugoslavensko socijalističko društvo i to stvaranjem kolektivnog imaginarija, slika ekonomskog blagostanja koje su zamijenile prethodne, revolucionarne slike jednakosti. U knjizi početak tog procesa vezujete uz društvene i ekonomske procese koji su započeli 1950-ih, a kulminaciju doživljavaju nakon 1965. godine. Možete li nam reći o specifičnostima tog razdoblja?

Tokom pedesetih Jugoslavija beleži nezapamćeni ekonomski rast – i po ekonomskim parametrima, ali i po onoj nemerljivoj emancipaciji društva koja se sistemski odvija u tom periodu. To je u punom smislu reči epoha struktuiranja socijalističkog imaginarijuma koji za svoju centralnu političku invenciju ima koncept socijalističkog samoupravljanja. Mene su zanimali društveni procesi i kulturni simptomi koji na evidentnom uspehu ovog projekta počinju tokom šezdesetih da dobijaju odlike sve manje socijalističkog, a sve više liberalnog poimanja u čijem je centru potraga za individualnim blagostanjem kao političkim i ekonomskim ciljem. Može se reći da to kulminira u rečima samog Kardelja[1] koji pred kraj svog života i svoje nemerljive uloge u izgradnji jugoslovenskog socijalističkog sistema zaključuje sledeće: „Sreću čoveku ne može doneti ni država, ni sistem, ni politička partija. Sreću čovek može stvoriti samo on sam. Avangardne snage socijalizma i socijalističko društvo, prema tome, mogu imati samo jedan cilj – da prema mogućnostima datog istorijskog trenutka stvaraju uslove u kojima će čovek biti što slobodniji u takvom ličnom izražavanju i stvaranju da može slobodno raditi i stvarati za svoju sreću." U ovakvoj društveno-političkoj viziji više odjekuju principi liberalnog individualizma nego socijalističkog kolektivizma, a pojam *stvaranja za svoju sreću* čak podseća na osnovno obećanje liberalne demokratije iz američke Deklaracije o nezavisnosti, i na jedan od njenih centralnih pojmova: *pursuit of hapiness.* Ali, politički sistem u

Branislav Dimitrijević is the author of the book *Potrošeni socijalizam. Kultura, konzumerizam i društvena imaginacija u Jugoslaviji (1950–1974)* ("Consumed Socialism – Culture, Consumerism and Social Imagination in Yugoslavia (1950–1974)") published by Fabrika knjiga and Peščanik in 2016. According to the author, the book argues for the critical transcension of both the "totalitarian" and the "Yugonostalgic" paradigm in any attempts to reconstruct the Yugoslav socialist imagination from the ruins of its transitional collapse.

In the book, you extensively discuss the emergence of consumerism within the socialist Yugoslav society, specifically through the creation of a collective imaginarium, of images of economic welfare which replaced the previous revolutionary images of equality. You associate the beginning of this process with the social and economic developments which began in the 1950s and culminated after 1965. What can you tell us about the specific characteristics of that period?

In the fifties, Yugoslavia experienced unprecedented economic growth, inferable both from the purely economic parameters and the immeasurable, systematic social emancipation which took place in that period. It was, in the full sense, an epoch of structuring the socialist imaginarium centered around the political invention of socialist self-management. I was interested in the social processes and cultural symptoms, which, in the sixties, following the evident success of the mentioned project, acquired the overtones of a less socialist and more liberal understanding, centered around the pursuit of individual prosperity as a political and economic goal. It could be said that this understanding culminated in the words of Kardelj[1] himself who, before his death, in the aftermath of his immeasurable role in the establishment of the Yugoslav socialist regime, concluded the following: "It is not the state, the system or the political party that can bring happiness to man. He alone can create his own happiness. Therefore, the avant-garde forces of socialism and socialist society can have but one goal – to create, according to the given historical circumstances, the conditions in which man will be as free as possible in such personal expression and, thus, enable him to work and create for his own happiness." Such a sociopolitical vision echoes more the principles of liberal individualism than those of

Jugoslaviji bio je shvaćen kao instrument prelaznog razdoblja, od *socijalizma ka komunizmu*, i Kardeljev projekat udruženog rada i podruštvljavanja organizacija iz sedamdesetih predstavljen je zapravo kao nova faza u toj tranziciji. Međutim, kao posledica preterane složenosti, pa i poslovične nerazumljivosti i nefunkcionalnosti Kardeljevog sistema, a pre svega u okolnostima ogromnih spoljnih zaduženja koja su počela da stižu na naplatu krajem sedamdesetih, Jugoslavija je početkom osamdesetih bila suočena sa ozbiljnom ekonomskom i političkom krizom.

Zanimao me pre svega početak ovog procesa i protivrečnosti između vladajućeg ideološkog diskursa i nekakve nikada do kraja integrisane pragmatike reformskih procesa. Politička kohabitacija razvoja radničkog samoupravljanja i sprovođenja ekonomske liberalizacije tržišta zaokružena je Ustavom iz 1963. Ali od tog trenutka, a posebno posle 1965, dolazi do, s jedne strane, sve veće birokratizacije samoupravljanja, a s druge strane do ekonomske politike koja je vodila u ono što će istoričar Denison Rusinov tada nazvati *laissez-faire* socijalizmom. Zakon o preduzećima je izmenjen i sprovedena je reforma banaka. Reformama je ukinuto direktno oporezivanje prihoda preduzeća te su od tada preduzeća zadržavala oko 70 odsto prihoda i kontrolu nad njima. Ovo je kod samih radnika stvaralo „grupno-svojinski mentalitet" koji je sve više diskreditovao samoupravljanje. Reforme su pogodovale stvaranju nove „kompradorske" elite, a jugoslovenska privreda postaje zavisna od procesa unutar globalnog kapitalizma. Jugoslavija je 1966. postala i punopravni član GATT-a, a Međunarodni Monetarni Fond (MMF) podržao je tada reforme s 80 miliona dolara. Nova ekonomska politika imala je društvene posledice karakteristične za svaku tržišnu ekonomiju. Ovo je bilo vreme kada počinju da se ispoljavaju sve krupnije socijalne razlike među jugoslovenskim stanovništvom.

Nova, tržišno usmjerena, ekonomska politika imala je i svoje posljedice: jedna od njih je i društveno raslojavanje koje spominjete, a zatim i produbljivanje nejednakosti između najrazvijenijih i najsiromašnijih dijelova SFRJ. Formirala se nova ekonomska elita (tehnokrati, viša srednja klasa). Možete li nam reći kako je do toga došlo?

Jedna od posledica liberalnih reformi bile su sve produbljenije nejednakosti. Kao što je poznato, jedna od formi političkog rešavanja te nejed-

socialist collectivism, whereas the notion of *creating for one's own happiness* even reminds of the fundamental promise of liberal democracy, as laid out in the American Declaration of Independence, as well as of one of the document's central ideas: the *pursuit of happiness*. Nevertheless, since the political system in Yugoslavia was understood as an instrument of the transition *from socialism to communism*, Kardelj's 1970s' project of associated labor and socialization of organizations was presented as another stage of the transition. However, in the eighties, as a result of the excessive complexity and even the proverbial incomprehensibility and inefficiency of Kardelj's system, but most of all, due to the huge external debt whose collection began at the end of the previous decade, Yugoslavia was facing a serious economic and political crisis.

I was primarily interested in the beginning of this process and in the contradictions between the dominant ideological discourse and a kind of never completely integrated pragmatism of the reform processes. The political cohabitation of the development of workers' self-management and the implementation of market liberalization was officially sanctioned by the adoption of the Constitution of 1963. However, from that moment on, and especially after 1965, the increasing bureaucratization of self-management will be paired with an economic policy which historian Dennison Rusinow dubbed *laissez-faire* socialism. Namely, the Companies Act was amended and a bank reform carried out. Other reforms led to the abolishment of the direct taxation of company income, which enabled the companies to keep 70 percent of their income and gain control over it. Among the workers themselves, this created a "group-property mentality" which was increasingly discrediting self-management. The reforms contributed to the rise of a new "compradorial" elite, while the Yugoslav economy became dependent on the workings of global capitalism. In 1966, Yugoslavia became a full party to the General Agreement on Tariffs and Trade, while the International Monetary Fund (IMF) supported the reforms in the country with 80 million dollars. The social consequences of the new economic policy were those characteristic of every market economy. Namely, this was the period in which the growing social disparities amongst the Yugoslav population began to manifest themselves.

nakosti bio je odliv radne snage u razvijene evropske zemlje na osnovu potpisanih državnih ugovora – odnosno fenomen Gastarbaitera. S druge strane, politička je elita sve više, a zarad kompetitivnosti koja je stvorena ulaskom u međunarodne trgovinske i ekonomske tokove, ulazila u spregu sa novostvorenom ekonomskom, tehnokratskom elitom. Ekonomska nejednakost je sve više dobijala nacionalna obeležja. Temeljni socijalistički principi postali su ugroženi stvaranjem nacionalnih ekonomskih elita, sve više se razvijeni severozapad opirao ideji solidarnosti sa nerazvijenim jugoistokom. Dolazi do disproporcije u razvoju onih privrednih sektora koji su po pravilu bili potsticani u socijalističkim sistemima – jer rudarstvo, metalurgija i mašinska industrija su postajale tržišno neprofitabilne zbog niskih cena i traženih koncesija – i onih sektora koji su proizvodili robu široke potrošnje, pritom koristeći jeftin sirovi materijal, ili se bavili uvozom takve robe. Reforme su zagovarale princip potsticanja lične potrošnje u odnosu na investicije što je posebno otvorilo prostor za pojavu sve veće nejednakosti. Formirala se nova ekonomska elita, ali nju više nije činio samo uzak krug partijskih i državnih rukovodilaca (politokratija) već je stvarana nova struktura više srednje klase koju je sada činio sloj tehnokrata pa i izvestan broj drugih obrazovanih profesionalaca u različitim delatnostima.

Istodobno su se javljali i otpori i kritike tih procesa unutar same Partije, tj. od strane visoko pozicioniranih dužnosnika u Savezu komunista Jugoslavije i vodstvu SFRJ. I sami studentski protesti iz 1968. bili su reakcija na sve veće raslojavanje. Kako su oni bili artikulirani, gdje se locirao problem i na koji način pokušavao riješiti ili barem objasniti?

Nabrajajući protivnike jugoslovenskog socijalističkog sistema, Edvard Kardelj je posebno izdvojio fenomen „ultralevice" kao nove „varijante staljinističkog dogmatizma" protiv tržišta i robne proizvodnje. „Ultralevičarstvo se praktično svodi na jedan od oblika borbe za tehnobirokratski monopol u upravljanju društvom" kaže Kardelj. Kada vidimo ovakvu retoriku shvatamo da je za socijalistički establišment taj udar sa leva morao biti na neki način identifikovan sa staljinizmom, pa je tako došlo do nečeg veoma zbunjujućeg – do remećenja neke uigrane dijalektike koja se odvijala unutar tog establišmenta. Vidite, ja sam odrastao na sledećem narativu: s jedne strane je hardlajnerska, prosovjetska, centralistička frakcija partije, a s druge je liberalna, prozapadna. Šezdesetosma zapravo označava prevazilaženje

The new, market-oriented economic policy had its consequences: one of them was the social stratification that you've mentioned, and then there was the deepening of inequality between the most developed and the poorest parts of the SFRY. A new economic elite (technocrats, the upper-middle class) was formed. Can you tell us how that happened?

One of the consequences of the liberal reforms was the deepening of inequalities. One of the well-known political solutions to these inequalities was the workforce drain into developed European countries, enabled by government treaties – the so-called *Gastarbaiter* phenomenon. At the same time, due to the competitiveness created by the inclusion in international trade and economic activities, the political elite intensified its alliance with the newly-established economic, technocratic one. Economic inequality was becoming more and more tied to nationality. The fundamental socialist principles were being threatened by the establishment of national economic elites, while the developed northwest of the country increasingly resisted the idea of solidarity with the undeveloped southeast. Since mining, metallurgy and engineering – the economic sectors typically subsidized in socialist systems – were becoming nonprofitable due to low prices and requests for concessions, they were also becoming disproportionately underdeveloped in comparison to the sectors involving the production of consumer goods from cheap raw materials or the import of such goods. The reforms favored the principle of stimulating personal consumption with respect to investments, which especially facilitated the emergence of growing inequality. A new economic elite was formed, one that no longer consisted only of a narrow circle of party and state officials (politocracy), but also included a new upper-middle class structure made up of a stratum of technocrats, along with a number of other educated professionals from various fields.

At the same time, these processes were being resisted and criticised within the Party itself, i.e. by the high-ranking officials of the League of Communists of Yugoslavia and the SFRY leadership. Even the 1968 student protests were a response to the increasing social stratification. How were these opposing voices articulated, what was seen as the problem and its possible solutions or, at least, explanations?

tako postavljene dihotomije – nova levica se suprotstavila kako centralističkom dogmatizmu tako i liberalnom reformizmu, a i napadana je tako da je maltene simultano označena kao neo-staljinistička i kao import zapadnog studentskog radikalizma, s obzirom da je činjenica da je 1968. godina u Jugoslaviji ipak odjek takvih zbivanja na kapitalističkom zapadu. Ali svakako da su u kontekstu razvoja jugoslovenskog socijalizma, demonstracije iz 1968. podsetile da glavni objekt komunističke imaginacije nije bilo obećanje ekonomskog *blagostanja*, već obećanje *jednakosti*. Ali sa druge strane, na ovo je ukazalo i istovremeno bujanje nacionalizama – što će postati i glavni uzrok konačnog sloma SFRJ. Nacionalizmi su mogli efikasno da nagrizu socijalistički sistem jer su uspeli da premeste ideološki diskurs jednakosti sa klasnog na nacionalni identitet, i sa klasne na nacionalnu borbu.

U knjizi tvrdite da se okolnosti pod kojima se formirala potrošačka kultura u Jugoslaviji ne mogu promatrati odvojeno od konteksta Hladnog rata i propagandnih aktivnosti koje su provodile Sjedinjene Države, kao i izuzetno primjetne amerikanizacije cjelokupne evropske kulture poslije Drugog svjetskog rata, uz jedinstvenu vanjsko-političku poziciju Jugoslavije u svijetu. Naime, Jugoslavija u američkim službenim dokumentima već s početka pedesetih nije bila tretirana kao „tvrdokorna" komunistička zemlja, već je bila svrstana u grupu zemalja tzv. krucijalne periferije, u kojoj su još bile Grčka, Turska, Burma, Tajland i Južna Koreja. Što je to konkretno značilo u praksi?

Potrošačka kultura je bilo moćno oružje Hladnog rata, ako ne i najmoćnije. Cilj je bio identifikovati SAD sa konceptom društva blagostanja. Liberalne ekonomske teorije su u isticanju *samo-po-sebi-razumljivosti* ekonomskog rasta u cilju postizanja društva blagostanja, stvorile jednostavnu formulu uz pomoć koje se, tokom Hladnog rata, sprovodila politička destabilizacija socijalističke ideologije u zemljama koje su nakon Drugog svetskog rata pokušale da uspostave praksu centralizovane, planske ekonomije, koja se u liberalnom shvatanju tretira kao „neprirodna". Liberalna formula glasi: *ekonomski rast znači blagostanje, a blagostanje znači demokratiju.* Odnosno, postizanje ekonomskog prosperiteta tržišnih ekonomija odgovara prirodnim potrebama ljudi ka ostvarivanju društva blagostanja što samim tim pogoduje razvoju univerzalne demokratije. Iz ovoga sledi politička pragmatika po kojoj je borba protiv „nedemokratskih" socijalističkih režima najostvarljivija

Amongst the perceived opponents of the Yugoslav socialist system, Edvard Kardelj singled out the phenomenon of the "ultraleft" as a new "version of Stalinist dogmatism" opposed to the free market and production of goods. "Ultra-leftism practically comes down to a form of struggle for technobureaucreatic monopoly over social governance" said Kardelj. When we consider such rhetoric, it is understandable that, for the socialist establishment, this blow from the left must have somehow been identified with Stalinism, which led to a very confusing situation, i.e. to the upsetting of a certain hardened dialectic adopted within that establishment. You see, I was raised on the following narrative: on one side, you have the hardline, pro-Soviet, centralist faction of the Party, and on the other, the liberal, pro-Western one. 1968 actually signified the transgression of this established dichotomy – the New Left was as opposed to centralist dogmatism as it was to liberal reformism, and came under attack as, almost simultaneously, neo-Stalinist and an import of Western student radicalism, considering that 1968 in Yugoslavia was an echo of such developments in the capitalist West. In any case, in the context of the development of Yugoslav socialism, the 1968 demonstrations were a reminder that the main object of the Communist imagination was not the promise of economic *prosperity*, but the promise of *equality*. On the other hand, this was also indicated by the concurrent growth of nationalism – which would also become the main cause of the eventual collapse of the SFRY. Nationalism was able to efficiently eat away at the socialist system because it managed to shift the focus of the ideological discourse of equality from class to ethnic identity, as well as from class struggle to ethnic conflict.

Jugoslavija na zimskim Olimpijskim igrama 1980.
Arhivska fotografija

Yugoslavia at the 1980 Winter Olympic Games
Archive photo

ukoliko je provođena kroz isticanje nejednakosti u kupovnoj moći stanovništva i nejednakosti u dostupnosti robe u zemljama socijalističkog bloka, u poređenju sa razvijenim liberalnim demokratijama. U hladnoratovskoj politici Jugoslavija je zauzimala ključno mesto i svakako da je bilo u interesu zapadnih država da stalno ističu, pa i u mnogo čemu i veličaju, specifičnost jugoslovenskog puta u odnosu na sovjetski. U knjizi zapažam da se taj obrat u američkom odnosu prema Jugoslaviji već uveliko dogodio ranih pedesetih. Kasnije ćemo u nekim primerima koje u knjizi navodim zapaziti da se Jugoslavija u američkim medijima tretirala kao naprednija od SSSR upravo po razlici u kupovnoj moći i opskrbljenosti robom široke potrošnje.

U istraživačkom projektu s početka sedamdesetih beogradskog Instituta za društvene nauke, kako navodite dalje u knjizi, „definisana su četiri osnovna društvena sloja u Jugoslaviji: sloj političkih i privrednih rukovodilaca (privilegovani donosioci političkih i privrednih odluka), sloj visokih stručnjaka u privredi, inteligencija i administrativni službenici (ono što potpada pod pojam srednjeg sloja), sloj neposrednih proizvođača (kvalifikovani radnici u industriji i uslužnim delatnostima, ali i nekvalifikovani radnici i „prelazni sloj" radnika-seljaka) kao i sloj privatnih vlasnika (poljoprivrednici, zanatlije)." Tvrdite da u ovoj podjeli ekonomska moć prije svega još nije bila ključna za formiranje klasnog pripadanja, već je to, posebno u prvom i četvrtom slučaju, bila bliskost političkoj moći. Kasnije će se ispostaviti da će upravo koalicija prvog i četvrtog sloja (privatnih vlasnika) postati kičma antisocijalističke tranzicije, dok će drugi i treći sloj sve više biti bez društvenog i ekonomskog utjecaja... Dakle, srednji sloj apostrofirate kao „manje ili više pasivnog saveznika antisocijalističke tranzicije, time što se pomalo distancirao od interesa radničkih slojeva prije svega svojom kulturnom „distingviranošću." Kako je do toga došlo?

Kako kaže Darko Suvin[2], „izvorni greh politokracije može se naći sredinom 60-ih u njenom žestokom otporu daljim eksperimentima s izravnom demokracijom – koja se mogla razviti iz ograničenog samoupravljanja u tvornicama, a zatim i na drugim radnim mestima". Kako Suvin zaključuje – i ovaj citat može poslužiti kao sažetak političkog okvira u koji smeštamo i naše razmatranje potrošačke kulture kao kulturne logike tranzicijskog procesa – šezdesetih se dogodila inverzija „od kretanja u smjeru socijalističke

In the book, you claim that the circumstances in which consumer culture in Yugoslavia was formed cannot be considered separately from the context of the Cold War, the propaganda activities carried out by the United States and the highly conspicuous Americanization of the entire European culture after the Second World War, along with the unique foreign-political position of Yugoslavia. Namely, American official documents reveal that, as early as at the beginning of the fifties, Yugoslavia ceased to be treated as a "hard-line" communist country, but rather, it was classed with a group of countries that formed the so-called crucial periphery, along with Greece, Turkey, Burma, Thailand and South Korea. What did this actually mean, in practical terms?

Consumer culture was a powerful – if not the most powerful – weapon of the Cold War. The goal was to identify the USA with the concept of welfare society. By emphasizing the *self-explanatory* nature of economic growth as a tool in creating welfare society, liberal economic theories created a simple formula for the destabilization of socialist ideology during the Cold War, in countries which had tried to establish the practice of a centralized, planned economy – seen by liberals as "unnatural" – after World War II. The liberal formula is the following: *economic growth means welfare*, and welfare means democracy. In other words, achieving the economic prosperity of market economies satisfies the natural need of human beings to establish a welfare society, which, in turn, enables the development of universal democracy. This position entails a political pragmatism according to which the suppression of "undemocratic" socialist regimes is best achieved by emphasizing the disparities in the citizens' purchasing power and in the availability of goods in socialist bloc countries in comparison to the developed liberal democracies. Since Yugoslavia's role in Cold War politics was crucial, it was certainly in the interest of Western states to keep drawing attention to the idiosincracies of the Yugoslav method of governance as compared to the Soviet one. As I have mentioned in the book, this shift in American relations with Yugoslavia had, for the most part, already taken place in the early fifties. Some later examples in the book show that, in American media, Yugoslavia was portrayed as more advanced than the USSR precisely because of the difference in purchasing power and the level of supply with consumer goods in these two countries.

pravednosti i komunističke emancipacije do kretanja u suprotnom smjeru". Suvin potcrtava da „iz raspada naprednog saveza slijedi pomanjkanje imaginacije i povratak represivne politike čvrste ruke, zajedno sa katastrofalnim posrtajem svih ekonomskih pokazatelja, uključujući rastući jaz između republika i barbarizaciju sve siromašnijih međuljudskih odnosa. To se jasno očitavalo u ogromnom porastu kreditnog kapitala i nezaposlenosti".

Unutar retorike, kao delatnosti koja me jako zanima, dolazi do kritike „uravnilovke" što je bio prihvaćeni eufemizam za postepeno napuštanje osnovnih revolucionarnih načela o klasnoj jednakosti i za isticanje načela raspodele dohotka po principu „svako prema sposobnosti, svako prema radu" pri čemu je odnos prema radu trebalo da postane „stvarna osnova društvenog položaja". Iako se o klasnoj stratifikaciji nije zvanično govorilo sve do kraja šezdesetih, bilo je jasno da se ovaj proces odvija po uobičajenoj šemi, odnosno na osnovu tri osnovne komponente utvrđivanja položaja društvenih slojeva: *mesto u podeli rada* (odnosno sve veće produbljivanje razlika između visoko kvalifikovanih i nisko kvalifikovanih radnika, ali i razlika između radnika u proizvodnji i zaposlenih u administraciji), *odnos prema političkoj moći* (bliskost političkoj moći koja je omogućavala društvene privilegije) i *mesto u raspodeli materijalnog bogatstva* (uključujući i pitanje odnosa prema svojini). Dok je pitanje sudelovanja u političkoj moći bilo ideološki rešavano isticanjem principa socijalističkog samoupravljanja po kojima je „radnom narodu" omogućeno da sudeluje u procesima odlučivanja na raznim političkim nivoima, a posebno u učešću u odlučivanju u preduzećima, pitanje mesta u raspodeli bogatstva i odnosa prema svojini postalo je odlučujuće za proces nove klasne stratifikacije u socijalizmu.

U tim okolnostima, kako tvrdite, iz simbolične strukturne hijerarhije postepeno nestaje sama figura radnika. U filmu *Ljubav i moda* autora Ljubomira Radičevića iz 1960. godine koji analizirate, proizvodni radnik, primjerice onaj koji šije modnu garderobu – više ne postoji: on je u procesu robne fetišizacije izbrisan kao remetilački faktor?

Taj film (je zbilja zanimljiv jer) kao da je sam ilustracija za Marxovu tezu o nastajanju robnog fetišizma kao procesa brisanja fabričkog rada iz robe proizvedene tim radom. Film je to o dve modne kuće – Jugošik i Jugomoda – koje se u Beogradu te 1960. takmiče koja će napraviti modnu reviju sa

Later in the book, you mention that, according to a research project conducted by the Institute for Social Sciences at the beginning of the 1970s, "four main social classes were identified in Yugoslav society: the class of political and economic executives (the privileged decision-makers in the field of politics and economy), the class of high-level economic experts, the intelligentsia and the administrative officials (i.e. what is considered the middle class), the class of direct producers (skilled industry and service workers, as well as unskilled workers and the 'transitional class' of rural workers) and the class of private-property owners (farmers, small business owners).". With regard to this type of stratification, you claim that economic power was not, at first, the determining factor in the structuring of class affiliation, but rather, that it was proximity to political power, especially for the first and fourth class. It would later turn out that it was precisely the coalition of the first and fourth class (the private-property owners) that became the backbone of the anti-socialist transition, while the second and third class progressively lost their social and economic influence... Therefore, you apostrophize the middle class as "a more or less passive ally of the anti-socialist transition, considering its gradual distancing from working-class concerns, realized primarily through its cultural 'distinctiveness'". How did that distancing occur?

According to Darko Suvin[2], "the original sin of politocracy can be traced back to the mid-1960s' strong resistance to further experiments with direct democracy – which could have developed from limited self-management in factories, and then in other workplaces". As Suvin concludes – providing us with an apt rundown of the political framework for our own consideration of consumer culture as the cultural logic of the transition process – what happened in the sixties was an inversion, "from the trend towards socialist justice and communist emancipation to the reverse trend". Suvin emphasizes that "the collapse of the progressive alliance resulted in a lack of imagination and a return to repressive 'firm hand' politics, together with the catastrophic plummeting of all the economic indicators, which included the widening of the gap between the republics and the barbarization of increasingly poor human relations. This was clearly manifested in the huge increase of available credit and the rise of unemployment".

The rhetoric – an activity in which I am very interested – of the time came to incorporate criticism of "leveling", which was the accepted euphemism

italijanskim modelima. Nema nigde fabričkog rada tekstilnih radnica, protagonisti filma su sve studenti arhitekture i istorije umetnosti, i tako dalje. Ovaj film govori jako mnogo o jednoj normalizaciji konzumerske imaginacije i za mene je simbolički vrlo indikativan pa mu posvećujem detaljnu analizu u knjizi. Ali ono što je za našu temu posebno zanimljivo je način kako je u ovom filmu prikazana tek formirana socijalistička tržišna ekonomija. Od 7. partijskog kongresa i novog Zakona o radnim odnosima (1958) pa do upozoravajuće ekonomske krize 1961.–1962., može se reći da je Jugoslaviju zahvatio prvi talas „kapitalističke restauracije" koji je stvorio zavisnost socijalističke ekonomije od svetskog kapitalističkog sistema. Ali uvođenje tržišne ekonomije je svakako bilo rezultat planske ekonomije, dakle ideološke odluke, odnosno sprovođenja plana usvojenog na Kongresu 1958. Novi Zakon o radnim odnosima je pre svega proširio samostalnost preduzeća, promenio način raspodele dohotka između preduzeća i društva, ali i promenio način raspodele ličnih dohodaka unutar preduzeća. Posle ovih zakonskih procesa pojavila se jedna nova ekonomska kategorija koju dotadašnji sistem raspodele nije poznavao: kategorija *čistog profita*. Ovo nije odmah uticalo na porast ličnih dohodaka, ali se sve više probijalo shvatanje da su radnici istodobno i poduzetnici čiji dohodak ovisi o poslovnom uspehu poduzeća.

Scena iz filma *Ljubav i moda* Ljubomira Radičevića iz 1960.

A scene from the movie *Ljubav i moda* ("Love and Fashion") by Ljubomir Radičević, 1960

for the gradual abandonment of the basic revolutionary principles of class equality and the ensuing emphasis on income distribution according to the principle known as "from each according to ability, to each according to work", where the relationship towards work was meant to become the "real basis of social status". Although class-based stratification was not officially mentioned until the end of the sixties, it was clear that this process was following the usual pattern – that is, that the position of social classes was determined based on three main components: *position with regard to the division of labor* (in other words, the growing differences between highly-qualified and less-qualified workers, as well as the differences between workers in manufacturing and administrative workers), *relationship towards political power* (proximity to political power, which enabled social privileges) and *position with regard to the distribution of material wealth* (including the question of the relationship towards property). While the question of participation in political power was ideologically resolved by emphasizing the principles of socialist self-management, according to which the "working people" were enabled to participate in decision-making on various political levels, and especially through their contribution to decision-making in companies, the question of position with regard to wealth distribution and of the relationship towards property became decisive for the new class-based stratification process in socialism.

Reklama za Lambretta motocikle

Lambretta motorcycles, commercial

U knjizi se niste specifično bavili robnim kućama, kao materijalizacijom potrošačkih tendencija u socijalizmu i mjesta ostvarenja potrošačkih snova, ali ih spominjete na nekoliko mjesta. One imaju posebnu važnost u prostornom razvoju jugoslavenskih gradova budući da su ih projektirali vodeći arhitekti tog vremena, a često su predstavljale izuzetno kvalitetan, moderni sloj tih gradova. Međutim, spominjete ih kao mjesta samoreprezentacije Jugoslavije prema vanjskom svijetu, kroz godišnji službeni časopis *Jugoslavija i svet*. U jednoj od takvih ilustriranih promotivnih knjiga, naslovljenoj *Jugoslavija u boji* (iz 1968., tiskana u Italiji), reproducirane su i fotografije moderno odjevenih djevojaka koje kupuju „modne artikle domaćih i stranih proizvođača" u nekoj dobro opremljenoj robnoj kući. U potpisu ispod fotografije čitamo: „U robnim kućama može se naći bogat izbor domaćih proizvoda kao i različitih i specijalizovanih potrošačkih artikala iz celog sveta." U istoj knjizi, u poglavlju pod naslovom *Život danas*, „čitalac se obaveštava o potrošačkim navikama Jugoslovena", te da „oni ne moraju da štede za svoje penzije ili zdravstveno osiguranje" (budući da se „o ovim potrebama brine jugoslovenski sistem socijalnog osiguranja"), pa umjesto toga štede novac za putovanja i nabavku luksuznih dobara. Kako se odvijao proces „kulturalizacije konzumerizma", kojim sve kanalima?

Nisam se bavio pojedinačnim slučajevima iako je to svakako jedno veoma zanimljivo polje istraživanja koje nam može pružiti uvide u procese o kojima sam pisao i u mnogo čemu dopuniti neke manjkavosti u mojoj analizi. Robne kuće iz perioda socijalizma su ostale simboli nekog neispunjenog obećanja u kom će se socijalistički razvoj artikulisati kroz bolje snabdevanje robom široke potrošnje i kroz veću kupovnu moć stanovništva. Pred kraj socijalizma te su robne kuće postale aveti ovog obećanja kada su postale pre poznate po svojoj neopskrbljenosti i jednoličnosti. Uvek se setim jedne humoreske Miljenka Smoje iz osamdesetih kada opisuje prazne police neke splitske samoposluge i kaže da nema ničega – „njanci sir Buco!"

Što se tiče moje knjige koja se bavi ipak nekim ranijim periodom, robna kuća se uvodi opet u domenu fikcije – u filmu *Pusti snovi* Soje Jovanović s kraja šezdesetih gde je tek otvorena zgrada beogradskog Muzeja savremene umetnosti pretvorena u robnu kuću. Zar to nije zbilja zanimljiv nagoveštaj tranzicije kakvu danas znamo? U odnosu na *Ljubav i modu* koji je snimljen kao „vesnik" novog soc-konzumerskog imaginarijuma, *Pusti*

In these circumstances, as you point out, the figure of the worker gradually disappears from the symbolic structural hierarchy. In the 1960 movie *Ljubav i moda* ("Love and Fashion") by Ljubomir Radičević, which you analyzed, the workers in manufacturing, for instance, those who sew the fashion items, are no longer present: in the process of commodity fetishization, they have been elided as a disruptive factor?

The movie is really interesting in that seems to illustrate Marx's thesis on commodity fetishism as a process of eliding factory work from the commodities produced by it. It follows two clothing companies – Jugošik and Jugomoda – as they compete in 1960s' Belgrade to produce a fashion show featuring Italian models. The factory work of textile workers is entirely absent from the movie and all of its protagonists are architecture and art history students. Since it reveals a lot about a certain normalization of consumer imagination and I consider it highly indicative in terms of its symbolics, I have analyzed it in detail in the book. However, what is especially interesting for our conversation is the portrayal of the newly-formed socialist market economy in this movie. It can be said that, in between the 7th Party Congress and the adoption of the new Act on Labor Relations (1958) and the ominous economic crisis of 1961–1962, Yugoslavia was hit by the first wave of "capitalist restoration", which created the dependency of its socialist economy on the global capitalist system. Nevertheless, the introduction of market economy was a result of planned economy, and therefore, of an ideological decision concerning the implementation of the plan adopted at the 1958 Congress. The new Act on Labour Relations primarily expanded the autonomy of the companies and changed the manner of distributing income, both between the companies and the society and between individuals within a company. As a result of the implementation of those legal procedures, a new economic category appeared, unknown within the previous distribution system: the category of *pure profit*. Although this did not immediately bring about the rise of personal income, the idea that workers were also entrepreneurs, whose income depended on the company's business success, began to gain traction.

Although your book does not specifically concern department stores, as materializations of consumerist tendencies in socialism and

snovi se pojavljuju u vreme punog ostvarivanja kulturalizacije konzumerizma. Iako se čitava priča zasniva na snoviđenjima glavnog junaka, ambijent u kom se on kreće je jasno markiran potrošačkim ambijentom i onim što se danas na engleskom zove *product placement*. I u ovom filmu jedna od centralnih scena je opet modna revija koju organizuje robna kuća u kojoj radi Popić i koju sada snima televizijska ekipa. Za razliku od modela fiktivnih modnih kuća Jugošik i Jugomoda u *Ljubavi i modi*, sada je modna revija nedvosmisleno u službi „ekonomsko-privredne propagande" domaćih preduzeća koje se ovde upadljivo reklamiraju: *Beko*, *Lisca, Beteks, Dahlia*, Kombinat trikotaže *Beograd*, itd. Iste godine pojavljuje se i prvi zvanični štampani priručnik za „ekonomsku propagandu" u kom se govori o njenom „društvenom i privrednom značaju", o „istraživanju tržišta kao preduslovu uspešne ekonomske propagande", o „izučavanju marketinga kao uslova za povećanje izvoza", pa i o „uticaju ekonomske propagande na psihu žena".

***Sljeme* zamrznuto jelo, reklama**

***Sljeme* frozen dish, commercial**

places in which consumer dreams come true, it does make reference to them as places of Yugoslav self-presentation to the outside world, through the annual official journal *Jugoslavija i svet* ("Yugoslavia and the World"). One of these illustrated promotional editions under the title *Jugoslavija u boji* ("Yugoslavia in Color", 1968, printed in Italy) contains reproductions of photos of fashionably dressed young women buying fashion items made by domestic and foreign manufacturers in a well-stocked department store. The description under one of them reads: "Department stores offer a wide selection of domestic products, as well as various and specialized consumer goods from all over the world." In the same publication, in a chapter titled *Život danas* ("Life Today"), the reader is introduced to the spending habits of Yugoslav citizens and informed that "they do not have to save up for retirement or health insurance" (since "these needs are provided for within the Yugoslav social insurance system") and instead, save up for travel and the acquisition of luxury goods. How did the process of the "cultural integration of consumerism" take place, through which channels?

Although I did not concentrate on individual cases, it is certainly an interesting field of research which can provide insight into the processes I wrote about and significantly supplement my analysis. The socialist-era department stores have remained symbols of an unfulfilled promise of materializing socialist development through a better supply of consumer goods and increased purchasing power of the population. At the end of the socialist era, these department stores turned into phantasms of this promise, as they had become notorious for their scarce stock and poor offer. This always brings to my mind a humorous description by Miljenko Smoje of the empty shelves of a Split department store in the eighties – he quipped that there was nothing on them, "not even *Buco* cheese!".*

In my book, which focuses on an earlier period than the one Smoje remarked on, the department store also infiltrates the domain of fiction – for example, in the late-sixties movie *Pusti snovi* ("Nothing but Dreams") by Soja Jovanović, where the newly opened Museum of Contemporary Art is converted into a department store. Is this not a really interesting foreshadowing of the transition, as we know it today? In comparison to *Ljubav i moda*, which was conceived as the "herald" of a new socialist-consumerist

Od projekta izgradnje Novog Beograda započetog 1947. kao „najvećeg poduhvata i simbola jugoslovenskog socijalističkog modernizma i postrevolucionarnog produktivizma", odnosno materijalizacije vizije novog ambijenta za novi život u novom društvenom sistemu, do Genexovog tornja tj. Zapadne kapije Beograda iz 1970-ih, koju vidite kao „konstruktivni indikator promena u društvenom ekonomskom sistemu" kojima ste se bavili u knjizi, prošlo je nekoliko desetljeća. Zapadnu kapiju simbolički vezujete uz „poslednje pokušaje reanimacije komunističke društvene imaginacije u Jugoslaviji tokom sedamdesetih, odnosno s kardeljevskim Zakonom o udruženom radu kojim je društvo trebalo da uđe u novu fazu tranzicije ka komunizmu". Možete li to elaborirati?

Ovu građevinu uzimam kao neku vrstu tranzitivnog objekta. Objekat se sastoji od dva visoka kubusa (kule), ojačanih sa strana širokim cilindrima, i pri vrhu povezanih mostom-pasarelom. Estetika zgrade je istovremeno „brutalistička" po vidljivoj ogoljenosti sirovog betona, ali i „skulpturalna" u odnosu centralnih kubusa i niza kružnih aplikacija koji joj daju karakter specifičnosti u odnosu na rektangularnu „uniformnost" modernističkog kanona. Jedna od kula (ona dalje od autoputa) zamišljena je kao stambena, a druga, nešto niža, kao poslovna zgrada u koju se uselila najveća „privredna organizacija" u SFRJ, preduzeće General-eksport (skraćeno Geneks) koje se bavilo poslovima uvoza i izvoza. Odnos stambenog i poslovnog trebalo je da simbolizuje kako koncept Novog Beograda tako i „šifru" prosperiteta čitave zemlje. Ali takođe kao da je ova zgrada imala još veću ambiciju: da zapravo otelotvori one utopijske snove o hipermodernom gradu u kom su život i rad povezani i organizovani u organskoj sintezi vođenoj vizijom funkcionalne, koherentne i skladne društvene organizacije. Jer, bar teorijski, neko ko bi živeo i radio u ovoj zgradi ne bi morao ni da izlazi da bi ostvario osnovne potrebe – u zgradi su osim stanova, kancelarija i sala za sastanke zamišljene i centralna kuhinja, restoran, biblioteka, prostori za fizičke aktivnosti, itd.

Proces koji je trebalo da uslovi slabljenje državne birokratije, manifestovao se u još većoj birokratizaciji – i to zbog uspostavljanja složenog organizacionog sistema definisanog Zakonom o udruženom radu – koju je pratila već šezdesetih započeta *tehnokratizacija* kojom se formirala sve privilegovanija „kompradorska" ekonomska elita vezana za gigantska, mada mahom

imaginarium, *Pusti snovi* was released at the peak of the cultural integration of consumerism. Although its storyline is entirely based on the dream imagery of the protagonist, the ambient through which he moves is clearly marked by consumerism and product placement. One of the crucial scenes of the movie is, again, a fashion show, organized by the department store in which the protagonist Popić works and filmed by a TV crew. As opposed to *Ljubav i moda*, whose fashion show scenes were filmed using stage settings that represented the fictional department stores Jugošik and Jugomoda, the fashion shows included in *Pusti snovi* are unmistakably part of the "economic propaganda" of domestic companies conspiciously advertised in the movie, such as *Beko, Lisca, Beteks, Dahlia, Kombinat trikotaže Beograd* etc. The year of the release of *Pusti snovi* was also the year of the publication of the first official printed guidelines for "economic propaganda", which dealt with its "social and economic significance", "market research as the precondition for successful economic propaganda", "studying marketing as a prerequisite of export growth", and even with the "influence of economic propaganda on female psyche".

Several decades have passed from the project of the construction of Novi Beograd, which began in 1947 as "the greatest achievement and symbol of Yugoslav socialist modernism and post-revolutionary productivism", that is, the materialization of the vision of a new living environment in a new social system, to the building of the Genex company tower, known as the Western Gate of Belgrade, in the 1970s, which you describe as a "constructive indicator of changes in the social economic system" which you examine in your book. You symbolically connect the Western Gate with the "last attempts at reanimating the communist social imagination in 1970s' Yugoslavia, that is, with the Act on Associated Labor, supported by Kardelj and intended as a gateway into the next stage of transition to communism". Could you elaborate on that?

I see that building as a kind of transitional structure. It consists of two tall cubes (towers), reinforced at the sides with wide cylinders and connected at the top by a bridge functioning as a passageway. The building's esthetics is simultaneously "brutalist" in the visible bareness of raw concrete and "sculptural" in the relationship of the central cubes and the numerous circular ornaments, which give it an idiosyncratic character with respect

neproizvodna preduzeća kakav je upravo bio Geneks. Otuda se „Geneks kula" može karakterisati kao s jedne strane arhitektonski simbol poslednjeg pokušaja obnavljanja utopijskog impulsa ka ostvarivanju novog koraka u revoluciji, a s druge upravo kao simptom kapitalističke tranzicije. Mitrovićeva zgrada[3] u svom najupečatljivijem elementu nosi reminiscenciju na utopijske projekte koji su uključivali konstruktivnu mobilnost delova građevine, i ono što čini najupečatljiviji arhitektonski element ove dve spojene

Zapadna kapija Beograda (1970.–1980.), arhitekt Mihajlo Mitrović
Pogled sa auto-puta kroz Novi Beograd.
Foto: Goran V. Anđelković, 2017.

Belgrade Western City Gate (1970–1980) / Genex Tower, architect Mihajlo Mitrović
Photo: Goran V. Anđelković, 2017

to the rectangular "uniformity" of the modernist canon. One of the towers (the one further away from the highway) was planned as residential, while the other, somewhat shorter, as an office block, into which the largest "economic organization" in the SFRY – the General-eksport (shortened to "Geneks") import and export company – eventually moved. The relationship between the residential and the commercial elements was to symbolize both the concept of New Belgrade and the key to the prosperity of the entire country. Moreover, the building revealed an even bigger ambition: that of embodying the utopian dreams of an ultra-modern city in which life and work were connected and organized in an organic synthesis driven by the vision of a functional, coherent and harmonious social organization. For, in theory at least, those who lived live and worked in the building would not even have to leave it in order to satisfy their basic needs – in addition to the apartments, offices and meeting halls, the building was also to contain a central kitchen, a restaurant, a library, an area for physical activity etc.

The process which was to create the conditions for the weakening of state bureaucracy was eventually manifested in even stronger bureaucratization – due to the establishment of a complex organizational system defined by the Act on Associated Labor – which, from the 1960s, was accompanied by *technocratization* and the consequent formation of a "compradorial" economic elite tied to gigantic, although mainly non-manufacturing companies

Enterijer restorana u rotondi poslovne kule Zapadne kapije Beograda.
Foto: Goran V. Anđelković, 2017.

Genex Tower, interior of the restaurant in the rotonda
Photo: Goran V. Anđelković, 2017

kule, jeste decentrirana „rotonda“ na samom vrhu koja je zamišljena da se rotira oko svoje ose i u koju je bio smešten panoramski restoran sa koga se mogao videti čitav novi grad. Uz to, sve je više rastao društveni cinizam prema ideološkom konceptu „Kardeljeve Jugoslavije“ *vis-à-vis* akumulaciji ekonomske i političke moći tehnokratsko-političke elite. O ovome dobro govori anegdotalna izjava jednog nameštenika kompanije Geneks krajem sedamdesetih. Kada ga je, pošto je zgrada završena, prijatelj upitao – „a šta se to nalazi gore u onom čudnom kružnom dodatku na vrhu?“ – zaposlenik Geneksa mu je odgovorio s lakonskom ironijom: „Tamo gore? Tamo je *komunizam*!“ Ova opaska duhoviti je komentar na postojeće forme politički cinične transformacije egalitarističkih koncepata na kojima je društvo bilo zasnovano. Htelo se reći: komunizam je ostvaren samo za neke, za vladajuću političku-ekonomsku oligarhiju koja jedina za sebe ostvaruje pravo da radi za zajednicu onoliko koliko joj sposobnosti omogućavaju, a da od zajednice uzima ono što joj je potrebno. Od utopijske imaginacije ostao je „čardak ni na nebu ni na zemlji“ u kom su politokratija i tehnokratija gradile svoj zatvoreni svet privilegovane potrošnje.

Knjigu završavate gotovo započinjući novu, naime, iznosite tezu o potrebi stvaranja teorije socijalističke potrošnje koja još ne postoji. Ona bi se, dakako, u mnogim aspektima morala razlikovati od potrošnje u kapitalizmu (kojoj je ona u SFRJ bila uvelike nalik). Što bi ona, u nekim osnovnim konturama morala biti/sadržavati?

Socijalizam nije imao svoju teoriju potrošnje. Znalo se kakav je socijalistički koncept proizvodnje, ali šta je to socijalistička potrošnja nije se zapravo ni adresiralo – pa je čak i sam problem nekako komičan. Kako kupovati socijalistički? Neke zamisli s ovim u vezi nikada nisu zaživele, iako je još Lenjin imao ideju o „mreži komuna proizvođača i potrošača”, a u jugoslovenskom samoupravnom uređenju postojala je ideja o „savetima potrošača” koji se u praksi nikada nisu razvili. Tako je došlo do potpunog disbalansa između samoupravno shvaćene organizacije proizvodnje i potrošačke prakse koja nije delila isti prostor i tako postala izložena procesima u kojima se stvarala ona potrošačka imaginacija koja je isključivo vezana za fantazmatske prostore ličnog blagostanja. U nedostatku teorije o socijalističkoj potrošnji posegao sam za primerom koji mi je bio blizak iz mog osnovnog polja interesovanja, a to je istorija moderne umetnosti a posebno istorija avangarde.

such as Geneks. Thus, the "Geneks tower" can be characterized, on the one hand, as an architectural symbol of the final attempt to revive the utopian impulse towards taking the revolution to its next stage, and on the other, as the very symptom of capitalist transition. The most impressive element of Mitrović's building[3] recalls the utopian projects that featured the structural mobility of building parts. In fact, the most impressive architectural feature of the two connected towers, is the decentered "rotunda" at the very top, which was designed to rotate around its axis and contained a panoramic restaurant with a view of the entire new city district. Furthermore, social cynicism towards the ideological concept of "Kardelj's Yugoslavia" was spreading, as a reaction to the accumulation of economic and political power by the technocratic political elite. This is well-illustrated by an anecdotal comment made by a Geneks company employee at the end of the 1970s. When the building was completed, his friend asked him "What is that strange circular annex on the top?", to which the Geneks employee responded with laconic irony: "Up there? That's *communism*!". This witty remark concerned the existing modes of a politically cynical transformation of the egalitarian concepts which formed the basis of the society. What it was meant to convey was that communism was reality only for some, i.e. for the ruling political and economic oligarchs, who were the only ones exercising their right to give to the community according to their abilities and take from it according to their needs. The utopian imagination ended up building castles in the air, for the politocracy and technocracy to house their isolated world of privileged consumption in.

Ulazni foaje poslovne kule Zapadne kapije Beograda
Foto: Goran V. Anđelković, 2017.

Genex Tower, entrance hall
Photo: Goran V. Anđelković, 2017

Radi se konkretno o razmišljanjima ruskog produktiviste Borisa Arvatova i njegovom pojmu „socijalističke Stvari". Osnovne konture bi ovde bile, u tri rečenice: 1. Potrošačko obilje bez privatne sfere i robne forme koja je pasivna, nepokretna i nekreativna; 2. Socijalistička Stvar koja se ne nalazi u dualizmu rada i potrošnje već nastaje kao ispunjenje sposobnosti za rad i neka vrsta „sa-radnika"; 3. Prevazilaženje robnog fetišizma kroz prevazilaženje granice između proizvodnje i svakodnevnog života.

"Besides a rich selection of domestic products, in department stores you can purchase both consumer goods and various specialized items from all over the world."

U robnim kućama, osim bogatog izbora domaćih, mogu se nabaviti i proizvodi široke potrošnje i razni specijalizovani artikli iz svih krajeva sveta.

You finish your book almost by starting a new one. Namely, you argue for the necessity of establishing a theory of socialist consumption, considering that one still does not exist. Naturally, this type of consumption would have to differ in many ways from capitalist consumption (to which consumption in the SFRY was considerably similar). Could you delineate its basic principles?

Socialism did not have lacked a theory of consumption. The socialist concept of production was well-known, but the nature of socialist consumption was never even addressed – the concept is, in a way, even comical. How does one buy in a socialist manner? Certain ideas regarding this never took root, although even Lenin had envisioned a "network of producer and consumer communes", while the Yugoslav self-management system contained the concept of "consumers' councils" which never materialized in practice. This led to a complete imbalance between the self-management-based organization of production and the consumer practices, which did not coexist on the same plane. This exposed the latter to the processes of creating a type of consumer imagination tied exclusively to the phantasm of personal well-being. For lack of a theory of socialist consumption, I'll use an example close to my primary field of interest, which is the history of modern art, especially the history of the avant-garde. I specifically have in mind the reflections of the Russian Productivist Boris Arvatov and his concept of the "socialist object". In a nutshell, he advocated the following: 1) consumer wealth, but without the private domain and the form of commodity, which is passive, immovable and uncreative; 2) a socialist object which does not comply with the dualism of work and consumption, but is created through the exercise of one's ability to work and represents a kind of "co-worker"; 3) transcending commodity fetishism by eliminating the boundary between production and everyday life.

1
Edvard Kardelj (1910.–1979.) bio je slovenski i jugoslavenski komunistički revolucionar, partizan, političar, pisac i najbliži suradnik Josipa Broza Tita. Kardelj je bio glavni idejni tvorac i teoretičar jugoslavenskog samoupravnog socijalizma

2
Suvin, Darko, *Samo jednom se ljubi: Radiografija SFR Jugoslavije, 1945.–72.*, Rosa Luxemburg Stiftung, Beograd, 2014.

3
Arhitekt Mihajlo Mitrović, 1979.

1
Edvard Kardelj (1910–1979) was a Slovenian and Yugoslav communist revolutionary, partisan, politician, writer and the closest associate of Josip Broz Tito. Kardelj was the principal ideological founder and theorist of Yugoslav self-management socialism.

2
Suvin, Darko, *Samo jednom se ljubi: Radiografija SFR Jugoslavije 1945.–72.*, Rosa Luxemburg Stiftung, Belgrade, 2014

3
Architect Mihajlo Mitrović, 1979

*
Translator's note:
Buco was a cheap brand of cheese spread popular with Yugoslav households.

POGLAVLJE 2:

KOTEKS GRIPE PARALELNI CENTAR SPLITA

CHAPTER 2:

THE KOTEKS GRIPE COMPLEX SPLIT'S PARALLEL CITY CENTER

Dragan Markovina

MEDITERANSKE IGRE 1979.: KLJUČNI KORAK MODERNIZACIJE SPLITA[1]

Dragan Markovina

THE 1979 MEDITERRANEAN GAMES: A CRUCIAL STEP IN THE MODERNIZATION OF SPLIT [1]

Mediteranske igre su međunarodno sportsko natjecanje koje se održava svake četiri godine, pri čemu države koje se natječu moraju biti dio sredozemne civilizacije. Ovo natjecanje je predložio Muhammed Taber Pasha, predsjednik Egipatskog olimpijskog odbora, za vrijeme Ljetnih Olimpijskih igara 1948. godine. Prvo izdanje Mediteranskih igara održano je 1951. godine u Aleksandriji. Prvi pokušaj Splita da dobije organizaciju Mediteranskih igara odvio se 1971. godine u Izmiru. Iako je kandidatura tom prilikom odbijena, već četiri godine nakon toga Split se odlučio za novi pokušaj. Po odobrenju samog Tita te tadašnjeg predsjednika SIV-a (Saveznog izvršnog vijeća, kako se nazivala Vlada Jugoslavije), Džemala Bijedića, Split se odlučio za ponovljenu kandidaturu u Alžiru 1975. godine. U konkurenciji sa Casablancom, Split je odnio pobjedu na glasanju u omjeru 16:9 te tako dobio organizaciju tog natjecanja.[2]

Iako je tadašnji značaj Mediteranskih igara u sportskom svijetu umnogome nadmašivao njihov današnji status, ozbiljnost kojom je Split pristupio organizaciji tog natjecanja ukazivala je na činjenicu da su one poslužile kao odličan povod za mnogo veće investicije i sagledavanje cjelokupne sportske, komunalne, prometne, tehnološke i kulturne infrastrukture Splita. Velike investicije su u konačnici i bile omogućene potpisivanjem Društvenih dogovora o financiranju MIS-a tijekom 1976. godine, u kojima je usvojen načelni prijedlog vodećih ljudi grada da se financiranje MIS-a podijeli na tri jednaka dijela između Grada Splita, SR Hrvatske i SFR Jugoslavije.[3] Taj dogovor, koji je predstavljao temeljni preduvjet za pokretanje investicija, doveo je do toga da su Osme Mediteranske igre u Splitu bile jedne od najuspješnije organiziranih Mediteranskih igara uopće. Pri tome je važno naglasiti da je do tada Split bio uvjerljivo najmanji grad koji se prihvatio organizacije Igara.[4]

Imajući u vidu složenost i opsežnost posla oko organizacije Mediteranskih igara, organizatori su utemeljili više operativnih tijela zaduženih za pojedine sektore. Tako je Savezno izvršno vijeće 29. ožujka 1976. godine utemeljilo Privremeni odbor VIII. Mediteranskih igara, koji je bio sastavljen od devet članova, na čelu s Antom Skataretikom. Zadatak Privremenog odbora bio je taj da u suradnji sa stručnom službom vrši pravodobne pripreme u izgradnji objekata i organizaciji igara do konstituiranja stalnih tijela.

The Mediterranean Games are an international sports competition held every four years amongst contestant states that are part of the Mediterranean civilization. The establishment of the competition was proposed by Muhammed Taher Pasha, chairman of the Egyptian Olympic Committee, during the 1948 Summer Olympics. The first Mediterranean Games were held in 1951 in Alexandria. Split made its first attempt at being selected as a host of the Mediterranean Games in 1971 in Izmir. Although its candidacy was then turned down, just four years later, Split was ready to try again. Following the approval of Tito himself and Džemal Bijedić, then president of the SIV (Cro. *Savezno izvršno vijeće* – Federal Executive Council, i.e. the Yugoslav government), Split reapplied for candidacy in Algeria in 1975. This time, Split won the vote against Casablanca by 16:9, and was therefore chosen as the host of the following Games.[2]

Even though the Mediterranean Games were then far more relevant to the world of sports than they are today, the seriousness of Split's approach to their organization suggested that the Games were seen as a welcome incentive to much bigger investments, as well as to the reconsideration of the overall sports, municipal, traffic, technological and cultural infrastructure of the city. The big investments were eventually enabled by the signing of the Public Contracts on the Financing of the Mediterranean Games in Split in 1976, which enacted the proposal of the city authorities to finance the Mediterranean Games in Split (abbreviated as MIS) in equal part from three sources: the City of Split, the Federal Republic of Croatia and the Socialist Federal Republic of Yugoslavia.[3] The contracts, which represented the basic precondition for initiating investments, resulted in the Eighth Mediterranean Games in Split being remembered as one of the best-organized Mediterranean Games ever. It should be pointed out that, at the time, Split was by far the smallest city to have hosted the Games.[4]

In order to tackle the complexity and extent of the organization of the Mediterranean Games, the organizers formed several operating bodies, each responsible for a specific sector. Thus, on 29th March 1976, the Federal Executive Council founded the Interim Committee of the 8th Mediterranean Games, which consisted of nine members, with Ante Skataretiko as chairman. The task of the Interim Committee was to cooperate with the admin-

Nakon toga, početkom 1977. godine SIV je osnovao Komitet VIII. Mediteranskih igara, koji je bio sastavljen od 31 člana delegiranog od strane društvenih, političkih, sportskih i gospodarskih struktura Jugoslavije, na čije je čelo u svojstvu predsjednika imenovan utjecajni savezni političar Stane Dolanc, dok su potpredsjednici bili Hakija Pozderac, Stipe Šuvar i Vjekoslav Viđak.[5] Komitet je od osnivanja preuzeo sve poslove vezane uz pripreme i održavanje Igara te je formirao Izvršni komitet od 16 članova, na čelu s predsjednikom Antom Skataretikom i potpredsjednicima Perom Bogunovićem, Vladimirom Pezom i Arturom Takačem. Pored formiranja Izvršnog komiteta, potpisnici Društvenog dogovora na nivou SR Hrvatske su tijekom 1976. godine u Zagrebu osnovali Koordinacioni odbor od 14 članova, na čelu s Vladimirom Pezom. Zadatak tog odbora bio je u praćenju priprema i suradnja sa drugim tijelima. Koordinacioni odbori su također osnovani i u osam drugih dalmatinskih gradova u kojima su se odvijali dijelovi MIS-a (Zadar, Šibenik, Trogir, Omiš, Makarska, Sinj, Supetar i Hvar). U konačnici, na sjednici

Prva sjednica Komiteta Mediteranskih igara
Arhivska fotografija

First session of the Mediterranean Games Committee
Archive photo

istrative and technical service in order to ensure the timely preparations for the construction of facilities for the Games and for their organization, pending the establishment of permanent bodies.

Later on, at the beginning of 1977, the SIV established the Committee of the 8th Mediterranean games, which consisted of 31 members delegated by the social, political, sports and economic authorities of Yugoslavia, including the influential federal politician Stane Dolanc as chairman and Hakija Pozderac, Stipe Šuvar and Vjekoslav Viđak as vice-chairmen.[5] Upon its establishment, the Committee took charge of all the operations concerning the preparation and hosting of the Games and formed its own 16-member Executive Committee, with Ante Skataretiko as chairman and Pero Bogunović, Vladimir Pezo and Artur Takač as vice-chairmen. In addition to the formation the Executive Committee, in 1976 in Zagreb, parties to the Public Contract at the level of the Federal Republic of Croatia set up a 14-member Coordination Committee headed by Vladimir Pezo. The task of this Committee was to supervise the preparations and the cooperation with the other bodies. Coordination committees were also established in eight other Dalmatian cities in which the MIS were to take place (Zadar, Šibenik, Trogir, Omiš, Makarska, Sinj, Supetar and Hvar). Eventually, at the meeting held on 7th March 1977, the Split City Council adopted the decision to establish the Directorate of the Eighth Mediterranean Games, which was to represent an integrated authority for the Games (i.e. one combining the Committee, the Executive Committee and the Split City Council as the investor), presided over by Damir Dumanić, with Boris Baranović as secretary.

The crucial moment in which the Mediterranean Games substantially altered the image of the city was the adoption of the MIS Comprehensive Plan. Its importance, as well as the circumstances of its adoption, were emphasized by Ante Skataretiko, one of the key figures in the Games' organization: "On its first meeting, the International Committee of the Mediterranean Games approved the co-hosting of the Games by eight other Dalmatian cities (Zadar, Šibenik, Trogir, Omiš, Makarska, Sinj, Supetar and Hvar). If we bear in mind that the competitions were held in 25 different sports, i.e. 186 sport disciplines, the magnitude of the organizational and construction work required for the Games to even take place becomes

Skupštine općine Split od 7. ožujka 1977. donesena je odluka o osnivanju Direkcije Osmih Mediteranskih igara koja je trebala predstavljati jedinstvenu službu Igara (tj. Komiteta, Izvršnog komiteta i Skupštine Split kao investitora), kojom je vodio ing. Damir Dumanić, uz tajnika Borisa Baranovića.

Ključni moment zahvaljujući kojemu su Mediteranske igre iz temelja izmijenile lice grada, bila je činjenica donošenja Integralnog plana MIS-a. Na važnost i okolnosti njegovog donošenja upozorio je i sam Ante Skataretiko, jedan od ključnih ljudi vezanih za organizaciju Igara: „Na prvom sastanku Međunarodnoga komiteta Mediteranskih igara prihvaćena je disperzija Igara u osam gradova u Dalmaciji (Zadar, Šibenik, Trogir, Omiš, Makarska, Sinj, Supetar i Hvar). Kada se zna da su natjecanja održana u 25 sportova sa 186 sportskih disciplina, onda se sam po sebi nameće zaključak što smo sve trebali organizirati i izgraditi, da bi se Igre uopće mogle održati. Zbog toga je odlučeno da se Integralni plan MIS-a hitno izradi, kako bi se pored sportskih, predvidila izgradnja kulturnih, gospodarskih i infrastrukturnih objekata. Da bi se na optimalan način riješio smještaj sportaša i gostiju, izgrađeno je naselje bungalova uz hotel Medena u Trogiru. Izvršena je dogradnja hotela Marjan, Belevue, Lav te je izgrađen novi hotel Alkar u Sinju.

Predsjednik Tito u Splitu, uoči Mediteranskih igara

President Tito in Split, ahead of the Mediterranean Games

evident. Thus, work promptly began on the preparation of the MIS Comprehensive Plan, which was to provide not only for sports facilities, but also for the cultural, economic and infrastructure ones. In order to provide optimal accommodation for the contestants and visitors, a bungalow colony was built next to the Medena hotel in Trogir. The expansion of the Marjan, Belevue and Lav hotels was completed and a new hotel, the Alkar, was built in Sinj. Particular cultural and informational importance was ascribed to the renovation and expansion of the Croatian National Theater and to the building of the Radio-Television Center, as well as to the establishment of the ZERC business community based on an IBM computer system. The economic and infrastructure facilities built according to the MIS Comprehensive Plan included a new passenger terminal of the Resnik airport and a marine passenger terminal in the city port. The plan also provided for the modernization of the ferry berths and for the first phase of construction of the commercial and transport terminal in Stobreč. The construction of a tunnel through the Marjan hill and the works on the road and railway cross-

Stadion Poljud i plivački kompleks izgrađeni za Mediteranske igre 1979.

Poljud Stadium and the swimming complex built for the Mediterranean games, 1979

Od posebnog značenja na kulturnom i informativnom planu bila je obnova i proširenje HNK, izgradnja Centra RTV, kao i osnivanje poslovne zajednice ZERC na sistemu IBM računala. Prema Integralnom planu MIS-a od gospodarskih i infrastrukturnih objekta izgrađeni su: novi putnički terminal u zrakoplovnoj luci u Resniku, pomorsko-putnički terminal u gradskoj luci, modernizacija trajektnih vezova, Trgovačko-transportni terminal u Stobreču – prva faza. Probojem tunela kroz Marjan i zahvatima na cestovnim i željezničkim prelazima uz denivelaciju željezničke pruge stvoreni su uvjeti za izgradnju kružne prometnice i rješavanju prometa u središtu grada, pretvarajući Rivu i Marmontovu ulicu u šetalište. Također je izvršeno niz zahvata na rekonstrukciji i izgradnji elektroprijenosnih objekata i elektrodistribucijske mreže, značajnom poboljšanju u vodovodnom i kanalizacijskom sustavu i telekomunikacijama. Od izuzetnog značenja ne samo za građane Splita nego i susjednih općina bilo je preseljenje iz stare splitske bolnice u novu 28. 2. 1977., a stanje je bilo takvo da se moralo riješiti prije MIS-a.“[6]

Vrijedno viđenje organizacijskih kapaciteta tadašnjega Splita i značaja izgradnje ključnih komunalnih objekata ponudio je i Jakša Miličić, dugogodišnji gradonačelnik i jedan od važnijih operativaca vezanih za organizaciju Igara: „Ništa nismo imali. U vrijeme kad je bitka za Igre počela, grad Split nije imao ništa od potrebnih sportskih objekata, a i šira infrastruktura grada bila je vrlo limitirana. Mi smo išli u tu bitku duboko uvjereni da će se naći snage da grad, ali i uz pomoć šire zajednice, osigura sve potrebno za opsežnu izgradnju. Ta izgradnja, ali i velika sportska manifestacija, morala je ostaviti trajan pečat na ambicije i mogućnosti grada ubuduće. Što je Split dobio s MIS-om? U području prometne infrastrukture Split je postigao izuzetno puno, Split je postao prometno protočan grad. Ključna je kvaliteta postignuta ukapanjem željezničke pruge grad – predgrađe, i to na razini dvokolosječne pruge predviđene i za brzu gradsku željeznicu. Od iznimne je važnosti izvedba tunela “Marjan”, čijom je izgradnjom kružna gradska prometnica dobila pun smisao. U gradskoj je luci stari carinski magazin pretvoren u moderno zdanje pomorsko-putničkog terminala za domaći i inozemni promet. Kompletiran je aerodrom u Kaštelima, osobito izgradnjom nove aerodromske zgrade za domaći i međunarodni promet, te je kompletirana navigacijska oprema. Rekonstruirana je Jadranska magistrala od Solina do blizu Kaštel Sućurca na razini “brze ceste“ s četiri vozna

ings, along with the reduction of the altitude of the railway track, enabled the building of a beltway and the decongestion of traffic in the city center, which allowed for the conversion of the waterfront and Marmont Street into a promenade. A number of reconstruction and construction works were also carried out on the power-transmission facilities and the power-supply network, along with some major improvements of the water-supply and sewer system and telecommunications. On 28th February 1977, the old Split hospital was relocated into a new building, which was extremely important not just for the residents of Split, but also for those of the neighbouring municipalities. Namely, the hospital had been in such an alarming state that a solution had to be found for it before the MIS."[6]

A valuable perspective on the organizational capacities of Split at the time and of the importance of building key public-utility installations was offered by Jakša Miličić, a long-time mayor of Split and one of the more significant figures involved in the organization of the Games: "We had nothing. When the battle for hosting the Games began, the City of Split had no necessary sports facilities and its wider infrastructure was very limited. We went into this battle deeply convinced that the city, with the help of the wider community, would find the resources to provide all that was necessary for large-scale construction. This construction, as well as the ensuing major sports event, had to leave a lasting imprint on the future ambitions and capacities of the city. So, how did Split benefit from the MIS? In terms of transport infrastructure, Split achieved quite a lot by becoming a city with

Splićani ispred novoizgrađenog stadiona na Poljudu
Ljubaznošću Mladena Cukrova

Citizens of Split in front of the newly built stadium in Poljud
Courtesy of Mladen Cukrov

traka. Prvi i jedini put nakon izgradnje 1965. god., Jadranska je magistrala od aerodroma do grada dobila novi habajući sloj. Dakle, temeljito se interveniralo u sve aktualne segmente prometa, što je bilo i ostalo izuzetno značajno. Temeljna su ipak bila ulaganja u izgradnju sportskih objekata bez kojih nije bilo zamislivo organizirati MIS. Izgrađen je moderan natkriven gradski stadion sa startnih 40.000 mjesta za gledatelje. Zbog svoje ljepote odmah je nazvan "Poljudska ljepotica", što služi na čast projektantu, izvođačima, ali u prvom redu gradu Splitu. Izgrađeni su izuzetno lijepi i funkcionalni plivački bazeni raznih veličina za plivanje, vaterpolo i skokove u vodu. Izgrađena je velika sportska višenamjenska dvorana "Gripe", ali i preadaptirana sportska košarkaška dvorana. Izgrađen je centar za streljačke sportove u Stobreču.

Ceremonija otvorenja Mediteranskih igara
Ljubaznošću Mladena Cukrova

Mediterranean Games opening ceremony
Courtesy of Mladen Cukrov

an uninterrupted traffic flow. The key to this improvement was reducing the altitude of the inner city-suburbs railway track, which became a double-track railway line also intended for high-speed city rail. The construction of the *Marjan* tunnel, which enabled the full functioning of the city beltway, was exceptionally important. The old customs warehouse in the city port was converted into a modern marine passenger terminal for domestic and international transport. The airport in Kaštela was completed, specifically by adding a new airport building for domestic and international transport and by completing the navigation equipment. The Adriatic Highway section from Solin to just outside of Kaštel Sućurac was reconstructed and converted into a "high-speed road" with four driving lanes. For the first and only time after the construction of the Adriatic Highway in 1965, a new wearing course was laid on its section from the airport to the city. Therefore, there were thorough interventions in all the relevant segments of transport, which was, and still is, exceptionally significant. However, investments in the construction of sports facilities were of fundamental importance, since without them there would have been no imaginable way to organize the MIS. For example, a modern roofed city stadium initially numbering 40,000 seats was built. Because of its splendour, it was immediately dubbed "the Poljud beauty", which does credit to the architect, the contractors, but primarily to the City of Split.

Ceremonija otvorenja Mediteranskih igara
Ljubaznošću Mladena Cukrova

Mediterranean Games opening ceremony
Courtesy of Mladen Cukrov

Ceremonija otvorenja Mediteranskih igara
Ljubaznošću Mladena Cukrova

Mediterranean Games opening ceremony
Courtesy of Mladen Cukrov

Dograđen je i preuređen sportski stadion u Parku mladeži. Izgrađeni su i sportski objekti u "politici disperzije" u Makarskoj, Šibeniku i Zadru. Nikad bolje. Međutim, osim prometne i sportske infrastrukture, izuzetan je napor bio usmjeren na izgradnju potpuno nove zgrade Hrvatskog narodnog kazališta u Splitu. To je bio izuzetan napor kojim je MIS posebno pridonio osiguranju dijela pretpostavki za razvoj kulturnih djelatnosti u gradu, posebice kazališne. Ali da nije bilo MIS-a, tko zna kad bi se izgradio novi, moćni, moderno opremljeni radio i televizijski centar koji je Split energično uključio u svjetsku obitelj moderne elektroničke komunikacije. Ne treba ispustiti iz vida da je kao dio MIS "kompozicije" izgrađen i trgovački kompleks "Koteks" na Gripama, koji je u ono vrijeme bio visoki domet u organizaciji trgovačkih aktivnosti orijentiranih na širok krug kupaca. Ovo su opipljivi, najvažniji dosezi izgradnje za MIS. Još je niz važnih i manje važnih dostignuća u opremanju grada u pripremi za tu manifestaciju, no nije ih moguće sve nabrojiti. Prema općem mišljenju, to su bile najbolje i najtemeljitije organizirane Mediteranske igre. Od MIS-a je za stalno ostao amblem Igara, ali i pristup u obradi i prezentaciji rezultata. Na MIS-u je rođena suvremena obrada podataka za velike sportske manifestacije, koja je neposredno nakon toga našla polje široke aplikacije u organizacijama Olimpijada. MIS je bio inkubator i rasadnik u mnogim inicijativama. Organizatorima i realizatorima to je trajno priznanje. Split je ovo mogao jer je kao grad bio racionalno organiziran. Imao je institucije koje su sve te poslove mogle prihvatiti i realizirati. Split je imao izuzetan broj vrijednih i ambicioznih sportskih radnika.

Ceremonija otvorenja Mediteranskih igara
Ljubaznošću Mladena Cukrova

Mediterranean Games opening ceremony
Courtesy of Mladen Cukrov

Exceptionally beautiful and well-designed pools of various sizes were built for swimming, water polo and dives. A large multi-purpose sports hall named *Gripe* was built, while the basketball hall was readapted. A shooting sports center was built in Stobreč. The sports stadium in the Youth Park was also expanded and adapted. In keeping with the "dispersion policy", sports facilities were also built in Makarska, Šibenik and Zadar.) Never better. In addition to developing traffic and sports infrastructure, exceptional efforts were directed at constructing the brand-new building of the Croatian National Theater in Split. This extraordinary effort signaled the special contribution of the MIS to creating some of the preconditions for the development of cultural activities in the city, especially theatrical ones. Furthermore, if there had been no MIS, who knows when a new, powerful and well-equipped radio and television center, which was Split's entry ticket to the modern electronic communications global community, would have been built. One element of the MIS "composition" that should not be overlooked is the *Koteks* commercial complex on Gripe, which represented, at the time, a high-level achievement in the organization of commercial activities intended to cater to a wide range of customers. These are the tangible, flagship achievements of MIS-related construction. There are many other important and less important achievements related to preparing the city for the event, which cannot all be listed here. According to general opinion, these were the best and most carefully organized Mediterranean Games. The MIS became an emblem, but their enduring legacy is also present in the approach to result processing and presentation. Modern data process-

Ceremonija otvorenja Mediteranskih igara
Ljubaznošću Mladena Cukrova

Mediterranean Games opening ceremony
Courtesy of Mladen Cukrov

Posebno je imao armiju amaterskih sportskih zaljubljenika, bez kojih su nezamislive ovako velike i složene sportske manifestacije. MIS je sve ovo potvrdio i afirmirao. Sve ovo samo za sebe čini veliko bogatstvo grada."[7]

Važan segment svjetski prepoznatog nasljeđa Osmih Mediteranskih igara, čine i vizualna dizajnerska rješenja. Na kompleksnom zadatku dizajna vizualnog identiteta radio je Tim za vizualne komunikacije Centra za industrijsko oblikovanje, na čelu s Borisom Ljubičićem kao art direktorom i glavnim dizajnerom te nizom dizajnera – Rajnom Buzić-Ljubičić, Stipom Brčićem, Hrvojem Devideom, Stuartom Hodgesom i drugima, te brojnim fotografima (Siniša Knaflec, Esad Čičić, Petar Dabac, Mladen Tudor, Hrvoje Knez...). Za dizajn maskote, inspirirane ugroženom sredozemnom medvjedicom (Adrianom), odabran je renomirani slovenski dizajner Oskar Kogoj. Postignuto rješenje bilo je do te mjere kvalitetno da je Ljubičićev rad, koji je predstavljao polazišnu točku projekta, od tada postao službeni simbol Mediteranskih Igara. Novi simbol Igara izravno se oslanjao na reinterpretaciju znaka Olimpijskih igara (Pierre de Coubertin, 1912.). Iz njegovih elemenata, triju pravilnih kružnica koje simboliziraju Aziju, Afriku i Europu u žutoj, crnoj i plavoj boji deriviran je novi monokromni simbol, čiju je izvornu referencu lako dohvatiti, ali posjeduje svoju vlastitu autentičnost i rijetko viđenu konceptualnu čistoću. Iako je zapravo usvojen tek nakon tri uzastopna natječaja, ovaj znak je nadišao okvir koji je za njega bio predviđen i postao trajnim službenim znakom svih Mediteranskih igara od tada do danas.

Mediteranske igre u Splitu potaknule su graditeljsku i razvojnu ekspanziju jedinstvenu u splitskoj povijesti, s malim izgledima da ikad bude nadmašena. Već i letimičan pogled u infrastrukturna ulaganja i komparativnu analizu gradskog življenja te dostupnosti i kvalitete javnih službi, kao i kulturnih sadržaja prije i nakon Mediteranskih igara iz 1979. godine, nedvojbeno ukazuje na MIS kao točku dubinskog preobražaja grada. Iako iskorak koji je tada napravljen na svim poljima i danas obilježava život u Splitu, s obzirom da se tada izgrađeni resursi i dalje koriste, nasljeđe Igara još uvijek nije dovoljno društveno i znanstveno valorizirano sa svim svojim doprinosima povijesnom razvoju Splita. Danas je kao jedini spomen na Mediteranske igre ostala tako imenovana ulica ispod Gradskog stadiona u Poljudu te brojni objekti za koje nove generacije i ne znaju da su bili dio tog velikog i za Split izuzetno značajnog projekta.

ing methods for large sports events were born during the MIS and subsequently widely applied in the organization of the Olympics. The status of MIS as an incubator and breeding ground for many initiatives remains a permanent acknowledgement of its organizers and realizers. Split was able to do this because, as a city, it was rationally organized. It had the institutions which could take it upon themselves to carry out all of these operations. It had an extraordinarily high number of hard-working and ambitious sports professionals. In particular, it had a veritable army of amateur sports enthusiasts, without whom sports events of this magnitude and complexity are inconceivable. All of this was confirmed and validated by the MIS. All of this, in and of itself, is a major asset of the city."[7]

An important part of the globally recognized heritage of the Eighth Mediterranean Games is their visual design. The complex task of designing the Games' visual identity was undertaken by the Visual Communications Team of the Center for Industrial Design, headed by Boris Ljubičić as art director and chief designer, and consisting of a number of other designers – Rajna Buzić-Ljubičić, Stipe Brčić, Hrvoje Devide, Stuart Hodges and others – and numerous photographers (Siniša Knaflec, Esad Čičić, Petar Dabac, Mladen Tudor, Hrvoje Knez...).The design of the Games' mascot, inspired by the endangered Mediterranean monk seal (Adriana), was the work of the renowned Slovenian designer Oskar Kogoj. The quality of the resulting design was so high that Ljubičić's work, which represented the

Ceremonija otvorenja Mediteranskih igara
Ljubaznošću Mladena Cukrova

Mediterranean Games opening ceremony
Courtesy of Mladen Cukrov

**Boris Ljubičić,
autor vizualnog identiteta
Mediteranskih igara u Splitu**

**Boris Ljubičić,
author of the visual identity for the
Mediterranean Games in Split**

starting point of the design project, became the official symbol of the Mediterranean Games. The new symbol of the Games drew directly on the reinterpretation of the Olympic symbol (designed by Pierre de Coubertin, 1912). From its elements, the three regular circles which symbolize Asia, Africa and Europe in yellow, black and blue, derived a new monochrome symbol, which enabled one to easily infer its original reference, while still maintaining an authenticity and a rare conceptual purity. Although it was actually chosen only after three successive public tenders, this symbol exceeded its intended framework and became the permanent official symbol of the Mediterranean Games, which it remains to this day.

The Mediterranean Games in Split fueled a building and development expansion unique in Split history, with slim chances of ever being surpassed. Even a glance at the infrastructural investments and the results of a comparative analysis of city life and the availability and quality of public services, as well as cultural facilities, before and after the 1979 Mediterranean Games unambiguously points to MIS as a turning point in the city's transformation. Although life in Split still benefits from the advances then made in all areas, considering that the resources built at the time are still used, the heritage of the Games is still insufficiently socially and scientifically valorized, if we consider all of its contributions to the historical development of Split. Today, the only tributes to the Mediterranean Games are the eponymous street flanking the City Stadium in Poljud and the numerous buildings, whose connection to this large project, extremely important for Split, is unknown to younger generations.

1
Tekst je skraćena i prilagođena verzija ranije objavljenog preglednog rada: Markovina, Dragan, „Mediteranske igre Split 1979.: Presudni korak u modernizaciji grada", *Spalatumque dedit ortum: Zbornik povodom desete godišnjice Odsjeka za povijest Filozofskog fakulteta u Splitu*, ur. Ivan Basić, Marko Rimac, Filozofski fakultet Sveučilišta u Splitu, Split, 2014., 535–553.

2
Viđak, Vjekoslav, „VIII. Mediteranske igre u Splitu. 15.–29. rujna 1979.", *Split u Titovo doba*, Split, 2002., 301.

3
U konačnom proračunu Split je u izgradnji sudjelovao s 35,91 %, SR Hrvatska s 33,51 %, ostale republike i pokrajine s 11,92 %, a za izgradnju objekata doprinos je dala i Jugoslavenska narodna armija. Više: „Igre djelo krase", *Slobodna Dalmacija*, 15. 9. 1979., 5; „Nerazdvojna sportska mladost", *Slobodna Dalmacija*, 15. 9. 1979., 8., u: Zekić, Jasenko, „Mediteranske igre u Splitu – odrazi političke dimenzije u tiskanim medijima", *Časopis za suvremenu povijest*, vol. 48, 1, Zagreb, 2016., 97.–117.

4
Viđak, Vjekoslav, „VIII. Mediteranske igre u Splitu. 15.–29. rujna 1979.", *Split u Titovo doba*, 302.

5
U znanstvenom članku iz 2016. godine Jasenko Zekić istražuje političku dimenziju Mediteranskih igara u Splitu kroz analizu tiskovnih medija. Kako navodi u zaključku: „uslijed kroničnih političkih napetosti na Sredozemlju Jugoslavija je, prema izjavama tada vodećih predstavnika političkog života, bila jedina sposobna u tom trenutku organizirati Igre, pri čemu je ključna bila uloga Josipa Broza Tita na međunarodnom političkom planu. U publiciranim feljtonima s osvrtom na održavanje prethodnih sedam Igara vidljive su kronične političke napetosti na Sredozemlju i negativan utjecaj na njihovo održavanje, odnosno potiskivanje sportske dimenzije u drugi plan. S obzirom na to da je osnovni cilj Igara bilo promicanje mira i prijateljstva među zemljama Mediterana, medijski popraćen govor Tita kao vrhovnoga pokrovitelja na svečanom otvaranju bio je veoma sličan sadržaju njegova netom pročitanog govora na Konferenciji (nesvrstanih) u Havani. Ipak, dugoročni cilj Igara, unatoč tada dominantnoj i u medijima promoviranoj političkoj dimenziji, bila je uspješno realizirana infrastrukturna renesansa Splita., Zekić, Jasenko: „Mediteranske igre u Splitu – odrazi političke dimenzije u tiskanim medijima", 115.

6
Skataretiko, Ante, „MIS je dijete grada Splita", *Slobodna Dalmacija*, 27. 9. 1999.

7
Miličić, Jakša, „MIS je Splitu dao klasu", *Slobodna Dalmacija*, 5. 9. 2009.

1
The text is an abridged and adapted version of a previously published review paper: Dragan Markovina, "Mediteranske igre Split 1979: Presudni korak u modernizaciji grada", *Spalatumque dedit ortum*: Publication marking the tenth anniversary of the founding of the History Department of the Faculty the of Humanities and Social Sciences in Split, ed. Ivan Basić, Marko Rimac, Faculty of Humanities and Social Sciences of the University of Split, Split, 2014, pp. 535–553

2
Vjekoslav Viđak, "VIII. Mediteranske igre u Splitu. 15.–29. rujna 1979.", *Split u Titovo doba*, Split, 2002, p. 301

3
Split participated in the final construction budget for the MIS with 35.91 %, the Federal Republic of Croatia participated with 33.51 % and the participation of the other republics and provinces amounted to 11.92 %. The Yugoslav People's Army also contributed to the construction of the facilities for the MIS. More in: "Igre djelo krase", *Slobodna Dalmacija*, 15th September 1979, p. 5; "Nerazdvojna sportska mladost", *Slobodna Dalmacija*, 15th September 1979, p. 8, in: Jasenko Zekić, "Mediteranske igre u Splitu – odrazi političke dimenzije u tiskanim medijima", *Časopis za suvremenu povijest*, vol. 48/1, Zagreb, 2016, pp. 97–117

4
Vjekoslav Viđak, "VIII. Mediteranske igre u Splitu. 15.–29. rujna 1979.", *Split u Titovo doba*, p. 302

5
In an academic article from 2016, Jasenko Zekić explored the political dimension of the Mediterranean Games in Split through the analysis of printed media. He concluded: "on account of the chronic political tensions in the Mediterranean, Yugoslavia was, according to the statements of the period's leading political figures, the only country capable of organizing the Games at the time. In this respect, Josip Broz Tito's role on the international political arena was crucial. The feuilletons reviewing the previous seven Games reveal chronic political tensions in the Mediterranean and their negative impact on the Games, which was evident in pushing the aspect of sports to the background. Considering that the primary goal of the Games was to promote peace and amity between the Mediterranean countries, Tito's media-covered speech which he delivered at the opening ceremony as the Games' chief sponsor, was very similar in content to the one had recently given at the Non-Aligned Conference in Havana. Nevertheless, the Games' long-term goal, despite the dominant political aspect promoted in the media, was the infrastructural renaissance of Split, which was successfully accomplished.", Jasenko Zekić: "Mediteranske igre u Splitu – odrazi političke dimenzije u tiskanim medijima", p. 115

6
Ante Skataretiko, "MIS je dijete grada Splita", *Slobodna Dalmacija*, 27th September 1999

7
Jakša Miličić, "MIS je Splitu dao klasu", *Slobodna Dalmacija*, 5th September 2009

Julie Desprairies u umjetničkoj rezidenciji projekta Motel Trogir
siječanj 2018.

Sanja Matijević Barčot

SVI PUTEVI VODE U KOTEKS

Sanja Matijević Barčot

ALL ROADS LEAD TO KOTEKS

„Svi putevi vode u Koteks”[1]

Kada je u ožujku 1981. godine u Splitu otvoren Koteks, taj je prodajni centar predstavljen kao prvi „pravi“ *shopping* centar u cijeloj Jugoslaviji. U samo prva dva dana njegovog poslovanja posjetilo ga je čak 100 000 građana.[2] Oduševljenje posjetitelja prenosile su dnevne novine citirajući njihove izjave u kojima se nisu mogli dovoljno načuditi količini i izboru artikala ponuđenim u tom „gigantu potrošačke kulture“.[3] Osim mogućnosti izbora artikala, novootvoreni centar Koteks je donio promjenu u načinu trgovine utoliko što je njegov prodajni prostor dijelilo mnogo različitih poduzeća zakupaca. Sa svojim trgovinama, robnom kućom, restoranima, uredskim prostorima, podzemnim garažama, prodajni centar je zajedno sa sportskim centrom Gripe, zauzimao površinu ekvivalentnu *kaseti* jednog stambenog naselja kakve je Split prema CIAM-ovskoj urbanističkoj doktrini sustavno gradio šezdesetih godina prošlog stoljeća. Višestruko nadmašivši gabarite dotadašnjih trgovačkih objekata, svojim je sadržajima privlačio posjetitelje iz cijele splitske okolice, pa i šire, koji su Split posjećivali tek – da provedu dan u Koteksu.

U SUBOTU NA GRIPAMA

OTVOREN „KOTEKSOV” PRODAJNI CENTAR

Pored prodajnih sadržaja u sklopu ovog modernog objekta nalaze se: javna garaža, banka, pošta i turističke agencije

SPLIT, 8. III – Pred više od tisuću uzvanika, predstavnika društveno-političkog i privrednog života grada i regije, u subotu je član Predsjedništva SR Hrvatske dr Jakov Sirotković svečano otvorio „Koteksov" prodajni centar. U prigodnoj riječi Sirotković je naglasio da je izgradnja centra značajan pothvat s obzirom na povezivanje i integraciju prometne sfere s proizvodnjom u gradu i široj zajednici. Naime, u financiranju izgradnje tog objekta osim „Koteksa" sudjelovalo je više od 200 poslovnih partnera koji su udruživanjem sredstava pripomogli podizanje tog suvremeno opremljenog „potrošačkoga grada".

Prodajni centar, što ga je projektirao arhitekt Slaven Rožić, gradio se pune dvije godine, a u gradnju je investirano oko 720 milijuna dinara. Robna kuća, koja je u subotu svečano otvorena, prostire se na 10.500 četvornih metara, a ukupna površina je veća od 33.000 četvornih metara. Treba spomenuti da se u sklopu centra nalazi i javna garaža kapaciteta 350 vozila, velika samoposluga, diskontna prodavaonica, brojni ugostiteljski sadržaji, te pošta, banka i turistička agencija. Nije zanemariva ni činjenica da je u centru zaposlenje našlo oko 500 radnika, mahom trgovaca i trgovačkih pomoćnika, dakle suficitarnih zanimanja. I na kraju, prodajni centar, jedinstven po mnogočemu ne samo u regiji, već i u republici, prve potrošače primit će danas ujutro. (S.G.)

Sa svečanog otvaranja „Koteksova" Prodajnog centra

“All roads lead to Koteks”[1]

When Koteks opened in March 1981 in Split, it was presented as the first “real” shopping centre in Yugoslavia. In just two days since its opening, it was visited by no less than 100 000 citizens.[2] The visitors’ elation was imparted by the daily press, which quoted their statements, revealing their astonishment at the quantity and variety of products offered within this “consumer culture giant”.[3] Apart from the opportunity to choose between various kinds of products, the newly opened Koteks centre brought about a change in the form of trading, as its shopping area was shared by a number of lease-holding companies. With its shops, department store, restaurants, office spaces and underground garages, the shopping centre, together with the Gripe sports centre, had a surface area equivalent to that of a housing estate block, such as the ones which were systematically built in Split in the 1960s, in accordance with CIAM’s urban-planning doctrine. The shopping centre’s dimensions exceeded those of the existing commercial facilities and its amenities attracted visitors from Split’s entire surrounding area, and even farther off, who would come to Split just to spend a day in Koteks.

Since the remembrance of those days is part of the collective memory of the Split generations contemporary to Koteks’s peak activity period, Koteks is, in the phenomenological sense, an indispensable part of local history. In the architectural sense, the importance of Koteks can be considered and analyzed on two levels.

Sportsko-trgovački kompleks Koteks Gripe
Arhitekti: Živorad Janković, Slaven Rožić
1979.–1981.

The Koteks Gripe Sports and Commerce Complex
Architects: Živorad Janković, Slaven Rožić
1979–1981

Panoramski pogled na novi kompleks i splitsku luku
Arhivska fotografija

Areal view of the newly built complex and Split harbour
Archive photo

Sjećanja na te dane danas su dio kolektivne memorije tadašnjih splitskih generacija, pa je Koteks, u fenomenološkom smislu, nezaobilazan dio lokalne povijesti. U arhitektonskom smislu pak, značaj Koteksa se može sagledati i analizirati kroz dvije razine. Jedna razina analize pripada njegovim arhitektonsko-urbanističkim karakteristikama i vrijednostima, a druga razina analize tiče se uloge koju je taj prvi „pravi" *shopping* centar imao u slijedu tipološkog razvoja objekata za trgovinu izgrađenih u Hrvatskoj u razdoblju iza Drugog svjetskog rata. I dok prva razina analize značaj Koteksa pozicionira prvenstveno uz lokalni kontekst, u drugoj, tipološkoj razini analize, njegov značaj nadilazi lokalni okvir. Međutim, da bi se objasnio tipološki razvoj objekata za trgovinu koji se grade iza Drugog svjetskog rata i precizno odredila pozicija koju prodajni centar Koteks u tom slijedu zauzima, potrebno je analizom zaći među društveno-političke okolnosti tog vremena, do samih izvora poslijeratne potrošačke kulture, odnosno njenog vrlo specifičnog, socijalističkog oblika koji se tada razvijao u Jugoslaviji.

Konzumerizam i politička agenda

Potrošačka kultura unutar socijalističkog društva već je na prvi pogled kontradiktorna pojava. Osnovni koncept konzumerizma, čije se vrijednosti baziraju na kupovnoj moći i želji za posjedovanjem, u suprotnosti je već sa samim ideološkim premisama socijalizma, koji pak podrazumijeva društveni egalitarizam i esencijalistički pogled na ljudske potrebe. No, u tadašnjoj je državi konzumerizam bio popratni produkt mnogo širih političkih, društvenih i ekonomskih promjena kojima se jugoslavenski socijalizam demonstrativno udaljavao od svog izvornog, sovjetskog modela. Odbacivši „diktaturu nad potrebama" kakva je karakteristična za društva sovjetskog tipa, jugoslavenska je vlast pojavu konzumerizma prihvatila kao relevantan element društvene svakodnevnice.[4] Nesumnjivo, jedan dio motiva promjene političkog stava prema konzumerizmu bio je i potencijal koji je taj *fenomen* imao u smislu pacificiranja društva, odnosno – jednostavnije rečeno – pokazalo se da građani, zabavljeni kupovinom i podliježući šarmu potrošnje, manje razmišljaju o političkom režimu.[5]

Konzumeristička se kultura u Jugoslaviji rodila sredinom pedesetih godina, u vrijeme kada je na vanjskopolitičkom planu država već vješto balansira-

One level of analysis concerns the architectural and urbanistic characteristics and values, whereas the other involves the role of this first "real" shopping centre in the typological development of trade facilities built in Croatia in the period after the Second World War. While, on the first level of analysis, the relevance of Koteks is viewed primarily within the local context, on the second, typological level of analysis, its relevance goes beyond the local framework. However, in order to explain the typological development of the trade facilities built after the Second World War and pinpoint the role of the Koteks shopping centre within that development, it is necessary to extend the analysis into the sociopolitical circumstances of the period, all the way to the very origins of postwar consumer culture, i.e. its highly specific, socialist form which had been developing in Yugoslavia.

Consumerism and the political agenda

A socialist society with a consumer culture seems like a contradiction in terms. The fundamentals of consumerism, whose values are based on purchasing power and the desire for possession, are in conflict with the ideological tenets of socialism, which, on the other hand, implies social egalitarianism and an essentialist view of human needs. However, in Yugoslavia at the time, consumerism was a byproduct of broader political, social and economic changes which brought about the ostentatious distancing of Yugoslav socialism from its original, Soviet model. By dismissing the "dictatorship over needs" characteristic of Soviet-type societies, the Yugoslav authorities accepted the emergence of consumerism as a relevant aspect of day-to-day social life.[4] Part of the motivation for the shift in the political attitude towards consumerism had undoubtedly been the potential which the phenomenon had in terms of societal pacification – simply put, it turned out that citizens occupied with shopping, having succumbed to the charm of consumption, gave less thought to the political regime.[5]

Consumerist culture in Yugoslavia was born in the mid-fifties, at the time when, in terms of foreign policy, the country had already been skillfully balancing its very opportune political position between the East and the West; according to *Time* magazine, from the point of view of domestic policy, this position translated into the (economically problematic) balancing between "iron control" and "flirting with capitalism".[6] Nevertheless, during that period, the country was experiencing its economic miracle, while industrial growth

la na vrlo oportunoj političkoj poziciji između Istoka i Zapada, dok se na unutarnjem planu, prema pisanju magazina *Time*, ta pozicija preslikavala u (ekonomski problematično) balansiranje između „željezne kontrole“ i „flertovanja s kapitalizmom“.[6] Tih godina, međutim, zemlja proživljava svoje privredno čudo, a ekspanziju industrijskog rasta prate ekspanzija zaposlenosti i rast kupovne moći građana. U jeku pozitivnih ekonomskih bilanci, 1955. godine, najviše državno političko tijelo, Centralni komitet Saveza komunista Jugoslavije, donosi odluku da povećavanje životnog standarda postaje strateški dio ekonomske politike zemlje te uskoro među glavne smjernice privrednog razvoja zemlje postavlja poticanje osobne potrošnje.[7] Dakle, u tom trenutku, političkom odlukom, potrošnja postaje ne samo legitiman već i poželjan oblik provođenja slobodnog vremena.[8] I kao što je država ranije ulagala u, primjerice, domove kulture kao mjesta političkog i kulturnog uzdizanja, sada je postalo nužno stvoriti sadržaje koji će omogućiti i potaknuti potrošnju.

Tako se početkom šezdesetih godina, državnom inicijativom, pristupa stvaranju maloprodajne mreže koja se sastojala od specijaliziranih prodavaonica, samoposluga i robnih kuća. Trgovački sadržaji su bili organizirani u lance koji su imali svoju lokalnu prepoznatljivost. Često se ta prepoznatljivost ostvarivala već i u njihovim nazivima, najčešće sačinjenim od akronima poput robne kuće PRI-MA (*Primorski magazin*), DAL-MA (*Dalmatinski magazin*), NA-MA (*Narodni magazin*). No, dok je u zapadnom svijetu pro-

Robna kuća DALMA u Splitu
Arhitekt Vuko Bombardelli, 1975.
Arhivska fotografija

DALMA Department Store in Split
Architect Vuko Bombardelli, 1975
Archive photo

was accompanied by that of employment, as well as by the increase of the citizens' purchasing power. In 1955, in the midst of the positive balances of trade, the highest body of federal government, the Central Committee of the Yugoslav Communist Alliance, adopted the decision that raising the standard of living was to become a strategic part of the country's economic policy. Soon after, the Committee identified the stimulation of private consumption as one of the main guidelines for the country's economic development.[7] Therefore, at that moment, by way of a political decision, consumption became not only a legitimate, but a preferred leisure activity as well.[8] Just as the country's earlier investments had been focused on, for example, community centres as places of political and cultural rearing, it now became necessary to create facilities which would enable and stimulate consumption.

Thus, at the beginning of the sixties, government initiative led to the establishment of a retail network of specialised shops, supermarkets and department stores. The commercial facilities were organised in chains which were locally recognizable. The recognisability was often achieved through their very names, as these usually consisted of acronyms such as PRI-MA (Cro. *Primorski magazin – Littoral Department Store*), DAL-MA (Cro. *Dalmatinski magazin – Dalmatian Department Store*), NA-MA (Cro. *Narodni magazin – The People's Department Store*). However, while the designing of commercial facilities in the western world was so constrained by the dictate of profitability that there was almost no room left for architectural ambition – which is why notable architects rarely designed shopping centres – in socialist Yugoslavia, the design of commercial facilities was treated

Od Dalme do Koteksa: poslijeratno stanovanje, shopping i programiranje socijalističke svakodnevice. Gradska tura sa Sanjom Matijević Barčot, 2015.
Foto: Diana Magdić

From Dalma to Koteks: post-war housing, shopping and programming of the socialist everyday. City tour with Sanja Matijević Barčot, 2015
Photo: Diana Magdić

jektiranje trgovačkih sadržaja toliko bilo opterećeno diktatom profitabilnosti, da gotovo uopće nije preostajalo mjesta za arhitektonsku ambiciju pa su se velika arhitektonska imena rijetko uopće upuštala u projektiranje trgovačkih centara, istovremeno, u socijalističkoj Jugoslaviji projektiranje objekata za trgovinu ima posve drugačiji tretman.[9] Naime, značaj tih objekata, napose robnih kuća, nadilazi njihovu servisnu i komercijalnu svrhu; one postaju projekt od društvenog značaja, ako ne i (indirektno) političkog značaja. Naime, ta arhitektonska tipologija postaje važan segment u stvaranju slike uspješnog jugoslavenskog društva, preuzimajući čak ulogu simbola modernizacije i napretka. Takva važnost daje autorima arhitektonsku slobodu; legitimira čak i skupoću izgradnje pa arhitektura robnih kuća i njihov daljnji tipološki razvoj pokazuju određene specifičnosti u odnosu na njihove zapadne modele. Primjerice, gotovo je karakteristično da se robne kuće smještaju na urbanistički vrlo delikatnim i vrijednim lokacijama, kao i da se njihovo oblikovanje prepušta etabliranim arhitektonskim imenima, te da se za dobivanje najboljeg arhitektonskog rješenja često organiziraju i arhitektonski natječaji. Posve neopterećen diktatom profitabilnosti, projektantski diskurs često vrlo „velikodušno" u tu komercijalnu tipologiju unosi temu javnog prostora ili pridonosi njegovoj artikulaciji, a projekti robne kuće koriste se i kao alati urbane rekonstrukcije u poslijeratnim regulacijama gradskih centara. Svojstveno im je i korištenje inovativnih paleta tehnoloških dosega u građevinarstvu (robna kuća *Ri* u Rijeci autora Ninoslava Kučana, Borisa Babića i Vjere Kučan), dok interijere robnih kuća odlikuje istančana, moderna este-

Robna kuća PRIMA u Splitu
Arhitekt Antun Šatara, 1966.
Arhivska fotografija

PRIMA Department Store in Split
Architect Antun Šatara, 1966
Archive photo

completely differently.[9] Namely, the significance of these structures, especially the department stores, outweighed their service and commercial purpose; they became a project of social, if not even (indirect) political, importance. In other words, this architectural typology became an important segment in the creation of the image of a thriving Yugoslav society and even took on the role of the symbol of modernisation and progress. Such significance ensured the authors' architectural freedom; it legitimised even the high costs of construction, which is why the architecture of the department stores and their further typological development reveal certain distinctive traits in comparison to their western models. For example, department stores were almost typically built in critical and very valuable locations in terms of urban planning, with established architectural figures in charge of their design and the prior organising of tenders to ensure the best architectural solution. Unrestricted by the dictate of profitability, the design discourse would, often very "generously", introduce the theme of public space into this commercial typology, or contribute to its articulation, while department store projects were also used as a means of urban reconstruction in the context of the postwar regulation of city centres. Their characteristics also included the use of an innovative array of technological advancements in construction (the *Ri* department store in Rijeka by Ninoslav Kučan, Boris Babić and Vjera Kučan), while their interiors flaunted a refined, modern aesthetics, with no intention of pandering to customers' tastes (the interior of the *Prima* department store in Split by Bernard Bernardi). Therefore, it is no surprise that many of these achievements earned their authors the highest federal awards (*Prima* in Split by Antun Šatara, *Prehrana* in Osijek by Milan Mihelič, *Nama* in the Zagreb neighbourhood of Trnsko by Aleksandar Dragomanović).[10]

Unutrašnji izgled robne kuće PRIMA
Arhivska fotografija

Interior of the PRIMA Department Store
Archive photo

tika, bez namjere podilaženja ukusu kupaca (interijer robne kuće *Prima* u Splitu autora Bernarda Bernardija). Ne čudi stoga da su mnoge realizacije priskrbile svojim autorima i nagrade najvišeg državnog ranga (*Prima* u Splitu autora Antuna Šatare, *Prehrana* u Osijeku autora Milana Miheliča, *Nama* u zagrebačkom naselju Trnsko autora Aleksandra Dragomanovića).[10]

U Hrvatskoj je do 1970. godine otvoreno trinaest robnih kuća, a do 1980. godine čak šezdeset.[11] Diljem zemlje one postaju prepoznatljiva nadogradnja postojećeg urbaniteta novim slojem – slojem moderniteta. Sedamdesetih godina trgovačke tipologije od robnih kuća programski se razvijaju u sve kompleksnije tipologije s dodatkom niza komplementarnih sadržaja, a najkompleksniji primjer do tada, u cijeloj bivšoj državi, predstavlja upravo splitski primjer prodajnog centra Koteks.

Koteks: arhitektonsko-urbanističke karakteristike

Završetak izgradnje prodajnog centra Koteks bio je epilog moćnog graditeljskog pothvata u kojem je za potrebe organizacije VIII. Mediteranskih igara u Splitu izgrađen niz kapitalnih objekata. Koteks je bio projektiran kao komplementarni dio sportskog kompleksa Gripe. Taj su objekt za Mediteranske igre 1978. godine zajedno projektirali splitski arhitekt Slaven Rožić i sarajevski arhitekt Živorad Janković, profesor na Arhitektonskom fakultetu u Sarajevu koji je svojim ranijim realizacijama sportskih objekata tada već bio etablirano ime u projektiranju te arhitektonske tipologije.[12] Kod projektiranja velike polivalentne dvorane s kapacitetom tribine od 7 000 mjesta i pratećim sadržajima, pred autore je postavljen prilično zahtjevan projektantski zadatak: objekt unaprijed zadanih, ogromnih osnovnih gabarita, trebalo je smjestiti na neravni teren u velikom padu. Rožić i Janković su na takav projektantski izazov odgovorili djelomičnim upuštanjem objekta u teren, tako da volumen dvorane ponegdje tone, a ponegdje slikovito izlazi na vidjelo povezujući se s ostatkom kompleksa mostovima i deniveliranim pristupnim trgovima. Oblikovna ambicija vrhunac doseže u tretmanu *pete fasade*, kontinuirane krovne plohe prekrivene bijelom keramikom, koja ekspresivnim lomovima i izraženom tektonikom „lebdi" nad uvučenim volumenom dvorane stvarajući snažan motiv u gradskoj silueti. Za projekt sportske dvorane Gripe, autori su bili, prema pisanju Frane Gotovca, važnog kro-

Thirteen department stores were opened in Croatia by 1970 and no less than sixty by 1980.[11] Throughout the country, they were adding a recognizable new layer to the existing urbanity – that of modernity. In the seventies, the commercial buildings were programmatically evolving from department stores to increasingly complex types with a range of accompanying facilities. The most complex example of this evolvement in the entire former state was the Koteks shopping centre in Split.

Koteks: architectural and urbanistic characteristics

The completion of the construction of the Koteks shopping centre was an epilogue to a monumental project of building a number of capital structures for the purposes of organising the 8th Mediterranean Games in Split. Koteks was planned as a complementary part of the Gripe sports complex. The complex was jointly designed by Split architect Slaven Rožić and Sarajevo architect Živorad Janković, a professor at the Sarajevo Faculty of Architecture, whose previous designs of sports facilities had already brought him recognition in the field of designing these architectural types.[12] Designing the big multipurpose hall, with a capacity of 7 000 seats and with its accompanying facilities, included a demanding architectural task for its authors: a structure of pre-determined, vast basic dimensions, had to be erected on an uneven, heavily inclined terrain. Rožić and Janković responded to this design challenge by partially sinking the structure into the ground, so that the volume of the hall is submerged in some places, while in others, it vividly rises to the surface, connecting with the rest of the complex by way of bridges and delevelled access squares. The formative ambition culminates in the construction of the *fifth facade*, a continuous roof surface covered in white ceramics, whose expressive fractures and prominent tectonics create the effect of it “hovering” above the retracted volume of the hall, thus creating a powerful motif within the cityscape. According to the writings of Frano Gotovac, a renowned chronicler of Split architecture, for their Gripe sports hall design project, the authors received an international award, i.e. the golden medal in Cologne in the category of architectural structures for international competitions.[13] Although Rožić and Janković had jointly established the basic dimensions of the shopping centre in the preliminary design of the complex, only Rožić, then employed at the Urban Planning

ničara splitske arhitekture, nagrađeni međunarodnom nagradom, zlatnom medaljom, dodijeljenom u Kölnu u arhitektonskoj konkurenciji objekata za međunarodna takmičenja.[13] Iako su u idejnim postavkama kompleksa Rožić i Janković zajednički postavili i osnovne gabarite prodajnog centra, autorstvo Koteksa potpisuje samo Rožić, zaposlen tada u Urbanističkom zavodu Dalmacije. Ipak, Koteks, od početnih urbanističkih postavki do konačnog arhitektonskog oblikovanja, sa sportskim centrom Gripe sačinjava neraskidivu arhitektonsko-urbanističku cjelinu.

Prostornom kompozicijom prodajnog centra Koteks dominira objekt smješten uz Ulicu slobode (bivša Ulica oslobođenja) koji svojom stepenastom konfiguracijom (Franu Gotovca asocirat će na zigurat)[14] popunjava reljefnu prazninu nekadašnjeg tupinoloma, a svojim visinama korespondira s nasuprotnim brežuljkom i tvrđavom Gripe. Njegovu naglašenu tektoniku *umiruje* stereotomija okruglog objekta u kojem je bila smještena robna kuća, dok još jedan, manji objekt s ugostiteljskim sadržajima postavljen uz južnu granicu kompleksa, Ulicu Matice hrvatske (bivša Ulica Veselina Masleše), ulazi u interakciju s pješačkim tokovima iz smjera istoka. U formama i oblikovanju tih objekata daju se naslutiti i postmoderni utjecaji.

Sportsko-trgovački kompleks Koteks Gripe, situacijski nacrt
Ljubaznošću Državnog arhiva u Splitu

Koteks Gripe Sports and Commerce Complex, site plan
Courtesy of National Archives in Split

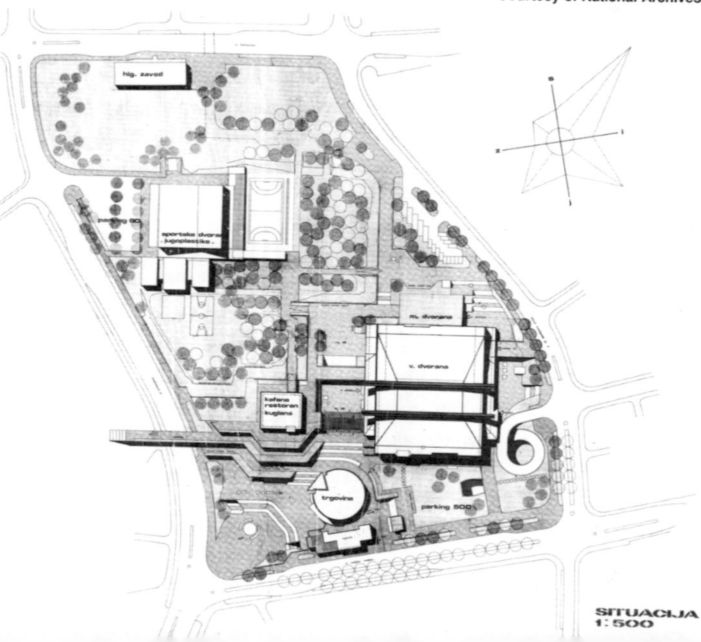

Institute of Dalmatia, was signed as its author. Nevertheless, Koteks, from its initial urbanistic principles to its final architectural formation, forms a seamless architectural and urbanistic unity with the Gripe sports centre.

The spatial composition of the Koteks shopping centre is dominated by a structure located on Ulica slobode whose scalar configuration (which reminded Frano Gotovac of a zygurat)[14] fills the void in the relief made by the former marl quarry, while the height of its parts corresponds to the opposing Gripe hill and fortress. Its pronounced tectonics is *offset* by the stereotomy of a round structure which contained a department store, while another smaller restaurant facility placed along the southern border of the complex, the Ulica Matice hrvatske (formerly Ulica Veselina Masleše), interacts with the pedestrian routes from the east. The forms and formation of these structures reveal Postmodernist influences.

In Koteks, trading takes place in a complex spatial dialogue between the outdoor public spaces and the sales premises inside the mentioned buildings, which are also connected by underground passageways below the outdoor square. The pedestrian walkway from the direction of the city centre continues as a bridge over Ulica slobode ("Freedom Street", formerly Ulica oslobođenja), reaching the main access square through an open gallery – a "shopping arcade", while the north-south pedestrian connection is realised through a series of open "squares" located on various levels. Elements of the Mediterranean urban inventory (walkways, shaded terraces, pergolas, plazas, scalinatas) have been adopted on a hypertrophied scale and represent an open urban public space, in the true meaning of the term. The extreme "generosity" with regard to the sheer quantity of public space is evident in the ratio between the *built* and the *unbuilt* space realised in the shopping centre. It is unlikely to ever be attained in buildings of a similar purpose. It is the unbuilt space, the urban void that is the key element of the spatial concept of Koteks. However, this open public space is Koteks' greatest and, at the same time, most troublesome quality. Namely, on such a hypertrophied scale, the articulation of the space is sporadically weakened and diminished, and since the space's primary function is commercial, the dynamics of its use mostly narrows down to the shops' opening hours, which quells the ambition of urban development.

Tlocrt Koteksa i robne kuće na razini gornjeg trga
Ljubaznošću Državnog arhiva u Splitu

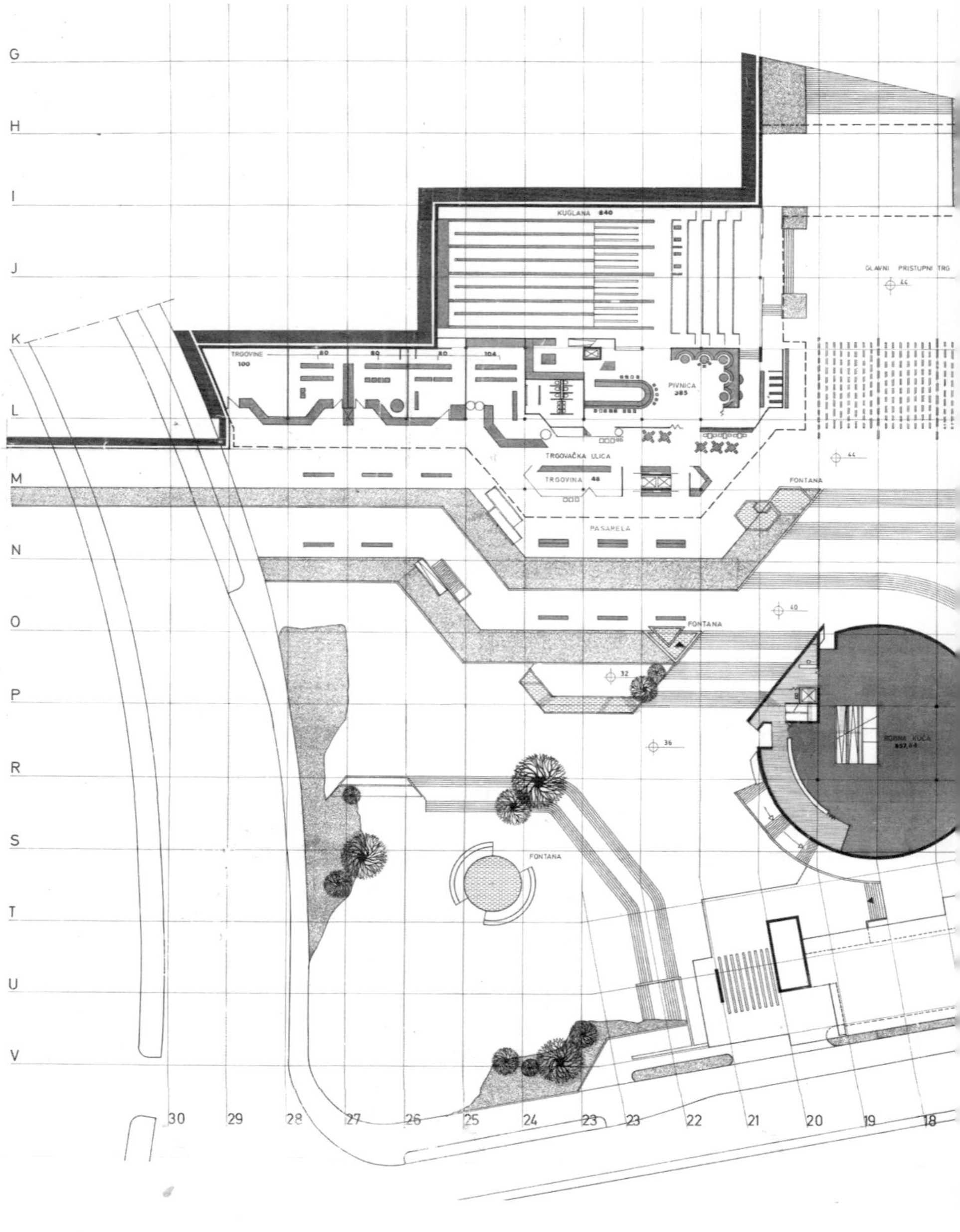

Koteks Gripe Complex including department store, floor plan on the upper level of the square
Courtesy of National Archives in Split

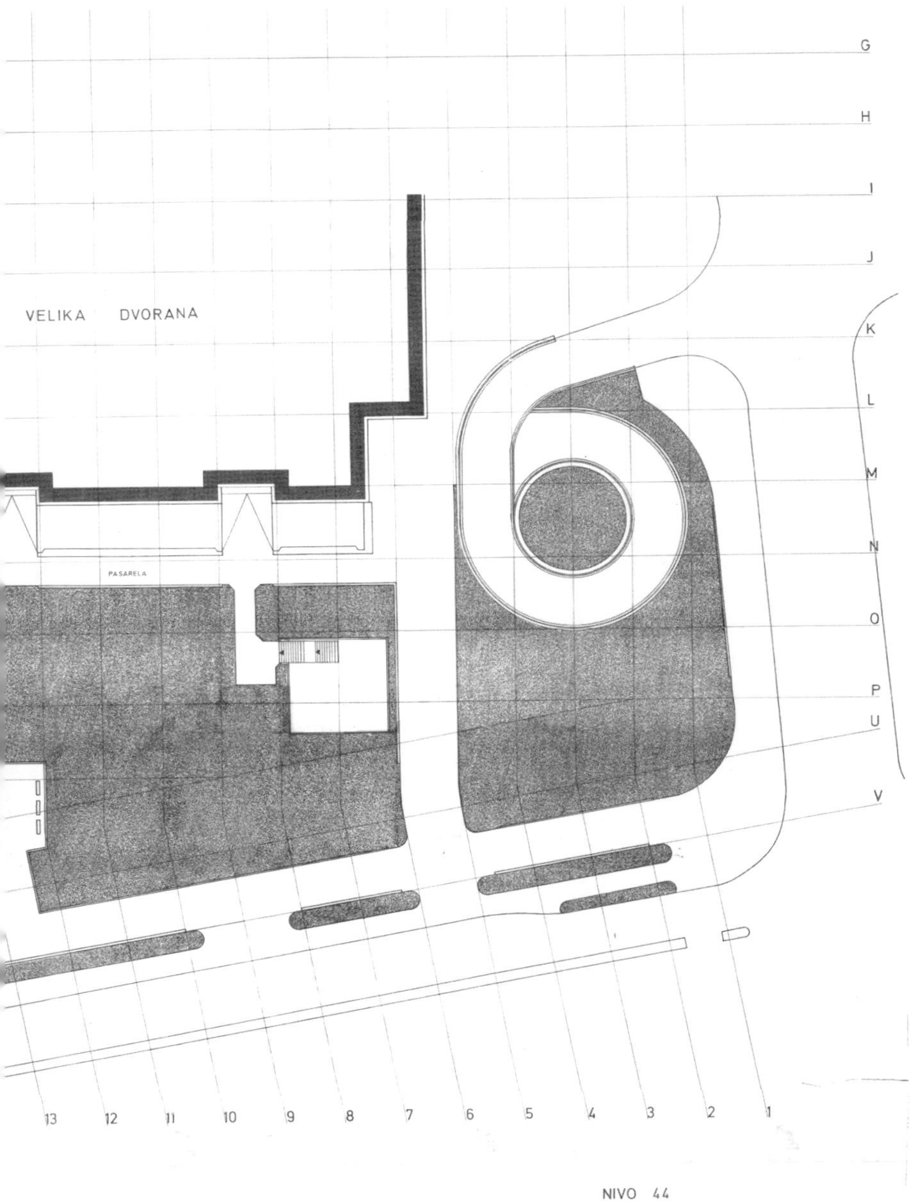

Zapadno pročelje sportske dvorane Gripe
Ljubaznošću Državnog arhiva u Splitu

The west facade of the Gripe sports hall
Courtesy of National Archives in Split

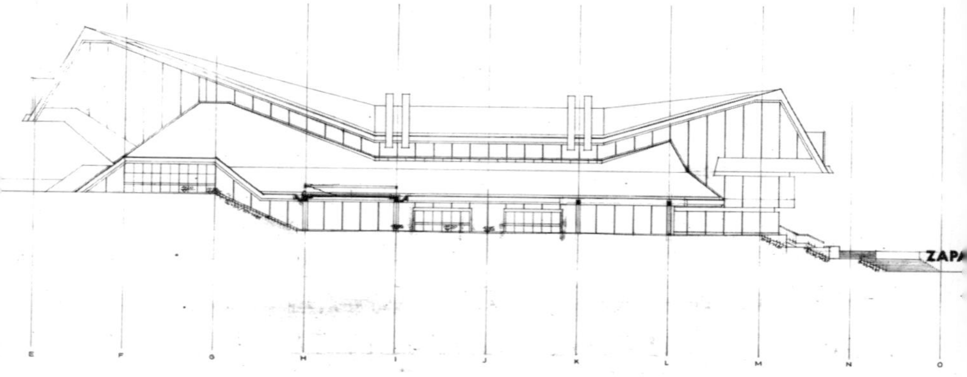

U Koteksu se trgovina odvija u kompleksnom prostornom dijalogu javnih vanjskih prostora s prodajnim prostorima smještenim unutar navedenih objekata, koji su pak i podzemno povezani ispod vanjskog trga. Pješački pravac iz smjera gradskog centra nastavlja se mostom preko Ulice slobode te otvorenom galerijom – „trgovačkom ulicom" dolazi do glavnog pristupnog trga, dok se pješačka veza u smjeru sjever-jug ostvaruje slijedom otvorenih „trgova" smještenim na različitim etažama. Elementi mediteranskog urbanog inventara (*pasarele*, zasjenjene terase, pergole, trgovi, skalinade) preuzeti su u hipertrofiranom mjerilu i predstavljaju u pravom smislu otvoreni javni gradski prostor. Izuzetna „velikodušnost" prema kolikoći javnog prostora evidentna u odnosu *izgrađenog* i *neizgrađenog* koji je postignut kod ovog prodajnog centra, u zgradama srodne namjene teško će se više moći dosegnuti. *Urbana praznina* ključan je element Koteksove prostorne koncepcije. No, taj otvoreni javni prostor istovremeno je i Koteksova najveća kvaliteta i najveći predmet zamjerki. Naime, u tako hipertrofiranom mjerilu artikulacija tog prostora ponegdje se gubi i postaje nejasna, a kako je uglavnom podređen funkciji trgovine, dinamika njegovog korištenja u najvećoj mjeri svodi se na radno vrijeme trgovina, pa gradogradbena ambicija ustvari podbacuje. Ipak, bez obzira na to, šetnja tim prostorima predstavlja vrlo upečatljiv prostorni doživljaj, dok Koteks predstavlja jedinstven primjer lokalne, mediteranske interpretacije trgovačkog centra kao krajolika socijalističke konzumerističke dokolice. Taj arhitektonski doprinos Koteksa lokal-

Nevertheless, a walk through the area remains an outstanding spatial experience, and Koteks a unique example of the local, Mediterranean interpretation of the shopping centre as scenery for socialist consumerist leisure. This architectural contribution of Koteks to the local architectural heritage is especially significant nowadays, when the shopping centres recently built in Split represent concrete manifestations of Augé's *non-places* – spaces bereft of identity, history and relationship with the local.

Centar Koteks Gripe, arhitektonska maketa i izgled po dovršetku izgradnje
Arhivske fotografije

Koteks Gripe Complex, architectural model and the view of the finished structure
Archive photos

nom arhitektonskom naslijeđu posebno je značajan danas, kada recentni primjeri trgovačkih centara izgrađenih u Splitu redom predstavljaju konkretnu manifestaciju Augeovih *nemjesta* – prostore lišene identiteta, povijesti i odnosa prema lokalnom.

Koteks: budućnost?

Izgradnja Koteksa, kasnije će se pokazati, preklopila se sa zenitom jugoslavenskog konzumerizma. Kriza koja će uslijediti osamdesetih godina otkrit će sve slabosti nekonzistentnog i kontradiktornog ekonomskog sistema. Konzumerističku euforiju zamijenit će deprivacija, rast nezaposlenosti, inflacija, nestašice i redovi pred trgovinama; osamdesete će postati period razočarenja. U tim okolnostima, kao i okolnostima političke, društvene i ekonomske tranzicije koja će uslijediti nakon toga, Koteks *nije dobro prošao*, a posljednji udarac tom arhitektonsko-urbanističkom djelu, izjava je jednog od njegovih vlasnika da ga namjerava rušiti.[15] U tom smislu, dobro je došla inicijativa kojom se za Koteks traži konzervatorska zaštita. Ipak, Koteksove arhitektonsko-urbanističke vrijednosti moći će biti zaštićene tek onda kada se pronađe model u kojem će one biti inkorporirane u živi i ekonomski održivi scenarij budućeg korištenja – što pak nije lak zadatak.

Poprečni presjek kroz trgovački centar Koteks
Ljubaznošću Državnog arhiva u Splitu

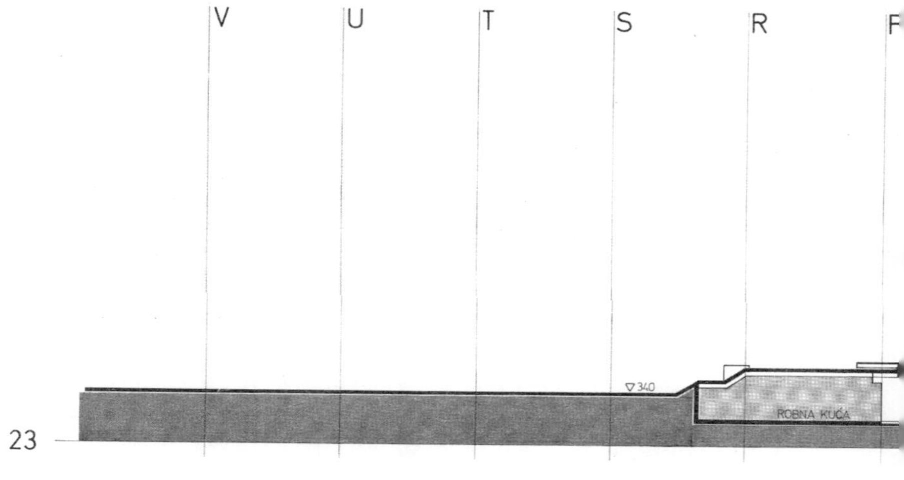

Koteks: the future?

It would later become obvious that the building of Koteks coincided with the zenith of Yugoslav consumerism. The subsequent crisis of the 1980s would expose all the failings of an inconsistent and contradictory economic system. The consumerist euphoria would be replaced by deprivation, the rise of unemployment, shortages and lines in front of shops; the eighties would become an era of disillusion. In such circumstances, as well as in those of the political, economic and social transition that followed, Koteks *did not fare well*. The final punch to this architectural and urbanistic work was delivered by one of its owners' statement of its planned demolition.[15] In this sense, the initiative that demands the conservational protection of Koteks is welcome. However, the architectural and urbanistic values of Koteks will be protected only if a model of their incorporation into a vital and economically sustainable scenario of future use is devised – which will be no easy task.

Koteks shopping center, cross section
Courtesy of National Archives in Split

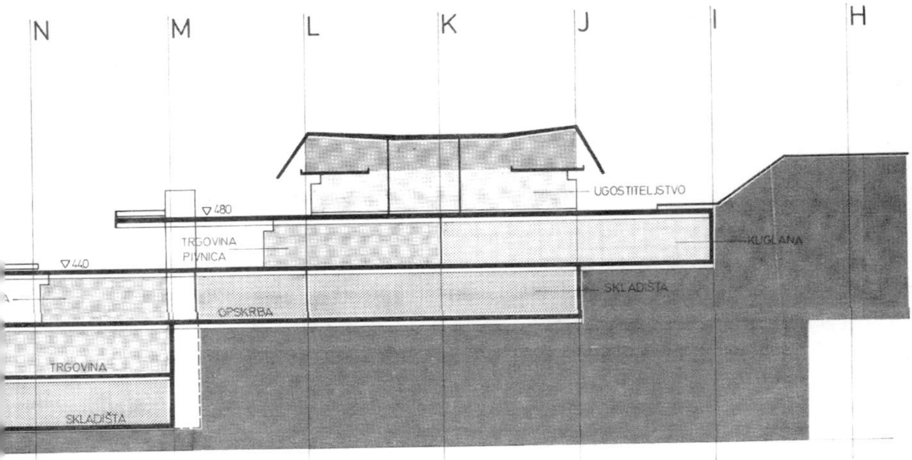

1
Refren iz vrlo popularne Koteksove radijske reklame koja se niz godina emitirala na lokalnom Radio Splitu još i danas mnogi Splićani pamte.

2
Službeno otvaranje Koteksa na dan 7. ožujka 1981. godine, bilo je rezervirano za uzvanike i to redom pripadnike tadašnje političke elite, dok je građanima Koteks vrata otvorio dva dana kasnije, 9. ožujka 1981. godine.

3
Popadić, Momčilo, Obećana zemlja na Gripama, *Nedjeljna Dalmacija*, 15. ožujka, 1981, 6–7; „Otvoren grad za trošenje", *Slobodna Dalmacija*, 10. ožujka 1981, 5. U vrijeme Koteksovog otvaranja u ostalim trgovinama već su se pojedini artikli teško mogli pronaći, a kao „krizni" u takvim nestašicama označeni su artikli poput mlijeka, masla, ulja i kave. Bio je to razlog više da građani pohrle u Koteks kako bi se na vrijeme opskrbili u slučaju da i Koteksove police ubrzo postanu prazne.

4
Sintagmu „diktatura nad potrebama" u istoimenoj knjizi upotrebljavaju filozofi Ferenc Feher, Agnes Heller i Gyorgy Markus kako bi opisali specifičan oblik političke discipline, karakteristične za socijalistička društva sovjetskog tipa, u kojima su stvarne ekonomske, društvene i političke potrebe pojedinca definirane i nametnute od strane države. Ferenc Feher, Agnes Heller and Gyorgy Markus, *Dictatorship over Needs*, St. Martin's Press, New York, 1983.

5
Danas povjesničari nisu suglasni je li fenomen jugoslavenske konzumerističke kulture pojava koja se razvijala spontano u skladu sa željama i potrebama građana ili je pak taj fenomen bio duboko promišljen i iniciran „odozgo". Prema potonjoj teoriji, građani su, uživajući u radostima kupovine i osjećaju *lijepog život*a kakav nisu imali njihovi socijalistički susjedi iza Željezne zavjese, postajali lojalniji jugoslavenskom režimu pa se tako konzumerizam, dajući građanima osjećaj slobode, u pravoj makijavelističkoj maniri pretvarao u – sredstvo kontrole. Hyder Patterson, Patrick, *Bought and Sold: Living and Losing the Good Life in Socialist Yugoslavia*, Cornell University Press, Ithaca, 2011., 290–291.

6
'Yugoslavia: Half Karl & Half Groucho', *Time*, 7. svibnja 1965. http://www.time.com/time/magazine/article/0,9171,898778-2,00.html [12. ožujka 2016.].

7
Bilandžić, Duško, *Hrvatska moderna povijest*, Golden marketing, Zagreb, 1999., 387., „*Društveni plan privrednog razvoja Jugoslavije 1957–1961*", Savezna narodna skupština, Beograd, 1957.

8
Povjesničar Igor Duda u svojoj doktorskoj disertaciji predlaže pak 1958. godinu kao godinu rođenja potrošačke kulture. Te godine, kako Duda navodi, donesen je Program Saveza Jugoslavije koji je predviđao „udobniji život", vlasništvo „nad različitim predmetima potrošnje", postizanje „boljeg usluživanja potrošača robom" i brigu za njihove „svakodnevne potrebe i opskrbu, za njihov odmor i zabavu". Također, iste godine na festivalu zabavne glazbe u Opatiji najuspješnija je bila pjesma *Mala djevojčica* u kojoj glavni lik nabraja svoj popis želja za kupovinu; pobjeda te pjesme svojevrstan je simbol kolektivnog entuzijazma u prihvaćanju nadolazeće potrošačke kulture. Duda, Igor, Svakodnevni život i potrošačka kultura u Hrvatskoj 1970-ih i 1980-ih, doktorska disertacija, Sveučilište u Zagrebu, 2009., 15–16.

9
O tipološkom razvoju i arhitekturi trgovačkih objekata u periodu od 1960.–1980. godine vidi: Matijević Barčot, Sanja, Grgić, Ana, „Shopping as a Part of Political Agenda: Emergence and Development of Shopping Centre Typology in Socialist Croatia (1960–1980)", u: *Shopping Towns Europe: Commercial Collectivity and the Architecture of the Shopping Centre, 1945–1975*, ur. Janina Gosseye, Tom Avermaete, Bloomsbury Academic, London, 2016.

1
This refrain of a very popular radio commercial for Koteks,which was broadcast for a number of years by the local station Radio Split, is still remembered by many residents of Split.

2
The official Koteks opening ceremony, which took place on 7th March 1981, was invitation-only, i.e. reserved for the political elite. The centre opened for public two days later, on 9th March 1981.

3
Momčilo Popadić, "Obećana zemlja na Gripama", *Nedjeljna Dalmacija*, 15th March 1981, pp. 6–7; "Otvoren grad za trošenje", *Slobodna Dalmacija*, 10th March 1981, p. 5. At the time of Koteks' opening, other shops were already experiencing shortages of certain products such as milk, butter, oil and coffee. This was another reason for the citizens' rush to Koteks in order to stock up on time, in case its shelves also emptied out before long.

4
The phrase "dictatorship over needs" was used in the eponymous book by philosophers Ferenc Feher, Agnes Heller and Gyorgy Markus to describe a specific type of political discipline characteristic of Soviet-type socialist societies, in which the real economic, social and political needs of the individual are defined and imposed by the state. Ferenc Feher, Agnes Heller and Gyorgy Markus, *Dictatorship over Needs*, St. Martin's Press, New York, 1983

5
Today, historians disagree over whether the phenomenon of Yugoslav consumerist culture developed spontaneously, in accordance with the citizens' desires and needs, or whether it was well thought out through hand instigated "from above". According to the latter theory, the citizens who were basking in the joys of shopping and the feeling of a *good life*, unattainable to their socialist neighbours behind the Iron Curtain,were becoming increasingly loyal to the Yugoslav regime, which is why consumerism, by giving the citizens a feeling of freedom, turned – in a truly Machiavellian manner – into an instrument of control. Patrick Hyder Patterson, *Bought and Sold: Living and Losing the Good Life in Socialist Yugoslavia,* Cornell University Press, Ithaca, 2011, pp. 290–291

6
"Yugoslavia: Half Karl & Half Groucho", *Time*, 7th May 1965. http://www.time.com/time/magazine/article/0,9171,898778-2,00.html [12th March 2016].

7
Duško Bilandžić, *Hrvatska moderna povijest*, Golden marketing, Zagreb, 1999, p. 387, *Social Plan of the Economic Development of Yugoslavia*, Federal People's Assembly, Belgrade, 1957

8
In his doctoral thesis, historian Igor Duda argues that 1958 was the year of birth of consumer culture. According to him, that was the year of the adoption of the Programme of the Federation of Yugoslavia, which envisaged an "increased standard of living", the ownership "of various consumption goods", the "improved provision of goods to consumers" and attendance to their "everyday needs and supplying, their leisure and entertainment". That same year, the winning song of a popular music festival in Opatija was *Mala djevojčica* (*Little Girl*), whose protagonist presents her shopping wish list; in a way, the victory of that song symbolized the collective enthusiasm with which the emerging consumer culture was received. Igor Duda, Svakodnevni život i potrošačka kultura u Hrvatskoj 1970-ih i 1980-ih [Everyday Life and Consumer Culture in Croatia in the 1970s and 1980s], doctoral thesis, University of Zagreb, 2009, pp. 15–16

9
For the typological development and architecture of commercial facilities from 1960 to 1980, see: Sanja Matijević Barčot, Ana Grgić, "Shopping as a Part of Political Agenda: Emergence and Development of Shopping Centre Typology in Socialist Croatia (1960–1980)", in: *Shopping Towns Europe: Commercial Collectivity and the Architecture of the Shopping Centre, 1945–1975*, ed. Janina Gosseye, Tom Avermaete, Bloomsbury Academic, London, 2016

10
Ibid.

11
Duda, Igor, *Svakodnevni život i potrošačka kultura u Hrvatskoj 1970-ih i 1980-ih*, 38.

12
Među Jankovićeve realizacije se ubrajaju: Kulturno-sportski centar Skenderija u Sarajevu (s Halidom Muhasilovićem) za koji je 1970. godine nagrađen Saveznom nagradom *Borbe*, Društveno-sportski centar *Boro i Ramiz* u Prištini (s Halidom Muhasilovićem) te Sportski centar *Vojvodina* u Novom Sadu (koautori Duško Bogunović i Branko Bulić).

13
Gotovac, Frano, „Ostvarenja snage: Desetljeće izgradnje splitskih kapitalnih arhitektonskih objekata koji su mijenjali fizionomiju Splita", *Frano Gotovac: Izazov prostora*, ur. Miće Gamulin, Rober Plejić, Društvo arhitekata Splita i PB Konstruktor, Split, 1995., 147–149.

14
Gotovac, Frano, „Ostvarenja snage", 149.

15
'Kerum: Srušim li Koteks bit ću povijesni poteštat', Slobodna Dalmacija, 2. ožujka 2010. https://www.slobodnadalmacija.hr/sport/ostalo/clanak/id/90366/kerum-srusim-li-koteks-bit-cu-povijesni-potestat <18.prosinca 2018.>

10
Ibid.

11
Igor Duda, "Svakodnevni život i potrošačka kultura u Hrvatskoj 1970-ih i 1980-ih", p. 38

12
Janković's designs include the Skenderija Cultural and Sports Centre in Sarajevo (with Halid Muhasilović), for which he received the *Borba* Federal Award in 1970, the *Boro i Ramiz* Community and Sports Centre in Pristina (with Halid Muhasilović) and the *Vojvodina* Sports Centre in Novi Sad (with coauthors Duško Bogunović and Branko Bulić).

13
Frano Gotovac, "Ostvarenja snage: Desetljeće izgradnje splitskih kapitalnih arhitektonskih objekata koji su mijenjali fizionomiju Splita", in: *Frano Gotovac: Izazov prostora*, ed. Miće Gamulin, Rober Plejić, Association of Architects of Split and Konstruktor Design Office, Split, 1995, pp. 147–149

14
Frano Gotovac, "Ostvarenja snage", p. 149

15
'Kerum: If I demolish Koteks, I will be remembered as historical mayor', Slobodna Dalmacija daily, March 2, 2010 https://www.slobodnadalmacija.hr/sport/ostalo/clanak/id/90366/kerum-srusim-li-koteks-bit-cu-povijesni-potestat <December 18, 2018>

Sportsko-trgovački kompleks
Koteks Gripe, detalj
Foto: Saša Šimpraga

Koteks Gripe Sports and Commerce Complex, detail
Photo: Saša Šimpraga

Darovan Tušek

AMBLEMI MODERNOG SPLITA

Darovan Tušek

EMBLEMS OF MODERN SPLIT

Izrazito diskontinuiran i *skokovit* razvoj Splita posljednjih stotinjak godina jasno je obilježen razdobljima i događajima koji su značili nagli iskorak u izgradnji i profilaciji njegove urbane i kulturne infrastrukture i arhitektonske strukture. Takve su, na primjer, 1920-e godine kada Split poslije Prvoga svjetskog rata postaje središtem Dalmacije, ili početak realizacije projekta Splita III 1970-ih godina, izgradnja sportskih i svih drugih sadržaja za Mediteranske sportske igre krajem 1970-ih ili pak recentna izgradnja novih sadržaja i zgrada Sveučilišnog kompleksa na početku novog milenija. Mnogi takvi projekti nisu do kraja realizirani onako kako su bili zamišljeni. Neke ambiciozne razvojne inicijative nekadašnjeg gradonačelnika Iva Tartaglie pokleknule su pred turbulentnim društvenim i političkim previranjima 1930-ih godina; Split III je zbog brojnih razloga zaustavljen na pola puta; izgradnja sveučilišnog kampusa usporena je utjecajem ekonomske krize. Projekt kompleksnih prostornih intervencija koje je provocirala organizacija 8. Mediteranskih sportskih igara 1979. godine zapravo je jedini projekt koji je u potpunosti ostvaren, i to u jednom kratkom vremenskom isječku i s vrhunskim rezultatima.

Split je imao puno sreće s tim projektom, i tu je svoju šansu izvanredno iskoristio. Nije tu bila riječ samo o izgradnji novih sportskih sadržaja; prigoda je maksimalno kapitalizirana izgradnjom širokog spektra komunalnih, kulturnih, prometnih i inih sadržaja koje do tada Split nije imao, kao što su na primjer, natkrivanje usjeka željezničke pruge koja je grad dijelila na dva dijela, probijanje cestovnog tunela kroz Marjan, obnova kazališta koje je bilo izgorjelo, izgradnja RTV centra i Doma omladine, pomorskog putničkog terminala u gradskoj luci i niz drugih kapitalnih intervencija koje su u okruženju ovog svojevrsnog *kairosa* za grad stavljene pod zajedničku kapu MIS-a, iako sa sportom zapravo nisu imale puno direktne veze.

Središnji program bio je, naravno, fokusiran na sportske objekte i sadržaje. Prvotna ideja o izgradnji novoga Hajdukova stadiona u Poljudu transformirana je u izgradnju olimpijskoga stadiona s atletskim stazama, a sretnim odabirom autorstvo novogradnje dodijeljeno je arhitektu Borisu Magašu koji je tu šansu maestralno iskoristio i realizirao možda najznačajnije arhitektonsko ostvarenje u Splitu 20. stoljeća. Uz stadion, s manje sreće pri odabiru projekta za izvedbu, izgrađen je sklop zatvorenih i otvorenih ba-

The markedly discontinuous and *precipitate* development of Split over the past hundred years is distinctively characterised by periods and events which represent abrupt advancements in the construction and profiling of its urban and cultural infrastructure and architectural structure. Such advancements include, for example, the 1920s, when Split became the centre of Dalmatia after the First World War, the start of the realisation of the Split III project in the 1970s, the construction of sports and other facilities for the Mediterranean Games at the end of the 1970s, as well as the recent construction of university campus facilities and buildings at the beginning of the new millennium. Many such projects were not carried out fully according to plan. Certain ambitious development initiatives of Ivo Tartaglia, a former mayor, yielded before the social and political turmoil of the 1930s; for numerous reasons, the Split III project was brought to a halt halfway to its completion; the construction of the university campus slowed down under the impact of the economic crisis. In fact, the project which involved complex spatial interventions motivated by the organisation of the 8th Mediterranean Games in 1979 is the only project to have ever been completed, in a short period and with superior results.

The project presented a great opportunity for Split, one that was used extraordinarily well. It was not just about the construction of new sports facilities; the opportunity was maximally capitalised on by the construction of a broad spectrum of municipal, cultural, transport and other facilities which hadn't existed in Split; examples of which include the roofing of the railway cutting which had split the city in two, the building of a road tunnel through Marjan hill, the reconstruction of the theatre which had burned down, the building of the radio-television broadcasting centre and the Youth Hall, the construction of a maritime passenger terminal in the city port and a number of other major interventions. In what was a kind of *kairos* for the city, these were all included in the umbrella project of the Mediterranean Games, although they did not, in fact, have that much to do with sports.

Naturally, the main project focussed on sports facilities and services. The original concept of the construction of a new Hajduk football team stadium in Poljud was transformed into a project of the construction of an Olympic stadium with athletic tracks, with Boris Magaš as a fortunate choice of

zena arhitekta Ivana Antića iz Beograda. Konačno, na Gripama je izvedena velika sportska dvorana po projektu arhitekata Živorada Jankovića iz Sarajeva i Slavena Rožića iz Urbanističkog zavoda Dalmacije u Splitu. Neposredno nakon MIS-a Slaven Rožić samostalno će realizirati preostali dio kompleksa i izvesti trgovački centar Koteks (1979.–1981.).

Profesor na sarajevskom Arhitektonskom fakultetu Živorad Janković već je imao iskustva s izgradnjom srodnih arhitektonskih zadaća; brojna priznanja stekao je realizacijom Kulturno-sportskog centra Skenderija u Sarajevu. Rožiću je pak povjerenje ukazano na temelju uspješnog nastupa na ranijem arhitektonskom natječaju za Spomen-dom na starom Hajdukovu igralištu u Zrinsko-Frankopanskoj ulici 1973. godine. Kao relativno mlad arhitekt – imao je tada tek trideset godina – Rožić je u koautorstvu sa suprugom Tatjanom bio nagrađen otkupom na tom najvećem arhitektonskom natječaju koji je ikad raspisan u Splitu (pristigla su čak 74 natječajna prijedloga). Natječajni projekt za Spomen-dom u velikoj je mjeri srodan projektu koji će Rožić kasnije ponuditi za dvoranu na Gripama, pa se unatoč Jankovićevu neprijepornom autoritetu arhitektonski koncept zgrade u smislu atribucije autorstva bez ikakve zadrške ravnopravno može pripisati i Rožiću.

Sportsko-trgovački kompleks na Gripama rijedak je splitski primjer ambicioznog prostornog zahvata koji je u cjelini realiziran kako je izvorno i zamišljen. Riječ je o vrlo složenoj intervenciji na lokaciji nekadašnjeg tupinoloma

Gradski stadion i plivački bazeni u Poljudu
Arhitekti Boris Magaš i Ivan Antić, 1979.

The City Stadium and Swimming Pools in Poljud
Architects Boris Magaš and Ivan Antić, 1979

architect, who would brilliantly exploit the opportunity and contribute what was possibly the most significant architectural achievement in Split in the 20th century. Apart from the stadium, a complex of indoor and outdoor pools was also built by architect Ivan Antić from Belgrade – this was, however, a less felicitous choice of construction project. The final part of the main project was the construction of a big sports hall on Gripe, designed by architects Živorad Janković from Sarajevo and Slaven Rožić from the Urban Planning Bureau of Dalmatia in Split. Immediately after the Mediterranean Games, Slaven Rožić would independently complete the remaining part of the complex by designing the Koteks shopping centre (1979–1981).

Živorad Janković, a professor at the Sarajevo Faculty of Architecture, had already had experience with designing related architectural assignments; specifically, he had received numerous awards for his design of the Skenderija Cultural and Sports Centre in Sarajevo. Rožić was entrusted with the project based on a successful submission to an earlier architectural invitation for tenders for a memorial hall on the former Hajduk football field in Zrinsko-Frankopanska Street in 1973. As a relatively young architect – he had been only thirty at the time – Rožić, in coauthorship with his wife Tatjana, had been awarded a purchase at what was the biggest architectural invitation for tenders ever to be published in Split (as much as 74 tenders had been submitted). On many points, the project tender for the memorial hall is similar to the one which Rožić later submitted for the hall on Gripe, which is why, notwithstanding Janković's unquestionable authority, the architectural concept of the building can, in terms of authorship, be equally attributed to Rožić without a doubt.

The sports and commercial complex in Gripe is a rare Split example of an ambitious spatial planning project fully carried out according to the original concept. It was a very complex intervention at the site of a former marl quarry, which required a spatial planning solution which would take into account the distinct variations in height of the existing dynamic relief and the establishment of a suitable compositional dialogue with the nearby fortress on top of the Gripe hill. Although a depression was actually an unfavourable location for a structure with such a comprehensive purpose, Janković and Rožić created a highly urban ensemble by deftly balancing

koja je od autora zahtijevala prostorno rješenje u okviru izrazitih denivelacija u postojećem dinamičnom reljefu i uspostavu prikladnog kompozicijskog dijaloga sa susjednom tvrđavom na vrhu Gripa. Iako je lokacija ponudila zapravo nepovoljnu poziciju za tako obiman sadržaj u prostornoj udolini, Janković i Rožić realizirali su ansambl visoke razine urbaniteta vješto balansirajući odnose volumena velike dvorane, kaskadne strukture pratećih trgovačkih sadržaja i pojedinih volumenskih akcenata robne kuće. Ekspresivnost pojavnosti ovog sklopa temelji se na dvama kontrapunktima: onom između dinamičnog konstruktivizma dvorane i statične linearnosti horizontala trgovačkog ansambla, te onom između gotovo figuralne oblikovne retoričnosti dvorane i apstraktnoga geometrijskog reduktivizma pratećih sadržaja.

Sklop na Gripama koji objedinjuje različite funkcionalne sadržaje nije završio parcijalnom izvedbom tek dijela projekta, kako se to obično događa. Dogodilo se to, na primjer, s ambicioznim urbanim potezom na zapadnoj obali gradske luke, gdje su po izvornom rješenju u prvoj polovici 1960-ih izvedeni tek hotel *Marjan* arhitekta Lovre Perkovića i zgrada *Pomorske privrede* Nevena Šegvića, a zahvat u cjelini nije realiziran ni do danas. Na Trgu Hrvatske bratske zajednice nakon arhitektonskog natječaja na kojem su pobijedili arhitekti Frano Gotovac i Stanislav Mladinić izvedena je tek zgrada MUP-a; nakon mnogo godina podignut je i objekt *Croatia osiguranja*, a ostatak zamišljenog ansambla i dalje je prazna ledina. Od 17 stambenih blokova na Žnjanu izvedena su samo tri, a ostali dio prostora rasuo se u pojedinačne stambene zgrade po principu *urbanizma jedne parcele*, izvan svake suvisle i jedinstvene prostorne misli. U tom smislu Gripe su sretan izuzetak, tim više što trgovački centar nije bio dio MIS-ovog programa ali je ipak izveden naknadno.

Nadalje, centar na Gripama ima istaknuto mjesto u antologiji splitske moderne arhitekture druge polovice 20. stoljeća i zbog činjenice da je to jedna od relativno rijetkih reprezentativnih zgrada javne namjene realizirana u vrijeme apsolutne dominacije stambene izgradnje. Splitske 1960-e godine obilježene su stampedom podizanja stambenih naselja na prostoru dotadašnje gradske periferije – tzv. Splita II; u to vrijeme grad obara sve rekorde u broju novih izgrađenih stambenih jedinica na razini tadašnje države. Nakon Splita II situacija se nije bitno promijenila; ma koliko je izvorni program

the relations between the volume of the big hall, the cascading structure of the accompanying commercial facilities and the specific volume accents of the department store. The expressivity of this complex is based on two counterpoints: the one between the dynamic constructivism of the hall and the static linearity of the commercial ensemble's horizontals, and the one between the almost figurative formative rhetoricity of the hall and the abstract geometric reductionism of the accompanying facilities.

The complex on Gripe, which integrates different functions, is not a project completed only partially, as is usually the case. That is what happened, for example, to the ambitiously conceived urban stretch of coast on the west side of the city port, where only the Marjan hotel and the headquarters of the Pomorska privreda company, designed by Lovro Perković and Neven Šegvić respectively, have been built according to original design, in the first half of the 1960s, whereas the rest of the project remains uncompleted to this day. Another example is that of Hrvatske bratske zajednice Square, for which an architectural invitation for tenders had been published and the project of architects Frano Gotovac and Stanislav Mladinić subsequently selected for realisation. However, the only part of the project to be completed was the building of the Ministry of the Interior; after a number of years, the building of Croatia osiguranje was also erected, while the rest of the planned ensemble remains a vacant lot. Furthermore, of the 17 apartment blocks planned in Žnjan, only three were built, whereas the rest

Hotel Marjan u Splitu, arhitekt Lovro Perković, 1963.

The Marjan Hotel in Split, architect Lovro Perković, 1963

Splita III 1970-ih godina promovirao polifunkcionalni *zoning* novog gradskog areala namijenjenog izgradnji, ipak je izvedeni segment šire zamišljenog projekta opet rezultirao mahom stambenim sadržajima. Dogodilo se tako da je u Splitu tijekom tri desetljeća nakon Drugoga svjetskog rata izgrađeno tek nekoliko reprezentativnijih zgrada ne-stambene namjene. Među njih se mogu, na primjer, ubrojiti bolnica na Firulama arhitektice Zoje Dumengjić, Šatarina Robna kuća *Prima* u središtu grada, Ulrichova Vojna bolnica na Križinama ili pak Kauzlarićev Muzej hrvatskih arheoloških spomenika na Mejama. Upravo je MIS pružio priliku za realizaciju *velikih* zadaća, pa su autori dobili šansu za monumentalne arhitektonske oblikovne geste koje su u Splitu uistinu rijetke. I Magaš i Janković i Rožić tu su šansu optimalno iskoristili. Ansambl na Gripama uvjerljiv je kako u pogledu cjelokupne kompozicije, tako i u pogledu formiranja otvorenih pješačkih prostora i u pogledu impresivne pojavnosti samih objekata, pa se nametnuo kao referentni prostorni reper velikog mjerila u postojećem gradskom tkivu usitnjenog mjerila. Nakon MIS-a sve se opet vratilo na *staru praksu* forsiranja stambene izgradnje, kako zbog permanentne nestašice stanova, tako i zbog izostanka financijski potentnih investitora iz privrednog, poslovnog ili društvenog sektora. Ma koliko je MIS doprinio razvoju grada, toliko je ipak nakon MIS-a Split dugo osjećao posljedice financijske investitorske iscrpljenosti.

Muzej hrvatskih arheoloških spomenika u Splitu, arhitekt Mladen Kauzlarić, 1976.
Foto: Duška Boban

The Museum Of Croatian Archaeological Monuments in Split, architect Mladen Kauzlarić, 1976
Photo: Duška Boban

of the project area was squandered on individual residential buildings, in keeping with *the single-lot urban planning principle*, beyond any coherent and comprehensive spatial-planning concept. In this sense, Gripe is a fortunate exception, especially considering that the shopping centre had not originally been a part of the Mediterranean Games programme, but was built as an addition.

Another reason why the centre on Gripe features prominently in the anthology of Split modern architecture of the second half of the 20th century is because it is one of the relatively few notable public buildings built at the time of the absolute domination of housing development. In the 1960s, Split was undergoing a stampede of housing projects in what had formerly been the city outskirts – the so-called Split II; at the time, the city was breaking all records in the federation with respect to the number of newly built residential units. After the building of Split II, the situation did not significantly change; however much the original 1970s plan of Split III promoted the polyfunctional zoning of the new urban area intended for construction, the constructed segment of a more broadly conceived project, in the end, still contained mainly residential buildings. Thus, over the course of three decades after the Second World War, no more than a few notable non-residential buildings were built in Split. Amongst these are, for example, the hospital in Firule designed by Zoja Dumengjić, Šatara's Prima department store in the city centre, Ulrich's Military Hospital in Križine and Kauzlarić's Museum of Croatian Archaeological Monuments in Meje. It was the Mediterranean Games that provided an opportunity for the realisation of *big* projects and a chance for the authors to undertake monumental architectural formative endeavours which have been truly rare in Split. Magaš, Janković and Rožić optimally exploited this chance. The complex in Gripe is as compelling with regard to its overall composition as it is with respect to the formed open pedestrian areas and the impressive appearance of the buildings themselves. Therefore, it has established itself as a large-scale spatial reference point in the existing small-scale urban tissue. After the Mediterranean Games, there was a return *to the old ways* of insisting on housing development, as a response to the permanent housing shortage and lack of financially potent investors from the economic, business or social sector.

Split 3, arhitektonska maketa
Arhivska fotografija

Split 3, architectural model
Archive photo

U takvim okolnostima trebalo je proći opet daljnjih tridesetak godina da bi Split dočekao šansu za novi ambiciozni prostorni zahvat; Sveučilišni kampus na Visokoj otvorio je platformu za realizaciju novih reprezentativnih arhitektonskih realizacija kao što su zgrade Sveučilišne knjižnice, Prirodoslovno-matematičkog, Pomorskog i Kemijsko-tehnološkog fakulteta te Studentskog doma i Studentskog centra u kampusu i Medicinskog fakulteta na Križinama, kao i projekte za do sada nerealizirane zgrade Pravnog i Filozofskog fakulteta u kampusu.

I stadion u Poljudu i ansambl na Gripama znače najviši kreativni doseg u autorskom opusu Magaša i Rožića. Unatoč neprijepornoj vrijednosti ove recentne arhitektonske baštine ovi objekti izloženi su gotovo histeričnim nasrtajima u cilju njihova redizajna, ili pak u slučaju Gripa čak i nakaradnim inicijativama za uklanjanjem cijelog kompleksa. Ako već mi ne znamo što ćemo s Gripama, onda barem prepustimo budućnost tih autentičnih amblema moderne splitske arhitekture nekim novim ljudima koji će to znati. Svako rušenje potvrđenih vrijednosti uvijek je samo znak vlastite slabosti i nesposobnosti.

Sportska dvorana Gripe u Splitu
Foto: Saša Šimpraga

Gripe Sports Hall in Split
Photo: Saša Šimpraga

However much the Mediterranean Games contributed to the development of the city, they also burdened it with the consequences of the investors' financial exhaustion.

In these circumstances, it would take another thirty years for Split to benefit from the opportunity for new ambitious spatial interventions; the University Campus in Visoka opened up a platform for the realisation of new noteworthy architectural achievements, such as the buildings of the University Library, the Faculty of Science, the Faculty of Maritime Studies, the Faculty of Chemistry and Technology, the Student Dormitory and the Student Centre inside the campus and the Faculty of Medicine in Križine, as well as for the projects of the still unconstructed buildings of the Faculty of Law and the Faculty of Humanities and Social Sciences.

Both the stadium in Poljud and the complex in Gripe represent supreme creative achievements in the authorial ouvres of Magaš and Rožić. Despite the unquestionable value of this recent architectural heritage, these structures have been exposed to almost hysterical attacks aimed at their redesign, or even, as in the case of Gripe, to abominable initiatives for the removal of the entire complex. If we do not know what to do with Gripe, let us at least leave the future of these authentic emblems of modern Split architecture to those who will. No destruction of established values is ever anything but a sign of one's own weakness and incompetence.

Split 3, detalj
Foto: Viktor Popović

Split 3, detail
Photo: Viktor Popović

Pogled na ulicu Ruđera Boškovića, Split 3
Foto: Viktor Popović

A view on Ruđer Bošković Street, Split 3
Photo: Viktor Popović

Jurica Pavičić

CENTAR KOTEKS: PRIČA O OBEĆANJU KOJE SE NIJE ISPUNILO

Jurica Pavičić

KOTEKS CENTRE: THE STORY OF AN UNFULFILLED PROMISE

Velika sportska natjecanja i njihov utjecaj na lokalnu zajednicu krupno su i – kako vidimo – kontroverzno pitanje suvremene ekonomije i sociologije. Često ih se čeznutljivo zaziva. Često se Olimpijade, Univerzijade ili (izvan polja sporta) Prijestolnice kulture vide kao prilika za popravljanje infrastrukture, građenje i moderniziranje, te za posezanje u financijske izvore koji bi inače gradu i lokalnoj zajednici ostali nedostupni.

S druge strane, velike sportske (ali i kulturne) manifestacije često su i predmet obrazložene socioekonomske kritike. Navode se nebrojeni primjeri iz bliže ili dalje povijesti koji pokazuju da su ozbiljne i uhodane zajednice avanturu velikih sportskih priredbi teško plaćale. Za njima bi ostajali dugovi, prevelika i skupa infrastruktura s nejasnim režimima korištenja, a resursi, energija i novci bi se umjesto u kulturni i sportski sadržaj preusmjeravali u beton, armaturu i šalung.

Mediteranske igre u Splitu 1979. savršen su primjer na kojem bi mogle brusiti argumente obje strane u toj živoj raspravi. S jedne strane, MIS '79 bio je klimaks i velebno finale socijalističke modernizacije Splita koja je trajala od pedesetih godina do tada. Koristeći federalne i republičke fondove SFRJ i SRH, Split je zahvaljujući MIS-u 1979. vidljivo popravio vlastitu prometnu, sportsku i društvenu infrastrukturu.

MIS – međutim – nije lišen kontroverzi. Za grad Split, Mediteranske igre su bile veliki skok, ali skok nakon kojeg je slijedilo razdoblje pregrijavanja, zaduženosti i ispuhavanja. Zbog MIS-a su obustavljeni brojni javni projekti,

Major sports competitions and their impact on the local community are a momentous and, evidently, controversial issue of modern economy and sociology. They are often wistfully reminisced upon. Frequently, the Olympics, the University Games or (if we step outside of the field of sports) the Capitals of culture are seen as opportunities for infrastructural improvements, urban development and modernisation, as well as for reaching into the financial sources which would normally remain unavailable to the city and the local community.

On the other hand, major sports (and cultural) events often come under justified socio-economic critique. Countless examples, whether from recent or remote history, are stated to demonstrate that large sports events were a hefty investment for mature and well-established communities. They would leave behind debts, oversized and expensive infrastructure with unclear plans of its use, while the resources, energy and money would end up being rerouted into concrete, reinforcements and shuttering rather than into cultural and sports programmes.

The 1979 Mediterranean Games in Split are a perfect example on which to sharpen the arguments of both sides of this lively discussion. On the one hand, the 1979 Mediterranean Games in Split were the climax and magnificent finale of the socialist modernisation of Split which had lasted from the fifties up to then. In 1979, thanks to the Mediterranean Games and with the aid of the federal and republic funds of the Socialist Federative Republic of

pa i cjelovita realizacija Splita 3, s trajnim posljedicama u prostoru koje sežu do danas. Ne bi bilo odviše smjelo reći da je MIS imao i drugo lice novčića, te da je društvena, politička, ekonomska i kulturna kriza u koju je Split zapao u 80-ima dijelom bila i neželjeno dijete MIS-a. Nakon MIS-a, Split ulazi u sumornu dekadu „Vražjeg otoka" (D. Hudelist), dekadu koju će obilježiti ekološka degradacija zraka i mora, kriza tada dominantnih industrijskih grana, te prodor radikalnog nacionalizma i heroinske ovisnosti u mlađu demografiju. Dekada nakon MIS-a odvest će – još puno prije rata – Split u onom smjeru koji će u 90-ima netko opisati kao „Južni Bronx južne Hrvatske". Sudbina lokalnog, ludo obljubljenog nogometnog kluba pri tom, kao mnogo puta u Splitu, služi kao *case study* onog što se gradu dogodilo u cjelini. U 70-ima, Hajduk je imao mizernu infrastrukturu, igrao je pred tribinama od dasaka i skela, ali je bio jedan od osam najboljih nogometnih klubova u Europi. Nakon MIS-a, Hajduk će igrati na najljepšem, najmodernijem i najraskošnijem komadu sportske infrastrukture u jugoistočnoj Europi: ipak, nikad više neće biti prvak Jugoslavije, a sportsku relevantnost će izgubiti vjerojatno zauvijek. U toj sudbini ima puno simbolike, ona je u neku ruku i mala alegorija sudbine Splita uoči i nakon MIS-a.

Gradilište stadiona Poljud, Split
Arhivska fotografija

On the construction site of the future city stadium in Poljud, Split
Archive photo

Yugoslavia and the Socialist Republic of Croatia, Split visibly improved its traffic, sports and social infrastructure.

However, the Mediterranean Games were not free of controversy. For the City of Split, the Mediterranean Games were a huge leap, but one followed by a period of overexertion, indebtedness and deflation. The Mediterranean Games suspended numerous public projects, including that of the completion of Split 3, whose spatial-planning aftermath is still visible today. It would not be too bold to claim that the Mediterranean Games medal had another side to it and that the social, political, economic and cultural crisis which beset Split in the 1980s was partly the Games' unwanted offspring. After the Mediterranean Games, Split would enter the grim decade of the "Devil's island" (D. Hudelist), a decade marked by the environmental degradation of the air and sea, a crisis of the dominant industry branches and the outbreak of radical nationalism and heroin addiction amongst the

Gradilište bazena na Poljudu i Adrijana, sredozemna medvjedica, maskota MIS-a

The construction site of the swimming pools in Poljud and Adrijana, Mediterranean monk seal, as the Games' mascot

To dvojstvo završnog, ambicioznog modernizacijskog skoka, ali i njegovog dugoročnog neuspjeha – dvojstvo je koje se može prepoznati i na primjeru sudbine centra Koteks. Trgovačko-zabavni centar smješten je točno između stare košarkaške dvorane KK Jugoplastika (kluba koji će u prethodnoj dekadi postati po prvi put doista važan, i koju godinu ranije – 1977. – osvojiti jugoslavensku duplu krunu i europski kup Radivoja Koraća), te nove multisportske dvorane koja je trebala servisirati dvoranske sportove na Mediteranskim igrama.

Kao produžetak sportske infrastrukture, na Gripama je sagrađen trgovački centar koji je uključivao podzemnu garažu, trgovine, poštu, banku, slastičarnicu, piceriju, luksuzni restoran i diskoteku.

Gradilište kompleksa Koteks Gripe
Arhivske fotografije

The Koteks Gripe Complex construction site
Archive photos

younger population. Long before war came, the decade after the Mediterranean Games had led Split to a state wherein it would be described in the 1990s as the "South Bronx of southern Croatia". In the process, the fate of the local, insanely popular football club would serve, as it did many times, as a case study of what happened to the city as a whole. In the 1970s, the infrastructure at Hajduk's disposal was pitiful, it played before board-and-scaffolding bleachers, but it was amongst the eight highest-ranking football clubs in Europe. After the Mediterranean Games, the club played inside the most beautiful, modern and luxurious sports facility in Southeast Europe; and yet, it would never again be the champion of Yugoslavia and would lose its sports reputation, probably for good. It is a highly symbolical fate, being, in a sense, a miniature allegory of the fate of Split just before the Mediterranean Games and after them.

This duality of a final, ambitious modernisation leap and of its long-term failure, is one which is also recognisable in the fate of the Koteks centre. The shopping and entertainment centre was located exactly between the old basketball hall of the Jugoplastika Basketball Club (which had truly gained in significance during the previous decade, having won the title of both state and federative champion, as well as the FIBA Europe Radivoj Korać Cup, several years earlier in 1977) and the new multi-purpose sports hall which was to accommodate the indoor sports competitions of the Mediterranean Games.

The shopping centre on Gripe also included, as extensions of the sports infrastructure, an underground garage, shops, a post office, a bank, a confectionery, a pizzeria, a luxury restaurant and a discotheque. Koteks was built with the ambition of being a second, competitive city centre. This was partly to be achieved by building it in a privileged location, i.e. on a large site only 900 meters away from the Riva waterfront and the historical city centre. This, however, did not come to be for a number of reasons. Following its construction in 1981, Koteks's existence was marred by failure brought about by the political, economic and cultural uproar of Croatian late socialism and early capitalism. Koteks never did become what it could have been.

To begin with, the type of facility Koteks is categorised as today was unfamiliar to the public at the time of the centre's completion, in 1981. Namely,

Koteks je građen s ambicijom da bude drugi, konkurentski gradski centar. Tome je u prilog išla i njegova privilegirana lokacija, na velikom prostoru samo 900 metara udaljenom od Rive i povijesne jezgre. Taj se scenarij, međutim, iz mnogo razloga nije dogodio. Koteks će nakon izgradnje 1981. imati naknadni život obilježen neuspjehom, a taj je neuspjeh uvjetovan političkim, ekonomskim i kulturnim metežom kasnog hrvatskog socijalizma, kao i ranog hrvatskog kapitalizma. Koteks nikada nije postao ono što je mogao postati.

Centar Koteks, za početak, danas prepoznajemo kao nešto što u vrijeme njegova dovršenja 1981. nismo ni znali kako izgleda. On je, naime, prvi stvarni *shopping mall* u komunističkoj Jugoslaviji. Koteks se odmicao od tadašnje dominantne paradigme robnih kuća u Jugoslaviji – introvertnih i jednostavnih kubusa u kojima je trgovina bila integrirana kroz specijalizirane odjele iste trgovine. Umjesto toga, Koteks je nudio niz funkcionalno i fizički odvojenih trgovina komplementarnih funkcija, od pošte i banke, preko niza specijaliziranih butiga, do velike trgovine hranom i salona namještaja.

Ante Skataretiko pokazuje maketu budućeg kompleksa Koteks Gripe predsjedniku Titu, u Splitu
Arhivska fotografija

Ante Skataretiko showing the layout of the future Koteks Gripe complex to President Tito, in Split
Archive photo

it was the first actual shopping mall in communist Yugoslavia. Its design represented a break with the then dominant paradigm of department store design in Yugoslavia, that of introverted and simple cubes with specialised departments integrated into a single store. Instead, Koteks offered an array of functionally and physically separate premises with complementary functions, including a post office and a bank, a number of specialised shops, a big grocery store and a furniture salesroom. In short, it was a full-fledged mall, set apart from those of the present only by the absence of a dome. Assuming that one would not be necessary in a Mediterranean climate, the architects Živorad Janković and Slaven Rožić planned to realise the communication between the shops through a number of terraces and amphiteatrical exterior stairways. The branches of the centre would finally merge into a single communication tract and organically descend towards the central and lowest point which contained water. Even if unaware that both of Koteks's architects were Sarajevo students, upon seeing the edifice, one cannot help but recall the Sarajevo Baščaršija, or, more generally, the Ottoman-Mediterranean urbanistic features of the historical *čaršija* bazaars, such as the ones of Herceg Novi, Imotski or Mostar.

The makers of spatial policy at the time had obviously envisaged Koteks as a parallel city centre which would integrate the functions of trade, entertainment and culture. Koteks thus contained a discotheque known as *Ce Ce* in the 1980s, which was the city's most popular disco for two decades. One the first three pizzerias in Split was also a part of Koteks. The privileged location of the mall's "tower" was occupied by the *Mak* restaurant, which stood out as a high-end venue of international *haute cuisine* amongst the relatively sombre Dalmatian catering facilities of the 1980s. Oddly enough, the gamut did not include a cinema, nowadays a standard evening-crowd attractor of any shopping centre.

Right next to the Koteks Centre, as an integral part of the same project complex, were the sports halls used by Split's indoor sports clubs, although not by the Jugoplastika Basketball Club, which preferred a smaller hall for itself over sharing a bigger one with a number of other clubs. Its hall would also turn into an extension of the entertainment facilities. It soon became the city's central venue for big concerts, such as the one that kicked off the Mark Knopfler and the *Dire Straits'* world tour of 1985.

Sportsko-trgovački kompleks Koteks Gripe
Foto: Duška Boban

Koteks Gripe Sports and Commerce Complex
Photo: Duška Boban

Bio je to – ukratko – punokrvni *mall* koji se od *malla* u današnjoj formi razlikovao tek utoliko što nije bio natkriven. Pretpostavljajući da je u mediteranskoj klimi to suvišno, arhitekti Janković i Rožić su komunikaciju između trgovina predvidjeli preko niza terasa i amfiteatralnih stepeništa na otvorenom. Pipci centra pri tom su se slijevali u jedan komunikacijski trakt i organski spuštali prema središnjoj i najnižoj točki na kojoj je bila voda. Čak i ako se ne zna da su oba autora Koteksa bili sarajevski učenici, čovjeku kad vidi Koteks na um neizbježno padne sarajevska Baščaršija, ali i općenito urbanizam otomansko-mediteranskih povijesnih čaršija poput hercegnovske, imotske ili mostarske.

Zamišljajući Koteks, tvorci tadašnje prostorne politike očito su zamišljali budući paralelni centar grada koji će integrirati funkcije trgovine, zabave i kulture. U Koteksu je tako mjesto našla diskoteka koja se u 80-ima zvala *Ce Ce* i bila dva desetljeća najpopularniji disko u gradu. Dio Koteksa bila je i jedna od prve tri picerije u Splitu. Na „tornju" *malla*, na privilegiranoj točki, nalazio se restoran *Mak* koji je unutar relativno sumornog dalmatinskog ugostiteljstva 80-ih iskakao kao *high end* restoran visoke internacionalne kuhinje. U toj gami – začudo – nije bilo kinematografa, koji bi danas bio standardni večernji atraktor u bilo kojem trgovačkom centru.

Odmah uz Centar Koteks, kao integralni dio iste projektne cjeline, nalazila se i sportska dvorana u kojoj su djelovali splitski dvoranski klubovi, no ne i KK Jugoplastika, koja je radije odabrala imati vlastitu manju dvoranu za sebe, nego dijeliti veću s nizom drugih klubova. I ta je dvorana također bila produžetak zabavnog života. Ubrzo se pretvorila u središnji gradski prostor za velike koncerte, a u njoj je 1985. Mark Knopfler sa svojim *Dire Straitsima* odsvirao prvi koncert svjetske turneje. Tada – četiri godine nakon otvaranja – činilo se da Koteks počinje ispunjavati svoju zadaću. U zemlji koja je nastala na ideološki transgresivnom braku komunizma i konzumizma, Centar Koteks bio je perfektno dijete te mezalijanse: centralizirano vođeni, socijalistički *mall* koji bi trebao biti čvorište novog, sofisticiranijeg šopinga, vrhunskog sporta, svjetske zabave i gastronomije pod zapadnim utjecajem. Bio je to, ukratko, plan tako tipičan za kasno, protokapitalističko razdoblje jugoslavenskog socijalizma. Taj se plan, međutim – izjalovio.

At that time – four years after Koteks' opening – it seemed that the centre was starting to live up to its purpose. In a country begotten in an ideologically transgressive marriage of communism and consumerism, the Koteks Centre was a poster child of this mésalliance: the centralistically managed socialist "mall" that was to be the intersection of new, more sophisticated shopping, top-quality sports, global entertainment and western-style gastronomy. In short, it was a plan so very typical for the late, proto-capitalist period of Yugoslav socialism. However, the plan fell through.

The cracks in the project began to show already at the end of the 1980s. There were, in fact, not enough trade premises in the centre to justify its spatial grandiosity, the evening-crowd attractors were not intensive enough to keep the centre alive after the shops' closing time and the architects had underestimated the amount of parking spaces needed. Moreover, the vicinity of the city centre proved to be an aggravating circumstance, given that, in the 1980s, Split's historical core was the incontestable and unparalleled vortex of city life, with a magnetism still pristine and peaking. Furthermore, without the basketball club as its key attraction, the sports hall was lacking an underpinning, publicly visible sports offer. Although it was used intensively for trainings and competitions by a number of local clubs, it rarely hosted high-profile sports events in the late 1970s and the 1980s. One of such rare occasions was Mate Parlov's 1979 match for the title of professional lightweight world champion.

Katerina Duda: *Korak za Koteks*, video still, 2017.

Katerina Duda: *A Step for Koteks*, video still, 2017

Pukotine projekta počele su se iskazivati već i krajem 80-ih. Za svoju prostornu velebnost Koteks je zapravo imao premalo trgovačkih kvadrata, večernji atraktori nisu bili dovoljno intenzivni da bi centar živio iza zatvaranja trgovina, projektanti su podcijenili količinu parking mjesta, a blizina centra pokazala se kao otegotna okolnost, jer je – za razliku od danas – u Splitu 80-ih funkcija centra neprikosnoveno i bez konkurencije pripadala povijesnoj jezgri, a magnetizam jezgre bio je još nenačet i u punoj snazi. Također, bez košarkaškog kluba kao ključnog atraktora, sportska dvorana nije imala nosivi, vanjski vidljivi sportski sadržaj. Koristila se intenzivno kao prostor za trening i igru niza lokalnih klubova, ali sportski događaji više vidljivosti i u kasnim 70-ima i 80-ima su bili rijetki. Jedan od takvih bio je meč Mate Parlova za titulu svjetskog prvaka u profesionalnoj lakoteškoj kategoriji 1979. godine.

Već su 80-e, ukratko, pokazale konceptualne pukotine Jankovićevog i Rožićevog djela. Sasvim je moguće da bi se bez društvenog šoka 90-ih te pukotine izgladile, a Koteks bi zaživio kako je zamišljen. No, tada je stigla tranzicija na hrvatski način, a ta je tranzicija Centru Koteks donijela pravu agoniju. Centar Koteks postat će (po drugi put) pravi *case study* drame koju prolaze Split, Dalmacija i Hrvatska. Tada još razmjerno novi socijalistički *mall* na koži će osjetiti valjda svaki udarac tranzicije i naglo, turobno „ostarjeti".

Godine 1996. ga, zajedno sa tvrtkom Koteks, privatizira mračni princ privatizacije i čovjek koji je odsudno unazadio Split 90-ih: Miroslav Kutle. Na vrhuncu urbanog poniženja, splitsko je gradsko poglavarstvo u drugoj polovici 90-ih od Kutle – dakle, stvarnog gospodara grada – unajmljivalo urede u „gljivi" na vrhu Koteksa, točno iznad nekada prestižnog restorana. Upravo je to prostor u kojem se 1997. dogodila talačka kriza kad je pomahnitali ratni veteran Vladimir Benac zatočio gradonačelnika Ivicu Škarića, držao ga naoružan kao taoca, a potom išetao iz gradske uprave i ostao nekažnjen. Čitava dinamika moći hrvatskih 90-ih reflektirala se u sudbini tog poniženog objekta.

Kutle nije bio jedini mračni princ hrvatske tranzicije čije ime je bilo ili još jest priheftano uz Koteks. U kompleksu Koteks diskoteku će držati bivši nogometaš Igor Štimac, a upravo će taj diskotečni biznis biti ključan u

In short, it was already in the 1980s that the conceptual cracks in Janković and Rožić's work began to show. It is entirely possible that, if it wasn't for the societal shock of the 1990s, those cracks would have been filled and Koteks would have fulfilled its intended role. However, along came transition in the Croatian style, wreaking havoc on the Koteks centre. The edifice was to become (for the second time), an actual "case study" of the drama unfolding in Split, Dalmatia and Croatia. The socialist mall, then still relatively new, would take practically every blow of transition and suddenly and direly "grow old".

In 1996, the Koteks centre and company were privatised by the dark prince of privatisation and key figure of Split's decline in the 1990s: Miroslav Kutle. The second half of the 1990s marked the lowest point of urban disgrace, as the Split City Council rented its office space from Kutle – who was, therefore, the real city authority. Their premises were at the top of the Koteks building, just above the once prestigious restaurant, and they were the setting of a hostage situation in 1997, during which the demented and armed war veteran Vladimir Benac held mayor Ivica Škarić hostage and eventually walked out of the city hall, with no charges ever to be pressed against him. The entire power dynamic of the 1990s was reflected in the fate of this disgraced edifice.

Kutle was not the only dark prince of Croatian transition whose name was or is connected with Koteks. The discotheque in the Koteks complex was owned by the retired football player Igor Štimac and it played a key role in the transformation of its owner from crime-section protagonist to a renowned, "legit" businessman. Changing owners, managers and names, the Koteks discotheque entered the 2000s as an auspice of urban subcultural trends by being one of the first in the country to feature a *turbofolk* music programme.

The tale of Koteks would not be a typical Split tale if it didn't feature the Berlusconi and Trump of Split, Željko Kerum. In the first decade of the new millennium, he became the owner of the complex, but his occupation with other commercial investments and a short-lived political career prevented him from ever renovating or developing Koteks's commercial potential.

Štimčevoj preobrazbi od aktera crnih kronika do afirmiranog, „nadzemnog" poduzetnika. Diskoteka u Koteksu mijenjat će vlasnike, voditelje i ime, a u dvijetisućitima će među prvima preći na novokomponirano-narodnjački muzički program, navješćujući urbane supkulturne trendove u 21. stoljeću. Koteks ne bi bio prava splitska priča da se u toj priči kao akter ne pojavljuje i splitski Berlusconi i splitski Trump, Željko Kerum. U prvoj dekadi novog tisućljeća on postaje vlasnik kompleksa, ali ga zauzet drugim trgovinskim investicijama i kratkotrajnom političkom karijerom ne uspijeva ni urediti ni trgovački unaprijediti. Godine 2010. Kerum je već gradonačelnik Splita. U to vrijeme on obznanjuje da bi Koteks rušio i na istoj lokaciji gradio veći trgovački centar. Ta prijetnja nije bila sasvim nezamisliva, ima li se na umu da je lokacija na kojoj je Koteks vrlo blizu centru, da ima nisku gustoću izgrađenosti i da je zapravo jako velika. Okolnosti, međutim, nisu išle na ruku toj Kerumovoj ideji: stigla je kriza s cijenom pada nekretnina, sam Kerum zapao je u poduzetničke probleme, njegov ulazak u politiku i afera „Prva voda"'[1] izoštrili su osjetila javnosti na njegove sukobe interesa, a kulturna javnost počela se senzibilizirati za arhitektonske relikte socijalizma. Nakon tih verbalnih ispitivanja terena Kerum odustaje od Koteksa, te prodajni centar prepušta nećaku Goranu Sapunaru. On pak 2011. najavljuje da planira povećanje gradivne površine za 20 %. Serija stečajeva i predstečajnih nagodbi firmi obitelji Kerum su, međutim, sve slične planove stavili *ad acta*. U međuvremenu, pravosuđe se bavilo privatizacijom Koteksa, 2005. se podiže i optužnica, ali osuđen nije nitko.

Danas je Koteks tek blijeda sjena ambicija s kojima je svojedobno rađen. Fizički, kompleks je u lošem stanju, zelene površine izjeda drača, fasade su napukle i prekrivene grafitima, a održavanje je nikakvo. Funkcionalno, centar je tek sjena vlastitih mogućnosti. Premali podzemni parking pokazao se kao slabost u konkurenciji s novim šoping centrima, a blizina središta grada prestala je biti plus, a postala minus s obzirom na zamiranje funkcije centra i turistifikaciju povijesne jezgre.

Centar je izgubio diversificiranost funkcija koja ga je nekad krasila. Izgubio je poštu, banku i većinu specijaliziranih trgovina. Sama je trgovina u Koteksu pala na prilično niske grane. Večernja zabava (restorani, kafići i diskoteka) u jednoj je fazi gotovo potpuno zamrla, premda postoje neke naznake da tijekom 2014./15. počinje promjena tog trenda i da Koteks podvečer

Then, in 2010, Kerum became the mayor of Split. He announced his plans to demolish Koteks and build an even bigger shopping centre on the same location. This was not exactly an empty threat, considering the proximity of the location to the city centre, its low development density and sheer size. However, the circumstances prevented this idea of Kerum's from being realised: the onset of a crisis related to the decline of property prices, Kerum himself being beset with business troubles, the sensibilisation of the public to the conflicts of interest which followed his entry into politics and the scandal involving the *Prva voda* beach[1], as well as the increasing interest of cultural circles in the architectural relics of socialism. Having verbally tested the waters, Kerum gave up on Koteks and left the shopping centre to his nephew, Goran Sapunar. In 2011, Sapunar announced a 20 % expansion of the centre's buildable surface area. However, due to a series of bankruptcies and pre-bankruptcy settlements involving companies owned by the Kerum family, all such plans were shelved. In the meantime, the privatisation of Koteks fell under the scrutiny of the judiciary, which resulted in an indictment, but not in a conviction.

Today, Koteks is only a fading shadow of the ambition with which it was built. The complex is in poor physical condition, the green areas are covered in bramble, the façades are cracked and covered in graffiti and the level of maintenance is extremely low. Functionally, the centre is but a shad-

Ulične intervencije protiv Željka Keruma, tada gradonačelnika Splita i suvlasnika Koteksa koji je najavljivao njegovo rušenje za potrebe nove izgradnje.
Foto: Rafaela Dražić, 2009.

Street interventions pointed against Željko Kerum, the Mayor of Split at the time and co-owner of the Koteks complex
Photo: Rafaela Dražić, 2009

življe živi. Centar Koteks nije koherentno vođen, fali mu funkcionalna objedinjujuća ruka, a poslovni problemi vlasnika očituju se u jako lošem održavanju. Takvo loše održavanje – uostalom – može se i očekivati od vlasnika koji bi vlastitu imovinu najradije srušio. Slučaj Koteksa počinje iz dana u dan više nalikovati onom što arheolozi zovu „pasivna destrukcija“: ono što ne volite i što vas ne zanima, uništavate zanemarivanjem i zapuštanjem.

U nekim drugim primjerima, klasici modernističke baštine spašavali bi se mobilizacijom građana, a ta mobilizacija imala je dva moguća uporišta: ili u susjedskom/suvlasničkom interesu (kao što je slučaj sa stanarima kvartova Splita 3), ili u mobilizaciji afektivnog kapitala – zajedničke memorije, identiteta i osjećaja povezanosti s prostorom (kao u slučaju Marjana i Poljuda). Jedna od nezgoda u slučaju Centra Koteks je ta što takav afektivni kapital u slučaju Koteksa jedva postoji. Jer, Centar Koteks neupitno jest lijepo zdanje, vrijedan spomenik arhitekture i fizičko utjelovljenje zanimljivih modernizacijskih stremljenja jednog tada ambicioznog grada. Ali, Koteks je nastao prekasno, premalo je zaživio i prebrzo utonuo u stagnaciju da bi se stvarno utisnuo u mentalni krajobraz stanovnika Splita. Zato je borba za njegovo očuvanje i revitalizaciju tim potrebnija. Ta borba, naime, neće biti samo borba za očuvanje fizičke zgrade, nego i borba za ispunjenje bijele pjege, za vraćanje arhitektonskog djela u mentalnu mapu grada iz kojeg je ta zgrada iščezla.

Centar Koteks danas, detalj **Koteks Centre today, detail**

ow of its potential. The insufficient number of parking places proved to be a weakness in comparison to the newer shopping centres, while the proximity to the city centre is no longer an advantage, considering the diminishing importance of the historical centre's social function and its touristification. The Koteks centre has lost the diversity of functions it once boasted. It no longer has a post office, a bank or most of the specialised shops. Trading activities in Koteks have become rather sparse. Evening entertainment (in the form of restaurants, coffee shops and the discotheque) had, in one period, almost completely disappeared, although there have been signs of the reversal of this trend during 2014/15 and the re-emergence of night life in Koteks. The Koteks centre is incoherently managed and lacks a functional leadership, while its owner's business problems are reflected in the extremely poor level of its maintenance. After all, no more can be expected of an owner who would like nothing better than to demolish his own property. The case of Koteks is starting to resemble more and more what the archaeologists refer to as "passive destruction": the destruction of what one does not care for or have an interest in through neglect and abandonment.

In other cases, the classics of Modernist heritage might be saved through citizen mobilisation on one of two grounds: neighbourly/co-owner interest (as is the case with the inhabitants of the Split 3 neighbourhoods) or affective capital – shared memory, identity and feeling of connection with the space (as is the case with the Marjan hill and Poljud stadium). One of the unfortunate circumstances inherent to the Koteks centre is the nonexistence of such affective capital. In other words, although the Koteks centre is a fine edifice, a valuable architectural monument and the embodiment of interesting modernisation tendencies of a then ambitious city, it was built too late, its fame was too short-lived and it lapsed into stagnation too soon to really leave a mark on the mental landscape of Split's inhabitants. This makes the struggle for its conservation and revitalisation all the more urgent. Namely, it will be a struggle not only for the conservation of its physical features, but also for the filling of a blind spot, the redrawing of an architectural work on the mental map of a city which has forgotten about it.

1
„Prva voda" plaža je na sjeverozapadnoj strani Park-šume Marjan u Splitu, poznata po velikom prosvjedu od oko pet tisuća Splićana, koji su se tamo okupili 16. 01. 2011. kako bi se suprotstavili poduzetniku i tadašnjem splitskom gradonačelniku, Željku Kerumu, tj. njegovoj namjeri da supruzi Fani Horvat omogući gradnju restorana u netaknutom, pošumljenom dijelu Park-šume Marjan, uz samu plažu. Prosvjed je doveo do nastanka neformalne građanske inicijative „Za Marjan", koja se uskoro spojila sa 114 godina starim „Društvom Marjan", kako bi udruženim snagama nastavili voditi borbu protiv nebrige vlasti i odgovornih službi za prirodnu i kulturnu baštinu Park-šume Marjan.

1
"Prva voda" is a beach in the north-western part of the Marjan Forest Park in Split, known as the site of a big protest of approximately five-thousand Split residents, who gathered there on 16th January 2011 in order to stand up against the entrepreneur and – at the time – Split mayor Željko Kerum, i.e. to oppose his intention of enabling his wife Fani Horvat to build a restaurant in the intact, forested part of the Marjan Forest Park, right by the beach. The protest gave rise to the non-formal civic initiative Za Marjan ("For Marjan"), which soon linked up with the 114-year-old Društvo Marjan association for the preservation and development of the Marjan Forest Park, in order to join efforts in combating the authorities and responsible administrations' neglect of the natural and cultural heritage of the Marjan Forest Park.

Pogled na Sportsko-trgovački kompleks Koteks Gripe
Foto: Saša Šimpraga

Approaching Koteks Gripe Sports and Commerce Complex
Photo: Saša Šimpraga

Diana Magdić

KOLEKTIVNA MEMORIJA: OBEĆANJE TRAJANJA

Diana Magdić

COLLECTIVE MEMORY: THE PROMISE OF TENACITY

Poricanje je dominantna lokalna strategija suočavanja s realnošću, kako prošlom, tako i aktualnom. Može se razviti prema toploj nostalgiji i svaku situaciju dovesti do ruba okvira u kojem je sve prošlo dobro, a sve suvremeno loše, dvojbeno. Jednako, može nekritički izbrisati ranije slojeve s nekom neodređenom idejom rasta. Sportsko-trgovački hibrid Koteks Gripe danas je tako dvostruko nevidljiv u splitskom urbanom tkivu. Mjesto i praksa visoko estetizirane svakodnevice negdašnjeg grada, s nizom elemenata koji su očito anticipirali njegov razvoj, svedeno je na grupu slabo povezanih simboličkih točaka. Upravo na toj kolektivnoj memoriji, više nego na fizičkim karakteristikama građevine, danas leži interpretacija, a i moguća revitalizacija kompleksa.

Gotovo je nemoguće pronaći Splićanina starijeg od četrdeset godina koji se na spomen Koteksa neće u trenutku sjetiti vlastitog osobito važnog i osobito dragog događaja vezanog uz taj prostor. On je spletom okolnosti identitetski vrlo duboko usidren, jer za razliku od, primjerice, poljudskog stadiona koji ima stariji i simbolički barem jednako vrijedan pandan u starom Hajdukovom igralištu, predstavlja autentično i jedinstveno oprostorenje ideje jednog vremena i vrlo specifičnih društvenih i ekonomskih odnosa kasnog jugoslavenskog socijalizma. U spektru od Jugoplastikinih utakmica i sjajnih koncerata do „najbolje pizze" i „prve kupljene hi-fi linije", osamdesete na Gripama čvrsto su zapletene u sjećanju kao najsretnije godine, vrijeme vedrih perspektiva koje su hranili sportski uspjesi i bezbrižna socijalistička potrošnja.

Fotografija iz privatnog albuma Hane Letice

Photo from the private album of Hana Letica

Denial is the dominant local strategy of dealing with reality, whether past or present. It can develop into a tender nostalgia and lead to interpreting every situation in terms of the good past and bad, dubious present, just as it can irreflectively erase the former layers of interpretation, replacing them with a vague idea of development. The sports-commercial hybrid of Koteks Gripe is, thus, doubly invisible in today's urban tissue of Split. Once the place and practice of the highly estheticized daily life of Split in the past, containing a number of elements that clearly anticipated the city's development, it is now reduced to a group of loosely connected symbolic points. It is this collective memory, rather than just the physical characteristics of the complex, that provides a basis for its interpretation and potential revitalisation.

It is practically impossible to find a resident of Split over the age of forty for whom the mention of Koteks does not bring to mind a particularly significant and cherished event connected with the place. A combination of circumstances ensured its sturdy connection with their identity because unlike, for example, the Poljud stadium, which has an older and, at least symbolically, equivalent counterpart in the old Hajduk football field, the complex represents an authentic and unique embodiment of a specific period and idiosyncratic social and economic relations of late Yugoslav socialism. Between Jugoplastika's matches, spectacular concerts, "the best pizza" and "the first hi-fi stereo purchased", the 1980s on Gripe are firmly entrenched in memory as the happiest years, a time of optimistic perspectives fuelled by sports achievements and carefree socialist consumption. This practically ideal place of concentrated wealth and remarkable social capital was, according to the prevalent narrative, a brilliant, functional amalgam that satisfied the needs of the society at the time, with all of its negative aspects left at its entrance. The facilities that were retained in the 1990s and still, in part, operate today – particularly the vital sports ones – do not have the same symbolic character and intensity, but still give off reflections of a golden era. Counterpointed to the ruined and abandoned business and commercial part of the complex, the recent excrescences, such as the closed café terraces, are the sublimation of the spatial and social image of the present, one from which eyes are rather averted towards an idealized projection some thirty years old.

Otvorenje prodajnog centra Koteks, Split 1981.
Foto: Mario Javorčić

Koteks Commercial Center opening, Split, 1981
Photo: Mario Javorčić

To gotovo idealtipsko mjesto koncentriranog obilja i fantastičnog socijalnog kapitala bilo je, sudeći po narativu koji se zadržao, izvrstan, funkcionalni spoj kojim se odgovorilo na potrebe tadašnjeg društva, a svi njegovi negativni aspekti blijedili su na granicama obuhvata kompleksa. Sadržaji koji su se zadržali i devedesetih, a dijelom i danas – naročito vitalni sportski dio – nemaju jednak simbolički karakter i intenzitet, ali nose reflekse zlatnog doba. U kontrapunktu s uništenim i napuštenim poslovno-trgovačkim dijelom kompleksa i recentnim izraslinama poput zatvorenih terasa kafića, sublimirana je prostorna i socijalna slika današnjice i to onakva s kakve se pogled radije skreće na idealiziranu projekciju staru tridesetak godina.

Tvrtka Koteks ulazi u proces pretvorbe i privatizacije 1992. godine s 917 zaposlenih, a deset godina kasnije ostaje ih 86. Prema nalazu revizije, od 1997. do 2000. godine posluje s velikim gubitkom pa ne može pratiti vlastiti razvojni program i ulagati u nekretnine koje je zadržala u vlasništvu. Još se 1993. godine tvrtka razdvojila u 13 povezanih društava, od kojih je već iduće godine likvidirano šest, kroz pet godina još šest, a nad Društvom Koteks-Robna kuća d.o.o. 2001. godine otvoren je stečaj.[1] Iduće godine izbrisano je iz registra trgovačkih društava. Prema nalazu Revizije iz 2003. godine, „nisu ostvareni ciljevi privatizacije propisani člankom 1. Zakona o privatizaciji".

Od ukupne procijenjene vrijednosti u trenutku privatizacije od gotovo 32 milijuna njemačkih maraka (DEM), vrijednost nekretnina, iz čije su mase bili isključeni stanovi, ali i sve nekretnine izvan RH i na tada ratom zahvaćenim područjima, iznosila je gotovo 29 milijuna. Na čelu radne jedinice Inženjering poduzeća Koteks koja je vrijednost nekretnina – zemljišta, građevinskih objekata i priključaka – procjenjivala uz suradnju s elektronskim računskim centrom građevinskog poduzeća Ivan Lučić Lavčević iz Splita, bio je Jerko Rošin.

90 000 kvadrata zemljišta u Republici Hrvatskoj procijenjeno je na 25 DEM po kvadratu, a građevinskim objektima, među kojima su bili i hotel, robna kuća, prodavaonice, poslovni prostori, uredi, skladišta, proizvodni prostori i otkupne stanice na 27 lokacija, vrijednost je „umanjena za koeficijente umanjenja uslijed trošnosti i starosti". Prosječna cijena 36 151 kvadrata neto površine građevina iznosila je tako 734 DEM. Prema navodu iz Re-

In 1992, the Koteks company entered the transformation and privatization process with 917 employees, of which 86 remained ten years later. According to audit findings, from 1997 to 2000, it operated with losses, which is why it was unable to adhere to its own development plan and invest in the property it still owned. Already in 1993, the company split into 13 affiliated companies, six of which were liquidated the following year and six more over the following five years, while the Društvo Koteks-Robna kuća d.o.o. company declared bankruptcy in 2001.[1] The following year, it was deleted from the Register of Companies. According to the findings of the State Audit Office of 2003, "the objectives of privatization defined in Article 1 of the Privatization Act were not realized".

Out of the total estimated value of 32 million Deutschmark (DEM) at the time of privatization, the value of immovable property, excluding apartments and any immovable property outside of the Republic of Croatia and in the then war-stricken areas, amounted to nearly 29 million. The head of the operating unit of the Koteks Engineering Company, which estimated the value of the immovable property – the land plot, the buildings and the utility connections – in cooperation with the electronics and computing center of the Ivan Lučić Lavčević construction company from Split, was Jerko Rošin.

90 000 square meters of land were valued at DEM 25 per square meter, while the value of buildings, which included a hotel, a department store, shops, business premises, offices, warehouses, manufacturing facilities and buying stations in 27 locations, was "reduced by the coefficients of

Foto: Facebook grupa: Split kroz povijest Photo: Split through history Facebook group

vizije, unatoč velikom broju registriranih djelatnosti za proizvodnju hrane, pića, doradu i preradu kože i krzna, unutarnju i vanjsku trgovinu te ugostiteljsko-turističkih i drugih usluga, Društvo je u narednim godinama uglavnom ostvarivalo prihode od zakupa poslovnog prostora i prodaje nekretnina. Prodajom i otpisom imovine vrijednost dugotrajne materijalne imovine smanjena je za 44,33 %, a na dijelu preostalih nekretnina Društva upisano je založno pravo na ime danih jamstava za osiguranje tuđih obveza. Sudbinu je dijelio i trgovački centar na Gripama.

Ovaj rudimentaran i pojednostavljen pregled propasti nekadašnjeg poslovnog giganta, tipičan je za niz poduzeća u Hrvatskoj i mahom rezignirani svjedoci tih događanja izbjegavaju analize i njeguju samo uspomenu na nekadašnju slavu.

Ono što se gubi u nostalgičnom, ali i onom suprotnom, negativističkom čitanju kompleksa kao nerentabilne hrpe betona i keramičkih pločica, njegove su trajne vrijednosti. Danas, uslijed gentrifikacije i turistifikacije gradske jezgre, čak su jasnije nego za Mediteranskih igara kada je građen. Hrabrim je projektom revitalizacije nekadašnjeg tupinoloma stvoren za splitske okvire ogroman javni prostor na obodu povijesnog dijela grada, desetak minuta hoda udaljen od Dioklecijanove palače i dvadesetak do prvog kupališta, samo pješačkim mostom odvojen od tvrđave Gripe. Bez obzira na aktualnu vlasničku i upravljačku strukturu te fizičko stanje, ostaje izuzetno vrijedna prostorna rezerva u centru grada.

Centar Koteks Gripe
Foto: Mario Javorčić

Koteks Gripe Complex
Photo: Mario Javorčić

depreciation due to disrepair and age". Thus, the average price per square meter of the buildings' net surface of 36 151 m^2 was DEM 734. According to the State Audit Office, notwithstanding a great number of registered activities such as food and drink production, leather and fur finishing and processing, domestic and foreign trade and hospitality and tourism and other services, in the years that followed, the company's revenue mostly came from the lease of business premises and sale of immovable property. Through the sale and write-off of assets, the value of long-term fixed assets was reduced by 44.33 %, while the remaining immovable property of the company was pledged as security for the liabilities of others. The shopping center on Gripe met the same fate.

Albeit rudimentary and simplified, this overview of the downfall of a former business giant is typical for a number of companies in Croatia. The mostly despondent witnesses of events, such as those depicted above, avoid analyses, preferring to cherish the memory of the former glory.

What is lost in the nostalgic interpretation of the complex, as well as in the opposite, negativistic perception as that of an unprofitable heap of concrete and ceramic tiles, are its lasting values. Nowadays, in the midst of the gentrification and touristification of the city center, they are even clearer than during the Mediterranean Games, when the complex was built. The daring project of the revitalization of the former marl quarry, created, in Split terms, a gigantic public space at the edge of the historical part of the city, a mere ten-minute walk away from Diocletian's Palace, some twenty minutes by foot away from the nearest swimming beach and apart from the Gripe fortifications only by a footbridge. Regardless of its ownership and management structure or its physical condition, it remains an exceptionally valuable spatial resource in the city center. Whereas today's redrawn spatial plans have enabled a building spree of garages placed as close to the historical center as possible (including in the pedestrian area, which is under conservational protection) and roads congested with an increasing number of vehicles, Gripe already has a cleverly positioned subterranean garage which can be expanded. Even as such, the big hall, which was planned as polyvalent, rather than as merely a sports hall, still has much more potential as a venue for cultural events than the newly scrambled sports hall in Kopilica.

Dok se danas prekrajanjem prostornih planova nemušto umeću garaže što bliže jezgri (pa i u pješačku, konzervatorski zaštićenu zonu), uz prometnice koje ne mogu progutati povećani broj vozila, na Gripama već postoji pronicljivo pozicionirana podzemna garaža s mogućnošću proširenja. Sama velika dvorana, koja je i planirana kao polivalentna, a ne samo sportska, i dalje je prostor s puno više potencijala za kulturna događanja od novokomponirane na Kopilici, a zbog kontinuiteta korištenja u odličnom je stanju. Konačno, tu je i vrhunska arhitektonsko-urbanistička kompozicija, mišljena ambiciozno i potvrđena kroz vrijeme. Vrlo kompleksan, dinamičan prostor povezao je i uravnotežio okolnu izgradnju vrlo različite tipologije i mjerila, uspjevši, usprkos veličini, izbjeći neprikladnu monumentalizaciju. Takav odgovara na niz aktualnih urbanističkih, ali i konzervatorskih pitanja, pa može poslužiti i kao paradigmatski primjer nekom budućem planiranju i gradnji.

Ipak, i aktualno se u prijedlozima za izmjene Generalnog urbanističkog plana Splita ponovila ideja da se na 25 000 kvadrata površine Sportskog centra Gripe omogući rekonstrukcija postojećih građevina i potpuno nova izgradnja građevinske bruto površine 60 000 kvadrata. Ugostiteljski, poslovni i turistički sadržaji te nova podzemna garaža predviđaju se u sada neizgrađenom dijelu obuhvata iznad samog kompleksa. Takav apetit indicira koliku stvarnu vrijednost još uvijek ima njegova površina i to bez onog dijela koji je danas pod velikom sportskom dvoranom i trgovačkim centrom. S obzirom na deklarirane površine, takva bi gradnja u današnjem prostoru parka koji funkcionalno dopunjava izgrađeni dio, gabaritima značajno promijenila kompoziciju i vizuru kompleksa, a time i vizuru čitavog dijela grada u kojem se nalazi – šire kontaktne zone povijesne jezgre. Katnost koja se čita iz bruto površine daleko premašuje postojeće strukture i neizbježno distorzira skladnu sliku koju imamo danas. Uvrste li se predložene izmjene u planove i dođe li do arhitektonsko-urbanističkog natječaja za taj obuhvat, ogroman će stručni izazov biti korektno postaviti i sam programski zadatak, pa bi stoga bilo iznimno korisno unaprijed pripremiti elaborat o izvedenoj arhitekturi da se njezina vrijednost ne bi zgazila i grublje nego što je zgažena privreda koja ju je stvorila.

Finally, the complex boasts a supreme architectural and urbanistic composition, one that was not only ambitiously envisioned, but has withstood the test of time. This highly complex and dynamic space has bound together and balanced the surrounding architecture of extremely varying types and proportions, while avoiding, in spite of its size, malapropos monumentalization. As such, it answers a number of current urban-planning and conservational issues, and thus may serve as a paradigmatic example for future planning and construction.

Still, the current proposals for amendments to the Master Urban-Development Plan of the City of Split have reintroduced the idea of reconstructing the existing buildings, which occupy the 25 000 square meters of the Gripe Sports Center, as well as of building new structures on a gross building area of 60 000 square meters. The plan is to erect dining, commercial and tourism facilities and build a new subterranean garage in the presently unbuilt area above the complex. This kind of appetite indicates the complex surface area's actual value, even without considering the part of it occupied by the big sports hall and the shopping center. Considering the planned facilities' declared building area, especially if it were to include the park which functionally complements the existing structures, these facilities would, with respect to their dimensions, significantly alter the composition and vista of the complex, and consequentially, the vista of the entire neighborhood in which it is located – which, in turn, represents the wider contact zone of the historical center. The planned number of stories, which can be inferred from the gross building area, exceeds by far that of the existing structures and would thus unavoidably distort the present harmonic image of the area. If the proposed amendments to the Plan are adopted, followed by an architectural and urban-planning tender for the area, it will be an enormous professional challenge even to adequately define the design brief. Therefore, it would be extremely useful to conduct in advance an as-built survey, in order to prevent the destroying of the value of the existing structures, even more savagely than the destroying of the economy that created them was.

Centar Koteks Gripe, pogled iz zraka
Arhivska fotografija

Koteks Gripe Complex, aerial view
Archive photo

U ranije opisanom profiterskom žaru pretvorbe i privatizacije devedesetih nije se razmišljalo široko i puno unaprijed pa je tako privatizirani dio kompleksa ostao blokiran hipotekarnim kreditima koliko i dispozicijom koja ne omogućuje krupne parcijalne intervencije, odnosno šuplju postsocijalističku gentrifikaciju. Štete na građevinama za sada su ispravljive, što ne znači da na gradskom dijelu vlasništva nisu moguće veće, ali nešto vremena kupila je politička nestabilnost i neimaština lokalne samouprave. Kada se u tu jednadžbu uključi i simbolički kapital, Koteks postaje najčišći test urbane i urbanističke zrelosti Splita danas.

Sredinom prosinca 2016. godine centar je uključen u integralni program obnove kulturne baštine pod nazivom „Split – mjesto dodira sporta i kulture", kao točka na ruti „nove jedinstvene turističke ponude", proizvoda temeljenog na do sada nedovoljno iskorištenoj povijesti Splita iz područja sporta i kulture. Lokaliteti uključeni u projekt – stadion Poljud, košarkaška dvorana na Gripama, teniski tereni na Firulama, lučica Labud te „skrivena" baština poput crkve Sv. Trojice, te manja arheološka nalazišta – već su poznati u nacionalnom ili regionalnom kontekstu, ali nisu do sada bili prepoznati kao turističke atrakcije te se nisu nalazili u uobičajenim turističkim turama. Ruta u koju se planira uključiti i mala dvorana Košarkaškog kluba Split planirana je kao interpretativna, a pretpostavlja i projekte urbanih instalacija i ambijentalne rasvjete. Također, cijeli projekt artikulira ideju „grada sporta i kulture" u strateški plan *brendiranja* Splita, a takvo prepoznavanje otvara i šansu za prepoznavanje čitavog kompleksa Koteks Gripe kao najsjajnijeg hibrida u tom kontekstu. Za sad je predviđeno označivanje, postavljanje opisnih, informativnih ploča, skulptura, totema i odgovarajuće ambijentalne rasvjete na svim ključnim punktovima – prilika da se ispriča i potvrdi čitava priča o kompleksu na marketinški zavodljivoj projekciji „najboljeg europskog košarkaškog kluba 20. stoljeća – trostrukog europskog prvaka".

Za razliku od svih onih tradicionalnih javnih prostora u gradu koji se u rentijerskom razmišljanju gledaju samo kao površine na kojima se može zaraditi, blago dislociran i fizički narušen prostor poput kompleksa Koteks Gripe sjajan je poligon za reizgradnju svih onih funkcija trga, trgovine, usluga i zabave koji karakteriziraju pravo gradsko, heterogeno naselje, a ne puku destinaciju. Zahvaljujući koncentraciji redom mlade publike privučene i odr-

During the described profiteering zeal of the 1990s' transformation and privatization, not much thought was given to the bigger picture or the more distant future, which resulted in burdening the privatized part of the complex with mortgage loans; to boot, its disposition was inadequate for big partial investments, i.e. the mindless post-socialist gentrification. For now, the damage to the buildings is recoverable, which does not mean that further deterioration of those parts of the complex which are city property is not likely; however, some time has been bought by political instability and the lack of funds of the local self-government units. If symbolic capital is added to the equation, Koteks becomes the most reliable test of the urbane and urbanistic maturity of today's Split.

In mid-December 2016, Split was included into an integral programme for the reconstruction of cultural heritage named *Split – mjesto dodira sporta i kulture* ("Split – the Meeting Point of Sports and Culture"), as a station on the itinerary of a "new and unique tourist offer" based on the so far underexploited sports and cultural history of Split. The localities included in the project – the Poljud stadium, the indoor basketball court on Gripe, the tennis courts in Firule, the Labud marina and the "hidden" heritage, such as the Church of Holy Trinity, as well as the smaller archaeological sites – are already famous nation- and region-wide, but have not yet been recognized as tourist attractions or included in regular sightseeing tours. The itinerary, which would also include the small court of the Split Basketball Club, is envisaged as interpretative and would also feature urban art installation and lightwork projects. As a whole, the project also articulates the idea of "a city of sports and culture" within the strategic branding plan for Split. This type of recognition opens up an opportunity for the recognition of the entire Koteks Gripe complex as the most resplendent hybrid in this context. Current plans include site marking, the placing of descriptive and informative panels, sculptures, totems and accompanying lighting in all the key locations – which will be a chance to tell the full story of the complex framed by the marketing flair of the "best European basketball club of the 20th century – triple champion of Europe".

As opposed to all the traditional public spaces in the city viewed by the rentier mentality only as sources of profit, a slightly dislocated and physi-

žane sportskim sadržajima, nikada nije bio sasvim napušten i nije doživio sudbinu sličnih sklopova koji su izgubivši korisnike postali smetnja u urbanoj matrici. Takav može poslužiti uravnoteženju disonantne slike grada, čak i bez velikih intervencija i trenutno iluzornog vraćanja u upotrebu svih dijelova i funkcija prostora. Privremeni programi, hibridno korištenje, ne narušavaju mu integritet jer su ionako u korijenu njegova koncepta. Dok se povijesna jezgra pretvara u hotel, mogao bi postati točka u kojoj Split ponovno postaje grad.

Prijedlog Vaska Lipovca za središnju fontanu kompleksa Koteks Gripe.
Foto: Analogna montaža iz ostavštine Vaska Lipovca. Ljubaznošću Marija Lipovca.

Proposal by artist Vasko Lipovac for the central fountain of the complex Koteks Gripe.
Photo: Analog installation from Vasko Lipovac's legacy. Courtesy of Mario Lipovac.

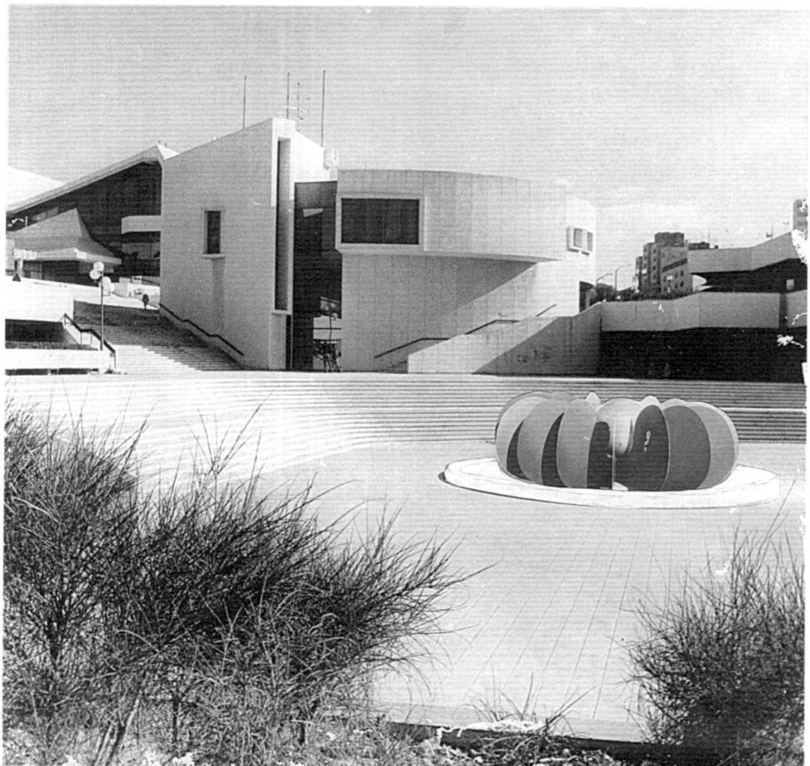

cally degraded area such as the Koteks Gripe complex is an excellent site for the restoration of all the functions of a square, marketplace, service and entertainment point which characterize an authentically urban, heterogeneous area, rather than a mere destination. Owing to the concentration of an overwhelmingly young crowd attracted and retained by sports programmes, it has never been entirely abandoned and experienced the fate of similar complexes, which became an obstruction in the urban matrix after losing their users. As such, the complex can serve to balance out the city's dissonant image, even without extensive interventions or the currently illusory reactivation of all of its parts and functions. Provisional programmes and hybrid use would not infringe upon its integrity, as they are already at the heart of its concept. While the city's historical center is turning into a hotel, the complex might become the seed of Split's reurbanisation.

Koteks Gripe, središnji plato
Foto: Bojan Mrđenović

Koteks Gripe, central plateau
Photo: Bojan Mrđenović

1

„Zbog negativnih financijskih rezultata, Društvo nije obavljalo ulaganja za modernizaciju opreme i poslovnih prostora već je nakon pretvorbe, prodajom nekretnina, smanjilo vrijednost dugotrajne materijalne imovine s 137.763.756,00 kn na 61.066.995,43 kn. Iz ostvarenih prihoda od prodaje nekretnina u iznosu 49.952.896,83 kn Društvo je plaćalo obveze za primljene kredite od banaka i za tekuće troškove poslovanja. Osim plaćanja svojih obveza, Društvo je prodajom nekretnina podmirivalo i tuđe obveze (7.431.203,75 kn) za dana jamstva za osiguranje plaćanja kredita zasnivanjem založnog prava na svojim nekretninama te je davalo zajmove drugim pravnim osobama, koji nisu vraćeni Društvu nego su prijavljeni u stečajnu masu dužnika. Uz to, preostali dio nekretnina Društva je pod zalogom za osiguranje tuđih obveza koje su aktivirane i donesene su sudske ovrhe za naplatu, što zajedno s iskazanim gubicima nadmašuje vrijednost ukupne imovine Društva." (iz Izvješća o reviziji provedene pretvorbe i privatizacije, Državni ured za reviziju, 2003.)

1
"Due to negative financial results, the company did not invest in the modernisation of its equipment and premises, but rather, following transformation, wrote down its long-term fixed assets from HRK 137,763,756.00 to HRK 61,066,995.43 by selling immovable property. The company used the revenue from the disposal of immovable property in the amount of HRK 49,952,896.83 to pay loans received from banks and operating costs. Other than for paying its own liabilities, the company also used the revenue from the disposal of immovable property to pay the liabilities of others (HRK 7,431,203.75) with regard to loan payment guarantees provided by instituting a lien on its immovable property, as well as gave loans to other legal entities that were not repaid to the company, but instead, claimed from the debtor's bankruptcy estate. Furthermore, the remaining part of the company's immovable property is pledged as security for the liabilities of others which have been mobilised and regarding which enforced collection orders have been issued. The amount of these claims, together with the declared losses, exceeds the value of the company's total assets." (from the Transformation and Privatisation Audit Report, State Audit Office, 2003)

Katerina Duda: *Korak za Koteks*
Foto: Saša Šimpraga, 2017.

Katerina Duda: *A Step for Koteks*
Photo: Saša Šimpraga, 2017

Mariana Bucat

MOJ KVADRAT KOTEKSA

Mariana Bucat

MY SQUARE METER OF KOTEKS

Studijski obilazak kompleksa Koteks Gripe sa sudionicima umjetničke rezidencije projekta Motel Trogir, 2016.
Foto: Saša Šimpraga

Study tour of the Koteks Gripe complex with participants of the Motel Trogir artistic residency, 2016
Photo: Saša Šimpraga

Površina kompleksa Koteks je slična površini užeg centra Splita. Međusobno su udaljene svega 700 m ili 10 minuta pješke. Dakle, već po osnovnoj fizičkoj karakteristici Koteks je prilično uočljiv na cjelokupnoj mapi grada.

Budući da su druge materijalne kvalitete kompleksa opisane, opjevane u raznim tekstovima, uostalom i u ovoj publikaciji, nema potrebe za analizom konteksta, koncepta, organizacije, konstrukcije, funkcije... Namjera mi je istražiti, pobliže upoznati i prikazati neke nematerijalne karakteristike kompleksa. Za taj pridjev (za sada) uočavam dvije odrednice: stanje u memoriji Splićana i vlasničko i katastarsko stanje nekretnine.

Memorija Splićana kroz sport

Tko ne pamti, u Splitu i širom *regiona* europskog šampiona i jugoslavenskog prvaka – Jugoplastiku u kojoj su igrala i 4 legendarna NBA igrača: Rađa, Kukoč, Tabak i Šundov?! Budući da si Splićani tepaju kako žive u najsportskijem gradu na svijetu, u jednoj ovećoj prostoriji Koteksa, uz košarkašku dvoranu postavljena je izložba drangulija povezanih sa čuvenim ovim i drugim sugrađanima sportašima. Nespretno se zove *Kuća slave splitskog športa*. Međutim, osim stalnog postava, čini se da nema ni posjetitelja, ni programa.

Sva je ova slava bila od prije rata. Poslije rata se pamti i broji tek zgodan sportsko-politički *performance*, baš iz doba gradonačelnikovanja Željka Keruma. *Torcida*, navijačka skupina nekadašnjeg jugoslavenskog nogometnog prvaka Hajduka, na dan skupštine stavila je na golemi natpis KOTEKS slovo D, pa je postao KODEKS čime je na svima vrlo vidljiv način pokazano traženje da se uvede red u klub povampiren od korupcije.

In situ predavanje arhitektice Sanje Matijević Barčot, 2016.
Foto: Saša Šimpraga

In situ lecture by Sanja Matijević Barčot in the framework of the study visit with artists in residence, 2016
Photo: Saša Šimpraga

The surface of the Koteks complex is similar in size to that of the strict center of Split. They are no more than 700 m or 10 minutes walk from each other. Therefore, this basic physical characteristic of Koteks already makes it quite visible on the city map.

Considering that the other material features of the complex have been described and praised in a number of texts, including in this publication, there is no need for analyzing context, concept, organization, structure, or function... Rather, it is my intention to explore, experience up-close and present some of the non-material features of the complex. I have (so far) noticed two features of Koteks that bear this attribute: its status in the memory of the residents of Split and the ownership and cadastral status of the building itself.

Sport-suffused memories of the residents of Split

Who in Split or the wider region can forget the European and Yugoslav champions Jugoplastika, whose players included the likes of Rađa, Kukoč, Tabak and Šundov, who were later to become legendary NBA players? Since the citizens of Split pride themselves on living in the most athletic city in the world, a large room in Koteks next to the basketball hall contains an exhibition of paraphernalia related to these and other athletes who are their fellow citizens. It was clumsily named the *Split Sports Hall of Fame*. However, other than the permanent exhibition, it appears to have no visitors or program.

All of this fame was pre-war. All that is remembered after the war is an opportune sports and political performance from the period of Željko Kerum's mayoralty. On the day of the City Council meeting, the *Torcida*, a club of supporters of the former Yugoslav football champion *Hajduk*, hung the letter D up on the huge inscription KOTEKS, thereby turning it into KODEKS ("code" in the legal sense), which was a very visible request that order be reinstated in the mentioned football club, plagued as it was by corruption and illegal activity.

Vlasničko i katastarsko stanje nekretnine

Hrvatski sustav nekretnine „evidentira" u Katastaru i u Zemljišniku. Katastar ima mape, načine korištenja, korisnike i površine, a Zemljišnik sadrži podatke o vlasnicima, povijesti vlasništva i (opet) površinama. Nakon društvenog prelaska iz socijalizma u kapitalizam i rata, dogodio se kaos i s evidentiranjem nekretnina. Podaci o površinama međusobno si ne odgovaraju, službeni podaci ne odgovaraju stvarnima, vlasnici su umrli ili vode dugotrajne sporove, izgrađene nekretnine nisu upisane sa uporabnom dozvolom – obveznim dokumentom koji, pojednostavljeno rečeno, nedvosmisleno pokazuje kako je nekretnina izgrađena u svemu zakonito i može se koristiti kako je predviđeno. Usput, takav kaos upravo je odgovoran što u Hrvatskoj još uvijek nije sve rasprodano i još dulje vrijeme neće biti. Naime, vlasnici (koji vrlo često samo misle da su vlasnici, a u vlasničkim listovima upisani su njihovi preci ili nisu uopće upisani iz raznih razloga) nerazborito cijene svoju imovinu. Neuredno vođenje mapa i knjiga svakom iole civiliziranom kupcu ulijeva nesigurnost u akviziciju. Ova kombinacija visoke cijene i nejasnih dokumenata je dobitna za kočnicu u pre-izgradnji (uglavnom obalnog dijela!).

Obilazak kompleksa u sklopu umjetničke rezidencije projekta Motel Trogir.
Foto: Saša Šimpraga

Complex tour within Motel Trogir artist in residence programme.
Photo: Saša Šimpraga

The ownership and cadastral status of the building

In Croatia, real estate is registered in the Cadaster and the Land Register. The Cadaster contains files, as well as information, on real estate usage, users and square footage, while the Land Register contains information about real estate owners, ownership history and (again) square footage. After the social transition from socialism to capitalism and the war, there was much confusion with registering real estate. As a consequence, the data on square footage from the Cadaster and the Land Register do not match; the official data does not correspond to the actual (situation in physical space), the owners have died or are involved in long-lasting litigations, the built real estate was not registered with a certificate of occupancy – a mandatory document which, to put it simply, unequivocally proves that the real estate was built in compliance with all the legal requirements and can be used as planned. Incidentally, this confusion is precisely the reason why everything in Croatia has not yet been sold off and will not be for a good while. Namely, the owners (who very frequently just believe they are the owners, while, in reality, their ancestors are the ones entered in the property titles or they are not entered at all for various reasons) excessively value their property. In any civilized buyer, the negligent keeping of files and registers instils a feeling of insecurity regarding the potential acquisition. This combination of high prices and unclear documentation is a winning one for hindering overdevelopment (mostly of the coastal areas!).

Koteks consists of 16 cadastral plots, which correspond to 16 land plots in the Land Register. Its status with regard to the Land Register and the Cadaster is unusually good, as exemplified by one of its most noticeable land plots, namely the one under number 1077/7 (number in the Land Register), cadastral municipality of Split, i.e. cadastral plot no. 6077/14 (number in the Cadaster). These numbers refer to the shopping centre, a larger part of the spacious square and the garage. The property was drawn into the map with unusual precision. Namely, the shape of the building can be clearly discerned from the shape of the mapped plot, which is a real rarity

Koteks se sastoji od 16 katastarskih, odnosno zemljišnoknjižnih čestica. U zemljišnoknjižnom i katastarskom smislu ima neobično dobro stanje. Približit ću ga na primjeru jedne od Koteksovih najuočljivijih: čestica zemlje 1077/7 (broj u Zemljišniku), k. o. Split ili k. č. br. 6077/14 (broj u Katastru). Ovi brojevi odnose se na trgovački centar, veći dio prostranog trga i garažu. Nekretnina je neobično precizno ucrtana u mapu. Naime, po mapi se jasno može razaznati oblik zgrade prema obliku čestice što je prava rijetkost u Dalmaciji. Primjerice, samo par stotina metara dalje postoji čak cesta koja nije ucrtana u istoj toj mapi.

U zemljišnoknjižnom smislu, građevina je upisana s uporabnom dozvolom. Etažirana je na 78 posebnih dijelova – poslovnih prostora plus posebni dio – TRG. Ovakav upis omogućuje prodaju zasebnih uporabnih jedinica. Dakle, radi se o idealnom i nadasve rijetkom stanju. Već ta činjenica sama, bez drugih okolnosti (lokacija, komunalna opremljenost...) čini ovu nekretninu vrlo zahvalnom za raspolaganje.

Na samome početku života ove nekretnine u samostalnoj Republici Hrvatskoj – osnivanjem Katastra i Zemljišnika RH, ona je ostala u vlasništvu (ne)zakonito privatiziranog Koteksa d.d.. Za razumijevanje sudbine opisane nekretnine, a koja je u naravi vrijedno graditeljsko naslijeđe iz doba moderne, treba opisati i poslovanje njezinoga vlasnika. Koteks d.d. je izgubio poslovnu trku čim je ponovno startao iako je do tada bio trgovački centar od regionalnog značaja. Međutim, svoje održavanje na životu duguje dvjema izvrsnim poslovnim mogućnostima.

Prva je prodaja posebnih dijelova i to u onom ritmu koji odgovara maloj godišnjoj oporezivosti. Isključiva „proizvodnja“ je prodaja imovine. A taj ritam ispražnjavanja i ponovnog punjenja pojedinih prostora utječe na sveukupno poslovanje ostalih poslovnih subjekata kompleksa. Jasno, praznina ima negativan učinak na opći dojam. Kao kod (Zolinog) *Ženskog raja* – uzbuđenje kupca proporcionalno je izobilju ponude. Vlasnik koristi i druge „poslovne“

in Dalmatia. For instance, only several hundred meters away from the building, there is a road, which was, however, left out of the *same* cadastral map.

As regards the Land Register, the building was entered into it with a certificate of occupancy. It was subdivided into 78 separate units consisting of business premises and one separate unit consisting of a square. Such registration enables the sale of separate occupancy units. Therefore, it is an ideal and, above all, rare status. Owing to this fact alone, even without considering the other factors (location, public-utility infrastructure...) this piece of real estate renders itself easily to commercial disposal.

Following the proclamation of Croatian independence and the establishment of the Cadaster and the Land Register of the Republic of Croatia, this building remained the property of the (il)legally privatized Koteks d.d. company. In order to understand the fate of the described property, which is a valuable example of architectural heritage dating from the period of modernity, one needs an overview of the business activities of its owner. Regardless of its prior status as a shopping centre of regional importance, Koteks d.d. fared badly immediately after its re-opening. Nevertheless, two outstanding business opportunities have sustained its operation.

The first is the sale of certain parts of the complex, at a pace which enables low annual taxability. Thus, the only "production" activity is the selling of property. Moreover, this rhythm of emptying out and filling up certain premises affects the overall operation of the other business entities within the complex. The empty spaces clearly have a negative impact on the general impression of the complex. Just as in (Zola's) *The Ladies' Paradise*, the customer's excitement is proportional to the abundance of the offer. The owner also uses other "tricks of the trade" to write down profit: it pours off the money into its other companies, pays such large salaries to its employees that their individual incomes effectively keep the corporate income tax to a minimum etc.

doskočice za smanjenje dobiti: pretače novac u svoje druge tvrtke, isplaćuje toliko veliki pojedinačni dohodak „zaposlenicima" kako bi porez na dobit bila minimalna...

Druga, odlična poslovna mogućnost za vlasnika je velika kreditna sposobnost koja se očituje u brojnim nekretninama na koje banke mogu stavljati različite vrste tereta (hipoteke i fiducije). Neplaćanje kredita znači da banka u svim varijantama postaje vlasnik toga opterećenog posebnog dijela. Gledajući vlasnički list krajem 2016. godine, centar uz puno vlasnika, ima i puno tereta. Sveukupni dug raznih vlasnika raznim bankama, bez kamata, iznosi 40 000 000 eura. To znači da cijena kvadrata prostora (21 200 m^2 je opterećeno), bez njegove fizičke vrijednosti, dakle samo dug glavnice banci, iznosi po kvadratu 3 500 eura. Ova vrijednost je više od dvostruke stvarne tržišne vrijednosti kvadrata, a kojoj bi još trebalo pridodati stvarnu vrijednost. Neki prostori, kao primjerice suvlasnički dio 26, površine 800 m^2 ima opterećenje glavnicom od preko 17 000 000 eura u dvije različite banke.

Očito je da je bankama nemoguće da se naplate iz ove nekretnine i da krajnji cilj nije bio vraćanje kredita. Što je bio krajnji cilj? Ako se kao razlozi isključe bankarska neupućenost i nepromišljenost, onda bi posrijedi mogao biti dugoročni plan da preuzmu što veće kvalitetne gradske površine u vlasništvo kao rezervu. U najkraćim crtama, to bi ovom gradu značilo distopijsku sudbinu – za 100 godina sva će zemlja biti u isključivom vlasništvu ili Crkve (sve vrijedno do secesije) ili banaka.

Dok je bio u službi gradonačelnika (2009.–2013.), Kerum je u više navrata najavljivao rušenje Koteksa. Na sastanku sa splitskim Klubom Olimpijaca prihvatio je njihovu ideju o izgradnji Doma sporta i novih poslovnih prostora na lokaciji gdje je Koteks, izvijestila je *Slobodna Dalmacija*. Sportski veterani bili su skeptični prema rušenju. Kerum je uzvratio: „A što su to, neka remek djela? Naravno da se može. Dovedeš bager i ruši." Ne može se reći kako se Kerum kasnije urazumio najavljujući ipak stručnu analizu i natječaj. Dogodilo se da je Kerum imao goleme privatne graditeljske ambicije,

The second great business opportunity for the owner is the high credit rating evident in a multitude of real estate units which the banks can encumber in different ways (through mortgage and trusteeship). Regardless of the nature of the encumbrance, loan default means that the bank becomes the owner of the encumbered part of the real estate. As can be inferred from its property title at the end of 2016, apart from many owners, the centre also has a lot of encumbrances. The total debt of various owners to various banks, without interest, amounts to 40 000 000 euro. This means that the price of a square meter of the complex's surface (of which 21 200 m^2 are encumbered), not taking into account its material value, just the principal amount due to banks, is 3 500 euro per square meter. This is more than twice the real market value of a square meter, to which the material value should also be added. Some areas, such as the co-occupancy unit 26 with a surface area of 800 m^2, are encumbered with a principal of 17 000 000 euro by two different banks.

It is obvious that the banks will not be able to collect from this real estate and that the ultimate purpose of such a state is to default on loan repayment. What is the ultimate purpose? If we eliminate the banks' ignorance and bad judgement as reasons, we are left with a potential long-term plan to acquire as many high-quality urban areas as possible, to be used as reserves. To put it concisely, this would result in a dystopian fate for the city – 100 years from now, all of its land would be the absolute property of either the Church (including everything valuable up to the Secession period) or the banks.

During his term as mayor (2009–2013), Kerum announced the demolition of Koteks several times. According to an article in the *Slobodna Dalmacija* newspaper reporting on Kerum's meeting with the Split Olympic Athletes Club, he accepted their proposal on building a Sports Memorial Hall and new business premises on the location of Koteks. Sports veterans, however, were sceptical of the idea of demolition. Kerum replied: "And what is it, some kind of masterpiece? Of course it can be done. Just get an excavator and tear it down." Unfortunately, Kerum's subsequent announcement of

od kojih dvije započete javnim novcem (hotel *Hilton* i neboder na križanju Mažuranićevoga šetališta i Solinske ceste). Čini se da je bio smeten golemošću, krivom procjenom ili komplikacijama. Srećom za nas, niti Koteks niti jedna druga njegova graditeljska ambicija nije ostvarena.

Ove, kao i brojne druge vrijedne, ali „izmešetarene" zgrade u Hrvatskoj osuđene su na polagano propadanje. Vlasnici ih imaju previše, a time ili premalo interesa ili novčanih sredstava da se o njima brinu. Interesa nemaju jer ih očito ne koriste, jer ih nemaju iz egzistencijalnih razloga, a nekretnina se jedino održava korištenjem. U slučaju nedostatka novčanih sredstava, može se raditi o graditeljskoj baštini čije čuvanje zahtijeva profesionalni restauratorski i konzervatorski (skupi) pristup. Budući da se ovdje radi o iznimnoj arhitektonskoj, urbanističkoj i emocionalnoj vrijednosti, sudbina je htjela da će se, i bez akademskih intervencija, cjelina očuvati barem kao romantična ruševina.

Istaknuta vrijednost ove čestice za građane Splita jest TRG.

Trg ima odličnu olakotnu okolnost za svoj opstanak. Naime, prilikom etažiranja ili podjele u posebne dijelove, prvi cjelokupni vlasnik Koteks d.d. je mogao trg označiti kao posebnu jedinicu i staviti ju u svoje vlasništvo. Nije. U ovom slučaju, trg je ostao u vlasništvu grada, a ne u razmjernom suvlasništvu. Naravno, Grad može odlučiti prodati svoj udio. Međutim, mora ga prodati na javnom natječaju. A čak i kad bi ga prodao... postoje suvlasnici i susjedi! U postupku izdavanja građevinske dozvole, upravno tijelo koje izdaje dozvolu poziva sve nositelje stvarnih prava predmetne (suvlasnici) i susjednih nekretnina (susjedi) na uvid u projekt. Tom prigodom oni mogu izjaviti žalbu. Ako je žalba osnovana, uvažit će se. Postupak će se obustaviti. Ako je žalba neosnovana, može ga otegnuti na mjesece, godine... Što je više stranaka u postupku, to je veći rizik investitora. U dalmatinskom podneblju ne može se dogoditi suglasje. Ne postoji dalmatinski susjed koji

an expert analysis and a public tender cannot be interpreted as him coming to his senses. Namely, it just so happened that Kerum had huge personal ambitions in the way of building projects, two of which were initiated using public money (the *Hilton* hotel and the skyscraper at the crossing of the Mažuranić Promenade and the Solin Road). It seems that what eventually baffled him was either the size of his ambitions, his wrong estimates or other complications. Fortunately for us, neither Koteks nor any other of his building ambitions were realized.

Buildings such as Koteks and many other valuable buildings in Croatia obtained by wheeling and dealing are condemned to slow decay. Their owners have too much similar property and thereby too little interest or financial resources to take care of them. The lack of interest comes from the buildings' apparent lack of occupancy, which is, in turn, due to the fact that they are not of existential importance to their owners, and real estate is only maintained through occupancy. Where the issue is the lack of financial resources, the buildings in question are likely architectural heritage, whose protection requires (expensive) professional restoration and conservation. Considering the extraordinary architectural, urbanistic and emotional value of Koteks, fate has willed it to be preserved in its entirety, even without academic intervention, at least as a romantic ruin.

For the residents of Split, the SQUARE is the most valuable part of this land plot.

There is a factor which greatly aids the survival of the square. Namely, during the subdivision of the building into separate units, the first owner of the entire complex, Koteks d.d., could have marked the square as a separate unit and place it in its ownership. It did not do so. In this case, the square remained in the ownership of the city, rather than in proportional co-ownership. Of course, the city government could decide to sell its share. However, it must do so by way of a public tender. And even if that were to happen..... There are co-owners and neighbors! As part

neće iskoristiti svoje žalbeno pravo na potencijalno građenje na čestici do svoje. Ne postoji.

Dakle, prilično bi mučan i kompliciran bio pokušaj zakonitog (do)građivanja zgrade nauštrb trga. Važno je napomenuti zakonitog (do)građivanja, budući da taj proces u Dalmaciji češće nije zakonit.

Kakve li sreće za prazninu kompleksa Koteks! U ovome gradu, praznina je postala rijetka karakteristika IZGRAĐENE čestice. Zato je i pogled na zgradu izdaleka rijetka mogućnost. Takav luksuz imaju samo studentski kampus i stadion. I Koteks. Zašto je mogućnost udaljenosti promatrača važna za veliku zgradu? Zato što je veličina (i bitnost) jasna samo iz velike udaljenosti. Drugim riječima, udaljenost je uvjet za *landmark*. Veliku i bitnu romantičnu ruševinu.

Rujan 2016

Performativno predavanje arhitektice Mariane Bucat sudionicima rezidencijalnog programa projekta Motel Trogir, 2016.
Foto: Saša Šimpraga

Performative lecture by architect Mariana Bucat to the participants of the Motel Trogir artist in residence program, 2016
Photo: Saša Šimpraga

of the procedure of issuing a building permit, the administrative body issuing the permit invites all holders of proprietary rights to the building in question (co-owners) and to the neighbouring buildings (neighbors) to examine the project. This provides them with an opportunity to file an appeal. If the appeal is justified, it will be accepted. The procedure will thus be halted. If the appeal is unjustified, it can still extend the procedure for months, even years. The bigger the number of parties to the procedure, the larger the risk for the investor. Mutual accord cannot happen in Dalmatia. There is not a single Dalmatian neighbour who will not use their right of appeal against potential construction works on the land plot next to theirs. Not one.

Therefore, any attempt to legally build or expand a building to the detriment of the square would be quite agonizing and complicated. It is important to underscore the legality of the building or expansion, considering that, in Dalmatia, more often than not, these activities are carried out illegally.

How fortunate for the empty spaces of the Koteks complex! In this city, emptiness has become a rare characteristic of a DEVELOPED land plot. This is why the view of the building from afar presents a rare opportunity. It is the type of luxury only the college campus and the stadium can afford, along with Koteks. And why is the opportunity of observation from a distance important for large buildings? Because size (and importance) are clearly perceived only from a long distance. In other words, distance is the condition for becoming a landmark. Or, to put it another way, a big and important romantic ruin.

September 2016

Centar Koteks Gripe
Foto: Duška Boban

Koteks Gripe Complex
Photo: Duška Boban

Robert Plejić

ARHITEKTURA U VREMENU PROMJENE DRUŠTVENIH PARADIGMI

Robert Plejić

ARCHITECTURE IN THE TIME OF A SOCIAL PARADIGM SHIFT

Arhitekt Slaven Rožić je u gradu Splitu, prostoru u kojem je uspješno djelovao i živio punoćom mediteranskih rituala i ritmova, ostavio višestruk i značajan trag. Bio je, prije svega, vrlo talentiran i plodan arhitekt, lucidni komentator brojnih stručnih i umjetničkih događanja te elokventni sudionik rasprava o ulozi i odgovornosti arhitektonskog poziva. Teški zadatak zaštite arhitektonskog djela i digniteta struke u okolnostima promjena društvenih paradigmi prihvatio je i živio kao vlastitu sudbinu.

Rođen je u Splitu 1943. godine. Nakon završetka Drugog svjetskog rata otac mu je kao vojni liječnik dobio posao u Zagrebu gdje je Slaven Rožić završio osnovnu školu i Petu zagrebačku gimnaziju te započeo studij arhitekture na Arhitektonskom fakultetu Sveučilišta u Zagrebu. Studij je nastavio na Arhitektonsko-urbanističkom fakultetu u Sarajevu, na kojem je diplomirao 1970. godine.

Studiranje u Sarajevu i intenzivni kontakti s profesorima Zlatkom Ugljenom i Živoradom Jankovićem, istinskim bardovima jugoslavenske arhitektonske scene, na poseban su način oblikovali Rožićeve projektantske stavove i senzibilizirali ga za slobodniji i izraženiji plasticitet arhitektonske forme. Oblikovna ekspresija u radovima njegovih mentora bila je integrirana u ar-

Arhitekt Slaven Rožić
Foto: Mario Javorčić

Architect Slaven Rožić
Photo: Mario Javorčić

Architect Slaven Rožić left a multiple and significant mark in the City of Split, where he successfully worked and lived the plenitude of Mediterranean rituals and rhythms. He was, above all, a very talented and prolific architect, a lucid commentator of numerous professional and artistic events and an eloquent participant in discussions about the role and responsibility of the architectural calling. He accepted the difficult task of protecting architectural work and professional dignity in the circumstances of a shift of social paradigms and lived it out as his destiny.

He was born in Split in 1943. After the Second World War, his father, a medical officer, got a position in Zagreb, where Slaven finished elementary school and the Fifth Gymnasium and enrolled in the study of architecture at the Faculty of Architecture of the University of Zagreb. He continued his studies at the Sarajevo Faculty of Architecture and Urban Planning, from which he graduated in 1970.

The specific circumstances of studying in Sarajevo and maintaining intensive contacts with the Faculty professors Zlatko Ugljen and Živorad Janković, the true bards of the Yugoslav architectural circles, influenced Rožić's architectural viewpoint and sensitized him towards a less constrained, more expressed plasticity of architectural form. Namely, in the work of his mentors, the expressivity of form was more integrated in architectural expression than it was in the works of the Zagreb school architects. At the Faculty, Rožić also met his future wife Tatjana Novković from Sarajevo, who was a colleague from the same generation. Numerous students from Split and Zadar who had studied in Sarajevo at the end of the sixties left a significant authorial mark in their native areas after returning from the faculty.

Apart from the experience of studying in Sarajevo, the other defining element of Rožić's architectural activity was his work in the Urban Planning Institute of Dalmatia in Split, where he was employed in the Department for Urban Planning, and later in the Department for Architectural and Construction Design, from 1970 to 1994. This powerful institution had its moments of glory in the sixties and seventies, deeply rooted as it was in the sociopolitical reality of the time, in which *the priority of public interest* was the urban-planning axiom. At the beginning of the sixties, the Institute

hitektonski izraz u većoj mjeri nego li je to bilo karakteristično za radove arhitekata *zagrebačke škole*. Rožić je na fakultetu upoznao i kolegicu iz iste generacije, buduću suprugu Tatjanu Novković iz Sarajeva. Brojni sarajevski studenti iz Splita i Zadra u razdoblju kraja šezdesetih i početka sedamdesetih ostavili su značajne autorske tragove po povratku u svoje sredine.

Nakon iskustva studiranja u Sarajevu drugi određujući element Rožićevog arhitektonskog djelovanja bio je rad u Urbanističkom zavodu Dalmacije u Splitu, gdje je, u Odjelu za urbanističko projektiranje, a kasnije u Odjelu za arhitektonsko i građevinsko projektiranje, bio zaposlen od 1970. do 1994. godine. Ova moćna institucija proživljavala je svoje zvjezdane trenutke šezdesetih i sedamdesetih godina prošlog stoljeća, duboko ukorijenjena u sustav tadašnje društveno-političke zbilje kojoj je *prioritet društvenog interesa* bio temeljni planerski aksiom. Dominantnu stambenu izgradnju u Splitu početkom šezdesetih, Zavod je pratio izradom brojnih urbanističkih projekata s tipiziranim arhitektonskim rješenjima, a u razdoblju koje je uslijedilo autorske grupe fokusirale su se na planiranje turističkih sadržaja i vrlo uspješno projektiranje hotelske izgradnje u Splitu i Dalmaciji. Zavod je bio uvršten na listu konzultativnih firmi Organizacije Ujedinjenih naroda i angažiran na Projektima Južni Jadran i kasnije Gornji Jadran (1968.–1972.) što je rezultiralo nizom prostornih studija i planova te njihovim detaljnijim razradama i arhitektonskim projektima. Plejada zavodskih autora, prvenstveno arhitekata, sadržavala je vrhunska imena, izvorne protagoniste modernizma poput praških studenata Budimira Pervana i Lovre Perkovića, a uz Milorada Družeića i čitavu generaciju sljedbenika s Berislavom Kalogjerom, Jerkom Marasovićem, Mihovilom Antičevićem i Žarkom Turketom. Vrhunskim projektantima druge generacije Ivi Radiću i Antunu Šatari priključio se i mladi Slaven Rožić.

Prvi veliki uspjeh ostvario je na općem državnom natječaju za Spomen-dom na starom „Hajdukovom“ igralištu 1973. godine, gdje je u koautorstvu sa suprugom Tatjanom, dobio otkup. Ocjenjivački sud je posebno istaknuo kvalitetno arhitektonsko rješenje polivalentne dvorane u radu Rožićevih, a prijedlog s istaknutom konstrukcijom para horizontalnih visokih greda i prislonjenih krovnih ploha glavnog volumena, sadržavao je bitne projektantske odrednice, kasnije realizirane na sportskoj dvorani na Gripama.

accompanied dominant housing development in Split with the production of numerous urban-planning projects featuring standardized architectural solutions, while in the period that followed, authorial teams focused on the planning of tourist and hotel facilities in Split and Dalmatia, achieving great success. The Institute was included in the list of consulting companies of the United Nations Organization and hired for the Southern and Upper Adriatic projects (1968–1972), which resulted in a number of spatial studies and plans, followed by their elaborates and architectural projects. The institute employed a pleiad of top-notch authors, primarily architects, such as Budimir Pervan and Lovro Perković, Prague students and original protagonists of modernism, Milorad Družeić and a whole generation of their followers, including Berislav Kalogjera, Jerko Marasović, Mihovil Antičević and Žarko Turketo. The exceptional second-generation architects Ivo Radić and Antun Šatara were later joined by the young Slaven Rožić.

His first great success came after the conclusion of the 1973 state competition for a memorial hall in the old field of the Hajduk football club, at which his project, coauthored by his wife Tatjana, was awarded a purchase. The panel of judges emphasized the high quality of the multipurpose hall design in the Rožić duo's project, while their proposal featuring the accentuated structure of a pair of horizontal high girders and sloped roof planes of the main volume contained certain significant design characteristics which were later implemented in the sports hall project in Gripe.

The Koteks shopping center was built from 1979 to 1981, according to Rožić's design, west of the sports hall, as part of the same spatial ensemble, which constituted a new city center with a rich commercial and gastronomical offer. Important public areas – plazas, stairways and pedestrian communications – were also built on this relatively unfavorable terrain, i.e. in a recess formerly occupied by a marl quarry. In designing these facilities, Rožić introduced a new formative register of accents using autonomous volumes (cylindrical shapes, truncated pyramids) carefully positioned with respect to the corpus of the hall. These will characterize his later work, especially in the domain of sacral architecture.

The Križine housing project in Split was built from 1979 to 1984 based on Rožić's authorial project, which included urban- and traffic-planning solu-

Trgovački centar Koteks izgrađen je 1979.–1981. godine prema Rožićevom projektu zapadno od dvorane u sklopu istog prostornog ansambla čime je oformljeno novo gradsko žarište s bogatim trgovačkim i ugostiteljskim programom. Ostvarene su i značajne javne površine – trgovi, stepenice i pješačke komunikacije, na relativno nepovoljnom terenu – udubljenju na mjestu nekadašnjeg tupinoloma. U projektiranju ovih sadržaja Rožić je uveo i novi oblikovni registar akcenata autonomnih volumena (cilindrične forme, krnja piramida) vrlo pažljivo pozicioniranih u odnosu na dominantni korpus dvorane, a koji će karakterizirati njegov kasniji rad, posebno na izgradnji sakralnih sadržaja.

Stambeno naselje na Križinama u Splitu građeno je od 1979. do 1984. godine prema Rožićevom autorskom projektu koji je uključivao urbanističko i prometno rješenje te arhitektonske projekte. Razradom poslijenatječajnog projekta stambenog naselja Split 3 bila je predviđena enklava usitnjene izgradnje na istočnom rubu zone Križine, za smještaj zamjenskih stambenih kapaciteta radi otkupa zemljišta u široj zoni.

Centar Koteks Gripe
Fotografija iz arhiva arhitekta Živorada Jankovića

tions, as well as architectural projects. The post-competition project study of the Split 3 housing project envisaged an enclave of low-rise buildings on the eastern edge of the Križine zone, intended to serve as replacement residential facilities for the purpose of a land buyout in the wider zone.

Rožić's standardized residential buildings – about 40 units in total (three- and four-storied and pitched-roofed with mission tiles) – could be connected to form twin buildings and rows. Their forms are balanced and rational, with references to traditional architectural elements. Today, the public spaces in this neighbourhood are jeopardized by unsupervised extensions and increases of car parking areas.

Almost 60 years ago, an urban-planning study of the Split city center was prepared, envisaging its expansion to the north. In 1958, architect Berislav Kalogjera, chief design engineer and team leader in the Urban Planning Institute, envisioned a modernist concept involving broad stretches of terrain and designed a new square in front of the theatre, along with the reconstruction of the fortification above Marmont's Street and the tearing down of the Jelaska house. Wide pedestrian communications led to the north, by the church of Our Lady of Health (across the torn-down eastern

Koteks Gripe Complex
Photo: architect Živorad Janković's archives

Rožićeve tipizirane stambene zgrade – ukupno 40-ak jedinica (tri i četiri etaže i kosi krovovi s kupom kanalicom) mogle su se povezivati u dvojne objekte i nizove, a bile su odmjereno i racionalno oblikovane s naznakama elemenata tradicijske arhitekture. Danas su javni prostori ovog naselja ugroženi nekontroliranim dogradnjama i povećanjima površina za parking.

Prije gotovo 60 godina bila je izrađena urbanistička studija splitskog gradskog centra i planirano njegovo širenje prema sjeveru. Glavni projektant i voditelj tima u Urbanističkom zavodu arhitekt Berislav Kalogjera predvidio je 1958. godine modernističko rješenje širokih poteza te formirao novi trg pred Kazalištem uz rekonstrukciju bedema iznad Marmontove ulice i uklanjanje kuće Jelaska. Široka pješačka komunikacija vodila je prema sjeveru uz crkvu Gospe od Zdravlja (preko uklonjenog istočnog dijela samostana) te je nizom manjih trgova – pjaceta i natkrivenih prolaza vodila do novog trga s komercijalnim centrom (pred današnjim Pomgradovim neboderom) i dalje nastavljala prema kružnoj prometnici. Najveće intervencije planirale su se na području Dobroga između kazališnog i komercijalnog trga pri čemu se nije vodilo računa o već izgrađenoj usitnjenoj strukturi premreženoj vlasničkim matricama. Tridesetak godina razrađivao se i revidirao ovaj prostorni koncept, testirao se prilično neuspješno i natječajem za regulaciju dijela središta grada – na Dobrome iz 1978. godine, dok nije konačno nakon idejnog rješenja dijela zone Slaven Rožić pristupio izvedbi novog samostana. Time je definitivno onemogućen produžetak Marmontove ulice, a na prostoru planiranog širenja centra izgrađena su čak tri samostanska sklopa. Rožić je bio autor Samostana na trgu Gaje Bulata i Samostana Sestara Milosrdnica na južnom dijelu planiranog komercijalnog trga.

Koteks, detalj kompleksa
Foto: Saša Šimpraga

Koteks, complex detail
Photo: Saša Šimpraga

part of the convent), continued in a series of smaller plazas (*pjacetas*) and roofed passageways to the new square with the commercial center (in front of today's Pomgrad skyscraper) and extended further towards a circular road. The biggest interventions were planned in the area of Dobri, between the theater and the commercial square, without regard to the ownership distribution of the existing low-rise structures. For some thirty years, this spatial concept was being elaborated and revised, even quite unsuccessfully tested through the Competition for the Regulation of a Part of the City Centre – Dobri of 1978, until finally, after the preparation of the preliminary design for a part of the area, Slaven Rožić began work on designing a new convent. This definitively prevented the extension of Marmont's Street, while the area of the planned city center expansion ended up containing no less than three convent complexes. Rožić designed the convent on Gajo Bulat's Square and the Convent of the Sisters of Charity in the southern part of the planned commercial square.

The third convent complex of the Handmaids of Charity (*Ancelle della Carità*) in Cyril and Methodius' Street, in the central part of this area, was designed by Ante Kuzmanić in 1995. All of these convents were built on proprietary land plots, whose previously developed parts were retained and reconstructed. This led to another surreal Split situation – the most thoroughly studied and generally accepted spatial intervention involving the expansion of public spaces and communications eventually materialized into completely introverted convent buildings connected by winding narrow streets and interrupted communications with the formerly developed parts of the commercial center on the north side of the area.

Koteks, detalj kompleksa
Foto: Saša Šimpraga

Koteks, complex detail
Photo: Saša Šimpraga

Treći samostanski sklop Sestara Službenica milosrđa (Ančela) u Ćiril-Metodovoj ulici, u središnjem dijelu ove zone izgradio je arhitekt Ante Kuzmanić 1995. godine. Svi su ovi samostani izgrađeni na vlasničkim parcelama uz zadržavanje i rekonstrukciju već izgrađenih dijelova. Tako se dogodila još jedna nadrealna splitska situacija – najprostudiraniji i općeprihvaćeni prostorni zahvat širenja javnih prostora i komunikacija naknadno je izgrađen potpuno introvertiranim samostanskim sadržajima povezanim krivudavim uličicama i potpuno prekinutim komunikacijama s već izgrađenim dijelovima komercijalnog centra na sjevernoj strani zone.

Franjevački samostan Gospe od Zdravlja izgrađen je 1987. godine na trgu Gaje Bulata, uz crkvu Lavoslava Horvata iz 1936. godine, na vrlo složenoj lokaciji u samom centru grada. Prizemlje sklopa u intenzivnom je dijalogu s urbanim i javnim okruženjem te su klasično organizirani samostanski prostori oko unutrašnjeg dvorišta podignuti na kat. Na složene zahtjeve ovih zadataka i potrebu ostvarivanja različitih kontekstualnih razina, arhitekt Rožić odgovorio je novim morfološkim i funkcionalnim rješenjima. Na svom prvom projektu sakralnog sadržaja uveo je čitav novi repertoar oblikovanja otvora i ploha pročelja koristeći kamen kao osnovni materijal. Kao i kod Koteksovog trgovačkog centra inzistirao je na visokoj zanatskoj razini završne obrade kontaktnih pješačkih površina. Možemo reći da je ova realizacija karakterizirana osobnim otklonima od kasnog modernizma prema sintetskim, regionalističkim i oblikovnim kategorijama postmodernističke provenijencije kojima će Rožić sustavno oblikovati svoje sakralne sadržaje u sljedećih 25 godina.

U drugom dijelu osamdesetih, s novostvorenim referencama dobro primljenog projekta Franjevačkog samostana, Rožić je u Urbanističkom zavodu radio tri neizvedena projekta prestižnih i zahtjevnih programa. Sva tri su bili izvan Splita, a sudbinu su im odredile promjene društveno-političkih okolnosti 1990. godine.

Vrlo kompleksan zadatak obnove arhitektonskog sklopa dubrovačke Pustijerne bio je predmet natječaja iz 1985. godine na kojeg je bio pozvan i splitski Zavod, a autorski tim su formirali arhitekti Slaven Rožić i Srđan Šegvić uz profesora Nevena Šegvića kao mentora. Temeljem rezultata natječaja i

The Franciscan monastery of Our Lady of Health was built in 1987 in Gajo Bulat's Square, next to a church by Lavoslav Horvat built in 1936, i.e. in a highly complex location in the very center of the city. The complex's ground level is in intense dialogue with the urban and public environment, while the classically organized monastery premises surrounding the inner courtyard have been raised to the upper floor. Rožić met the complex requirements of these tasks and the need for establishing different contextual levels with new morphological and functional solutions. In his first sacral project, he introduced an entirely new repertoire of forming facade apertures and surfaces by using stone as the basic material. As in the case of the Koteks shopping center, he insisted that the finishing works on the contact pedestrian surfaces exhibit high levels of craftsmanship. It can be said that these methods were characterized by his personal divergence from late modernism towards the synthetic, regionalist and formative categories of a postmodern provenance, which Rožić will systematically apply to his sacral works over the next 25 years.

In the second half of the eighties, having earned new references from the well-received Franciscan Monastery project, Rožić worked in the Urban Planning Institute on three unrealized projects with prestigious and demanding programs. All three were outside Split and their destiny was determined by the change of sociopolitical circumstances in 1990.

The intricate task of reconstructing the architectural complex in Dubrovnik's Pustijerna neighbourhood was the subject of a 1985 competition to which the Split Institute was also invited. Its authorial team was formed by architects Slaven Rožić and Srđan Šegvić, with professor Neven Šegvić as their mentor. Based on the results of the competition and the guidelines of a highly respectable jury, the team went on to elaborate the documentation and obtain the required approvals and permits, but the start of the Homeland War halted the planned reconstruction intervention.

His second project – a multifunctional complex of administrative municipality and public facilities on the coast of Ploče, was designed as an architectural elaboration of a part of the city center urban-development plan created by the Urban Planning Institute, for the location occupied today

uputa vrlo respektabilnog žirija ovaj tim je nastavio razradu dokumentacije, dobio potrebne suglasnosti i dozvole, ali je početak Domovinskog rata zaustavio planirani zahvat obnove.

Drugi njegov projekt – višefunkcionalni sklop administrativnih općinskih i javnih sadržaja na obali u Pločama, bio je projektiran kao arhitektonska razrada dijela urbanističkog plana gradskog centra izrađenog u Urbanističkom zavodu, na lokaciji na kojoj je danas Crkva Kraljice Neba i Zemlje. Model Rožićevog projekta prezentiran je predstavnicima Općinske uprave 1987. godine, a sadržavao je ekspresivnu konveksnu formu kao akcent središnjeg volumena primjeren javnom karakteru sadržaja i izuzetnoj lokaciji.

Treći Rožićev projekt iz kraja osamdesetih, iste nesklone sudbine, bio je Spomen-dom Prvi radnički savjet, tada projekt državnog značaja. Njegovom izgradnjom u centru Solina (na lokaciji na kojoj je danas zgrada Općinske uprave) trebalo je dostojno obilježiti izbor prvog radničkog savjeta u tadašnjoj državi, u tvornici cementa *Prvoborac* u Solinu 31. prosinca 1949. godine. Investitor je bila tvrtka *Dalmacijacement*, a dio dokumentacije (projekti instalacija) izrađivao se u Beogradu.

Projekt Hotela *Split* na Trsteniku, u sklopu izgradnje turističkih smještajnih kapaciteta visoke kategorije za Prvenstvo Europe u atletici 1990. u Splitu, Rožić je radio od 1988. godine s arhitektom Emilom Šverkom, kolegom iz Zavoda. Složen arhitektonski koncept zakrivljenih kontura ocijenjen je riskantnim za izgradnju u traženim vrlo kratkim rokovima, tako da je hotel izgrađen prema racionalnijem i manje zahtjevnom projektu tvrtke Lavčević. Nakon rata, u drugoj polovini devedesetih, Rožić je projektirao i pratio izvedbu svoja tri sakralna sadržaja. Izgradnja Župne crkve sv. Liberana na Mejašima u Splitu trajala je od 1994. do 2004. godine, a izgradnja Crkve Gospe u Siti u Strožancu u općini Podstrana od 1997. do 2007. godine. Oba projekta nastaju u nereguliranim naseljima usitnjene stambene izgradnje, a njihovo naglašeno oblikovanje s betonskim krovnim ljuskama i cilindričnim volumenima uz već poznati Rožićev registar dizajniranja otvora, prizivaju gotovo srednjovjekovni prostorni odnos niskog naselja i moćnog crkvenog volumena.

by the Church of the Queen of Heaven and Earth. The model of Rožić's project presented to the representatives of the Municipal Government in 1987 contained an expressive convex form which accentuated the central volume, in a manner which suited the public character of the building and its exceptional location.

Rožić's third project from the end of the eighties, which met with the same adverse fate, was the Memorial Hall of the First Workers' Council, at the time a project of national significance. Its realization in the center of Solin (at the present location of the Municipal Government building) was intended to commemorate the election of the country's first worker's council in the *Prvoborac* cement plant in Solin on 31st December 1949. The investor was the *Dalmacijacement* company and a part of the documentation (the piping and wiring scheme) was prepared in Belgrade.

In 1988, together with Emil Šverko, a colleague from the Institute, Rožić began work on designing the *Split* Hotel in the Trstenik neighbourhood, as part of the project of building high-category tourist accommodation capacities for the European Athletics Championship, to be held in Split in 1990. However, since their complex architectural concept based on curved contours was deemed too risky for building within the required tight deadline, the hotel was ultimately built based on a more rational and less demanding design of the Lavčević company.

After the war, in the second half of the nineties, Rožić designed three sacral facilities and supervised their construction. The St. Liberan Parish Church in the Mejaši neighbourhood in Split was built from 1994 to 2004, while the Church of Our Lady in Sita in Strožanac, Podstrana municipality, was built from 1997 to 2007. Both projects were realized in unregulated areas with low-rise housing developments and their emphatic design, featuring concrete roofing and cylindrical volumes, in addition to Rožić's already recognized register of aperture designs, evokes the almost medieval spatial relation between the low-rise settlement and the towering church volume.

Construction of the third sacral complex – the Convent of the Sisters of Charity of St. Vincent de Paul in Dobri in Split – started in 1996 and the

Treći sakralni sklop – Samostan Družbe sestara milosrdnica sv. Vinka Paulskog na Dobrome u Splitu započet je 1996., a posvećen 2014. godine. Ovaj samostanski kompleks organiziran je na južnom dijelu trga komercijalnog centra prema studiji iz 1958. godine i prislonjen na zgradu banke arhitekta Vuke Bombardellija. Slično rješenje s podizanjem klaustarskog dvorišta na kat kao kod Franjevačkog samostana oslobodilo je južno prizemlje sklopa za uslužne i trgovačke sadržaje, a na sjevernoj strani, na trg je orijentirana manja kapela. Glavni oblikovni akcent, prisutan u širem prostoru, je postmodernistička kupola s nizom otvora koja ostaje kao znak vremena društvenih i kulturnih te osobito arhitektonskih previranja na prijelazu stoljeća. Detaljnu zanatsku razradu ovog projekta, svog posljednjeg, intenzivno je pratio Slaven Rožić, unatoč već narušenom zdravlju. Nedugo nakon posvećenja samostana umro je u Splitu 2015. godine.

Arhitekt Rožić bio je istaknuti član splitskog Društva arhitekata, naslijedio je Franu Gotovca na mjestu predsjednika obnovljenog Društva (1990.–1992.) te bio stalni sudionik u svim strukovnim aktivnostima i tematskim raspravama te član ocjenjivačkih sudova splitskih natječaja. Nagradu *Jadrankamena* za primjenu kamena u cjelovitom arhitektonskom opusu Slaven Rožić dobio je 2009. godine uz obrazloženje kako je njegovim projektima predviđeno korištenje kamena uvijek bilo u bogatom nizu varijacija tradicijskog i zanatskog iskustva, ali i brojnih tehnoloških i oblikovnih inovacija.

Sretan spoj vlastitog arhitektonskog sazrijevanja i vremena koje je razvijalo senzibilitete za potvrđena iskustva mediteranskog graditeljskog nasljeđa, za Slavena Rožića dogodio se unutar složenog i organiziranog sustava splitskog Urbanističkog zavoda, u kojem je arhitektonski odjel djelovao simultano i umreženo s planerskim i posebno odjelom za graditeljsko nasljeđe, odnosno stručnjacima gradskog Zavoda za zaštitu spomenika kulture. Ova poticajna radna sredina s izbalansiranim spojem iskustva arhitektonskih bardova i energije mladih snaga, pomogla je arhitektu Rožiću da svojim projektima i realizacijama, unatoč oscilacijama, zauzme značajno mjesto u nizu graditelja koji su svojim radom visoko pozicionirali grad Split na grafikonima arhitektonske uspješnosti hrvatskog i mediteranskog prostora.

object was consecrated in 2014. Based on a 1958 study, this convent complex was built in the southern part of the commercial-center square and it leans against the bank building designed by Vuko Bombardelli. A solution similar to that applied to the Franciscan Monastery, that of raising the cloister yard above the ground floor, made the southern part of the complex's ground floor available for service and commercial facilities, while the northern part contains a small chapel oriented towards the square. The main formational accent, with regard to the wider area, is the postmodern dome with a row of apertures, which remains a symbol of social, cultural and, particularly, architectural turmoil at the turn of the century. Despite his damaged health, Slaven Rožić supervised the detailed craftsmanship aspects of this project, which was to be his last. He died in Split in 2015, soon after the consecration of the Convent.

Rožić was a prominent member of the Split Architects' Association, succeeding Frano Gotovac as president of the revived Association (1990–1992), and a regular participant in all the professional activities and topical discussions, as well as a member of various panels of judges on competitions in Split. In 2009, Slaven Rožić received the *Jadrankamen* award for the use of stone in his architectural oeuvre, with the explanation that the intended uses of stone in his projects were always within an ample range of variations on traditional and craft experience, but also of numerous technological and design innovations.

For Slaven Rožić, the happy confluence of his own professional growth as an architect and a time of development of a sensibility for the renowned experiences of the Mediterranean architectural heritage took place within the complex and organized system of the Split Urban Planning Institute, whose architectural department functioned simultaneously and in concert with the planning and, especially, the architectural heritage departments, as well as with the experts from the city Institute for Protection of Cultural Monuments. This stimulative work environment, with the balanced combination of the experience of architectural bards and the energy of young professionals, enabled the projects and realizations of architect Rožić to assume, in spite of the oscillations in his work, an important place amongst a number of architects whose work contributed to placing the City of Split high on the charts of architectural success in Croatia and the Mediterranean.

Centar Koteks Gripe
Foto: Duška Boban

Koteks Gripe Complex
Photo: Duška Boban

Filip Kobzinek

SLAVEN ROŽIĆ: ARHITEKT DOBRIH NAMJERA

Filip Kobzinek

SLAVEN ROŽIĆ: AN ARCHITECT WITH GOOD INTENTIONS

Slaven Rožić jedan je od arhitekata koji su unatoč sveprisutnosti slabo poznati. U Splitu, njegova ostvarenja determiniraju neke od najvažnijih prostora, a s izuzetkom kompleksa Koteks Gripe, gotovo da ga se ne spominje u pregledima arhitekture i urbanizma toga grada. Njegov strukovni angažman učinio ga je poznatim imenom među arhitektima, ali njegova djela ne stvaraju sljedbenike.

Rožićev opus gotovo da nije teorijski obrađen, a metode i pretpostavke njegovog rada javnosti ostaju nepoznate. Njegova djela formom iskazuju pripadnost mediteranskom kontekstu, ali reference, koncept i ostalo na čemu se bazira neka zgrada nisu poznati. Kako je arhitektura djelatnost koja ostavlja materijalne tragove, provjerljive u prostoru i vremenu, te kako su Rožićeva najpoznatija djela gradotvornog karaktera, najbolji pristup autorovoj poetici bilo bi sagledavanje utjecaja i efekata na korisnike i pješake koje Rožićevi gradski reperi ostvaruju.

Sportsko-trgovački centar Koteks njegovo je najpoznatije djelo. Kompleksom dominira bijela boja kao jedna od kvaliteta, skladno nadopunjujući splitski kolorit. Prostor je projektiran integralno, s mnoštvom javnih površina te naglašenim plasticitetom u oblikovanju. Projektiranje osnovnim geometrijskim volumenima, inspirirano brutalizmom i metabolizmom, tih je godina u Hrvatskoj doživjelo zenit s par amblematskih i kvalitetnih primjera poput djela iz opusa Radovana Tajdera (osnovne škole u Kutini, Zagrebu i Zaprešiću) te Borisa Krstulovića (Elektroslavonija u Osijeku te Elektra u Varaždinu).

Ozelenjene terase i jaki kontrasti svjetla i sjene mediteranski su motivi, što se nažalost ne može reći za urbanu kvalitetu ansambla. Provedba ideje o životu i kupovini na suncu i zraku kao koncepta trgovačkog centra ostala je na razini dobre namjere. Cijeli obod kompleksa neadekvatno je povezan na urbanu matricu susjedstva što ga čini neprohodnijim u svim smjerovima, a time i nepoželjnim za duži boravak i prolaznicima i obrtima. Jugoistočni ugao kompleksa visinski je distanciran od ulice i na njemu se pješačka komunikacija može vršiti isključivo obodno. Zelena površina, omeđena visokim betonskim zidovima, pješake distancira od kompleksa i komplicira komunikaciju.

Slaven Rožić is one of those architects who have remained obscure in spite of their omnipresence. Although his works define some of the most significant spaces in Split, other than in the context of the Koteks Gripe complex, he is almost never mentioned in architectural and urban-planning overviews of the city. His professional activity has made him a household name among architects, but his works do not create followers.

Rožić's oeuvre is almost entirely theoretically unanalyzed and the methods and postulates of his work have remained unknown to the public. In terms of form, his works belong to the Mediterranean context, but their references, concepts and other basic architectural elements are unknown. Seeing that architecture is an activity which leaves material traces, verifiable in space and time, and that Rožić's best-known works are urbanistic in character, the best approach to the author's poetics would be to observe the impact and effects of Rožić's urban landmarks on their users and pedestrians.

The Koteks sports and commercial center is his best-known work. One of its qualities is its dominant white color which harmoniously complements the Split color scheme. The area is designed as an integral unit, with many public spaces and pronounced plasticity of form. At the time, design which used basic geometric volumes, inspired by Brutalism and Metabolism, was at its peak in Croatia, with several emblematic and high-quality examples, such as certain works from the oeuvre of Radovan Tajder (elementary schools in Kutina, Zagreb and Zaprešić) and Boris Krstulović (the Elektroslavonija building in Osijek and the Elektra building in Varaždin).

Although Koteks' green terraces and strong contrasts of light and shade are Mediterranean motifs, unfortunately, the urban quality of the ensemble cannot be said to belong in the same context. The realization of the idea of living and shopping in the sun and air, as a concept for the shopping center, remained only a good intention. The entire brim of the complex is inadequately connected to the urban matrix of the neighbourhood, which makes it impenetrable in all directions, and thereby less inviting for a longer stay, both to passers-by and businesses. The elevation of the south-east corner of the complex distances it from the street, while pedestrian communication on it is only possible along its brim.

Centar Koteks Gripe
Fotografija iz arhiva arhitekta Živorada Jankovića

Koteks Gripe Complex
Photo: architect Živorad Janković's archives

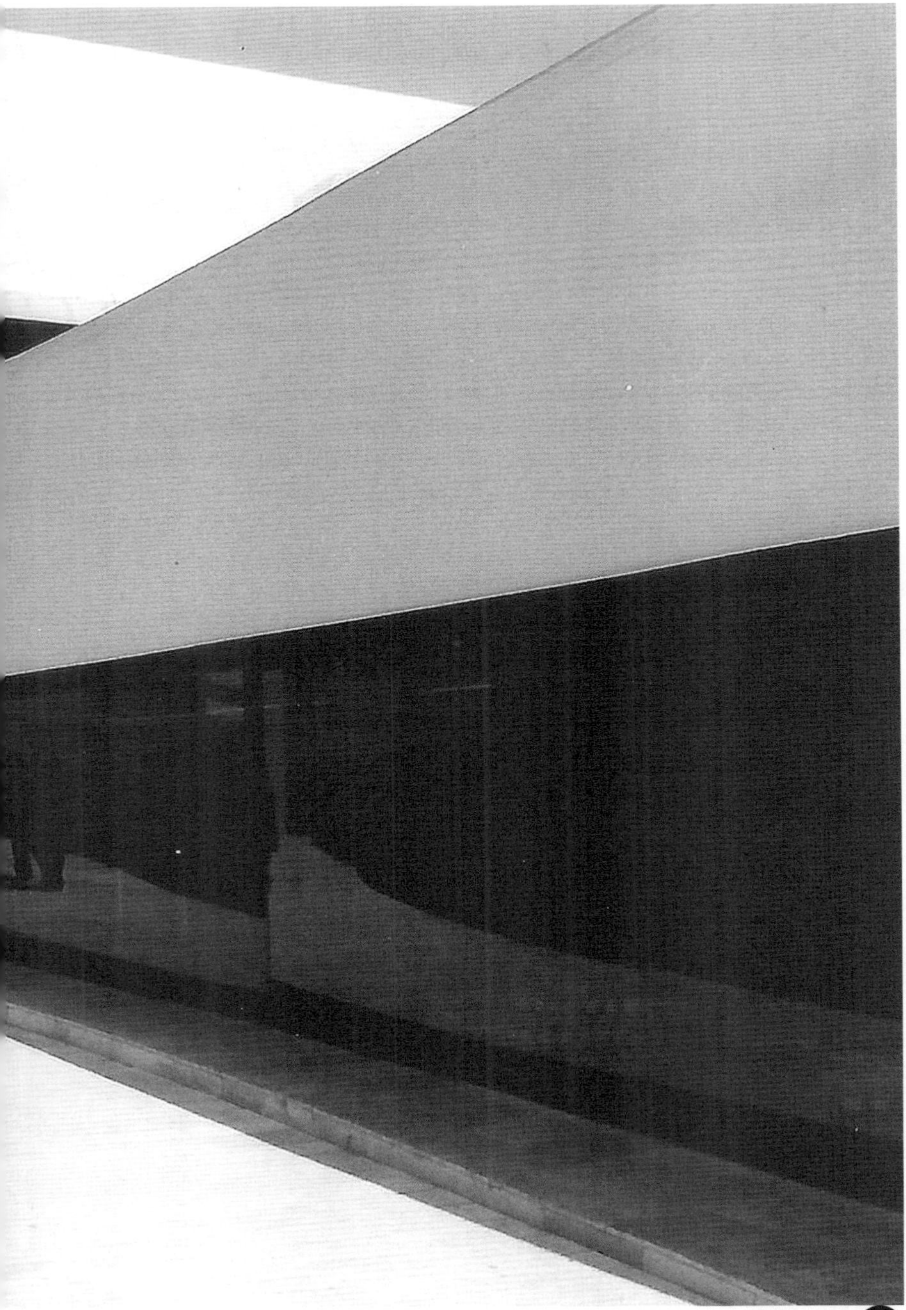

Sportska dvorana koja iz daljine poziva pješaka postaje nedostupna, jer komunikacije su na ovoj lokaciji jasne isključivo kao kompozicija u petoj fasadi, umjesto u razini pješaka koji doslovno mora pronalaziti put uokolo do ulaza u dvoranu. Terasa bez ikakve funkcije podbacuje čak i kao mediteranski element, jer karakteristika Mediterana nije ostavljanje plodne zemlje neiskorištenom smetnjom. Putujući Ulicom slobode od sjevera prema jugu, Koteks se gubi u arhitekturi okoline i ne doima se kao bitan prostor; samo pješački most sugerira da se u blizini događa nešto zanimljivo. Taj je most jedan od boljih urbanih momenata projekta. Cijeli kompleks se svojom arhitekturom utkao u život grada samo na raskrižju Ulica slobode i Matice hrvatske, gdje je pozicioniran ulazni trg, gdje je koncentrirana sva kvaliteta i gdje je početak jedine prave komunikacije kroz kompleks. Sa stajališta na trgu, pred korisnikom se u planovima prema vrhu brijega redaju volumeni Koteksa, s logičnim završetkom važne javne zgrade – sportske dvorane. Ovdje sve komunikacije još djeluju logičnima i vođenima.

Dvorana Gripe
Foto: Neli Ružić

Gripe Sports Hall
Photo: Neli Ružić

The green area, enveloped by high concrete walls, distances the pedestrians from the complex and complicates communication. Inviting from a distance, the sports hall eventually becomes inaccessible to pedestrians, since the communications in this location are only clear as a composition on the fifth facade, instead of on the level of pedestrians, who literally have to search around for the entrance to the hall. Without any definite function, the terrace falls short even as a Mediterranean element, seeing that turning fertile ground into an unused obstruction is not a Mediterranean characteristic. Traversing Freedom Street (*Ulica slobode*) from the north southwards, one sees Koteks disappear into the surrounding architecture, hardly seeming an object of importance; only the pedestrian bridge suggests a potentially interesting area in its vicinity. Indeed, the bridge is one of the more accomplished urban features of the project. The only place where the architecture of the complex is woven into the life of the city is the intersection of Freedom Street and Matrix Croatica Street (*Ulica Matice hrvatske*), i.e. the location of the entrance square, where all the quality is concentrated and the only adequate communication through the complex begins. From the vantage point of the square, the user can see Koteks' volumes lined up in planes towards the top of the hill, logically ending with an important public building – a sports hall. From here, all communications still appear logical and well-organized.

Gildo Bavčević: *Balans bijele*, performans, video still
Video: Roko Birimiša, 2017.

Gildo Bavčević: *White Balance*, performance, video still
Video: Roko Birimiša, 2017

Nalijevo, terasasto Rožićevo rješenje padine skladno lebdi nad trgom. Terase su vidljivo utkane u pješačku mrežu grada, osim piramide na vrhu u koju je ulaz sakriven sa stražnje strane. Desno je volumen sa slastičarnom, a koji svojom duljom stranom oživljuje ulicu. Između je kompozicija stepenica i rampi načelno dinamizirana valjkom robne kuće postavljenim u središte svih komunikacija. Oblikovanjem ostavlja pomalo sakralan ugođaj, a dojam samostalnog volumena umanjuje se kako mu se približavamo i shvaćamo da je to samo segment robne kuće, a ne cjelina. Na samom vrhu suvereno lebdi dvorana; njezina je važnost u prostoru iskazana moćnom krovnom konstrukcijom od monumentalnih betonskih greda, kvalitetno recikliranoj s neizvedenog Rožićevog projekta Spomen-doma na starom Hajdukovom igralištu. Saturacija oblicima i uzbuđenje prostorom penju se prema vrhuncu kako se korisnik penje prema dvorani, da bi pri vrhu ovi osjećaji naglo splasnuli. Na kraju stepenica jasno vođenje korisnika rasplinjuje se u više mogućnosti, od kojih su privlačne jedino trgovačke terase ali su okrenute suprotno od dvorane kao fokusa interesa. Glavni smjer kretanja trebao bi biti preko trga natkrivenog pregustim i preniskim pergolama, što prostor čini mračnim i nelagodnim. Na drugoj strani trga je skalinada kao element vođenja, ali želju da se tamo krene prekidaju pergole koje zaklanjaju pogled na prostor u koji se vodi. Ako prođemo ovim pustim prostorom bez korisnika i sadržaja, te se popnemo stepenicama na sjeverni plato, od logičnog vođenja nije ostalo ništa; umjesto spoja kompleksa na Vukovarsku ulicu kao važnu gradsku cestu, dogodila su se skretanja i preusmjeravanja staza bez jasnoće. Da li je ovakvo rješenje želja arhitekta ili produkt realnih okolnosti u prostoru, ostaje nepoznanica.

Centar Koteks Gripe
Foto: Duška Boban

Koteks Gripe Complex
Photo: Duška Boban

To the left, Rožić's terraced design of the slope neatly hovers above the square. The terraces are visibly integrated into the city's network of pedestrian routes, apart from the pyramid on the top, whose entrance is hidden in the back. To the right, there is a volume with a confectionery, whose longer side invigorates the street. In between is a composition of stairways and ramps, meant to be dynamized by the cylindric shape of the department store placed in the center of all the communications. The shape evokes a somewhat sacral atmosphere, whereas the initial impression of an independent volume diminishes as one comes closer to it, realizing that it is just a segment of the department store, rather than the entire structure. On the very top, the hall is poised majestically; its importance in space is expressed with a robust roof structure of monumental concrete girders, a masterfully repurposed design originating from Rožić's unrealized project of the Memorial Hall on the old Hajduk football field. The saturation with shapes and delight with space rise towards their culmination as the user climbs his way to the hall, only to abruptly subside at the top of the structure. At the top of the stairway, the user's clear path is dispersed into several possible routes, the only attractive one of which leads to the stores' terraces that are, however, built to face away from the hall as the focus of interest. The route envisioned as the main one leads across the square covered by overly dense and too low pergolas that make the space dark and uncomfortable. On the other side of the square, there is a flight of stairs as a guiding element, but the desire to go there is thwarted by pergolas blocking the view of the space into which the stairs lead. If one does venture into this space without users and content and climbs the stairs to the northern platform, they will discover that the function of logical guid-

Centar Koteks Gripe
Fotografija iz arhive Živorada Jankovića

Koteks Gripe Complex
Photo: architect Živorad Janković's archives

Kompleks Koteks Gripe nesumnjivo je važan dio grada, u kojem su prisutne mnoge mediteranske teme. Nažalost, ostvarenje pokazuje da su mnoge teme implementirane načelno, a ne stvarno. Očigledni nedostaci uzrokovali su da prostor zaživi na suprotan način od želja autora. Noću, kad nitko onuda ne prolazi ako baš ne mora, Koteks postaje okupljalište mladih, kojima odgovara arhitektura s puno skrovitih kutaka i složenih komunikacija gdje mogu neometano boraviti ili se brzo izgubiti ako treba. I to je dobro. Izgrađena arhitektura lako pronalazi nove korisnike i nov način na koji živi. Kompleks Koteks Gripe je Rožićev najznačajniji prostorni doprinos Splitu.

Sljedeći važan Rožićev projekt izgrađen je sredinom osamdesetih u strogom centru grada na sjevernoj strani Trga Gaje Bulata: Franjevački samostan uz poznatu crkvu Gospe od zdravlja Lavoslava Horvata. Trg Gaje Bulata važan je gradski prostor čija je složena geneza rezultirala neskladnom i konfuznom kompozicijom zgrada različite arhitektonske uspješnosti. Sama lokacija samostana nalazi se na početku neostvarene ambiciozne ekstenzije Marmontove ulice prema sjeveru poluotoka, prema konceptu Berislava Kalogjere. Time je samostan negirao bilo kakvu mogućnost ostvarenja ovog za Split potrebnog komunikacijskog pravca. Građevina je nastala na južnoj strani povijesnog predgrađa Dobri koje karakterizira izgradnja sitnih kućica s interpolacijama velikih sadržaja. Samostan je uvučen u odnosu na građevnu liniju zgrada na sjevernoj strani Trga Gaje Bulata čime je spriječeno gubljenje prepoznatljivog volumena crkve Gospe od zdravlja unutar bloka, ali novo zdanje sigurno nije pridonijelo umirivanju kakofonije trga.

Franjevački samostan u centru Splita
Foto: Jelena Katavić

Franciscan monastery in the city center
Photo: Jelena Katavić

ance has been entirely abolished there; instead of connecting the complex with Vukovar Street (*Vukovarska ulica*) as an important city route, the path develops into a series of inarticulate turns and changes of direction. Whether this solution was the architect's original intention or the product of existing spatial circumstances, remains unknown.

The Koteks Gripe complex is undoubtedly an important part of the city and contains many Mediterranean themes. Unfortunately, a lot of them were only implemented in principle, rather than in fact. On account of its obvious flaws, the space is used in a manner quite contrary to its author's intention. At night, when nobody passes through it unless they really have to, Koteks becomes a meeting point for the city's youth, who are comfortable with an architecture featuring many hidden corners and complex communications, where they can freely gather or quickly hide, if needed. And that is just as well. The architecture easily finds new users and new modes of persisting. The Koteks Gripe complex is Rožić's most significant spatial contribution to Split.

Another important Rožić's project was built in the mid-eighties in the strict city center, i.e. in the northern part of Gajo Bulat Square (*Trg Gaje Bulata*): a Franciscan monastery next to the famous church of Our Lady Of Health by Lavoslav Horvat. Gajo Bulat Square is an important city area whose complex genesis is the result of a discordant and incoherent composition of buildings of different levels of architectural quality. The monastery is locat-

Franjevački samostan u centru Splita
Foto: Saša Šimpraga

Franciscan monastery in the city center
Photo: Saša Šimpraga

Najznačajnija kvaliteta zgrade je aktivan odnos prizemnih poslovnih prostora s ulicom; ovaj neobičan element nekog samostana koji su po definiciji zatvoreni sustavi hvalevrijedan je pokušaj doprinosa teatru ulice koji je uspio donekle zaživjeti tek nakon par desetljeća. Samostan je zbog ovakvog prizemlja odignut na kat. Na uličnom pročelju zgrada je podijeljena u dvije mase, kamenu i betonsku, koje svojim tretmanom pročelja ne iskazuju funkciju a time ni razlog ovakve odluke. Tek u petoj fasadi možemo zaključiti da kameni korpus zgrade proizlazi iz tradicionalnog stereotipnog oblikovanja samostana kao strogog volumena oko klaustra dok je betonski dio zgrade zapravo adicija „suvremenosti" na preostalom trokutnom segmentu parcele do Ćirilometodske ulice. Južno pročelje okrenuto prema trgu Gaje Bulata oblikovano je naizgled tradicionalno citirajući kamenu arhitekturu okolice, ali opet samo načelno. Građevinski materijali, pa tako i kamen, imaju svoju tehniku i logiku korištenja, što nije dosljedno provedeno u tretmanu pročelja – nad prozorima nema greda koje prenose opterećenje, ugaona rustika izvedena je od lijepljenih, strojno rezanih ušminkanih kamenih ploča itd. Slobodno interpretiranje arhitektonskih elemenata bilo je prihvatljivo u razdoblju postmoderne, i kamena rustika može se promatrati kao referenca na arhitekturu regije, dio kolaža kulture, ali cjelokupan dojam zgrade nije kolažni već konglomeratski, nakupina arhitektonskih i građevnih motiva i prostornih sekvenci. Ironično, istočno krilo oblikovano u betonu ima nadprozorne grede, koje u ovom slučaju služe kao zaštita od sunca. Beton istočnog krila voluminoznošću evocira Koteks. Ipak, Koteks čak i kad je težak djeluje lagano, dok velike betonske konzole, mali broj prozora i fasetiranost zidnog plašta djeluju neugodno u kaleti ispod. Ugao trga i Ćirilometodske ulice riješen je jednom takvom konzolom; potencijal projekta i mikrolokacije poništeni su baš na ovoj točki, gdje je tema ugla i čvorišta bila više nego potentna ali je zanemarena, a ostvarena je velika konzola nad dubokim slijepim kutem koji danas služi kao skupocjena nadstrešnica za kontejnere i povremeno parkiranje dostavnih vozila. Jedna od najboljih odluka projekta, koja sasvim sigurno govori pozitivno o Rožiću, je odnos prema crkvi Lavoslava Horvata koju ne prati ni konceptualno ni oblikovno, i koju ostavlja kao prostornu dominantu.

Rožićev opus od 1990-ih do njegove smrti uvelike su obilježila sakralna zdanja.

ed at the beginning of an unrealized ambitious extension of Marmont Street (*Marmontova ulica*) towards the north of the peninsula, according to the concept by Berislav Kalogjera. This position of the monastery forestalled any possibility of realizing the latter communication route, much needed in Split. The building was constructed in the southern part of the historical Dobri suburb characterized by small houses with large interpolated structures. The monastery is drawn in with respect to building line of the northern part of Gajo Bulat Square, which has prevented the disappearance of the recognizable volume of the church of Our Lady Of Health inside the block, but the new edifice surely has not contributed to alleviating the square's cacophony. The most significant advantage of the building is the active relationship of its ground-floor commercial premises with the street; this unusual element of a monastery – which is, by definition, a closed system – is a praiseworthy attempt at contributing to the theater of the street, which, however, took several decades to come to life. Given that the ground floor was assigned such a purpose, the monastery was raised to the floor. On the street front, the building is divided into two masses, a stone and a concrete one; however, the front's treatment does not justify the purpose or the reason for such a division. Only upon observing the fifth facade can one conclude that the stone corpus of the building has its provenance in the traditional stereotypical shaping of the monastery as a rigid volume surrounding the cloister, while the concrete part of the building is, in fact, a "contemporary" addition on the remaining triangular segment of the land plot leading up to Cyril and Methodius Street (*Ćirilometodska ulica*). The south facade that looks out to Gajo Bulat Square was formed seemingly traditionally, by referencing the stone architecture of its surroundings, but again – only in principle. Namely, construction materials, and therefore stone as well, have their own methods and logic of use, which was, in this case, inconsistently implemented in the treatment of the facade – e.g. the window frames and corner rustication were constructed using ostentatious glued, machine-cut stone panels etc. Although the free interpretation of architectural elements was acceptable in the postmodern period, and therefore the stone rustication can be seen as a reference to the architecture of the region, a part of the cultural collage, the overall impression of the building is not one of a collage but a conglomerate, a cluster of architectural and building motifs and spatial sequences. Ironically, the concrete east wing

Novija splitska predgrađa koja su niknula na brežuljcima u korijenu splitskog poluotoka, karakterizira divlja izgradnja nastala kao posljedica brze urbanizacije. Ovi kvartovi počeli su nastajati još u vrijeme postojanja respektabilne industrije, koju je pretjecao porast stanovništva u gradovima. Takvi su kvartovi često bili bez osnovne infrastrukture ili su je dobili puno kasnije. Jedan od takvih splitskih naselja su Mejaši, gdje je Slaven Rožić od 1994. do 2004. projektirao i izgradio župnu crkvu Sv. Spasa. Crkva je nastala u valu rapidne izgradnje crkvi i kapela u Hrvatskoj nakon promjene društvenog sustava devedesetih. Rezultati redovito nisu bili dobri, a sakralni su objekti često građeni na lokacijama predviđenim za druge društvene sadržaje.[1]

Crkva Svetog spasa izgrađena je na vrhu brda, iznad krovova kuća, što je čini vidljivom iz daleka. Njen prepoznatljivi oblik broda oblikovanog kao ljuska paraboloidnog presjeka čini je pamtljivim prizorom na samom ulazu u grad. Iz daljine, cjelina i elegancija njenog plašta na mediteranskom suncu evociraju betonske ljuske južnoameričkih arhitekata u sličnom klimatološkom kontekstu. Odnosno, evocirala bi, da odmah kraj elegantne tanahne ljuske nije projektiran glomazni zvonik koji svojom masivnošću nabija vizualnu buku i unosi nesklad u neposrednu blizinu crkvenog broda. Na tornju, element elegantne parabole zamijenjen je elementom teškog debelog luka koji nikako ne uspijevaju uspostaviti uzajamni dijalog. Lukovi zvonika ujedno su njegova kruna, te su dodatno naglašeni prstenom debelog vijenca koji dodaje vizualnu težinu na ovaj zdepasti volumen. Što se više približavamo crkvi, počinjemo primjećivati da ljuska broda nije čista kako je

Crkva sv. Spasa na Mejašima
Foto: Jelena Katavić

The Church of Holy Salvation, Split, Mejaši neighborhood
Photo: Jelena Katavić

has window lintels, which in this case function as protection from the sun. The voluminosity of the concrete making up the east wing evokes Koteks. Nevertheless, even when heavy, Koteks seems light, while the large concrete cantilevers, the small number of windows and the faceted character of the wall envelope appear out of place in the alley below. The design of the corner of the square and Cyril and Methodius Street features such a cantilever; the potential of the project and the microlocation was quashed precisely in this point, where the theme of the corner and the intersection would have been more than potent had it not been neglected. Instead, a big cantilever was built above a deep blind spot, which today functions as an expensive roof for garbage containers and an occasional parking area for delivery vehicles. One of the best decisions within the project, which undoubtedly speaks in Rožić's favor, is that on the relationship with the church by Lavoslav Horvat, which the project does not follow either conceptually or with regard to form, leaving it instead as a spatial dominant.

Rožić's oeuvre from the 1990s to his death consisted predominantly of sacral buildings.

The newer Split suburbs which sprang up on the hills connecting the Split peninsula to the mainland are characterized by illegal settlements, which occurred as a result of rapid urbanization. These neighbourhoods started developing already during the times of a thriving industry in the city, which was being overtaken by urban population growth. Such neighbourhoods often lacked basic infrastructure or got it only after a long while. One of such Split neighbourhoods was Mejaši, where Slaven Rožić designed and built the parish Church of Holy Salvation, from 1994 to 2004. The church was built in a wave of rapid construction of churches and chapels in Croatia, which came after the change of the social system in the nineties. The results of this wave were regularly unsatisfactory and the sacral structures were often built on locations planned for other social facilities.[1]

The Church of Holy Salvation was built on top of a hill and rises above the surrounding rooftops, which makes it visible from afar. The recognizable shape of its nave, that of a shell with a paraboloid cross-section, makes it a memorable sight on the very entrance to the city. From a distance, in the

djelovalo na prvu, već su na bočnim stranicama probijeni prozori u obliku manjih parabola. Tek kad dođemo do crkve, primjećujemo bazu zgrade koju čini nekoherentna nakupina raznih trodimenzionalnih izvedenica parabole. Od hiperklastera parabola jedinstvo arhitektonskog djela izostaje, a od potencijala koji ljuska broda elegantno najavljuje izdaleka nije ostalo ništa. Jedinstveni element koncepta i izgradnje – umjesto zajedničkog motiva svih aspekata zgrade – postao je razlog razjedinjenosti. Crkva sv. Spasa je svojom nekoherentnošću unazadila Mejaše; susjedstvu nije ponudila kvalitetu nego je još više naglasila nered kvarta u kojem dominira ilegalna izgradnja. Predmetna lokacija imala je mnogo potencijala koji je u potpunosti negiran izgradnjom ovog projekta.

I posljednje djelo Slavena Rožića, samostan sv. Vinka Paulskog, je sakralnog karaktera. Zgrada je također nastala na neostvarenoj pješačko-trgovačkoj osi kroz Dobri kao i Franjevački samostan. Lokacija je omeđena modernističkim gradskim trgom na sjeveru te planiranim produžetkom Manđerove ulice na jugu. Sam Rožić lokaciju opisuje kao „zonu gdje se sudaraju u vremenu različiti arhitektonski izrazi, dok građevinski volumeni na kojima su isti realizirani uopće ne surađuju, dapače doimlju se više kao stihija nego kao suvislo građenje.“[2] Rožić također spominje potrebnu „purifikaciju“ od nekvalitetne izgradnje i „urbanističku korekciju“[3] predmetnog prostora. Svojim djelom „nastoji pomiriti te antagonizme u prostoru“.[4] Arhitekt je u pravu kad govori o stihiji građenja na Dobrome. Od splitskih po-

Samostan sv. Vinka Paulskog
Foto: Jelena Katavić

The convent of St Vincent de Paul
Photo: Jelena Katavić

Mediterranean sun, the completeness and elegance of its envelope evoke the concrete shells designed by South American architects in a similar climatic context. Or rather, they would evoke them, if a bulky spire had not been designed right next to the elegant gauzy shell and if, consequently, the spire's massiveness did not build up visual noise and introduce discord in the immediate vicinity of the church nave. On the spire, the elegant parabolic element was replaced with a heavy thick arch which fails to establish dialogue with it. The spire's arches are also its cornice and are additionally emphasized by thick eaves, which add visual weight to this bulky volume. As one gets closer to the church, they start to notice that the shell of its nave is not blank, as it appears at first, but that its sides are pierced by windows in the shape of small parabolas. Only when one reaches the church, they notice the base of the building, which consists of an incoherent cluster of various three-dimensional forms derived from the parabola. The unity of this architectural work is disrupted by the hypercluster of parabolas, and nothing remains of the potential which the shell of the nave elegantly intimates from afar. Thus, instead of being the common motif of all the aspects of the building, the element unifying the concept and its realization becomes the agent of disunity. The incoherence of the Church of Holy Salvation degraded Mejaši; instead of offering quality to the neighbourhood, it only emphasized further its disorder, dominated by illegal building. The abundant potential of the church's location was completely negated by this project's realization.

The last work of Slaven Rožić, the convent of St Vincent de Paul, is also sacral in character. Like the Franciscan monastery, the building is also located on the unrealized pedestrian and commercial axis through Dobri. The location is limited by the modernist city square in the north and the planned extension of Manđer Street (*Manđerova ulica*) in the south. Rožić himself described the location as "a zone where different architectural expressions collide in time, while the building volumes through which they are realized are not in the least harmonized; on the contrary, they appear more as haphazard than coherent construction."[2] Rožić also mentioned the need for the "purification" of the space in question from low-quality buildings and an "urban-planning correction"[3] of it. His work was "an effort to reconcile these spatial antagonisms".[4] The architect was right when talking about

vijesnih predgrađa, Dobri je prošao kroz najgore transformacije i rušenja. Rožićevo ostvarenje, kao i u slučajevima prije, pokazuje njegovo opširno znanje i upućenost, ali rezultat izostaje. Dapače, samostan sv. Vinka unio je u hektičan prostor Dobroga dodatnu entropiju. Pregršt materijala i oblika poništava tezu o purifikaciji. Prevelika masa zgrade iznad kala negira „urbanističku korekciju". Postmodernistička kupola, koja se kao vizualna dominanta nameće i na lokaciji i u vizuri grada, nije rješenje prostornog rusvaja, ali služi kao svjetionik za ljude da ga dođu pogledati. Stranim volumenom, materijalima i dominantnim postavom ne usklađuje zatečene volumene, niti pridonosi kvaliteti ulice i ponude sadržaja. Autorova želja bila je „postići utisak da je iako sve novo negdje u podsvijesti to već negdje ispričano (Rim, Firenza, Šibenik), jednom riječju Mediteran, a tu Split sigurno spada."[5] U Rimu, Firenzi i Šibeniku, kupole imaju svoju urbanu ulogu kao reper i društvenu ulogu kao sakralni prostor; njihova je uloga gradotvorna, a uloga splitske tendenciozna.

U sagledavanju Rožićeva opusa, evidentno je da je njegova arhitektura projektirana kroz motive s najboljim namjerama, poduprta s puno znanja koje te motive argumentira, ali ne objašnjava. Jedan od takvih motiva na samostanu svetog Vinka su kameni doprozornici oblikovani kao evokacija pokrova za glavu časnih sestara. Zapravo, prema riječima samog autora, cijela je „zgrada rađena kao sjećanje, odnosno vokacija na minulo vrijeme građenja."[6]

Ono što nas grad Split i Dioklecijanova palača toliko dobro i neposredno uče je da je „minulo vrijeme građenja", odnosno povijesna arhitektura uvijek imala svoje socijalne, funkcionalne i konstruktivne razloge duboko ukorijenjene u potrebama i mogućnostima podneblja i zajednice. Komunikacijski tokovi imaju svoju psihologiju, kupole društveni kod, materijali konstruktivnu logiku. Bilo kakvu promjenu ovih načela zajednica mora moći razumjeti, imati potrebu za njom i potom je usvojiti i implementirati. Stoga romantični, isključivo individualni doživljaji i tumačenja, koliko god zavodljivi bili, ne mogu biti generator i poticaj arhitekture i gradogradnje. Čak i uz najbolje namjere.

the haphazard construction boom in Dobri. Of all the historical suburbs of Split, Dobri underwent the worst transformations and demolitions. Although this work of Rožić, just as the others before it, demonstrates its author's expansive knowledge and expertise, their results are lacking. Indeed, the convent of St. Vincent introduces additional entropy into the hectic space of Dobri. The plenitude of materials and shapes nullifies the argument of purification. The oversized mass of the building towering over the alleys contradicts the "urban-planning correction". The postmodernist dome, imposed as a visual dominant both in the location and in the city skyline, is no solution to the spatial disarray, but it does function as a lighthouse for prospective visitors. Its alien volume, materials and dominant position do not reconcile the surrounding volumes or contribute to the quality of the street and its offer. The author wanted to "create the impression that, although everything is new, somewhere, in the unconscious, it has already been told (Rome, Florence, Šibenik), in one word – the Mediterranean, where Split definitely belongs".[5] In Rome, Florence and Šibenik, domes have their urban role as landmarks and their social role as sacral spaces; their role is formative to their urban environment, while the role of their Split counterpart is merely peremptory.

In considering Rožić's oeuvre, it is evident that his designs used motifs with the best intentions and were backed by a lot of knowledge which upholds, but does not explain, these motifs. One of such motifs on the convent of Saint Vincent are the stone window frames shaped as nuns' cornettes. In fact, according to the author, the entire "building was constructed as a remembrance, that is, an evocation of the architectural past".[6]

What the City of Split and Diocletian's Palace have taught us so well and directly is that the "architectural past", i.e. historical architecture always had its social, functional and structural reasons deeply rooted in the needs and capacities of the climate and the community. Communication routes have their psychology, domes have their social codes and materials have their structural logic. Any changes of these principles must be understood, required and, subsequently, adopted and implemented by the community. Therefore, romantic and strictly individual experiences and interpretations, however appealing, cannot be the generator and incentive of architecture and urban construction. Not even with the best of intentions.

1
Bačić, Mašenjka, Sve splitske Savice, *Novosti*, Zagreb, 7. 1. 2018., https://www.portalnovosti.com/sve-splitske-savice

2
Rožić, Slaven, Samostan sestara milosrdnica, *Klesarstvo i graditeljstvo*, Pučišća, godina XII, broj 1–2, svibanj 2001., 8–10.

3
Rožić, Slaven, Samostan sestara milosrdnica, 8–10.

4
Rožić, Slaven, Samostan sestara milosrdnica, 8–10.

5
Rožić, Slaven, Samostan sestara milosrdnica, 8–10.

6
Rožić, Slaven, Samostan sestara milosrdnica, 8–10.

1
Mašenjka Bačić, "Sve splitske Savice", *Novosti*, Zagreb, 7th January 2018, https://www.portalnovosti.com/sve-splitske-savice

2
Slaven Rožić, "Samostan sestara milosrdnica", *Klesarstvo i graditeljstvo*, vol. 1-2; year XII; May 2001, Pučišća, pp. 8–10

3
Slaven Rožić, "Samostan sestara milosrdnica", pp. 8–10

4
Slaven Rožić, "Samostan sestara milosrdnica", pp. 8–10

5
Slaven Rožić, "Samostan sestara milosrdnica", pp. 8–10

6
Slaven Rožić, "Samostan sestara milosrdnica", pp. 8–10

KOMPLEKS KOTEKS GRIPE: GRADOTVORNI POGON SPLITA

MIŠLJENJA STRUČNJAKA I GRAĐANA

KOTEKS GRIPE COMPLEX: CITY-BUILDING FORCE OF SPLIT

EXPERTS AND CITIZENS OPINION

Sportska dvorana Gripe, detalj
Foto: Saša Šimpraga

Gripe Sports Hall, detail
Photo: Saša Šimpraga

Ana Dana Beroš

Splitski kompleks Koteks Gripe, taj izniman plastični hibrid socijalističkoga potrošačkog i sportskog hrama, treba konačno valorizirati kao reinkarnacijski, gradotvorni pogon Splita, nasuprot suvremenom naslijeđu potrošenih modela periferijskih, nijemih kutija konzumerizma.

Nikola Bojić

Proveo sam život kraj Gripa – onako, po fazama. Kad sam bio skroz mali, bila je to obična zgrada na putu do treninga, tadašnjeg judo kluba Student. Kad sam bio nešto stariji, otkrio sam sve zidove i ograde koji se mogu preskočiti, uzbe i nizbe krovova po kojima se može slajdati, a posebno rupe i zakučaste kutove u kojima se možeš sakriti. Gripe su bila osnovna infrastruktura našeg srednjoškolskog bunta. Danas kada više ne živim u Splitu, pogled na Gripe upućuje na doba kada je bilo moguće sagraditi takav svemirski brod. Ako danas nismo u stanju ili mogućnosti graditi ovakve svemirske brodove, barem čuvajmo one koje smo naslijedili.

dr. sc. Luka Skansi

Kompleks Koteks Gripe predstavlja jedan tipičan primjer kvalitetne urbane, gradske arhitekture: on je važni arhitektonski simbol koji je vezan uz materijalnu (Gripe kao primjer prostorne modernizacije grada) i nematerijalnu povijest poslijeratnog Splita (uz Poljud, Gripe predstavljaju ekskluzivni epicentar gradskog sporta). Uz to, kompleks je sretan primjer rješavanja jednog teškog arhitektonskog problema: kompleksni sadržaj i potencijalno visoka volumetrija uklopljeni su u delikatnu topografiju ovog dijela grada, koji je vidljiv iz više dijelova grada, iz daleka i s mora. S temom terasastog projekta, arhitekti nude jedan zanimljivi način razbijanja volumena i stvaranja različitih urbanih situacija, anticipirajući tako neke današnje, izrazito aktualne projektne strategije, npr. kad pogledamo suvremenu portugalsku arhitekturu (Siza, Souto de Moura) ili Norvešku nacionalnu operu u Oslu.

Ana Dana Beroš

Split's Koteks Gripe complex, this extraordinary plastic hybrid temple of socialist consumerism and sports, should finally be recognized as the reincarnational, urbanistic drive of Split, opposed to the modern legacy of the dated models of suburban, mute encasements of consumerism.

Nikola Bojić

I spent various stages of my life near Gripe. When I was a kid, it was just a building on the way to my training sessions in the *Student* judo club. When I was a little older, I discovered all the walls and railings which you could jump over, the rises and slopes of roofs on which you could slide and, especially, the openings and labyrinthine corners in which you could hide. Gripe was the basic infrastructure of our teenage rebellion. Now that I no longer live in Split, the view of Gripe recalls a time when it was possible to build such a "space ship". If we are no longer capable of building such space ships, let us at least preserve the ones we have inherited.

Luka Skansi, PhD

The Koteks Gripe complex represents a typical example of high-quality urban, city architecture: it is an important architectural symbol linked to the material (Gripe as an example of the spatial modernization of the city) and immaterial history of postwar Split (along with the Poljud stadium, Gripe represents an exclusive epicenter of city sports). The complex also represents a commendable solution to a serious architectural problem: the intricate substance and potentially highly complex volumetric features are integrated in the delicate topography of this part of the city, which is visible from many of the other parts, from afar and from the sea. Through the theme of terraced design, the architects offer an interesting way of breaking up the volume and creating different urban situations, thus prefiguring some of today's most widespread design strategies, e.g. those displayed by modern Portuguese architecture (Siza, Souto de Moura) or the Norwegian National Opera in Oslo.

Brian Shipman

Oko godinu dana živio sam pored Koteksa i zavolio njegov beskompromisni dvadesetostoljetni modernizam, posebno u usporedbi s neuglednim dvadesetiprvostoljetnim korporativnim trgovačkim centrima koji su poharali predgrađa Splita. Uz nešto mašte i dobro planiranje, Koteks bi mogao odigrati novu ulogu u obrtanju decentralizacije grada.

dr. sc. Borka Bobovec

Dvoranu na Gripama i budući prostor Koteksa ugledala sam na maturalnom putovanju, netom prije otvaranja Mediteranskih igara 1979. godine. To je bilo vrijeme kad je odredište bio Brač, a ne Costa Brava. Usput su nas vodili u razgledavanje Splita, a na našu sreću, bili smo i na ovoj lokaciji koja je u godinama koje su slijedile postala prepoznatljivi dio slike Splita.

U ovom trenutku ključno je prepoznati i na jednom mjestu sakupiti i zaštititi sve podatke o izvedenim projektima, bez obzira na relativno kratko razdoblje od stvaranja. Uvesti pod zaštitu recentne primjere autorske arhitekture i urbanističkih rješenja, obveza je koja se mora provesti ne sutra, nego jučer, obzirom da izuzetni primjeri suvremene arhitekture propadaju i izgledaju otužno, što je slučaj i sa Koteksom.

Smatrati da je vrijeme da se stave pod zaštitu, nije prerano, jer je vrijeme druge polovine dvadesetog stoljeća bilo bogato i raznoliko, tako da zasigurno ima prostora za dopune određivanjem novih stavova, novim mjerilima vrijednosti i drugim pristupom.

Izuzetne primjere poslijeratnog urbanizma i arhitekture u izvornom obliku danas može održati samo sustav zaštite kojim će biti spriječeni bilo kakvi novi projekti i intervencije. A prostor Koteksa nepogrešivo reflektira vrijeme i mjesto stvaranja te u svojoj jasnoći omogućava nam čitanje vremena i arhitekture, svima dostupne.

Brian Shipman

I spent over a year living next to Koteks and grew to love its uncompromising, 20th century modernism, particularly compared to the unlovely 21st century corporate malls blighting Split's suburbs. With imagination and good planning, Koteks could play a new role in reversing the decentralisation of the city.

Borka Bobovec, PhD

I first saw the hall on Gripe and the future location of Koteks on my graduation trip, just before the opening of the 1979 Mediterranean Games. It was a time when Brač, rather than Costa Brava, was the standard destination of such trips. Ours had also included a tour of Split, and we were fortunate enough to visit the mentioned locality as well, before it would, in the years to come, become a distinguishing feature of the image of the city.

At present, it is crucial to identify, gather and protect, in a single location, all the information about the realized projects, notwithstanding the relatively short period since their realization. The obligation to protect the more recent examples of authorial architecture and urban-planning solutions is one which must be fulfilled without delay, considering that these exceptional works of modern architecture – such as, for example, Koteks – are in a state of decay and ruin.

It is hardly premature to advocate their protection, considering that the second half of the twentieth century is a period so rich and nuanced that it most certainly leaves room for updates through new opinions, new value standards and a different approach.

These outstanding examples of postwar urban planning and architecture can be preserved in their original form only through a conservation system which would prevent any further construction or interventions. The space of Koteks impeccably reflects the time and place of its creation, providing a clear insight into the times and the architecture that was available to all.

Podupirem inicijativu aktivista i arhitektonskih stručnjaka iz projekta Motel Trogir da se pokrene procedura za upis u registar kulturnih dobara Republike Hrvatske sportsko-prodajnog kompleksa Koteks Gripe u Splitu. Taj danas ruinirani prvi shoping-centar u nekadašnjoj Jugoslaviji, meni je ostao u dubokom sjećanju.

Naime, u razdoblju između 1972. i 1980. pohađala sam osnovnu školu *Bruno Ivanović* smještenu u neposrednoj blizini spomenute lokacije, nazvanu po partizanskom heroju, kasnije preimenovanu u OŠ *Lučac*. Prostor starog tupinoloma na istočnoj padini prometnicom razdijeljenog brežuljka Gripe i zaravnina na koju je svake godine dolazio luna-park, bio je mjesto mojih prvih „picavanja" i muško-ženskih tuča. Razlozi za picavanje su u mojem slučaju bili sasvim prozaični – nije bila riječ o strahu od loših ocjena i kontrolnih ispita – jer sam bila bubantica i odlikašica, nego igranje s ekipom iz razreda na stolni nogomet i flipere, i vožnje u „peglicama", kako u Splitu nazivaju popularne autiće za sudaranje na trole „na struju". Nekoć se sa svih strana u taj splitski luna-park slijevala rijeka ljudi svih generacija iz okolnih kvartova, od beba u kolicima, preko tinejdžera, do njihovih baka i djedova. Jednom sam u međurazrednoj tuči kamenicama, na putu prema kući preko spomenute zaravnine zaradila krvavu posjekotinu u neposrednoj blizini sljepoočnice, zbog koje su se moji roditelji zabrinuli ne samo zbog mojeg oka, niti zbog kašnjenja kući nakon škole, nego i zbog „lošeg" društva s kojim sam tada provodila vrijeme. Dok su moji roditelji bili presretni što je upravo u blizini njihove kuće narasla robna kuća Koteks s velikom samoposlugom, restoranom *Mak*, meni je u tome shoping centru (zbog koja smo mi iz kvarta izgubili luna-park) jedino bila zanimljiva diskoteka *Ce-Ce* u koju su me „starci" bez ikakvih problema puštali na popodnevne subotnje matineje, ne brinući se da bi njihova adolescentica (što sam već 1981. bila) mogla „zabrazditi".

Eto, tako je u našoj obiteljskoj zajednici svatko imao razlog zašto mu je kompleks Koteks Gripe bio, otkad je sagrađen, tijekom osamdesetih godina važan u životu. Moj je otac otvarao izložbe u Galeriji *Alfa*, svadbeni ručak moja je

I support the initiative of the activists and architectural experts of the Motel Trogir project for initiating the procedure for the entry of the Koteks Gripe sports and commercial complex in Split into the Register of Cultural Goods of the Republic of Croatia. This space, once leveled and now containing the ruins of former Yugoslavia's first shopping-center, is a resilient part of my memory.

Namely, from 1972 to 1980, I attended the *Bruno Ivanović* Elementary School located in the immediate vicinity of the mentioned area. The school was named after a partisan hero and later renamed *Lučac* Elementary School. The area of the former marl quarry on the eastern slope of the Gripe hill, which was split in two by a road, and the plateau which turned into a fairground every year were where I first played hooky and had my first boy-girl fights. My reasons for playing hooky were all too commonplace – it was not about fearing bad marks and tests, since I was a nerd and straight-A student, but rather, about playing foosball and pinball with my classmates and riding around in *peglicas*, which is what the popular trolley-pole bumper cars were called in Split. This Split fairground was once frequented en masse by the residents of the surrounding neighborhoods, whether they were babies in strollers, teenagers or their grandparents. Once, on the way home from the plateau, I came out of an interclass pebble fight with a bloody cut very close to the temple, which got my parents worried not only about my eye or my coming home late after school, but also about the "bad" company I was keeping. While my parents were delighted that the Koteks department store, with a supermarket and the *Mak* restaurant, popped up right next door, the only thing that appealed to me in that shopping center (to which my neighbourhood lost the fairground) was the *Ce-Ce* discotheque, where my "folks" were glad to let me attend the Saturday-afternoon matinees, without having to worry that their adolescent (in 1981, I already was one) would "go astray".

Therefore, everyone in our family had their reasons why the Koteks Gripe complex was important to them in the eighties. My father opened exhibitions in the *Alfa* gallery, my

dr. sc. Ivana Prijatelj Pavičić

sestra organizirala u restoranu *Mak*, a ja sam u disko klubu otplesala svoje prve sentiše. I k tome u istoj dvorani Gripe, gdje je bio i *Ce-Ce*, bila na antologijskome koncertu *Dire Straitsa*!

Danas, kao povjesničarka umjetnosti, svjesna sam u kojoj je mjeri trgovačko-zabavni centar, sagrađen 1981., bio dio modernizacijske urbanističke preobrazbe koju je Split doživio u vrijeme i povodom Mediteranskih igara. Sportsko-prodajni centar Koteks Gripe u razmjerima splitske i hrvatske arhitekture zaslužuje konzervatorsku zaštitu kao nepokretno kulturno dobro, upravo onu koju ima mletačka tvrđava Gripe i od nedavno i nekadašnje staro gradsko predgrađe Lučac u čijoj je neposrednoj blizini smješten. Konačno, s njima zajedno, svjedočanstvo je slojevite prošlosti grada Splita.

Christian Maijstré

Trenutačno proučavam tipologije robnih kuća i trgovinskih centara u Hrvatskoj u razdoblju Jugoslavije. Kao student Tehnološkog sveučilišta u Delftu, rijetko sam se susretao s arhitekturom koja je izbjegla određenu dihotomiju Istoka i Zapada. Pokušavajući oblikovati narativ o ovom aspektu projekta moderne u Hrvatskoj, pomno sam odabrao Koteks kao prvorazredni primjer te (hrvatske) priče. Kao posljednji trgovački centar sagrađen u tom razdoblju, kompleks Koteks Gripe od iznimne je važnosti ne samo kao predmet proučavanja unutar svog povijesnog konteksta, već i kao izraz snage arhitektonskog umijeća svojih projektanata. Pojmovi kontinuiteta javnog i stvaranja centraliteta, kao i vješto uslojavanje različitih funkcija, izvrsno su ukomponirani u okolni krajolik. Zadovoljstvo je istraživati mnogobrojne aspekte tog arhitektonskog djela.

sister organized her wedding lunch in the *Mak* restaurant and I danced my first slow dances in the disco. In addition to that, I was at the anthological *Dire Straits* concert held in the same Gripe hall that the *Ce-Ce* was in!

Ivana Prijatelj Pavičić, PhD

Today, as an art historian, I am aware of the extent to which this commercial and entertainment center, built in 1981, was part of the modernization-inspired urban-planning transformation which Split underwent during and on occasion of the Mediterranean Games. In terms of Split and Croatian architecture, the Koteks Gripe sports and commercial center deserves conservational protection as an immovable cultural good, a status just like the one awarded to the Venetian fortress Gripe and, as of recently, to the old city suburb of Lučac, in whose immediate vicinity the fortress is located. After all, together with these structures, the complex is a testimony to the rich history of the City of Split.

Christian Maijstré

I am currently studying shopping typologies from the Yugoslav period in Croatia. As a student at the Delft University of Technology, I have seldomly encountered architecture that evaded a certain East-West dichotomy. Trying to formulate a narrative on this aspect of the modern project in Croatia, I have carefully selected Koteks to be a prime example in this (Croatian) storyline. The Koteks Gripe complex, being the last shopping centre from this period, is not only crucial as an object of study within its historical context, but it also shows the eloquence of the architectural skill of its architects. The notions of a continuation of the public, a creation of centrality and masterfull layering of different programs are excellently composed in the surrounding landscape. It is a joy to research the many aspects of this architectural object.

Julie Desprairies u umjetničkoj rezidenciji projekta Motel Trogir, video still
Video: Tonči Kranjčević Batalić

←

Julie Desprairies in Motel Trogir Artist in Residence Program, video still
Video: Tonči Kranjčević Batalić

Gildo Bavčević: *Balans bijele*, performans, 2017.
Foto: Saša Šimpraga

Gildo Bavčević: *White Balance*, performance, 2017
Photo: Saša Šimpraga

POGLAVLJE 3:

ARHITEKTONSKE MIGRACIJE UNUTAR PROSTORA SFRJ / ARHITEKT ŽIVORAD JANKOVIĆ

POGLAVLJE 3:

ARCHITECTURAL MIGRATIONS WITHIN THE TERRITORY OF SFRY / ARCHITECT ŽIVORAD JANKOVIĆ

Lidija Butković Mićin

ŽIVORAD JANKOVIĆ: ARHITEKTONSKI NOMADIZAM UNUTAR JUGOSLAVENSKOG KULTURNOG PROSTORA

Lidija Butković Mićin

ŽIVORAD JANKOVIĆ: ARCHITECTURAL NOMADISM IN THE YUGOSLAV CULTURAL SPACE

Sarajevski arhitekt i akademik Živorad Janković (1924.–1990.) diplomirao je na Arhitektonskom fakultetu u Beogradu 1950. godine i ostvario sveučilišnu karijeru na Arhitektonskom fakultetu u Sarajevu, a svoje posljednje radno desetljeće posvetio je i podizanju samostalnog studija arhitekture na Sveučilištu u Prištini (1979.–1987.). Već svojim prvim projektantskim ostvarenjima u Sarajevu, poput Tvornice duhana (1960., koautor Muhamed Kadić), zgrade Republičkog zavoda za socijalno osiguranje (1960., koautor Esad Daidžić) i poslovnog sjedišta Energoinvesta (1962.), Janković se prometnuo u zapaženog protagonista mlade generacije bosanskohercegovačkih arhitekata navješćujući skoru decentralizaciju struke, stasanje periferijskih središta izvan uobičajene osovine metropola najrazvijenijih republika Ljubljana-Zagreb-Beograd.[1] Njegovo najproduktivnije i najzrelije razdoblje započet će izgradnjom centra Skenderija u istome gradu (1969., koautor Halid Muhasilović, konstruktor Ognjeslav Malkin) koji će po mnogočemu obilježiti arhitektonsku produkciju prijeloma 60-ih i 70-ih godina u Jugoslaviji postavši „najznačajniji reper ovog razdoblja ... centar kao novum u projektantskim zadacima kod nas, jedinstven po namjenama, sadržaju i dimenzijama".[2] Projektantska inovativnost ovog složenog arhitektonsko-urbanističkog sistema, prepoznata i dodjelom savezne nagrade *Borba*, omogućila je Jankoviću da pronađe svoju nišu izvan domicilne sredine, odnosno

Arhitekt Živorad Janković
Ljubaznošću Nevenke Hunti

Architect Živorad Janković
Courtesy of Nevenka Huntić

Sarajevo architect and academic Živorad Janković (1924–1990) graduated in 1950 from the Belgrade Faculty of Architecture and pursued a university career at the Sarajevo Faculty of Architecture. He also dedicated his last decade of work to establishing an independent study of architecture at the University of Prishtina (1979–1987). Already with his first design works in Sarajevo, such as the tobacco factory (1960, coauthored by Muhamed Kadić), the building of the Republican Social Insurance Administration (1960, coauthored by Esad Daidžić) and the corporate headquarters of Energoinvest (1962), Janković stood out as a prominent protagonist of the young generation of Bosnian-Herzegovinian architects, heralding the forthcoming decentralization of his profession, the development of suburban centers away from the customary Ljubljana-Zagreb-Belgrade axis, which consisted of the capitals of the most developed republics.[1] His most productive and mature period began with the construction of the Skenderija center in the same city (in 1969, in collaboration with Halid Muhasilović and Ognjeslav Malkin as the constructor). The center would become "the most significant landmark of the period... a center as a design novelty in our part of the world, unique in its purpose, program and dimensions" and, in many ways, mark Yugoslav architectural production during the transition from the 1960s to the 1970s.[2] The innovative design of this complex architectural and urban-planning system, confirmed also by the *Borba* federal award it had received, provided Janković with a niche outside of his domicile, that is, it made him relevant for the "inter-republican exchange" of knowledge and competences, as well as, consequently, a part of the collective, fluid and polycentric federal architectural scene. After the great success of Skenderija, Janković's biography would be equally characterized by the architect's rootedness in his cultural milieu (that of Sarajevo) and by the nomadism of his professional activities within Yugoslav borders, which is undoubtedly a privileged position that he shared with but a few other extraordinary members of his generation. Namely, owing to Skenderija's reputation, he had been contracted for a whole series of buildings with a similar purpose, either on the basis of invitations to tender or by direct appointment. The result was the building of the Gripe sports center in Split (1979–1981, coauthored by Slaven Rožić), the *Vojvodina* sports and commercial center in Novi Sad (1981, coauthored by Branko Bulić) and the *Boro i Ramiz* sports and memorial center in Prishtina (1982, coau-

učinila ga relevantnim za „međurepubličku razmjenu" znanja i kompetencija te, posljedično, dijelom kolektivne, fluidne i policentrične arhitektonske scene bivše federacije. Jankovićevu biografiju nakon velikog uspjeha Skenderije karakterizirat će istodobna ukorijenjenost u vlastiti (sarajevski) kulturni milje i nomadizam profesionalnog djelovanja unutar granica Jugoslavije, što je jedna nesumnjivo povlaštena pozicija koju je dijelio sa malim brojem drugih izvanrednih pripadnika svog naraštaja. Reputacija Skenderije priskrbila mu je, naime, narudžbe za čitavu seriju novogradnji sličnog predznaka, izvojevanih što pozivnim natječajima, što direktnim dogovorima. Zaredali su se tako sportski centar Gripe u Splitu (1979.–1981., koautor Slaven Rožić), sportsko-trgovački centar *Vojvodina* u Novom Sadu (1981., koautor Branko Bulić) i sportsko-memorijalni centar *Boro i Ramiz* u Prištini (1982., koautor Halid Muhasilović i Srećko Ešpek), strukture velikog mjerila koje su permanentno izmijenile urbanu dimenziju i fizionomiju svojih gradova. Geografske odrednice navedenih Jankovićevih realizacija same po sebi govore u prilog tezi o (barem) djelomičnom materijaliziranju ideje *jugoslavenskog kulturnog prostora*, jedne zajedničke „valne frekvencije" na kojoj su komunikaciju mogle uspostaviti po formaciji i tradiciji različite arhitektonske (i umjetničke) škole pojedinih republika, zbližavajući se međurepubličkim natječajima, intenzivnom razmjenom iskustava putem izložbi, savjetovanja i stručnih časopisa te sličnošću preokupacija koje su proizlazile iz dijeljenog političko-društvenog okvira.[3] U današnjem postjugoslavenskom vremenu (i prostoru), kada je neophodno stalno se opirati dominantnim tendencijama da novo uspostavljene nacionalne granice prerastu u mentalne, istraživanje Jankovićeva opusa, razasutog od Splita do Kosova, čini se kao odlična studija slučaja za razumijevanje funkcioniranja jugoslavenske arhitektonske prakse, naročito međupovezanosti republičkih žarišta.

KSC Skenderija, Sarajevo, arhitektonska maketa

Skenderija Centar, Sarajevo, architectural model

thored by Halid Muhasilović and Srećko Ešpek), each of which is a large structure that has permanently changed the urban features and physiognomy of its surrounding city. The geographical determinants of these works support the argument of an (at least) partial materialization of the idea of a *Yugoslav cultural space*, a common "wave frequency" at which architectural (and art) schools from the republics, differing with respect to origin and tradition, could communicate and be brought together through federal tenders, intensive experience exchanges at exhibitions, in consultations and professional journals, as well as through similar themes arising from a common political and social framework.[3] In this post-Yugoslav time (and space), when one must constantly resist the dominant tendencies of turning the newly established national borders into mental ones, the study of Janković's oeuvre, scattered as it is from Split to Kosovo, represents an excellent case study for understanding the workings of Yugoslav architectural practice, especially the interconnectedness of its focal points in different republics. One such point was the Koteks Gripe sports and commercial complex whose stylistic provenance and specific relationship with the context of Split can be identified and analyzed only through comparison with other Janković's structures. Inversely, this method would also enable a historically more authentic and complete interpretation of the mentioned – tentatively speaking, "our" – Croatian part of his oeuvre.

KSC Skenderija, Sarajevo
Arhivska fotografija

Skenderija Centar, Sarajevo,
Archive photo

KSC Skenderija, Sarajevo
Arhivska fotografija

KSC Skenderija, Sarajevo
Archive photo

Među njima je i sportsko-trgovački sklop Koteks Gripe čija se stilska provenijencija, kao i specifični odnos prema splitskom kontekstu, mogu uočiti i analizirati tek komparacijom sa preostalim Jankovićevim gradnjama te, povratno, osigurati da i ovaj, uvjetno rečeno „naš“ (hrvatski) segment njegove produkcije, interpretiramo na povijesno autentičniji i potpuniji način.

Zajednički nazivnik i ishodište niza Jankovićevih megaprojekata, kako je već napomenuto, predstavlja Skenderija – autorov prvi pokušaj konkretizacije teme višenamjenskog arhitektonskog kompleksa za društvenu i komercijalnu namjenu. Lociran na terenu starijih sportskih igrališta u podnožju Trebevića, centar Skenderija je u skladu sa Generalnim urbanističkim planom Sarajeva iz 1964. godine trebao oblikovati novi privlačni punkt na istočnom obodu grada kako bi se uspostavila protuteža modelu urbanizacije iz Austro-Ugarskog razdoblja koji je postupno odvlačio život iz povijesnog središta longitudinalnim širenjem grada prema zapadu.

Kondenziranjem raznovrsnih sadržaja i aktivnosti na jednom mjestu (sportski, rekreativni, kulturni, trgovački, uslužni, zabavni), očekivalo se potaknuti njihovo nadopunjavanje kako bi se prvenstveno odgovorilo na potrebe žitelja novopodignutih, disperziranih stambenih naselja te polučila ekonomski zadovoljavajuća frekventnost svakodnevne upotrebe, uz organizaciju povremenih specijalnih manifestacija masovnijeg tipa (koncerti, velika sportska natjecanja i sl.).

Unutrašnjost sportske dvorane na Gripama, Split
Arhivska fotografija

Interior of the sports hall in Gripe, Split
Archive photo

As mentioned, the common denominator and origin of a number of Janković's megaprojects is Skenderija – the author's first attempt at reifying the concept of a multi-purpose architectural complex for social and commercial purposes. Located at the foot of the Trebević hill, in an area formerly occupied by sports grounds, the Skenderija center was to function – according to the 1964 Urban Development Master Plan of Sarajevo – as a new attraction on the eastern edge of the city and thus establish a counterbalance to the Austro-Hungarian urbanization model, which had drawn the life of the city away from its historical center by initiating a longitudinal urban expansion westward. The purpose of concentrating different (sports, recreational, cultural, commercial, service, entertainment) facilities and activities in one place was their integration, primarily in order to meet the needs of the residents of the newly erected, scattered housing estates and attain an economically viable frequency of daily usage, while enabling the occasional organization of special mass events (concerts, big sports competitions etc.). The central element of Skenderija's architectural design was the impressive plane of the pedestrian plaza, envisaged as a response to the problem of homogenizing the complex and interlinking the ambiances of the various buildings surrounding it: the frontally positioned universal-purpose Main Hall, the lateral halls for less skill-intensive sports and recreation and the Youth Center with groups of areas for social youth activities and a circular ballroom.[4] The metaphorical and literal basis of the center's profitability consisted of the business and sales premises and showrooms under the plaza.

Terasa kafića unutar kompleksa
Koteks Gripe, Split
Fotografija iz arhiva Živorada Jankovića

Koteks Gripe complex
in Split, detail
Photo: architect Živorad Janković's archives

Unutrašnjost velike sportske dvorane na Gripama, Split
Foto: Saša Šimpraga

Interior of the big sports hall in Gripe, Split
Photo: Saša Šimpraga

Središnji element arhitektonskog dizajna Skenderije činila je impozantna ploha pješačkog trga kao odgovor na problem homogenizacije cjeline i ambijentalnog povezivanja različitih objekata koji ga okružuju: frontalno postavljene univerzalne Glavne dvorane, pobočnih dvorana za manje sportove i rekreaciju te Doma mladih sa grupama prostorija za društvene djelatnosti omladine i kružnom plesnom salom.[4] Rentabilnost centra počivala je na njegovom metaforičnom i stvarnom postamentu: poslovnim i prodajno-izložbenim prostorima smještenima ispod razine trga. Taj trgovački segment Skenderije, površine oko 10 000 m^2, klimatiziran i podijeljen u pojedinačne radnje, zamišljen je po uzoru na natkrivena pazarišta Sarajeva iz osmanskog razdoblja, stoga je i dobio ime Novi Bezistan – moderna „čaršija“, potencijalni generator urbane dinamike i živosti, kao što je to bio i njegov povijesni predložak. Ideja kreativne permutacije povijesnog naslijeđa, odnosno planiranja modernih arhitektonskih i urbanističkih zahvata na temelju istraživanja autohtonih značajki bosanskohercegovačkog graditeljstva i razumijevanja *geniusa loci*, nadahnjivalo je i prožimalo sarajevski arhitektonski modernizam od Jurja Neidhardta i Dušana Gabrijana nadalje (Džuvić, Jahić, Ovadija, Polić, Ugljen itd.), ponekad dovodeći i do čisto formalističkog podražavanja povijesnih oblika.[5] Proučavanje arhitektonske tradicije Sarajeva za Živorada Jankovića i suradnike bilo je motivirano gotovo isključivo otkrivanjem regionalno ukorijenjenih strategija savladavanja specifičnih programskih zadataka, dakle, jedno u prvom redu kritičko i pragmatičko uočavanje povijesnih primjera dobre prakse koji se mogu transponirati u suvremenost. Funkcionalne karakteristike urbanističkog organizma Baščaršije projektanti su ugradili u koncept Skenderije nadajući se premostiti urbanističke cezure te polučiti efekt kohezije i koncentracije urbanog života Sarajeva, kao i olakšati identifikaciju stanovnika s novoin-

KSC Skenderija, Sarajevo
Arhivska fotografija / Archive photo

This commercial segment of Skenderija, with a surface area of approximately 10 000 m^2, air-conditioned and divided into separate stores, was modelled on the design of Sarajevo's roofed marketplaces from the Ottoman period; hence its name, *Novi Bezistan* (New Bedesten),i.e. a modern *čaršija* and potential generator of urban dynamics and vigor, just as its historical model had once been. The notion of a creative permutation of the historical heritage, that is, of planning modern architectural and urbanistic projects on the basis of the research of indigenous Bosnian-Herzegovinian architectural properties and of the understanding of the *genius loci* had inspired and imbued Sarajevo's architectural modernism from Juraj Neidhardt and Dušan Grabrijan on (Džuvić, Jahić, Ovadija, Polić, Ugljen etc.), occasionally resulting even in purely formalistic imitations of historical formations.[5] For Živorad Janković and his collaborators, the study of Sarajevo's architectural tradition was motivated almost exclusively by the desire to discover certain established strategies of mastering specific design problems. Therefore, it was primarily a critical and pragmatic observation of historical good practice examples which could be transposed into a

KSC Skenderija, Sarajevo
Arhivska fotografija / Archive photo

terpoliranim kompleksom. U pogledu arhitektonske artikulacije Skenderija ne baštini jezik povijesnih oblika, nego ostaje u potpunosti u izražajnom rasponu poslijeratnog modernizma sa svojom poetikom sirovog, ogoljelog betona, naglašenim konstruktivnim i tehnološkim rješenjima, jednostavnom i preglednom kompozicijom volumena, fleksibilnošću i konvertibilnošću prostora te osjećajem za ključnu ulogu javnih prostora kao mjesta društvenosti.

Sportsko-kulturni centar Skenderija otvoren je na Dan Republike 1969. godine svečanom premijerom filmskog spektakla *Bitka za Neretvu*. Savezna nagrada *Borba* za najbolju godišnju arhitektonsku realizaciju došla je kao potvrda vrijednosti projekta, ali i početak afirmacije sarajevskih arhitekata srednje i mlađe generacije koji će u narednom desetljeću još triput postati laureati ove prestižne nagrade. Kako napominje Ivan Štraus: „Skenderija je vremenom postala i simbol razvoja društvenog sistema, visoke urbane kulture i zavidne arhitektonske razine sarajevskog kruga graditelja.“[6] Za ovog istaknutog bosanskohercegovačkog arhitekta i kroničara, Skenderija je obilježila vrhunac modernističkog sloja Sarajeva započetog prvim objektima Jurja Neidhardta i braće Kadić sagrađenima nakon Prvog svjetskog rata. Stečeni ugled se odmicanjem godina samo učvršćivao jer je centar u svim aspektima opravdao početnu odluku i investiciju gradski vlasti: kao arhitektonsko-urbanistički pothvat koji je uspijevao podržavati raznorodne aktivnosti te se nametnuti kao gravitacijska točka proširenog središta Sarajeva i kao financijski samoodrživi subjekt. Janković je sredinom 1980-ih godina rezimirao da je Skenderija bila jedini jugoslavenski sportsko-kulturno-trgovački centar koji od svojeg osnutka nije trebao nikakve dotacije, a opet je uspijevao biti izrazito financijski povoljan za korisnike i zakupnike.[7]

Ovo kontekstualno promišljeno, a opet beskompromisno suvremeno ostvarenje, pokazalo se kao izvrstan model, poslovni i oblikovni, koji je bilo poželjno diseminirati u druge gradove Jugoslavije, posebice one koji su u razdoblju socijalizma povećali svoj obuhvat stambenom izgradnjom reagirajući na veliki priljev stanovništva, a koju nije pratila adekvatna infrastruktura za ostale društveno-komercijalne potrebe. Skenderija je svojom multifunkcionalnošću nudila soluciju po principu „sve-u-jednom“, kako bi se u tim naglo stasalim sredinama „zašilo“ gradsko tkivo između povijesne jezgre i novih stambenih predjela, ili pak izvršile urbanističke ekstenzije u svrhu moder-

contemporary framework. The architects integrated the functional characteristics of the Baščaršija urbanistic organism into the design of Skenderija, with the intention of transcending the urbanistic caesuras and achieving an effect of cohesion and concentration with regard to Sarajevo's urban life, as well as with the aim of facilitating the identification of the citizens with the newly interpolated complex. From the aspect of its architectural articulation, Skenderija did not inherit the language of historical forms, but rather, it has remained entirely within the expressive framework of postwar modernism, with its poetics of raw, bare concrete, its accentuated structural and technological solutions, the simple and clear composition of its volume, the flexibility and convertibility of its spaces and the consideration of the key role of public spaces as the loci of social life.

The Skenderija sports and cultural center was opened on Republic Day 1969 with the official premiere of the cinema spectacle *Bitka za Neretvu* ("Battle of Neretva"). The *Borba* federal award for architectural achievement of the year was not only a confirmation of the project's value, but also the beginning of the affirmation of middle- and younger-generation Sarajevo architects, who would, in the next decade, become laureates of this prestigious award on three more occasions. As noted by Ivan Štraus: "In time, Skenderija became a symbol of the development of the social system, of high urban culture and of the enviable level of architectural expertise of the Sarajevo civil engineering circles."[6] According to this prominent Bosnian-Herzegovinian architect and chronicler, Skenderija represents the apex of the modernist shaping of Sarajevo, which began with the first buildings by Juraj Neidhardt and the Kadić brothers built after World War I. The center's reputation only solidified with time, as all of its aspects justified the initial approval and investment of the city authorities, as an architectural and urban-planning feat which successfully supported different activities and asserted itself as the focal point of the expanded Sarajevo center, as well as a financially sustainable entity. In the mid-1980s, Janković concluded that Skenderija was the only Yugoslav sports, cultural and shopping center which had not required subsidies from its very establishment, and yet, it was exceptionally financially advantageous for users and renters.[7]

nizacije i kompletiranja manjkavih gradskih funkcija. Primjerice, Priština je u poslijeratnom periodu proživljavala kontinuirani demografski uspon, naročito povećanjem postotka mlade populacije (ranih 70-ih gotovo polovina stanovništva grada mlađa je od 25 godina) te je opravdanje ulaganja za novi memorijalni centar *Boro i Ramiz*, nazvan prema kosovskim herojima NOB-a, bilo prioritetno podizanje kapaciteta za omladinsku kulturu, sukladno praksi u ostalim republikama. Ne ulazeći u detalje historijata inicijalnog natječaja za centar *Boro i Ramiz* iz 1969. godine i sudbine prvonagrađenog rješenja autorske grupe Ljerka Lulić, Jasna Nosso i Dinko Zlatarić, prelazimo na drugi, pozivni natječaj 1974. godine kada je, u konkurenciji pet pristiglih prijedloga, prihvaćen rad dvojca Janković i Muhasilović koji je, i zbog proširenih propozicija natječaja (dodani su sportski tereni, bazen, dvorane i trgovački prostori), u potpunosti baziran na prototipu Skenderije.[8] Dispozicija prostornog ansambla bila je vođena istom idejom: ponovljena je okupljajuća uloga trga kao fokusa okolnih funkcionalnih jedinica (univerzalna i sportska dvorana, omladinski dom), dok je trgovačka dionica postavljena neposredno uz novu pješačku zonu i važne urbane repere, poput Palače štampe, organički povezujući centar sa postojećim urbanim okruženjem. Arhitektura glavnih objekata bila je tehnološki napredna za lokalne prilike (postavljanje prvog čeličnog nosača 1979. godine dospjelo je na naslovnice novina) u očiglednoj želji da se ovom novom urbanom čvorištu dade na prepoznatljivosti, karakteru i simboličkoj vrijednosti, naročito jer što su građani Kosova putem sustava samodoprinosa dugo vremena izdvajali 2 % svoje plaće za njegovu

Arhitektonska maketa Omladinskog i sportskog centra u Prištini

The Youth and Sports Center (ex *Boro i Ramiz*) in Prishtina architectural model

Considerate with respect to its context and yet uncompromising, this modern achievement proved to be an excellent business and formational model suitable for implementation in other Yugoslav cities, especially those whose size had increased during socialism due to housing developments, which were a reaction to the large population influx in urban areas and were not supported by adequate infrastructure for other societal and commercial needs. Skenderija's multifunctionality was an "all-in-one" solution for "sewing up" the urban tissue between the historical centre and the new residential areas that had sprung up so hastily, as well as for realizing certain urbanistic extensions needed to modernize and complete deficient urban functions. For example, in the postwar period, Prishtina was experiencing a continuing demographic upswing, especially in terms of the rise of the percentage of youth (in the early 1970s, almost half of the city's residents were under 25). Thus, investment in the new memorial center *Boro i Ramiz* – named after the Kosovar heroes of the People's Liberation War – was justified by the priority of youth culture capacity building, in order to keep up with the practices in other republics. Without getting into the background details of the initial 1969 tender for the *Boro i Ramiz* center or the fate of the first-prize-winning design of the group of authors consisting

Pogled na Omladinski i sportski centar u Prištini

Aerial view of The Youth and Sports Center in Prishtina

realizaciju.[9] Sportsko-memorijalni centar *Boro i Ramiz* zaista se prometnuo u prepoznatljivi urbani znak moderne Prištine, kao i Nacionalna i sveučilišna knjižnica Andrije Mutnjakovića, otvorena iste 1982. godine.

Djelotvorno lobiranje SFR Jugoslavije za domaćinstva međunarodnih sportskih natjecanja Jankoviću je posredno osiguralo naredne angažmane za splitske Gripe i novosadsku *Vojvodinu* koji su, zbog pritiska rokova izvedbe, zahtijevali prokušani arhitektonski obrazac. Iako u splitskoj inačici Janković potpisuje samo projekt sportskih objekata za VIII. Mediteranske igre, a Slaven Rožić prihvaća razradu trgovačkog centra Koteks, u načinu umrežavanja funkcija i stanovitoj hipertrofiji javnih površina, vidljivo je još uvijek značajno oslanjanje na formulu Skenderije. Transplantaciju suvremene bosanskohercegovačke arhitekture u mediteransko, splitsko podneblje zamijetili su i tadašnji kritičari, primjerice Ivo Maroević koji je za sportsku dvoranu konstatirao: „U njoj se javljaju odnos izrazito čiste forme i konstrukcije kojima se pokušava naglasiti kvaliteta odnosa vanjštine i unutrašnjosti, izražajnost odnosa svijetlih i tamnih površina otvora i punih ploha, što upravo fascinantno djeluje i potpuno se razlikuje od ostale arhitekture Splita.“[10] Na sportsko-poslovnom centru *Vojvodina*, izgrađenom za svjetsko prvenstvo u stolnom tenisu SPENS ‘81, Janković će rekomponirati iste osnovne sastavnice konstruirajući prostorni okvir za odvijanje mnogobrojnih djelatnosti, potvrđujući uhodanost i umješnost u prevođenju i prilagođavanju sarajevskog prototipa potrebama drugih gradova.

Vojvodina (*Spens*), Novi Sad
Arhivska fotografija / Archive photo

of Ljerka Lulić, Jasna Nosso and Dinko Zlatarić, we wish to draw attention to the second, 1974 invitation to tender, following which, amongst the five tenders received, that of the Janković and Muhasilović tandem was accepted. Their design was entirely based on the prototype of Skenderija, which was made possible, among other things, by the modification of the tender rules (sports courts, a pool, sports halls and commercial areas had been added to the invitation).[8] The disposition of the spatial ensemble was guided by the same concept: the role of the plaza as a gathering point of the surrounding functional units (the universal-purpose and sports halls, the youth center) was recreated, while the commercial section was positioned right along the new pedestrian zone and the important urban landmarks, such as the Press Palace, thus organically connecting the center with the existing urban environment. The architecture of the main building was technologically advanced for local circumstances (for example, the placement of the first steel girder in 1979 made the headlines), revealing the desire to improve on the recognizability, character and symbolic value of this new urban hub, especially since, under the voluntary local tax system, the citizens of Kosovo had been setting aside 2 % of their salaries for the project.[9] The *Boro i Ramiz* sports and memorial center indeed became a recognizable urban emblem of modern Prishtina, just like the Andrija Mutnjaković's National and University Library opened in the same year, 1982.

The efficient lobbying of the Socialist Federative Republic of Yugoslavia for hosting international sports competitions had indirectly secured additional projects for Janković, i.e. that for the Gripe center in Split and the *Vojvodina* center in Novi Sad. Due to the pressure of execution deadlines, these projects had required the application of a tried-and-tested architectural model. Even though, in the case of the former structure, Janković authored only the sports facilities project for the 8th Mediterranean Games, while Slaven Rožić designed the Koteks shopping center, the characteristic approach to function interaction and somewhat hypertrophic public spaces still reveal a major influence of the Skenderija template. The transplantation of modern Bosnian-Herzegovinian architecture into the Mediterranean environment of Split was also noted by the critics of the time, for example, Ivo Maroević commented thus on the sports hall: "It embodies the relationship between a particularly pure form and structure, used to emphasize the quality of the

Navedeni Jankovićevi projekti, koji opisuju luk preko teritorija bivše Jugoslavije, bili su utjelovljenje tadašnjeg poimanja društvene solidarnosti, prosperiteta i javnog dobra te su uspjeli internalizirati i pomiriti vrijednosti samoupravnog socijalizma i rastućeg konzumerizma. Domicilni kritičari mahom su im upućivali hvalospjeve apostrofirajući izuzetan odnos prema čovjeku-korisniku, ugodnost ambijenata i kvalitetu javnih komunikacija te upečatljivo, ikonično djelovanje same arhitekture.[11] Kao i mnogobrojni drugi primjeri arhitektonsko-urbanističkog naslijeđa iz socijalističkog razdoblja, danas samim svojim stanjem svjedoče o obrnutim trendovima dezavuiranja sustava društvenog upravljanja nad objektima javne namjene i javnim prostorima gradova bivše Jugoslavije. Zapuštene pješačke plohe i komunikacije, neodržavana infrastruktura, smanjenje ponude i sadržaja, loša ili nesigurna vlasnička struktura i slični simptomi, podjednako ih pogađaju i otežavaju vjerojatnost većih ulaganja u rekonstrukciju, pa i parcijalnu prenamjenu. Zato je još bitnije ukazati na njihovu relevantnost u suvremenom tkivu gradova, ne samo kao spomenika arhitektonske kulture i standarda svojeg vremena, već i djelatnih, iskoristivih prostora bogatih potencijalom za buduću funkcionalnu nadgradnju. Ukoliko ih se na vrijeme ne historizira, adekvatno zaštiti i ponude varijante njihove revitalizacije, zasigurno će trajno ostati izvan tokova urbanog života, što se već događa u Splitu i Prištini, i to na dugoročnu štetu tih gradova.

Vojvodina (*Spens*), Novi Sad
Arhivska fotografija / Archive photo

relationship between the exterior and the interior, the expressiveness of the relationship between the illuminated openings and dark solid surfaces, which has a simply fascinating effect and completely differs from the rest of the Split architecture."[10] By recomposing the same basic elements in his work on the *Vojvodina* sports and commercial center, built for hosting the SPENS '81 World Table Tennis Championship, Janković constructed a spatial framework for numerous activities, confirming his effectiveness and skill in translating and adapting the Sarajevo prototype to the needs of other cities.

Aligned in an arc across the area of former Yugoslavia, the mentioned Janković's projects embody the then prevalent understanding of social solidarity, prosperity and public good and successfully internalize and reconcile the values of self-management socialism and a growing consumerism. Domestic critics mostly praised these works, pointing out their extraordinary relationship with the user, their pleasant ambience, the quality of their appertaining public communications and the impressive, iconic effect of the architecture itself.[11] As in the case of numerous other examples of the architectural and urbanistic socialist heritage, the reverse trends of renouncing the system of the social management of facilities intended for public use and public spaces in the cities of former Yugoslavia are today inferable from the very condition of these structures. Namely, from their untended pedestrian surfaces and communications, neglected infrastructure, limited offer and range of services, faulty or dubious ownership structure and similar symptoms, all of which reduces the chances of significant investment in their reconstruction or even partial redevelopment. For this reason, it is even more important to emphasize their relevance within the contemporary urban tissue, not just as architectural cultural monuments and standards of their time, but as operational, usable spaces teeming with potential for future functional upgrading. If they are not historically acknowledged, adequately protected and offered revitalization alternatives in time, they will most certainly be permanently left out of the currents of urban life, as is already happening to those in Split and Prishtina, at the long-term detriment of these cities.

Poged na kompleks Koteks Gripe iz gradske luke
Foto: Duška Boban

View of the Koteks Gripe Complex from the city port
Photo: Duška Boban

1
Gjinolli, Ilir, Kabashi, Lulzim (ur.), *Kosovo Modern – An Architectural Primer*, Nacionalna galerija Kosova, Priština, 2015., 158.

2
Štraus, Ivan, *Arhitektura Jugoslavije 1945–1990*, Svjetlost, Sarajevo, 1991., 81.

3
Konstrukcijom pojma jugoslavenskog kulturnog prostora na polju likovnih i izvedbenih umjetnosti osobito se posvetio Ješa Denegri, primjerice u tekstu: „Inside or Outside „Socialist Modernism"? Radical Views on the Yugoslav Art Scene 1950–1970", *Impossible histories: historical avant-gardes, neo-avant-gardes and post-avant-gardes in Yugoslavia, 1918–1991*, Cambridge, Mass; London: The MIT Press, 2003., 170–208.

4
Arhitektonski projekt i izvedba Skenderije bili su prezentirani i popraćeni u stručnim publikacijama: *Čovjek i prostor*, Zagreb, br. 183 i 189, 1968., br. 204, 1970.; *Arhitektura*, Zagreb, br. 105, 1970., br. 158-9, 1976.

5
Ugljen Ademović, Nina, Turkušić, Elsa, „A Synthesis of Modern and Traditional Features in Bosnia", *Unfinished Modenisations – Between Utopia and Pragmatism*, Udruženje hrvatskih arhitekata, Zagreb, 2012., 433.; Štraus, Ivan, *99 arhitekata sarajevskog kruga: 1930.–1990.*, Sarajevo/Zagreb, 2010., 45–46.

6
Štraus, Ivan, *99 arhitekata sarajevskog kruga: 1930.–1990.*, 64.

7
„Specifičnost kulturno-sportskog centra „Skenderija" je u tome što objekt nije zahtijevao neke posebne studije o korištenju nakon završetka Igara iz jednostavnog razloga što „živi" punim i bogatim životom već gotovo 15 godina, a kao takav je stekao određeni renome i mjesto u svijesti svakog građanina Sarajeva. Dovoljno je znati podatak da je to jedini kulturno-sportski centar u Jugoslaviji (pa i jedan od rijetkih u širim europskim razmjerima) koji od svog početka pa do danas nije dobivao nikakve dotacije, a istovremeno bio najjeftinija sportska kuća (primjerice, danas jedan sat iznajmljivanja dvorane za rekreaciju stoji samo 1400 din), jeftinija i od mnogih srednjoškolskih dvorana u Sarajevu.", Janković, Živorad, Tomić, Siniša, „U skladu s logikom – Neki aspekti korištenja dvorana „Skenderija" i „Zetra" u postolimpijskom periodu", *Čovjek i prostor*, Zagreb, 385, 1985., 13. Za Olimpijske igre 1984. godine dograđena je dvorana za zimske sportove koja nije utjecala na postojeće komunikacije niti integritet originalnog rješenja Skenderije.

8
Na javni, općejugoslavenski natječaj 1969. godine prijavljeno je 19 radova autorskih timova te je žiri dodijelio tri nagrade i pet otkupa. Raspisivači su propozicije natječaja ostaviti otvorenima ne definirajući u potpunosti program novog kulturnog doma, a prvonagrađeni rad istaknuo se ambicioznom tehnologijom gradnje koja je, vjerojatno, bila i razlogom kasnijeg odbacivanja ovog rješenja., *Arhitektura*, Zagreb, br. 106, 1970., br. 151, 1974., br. 158-9, 1976.

9
Gjinolli, Ilir, Kabashi, Lulzim (ur.), *Kosovo Modern – An Architectural Primer*, 98–101., 149–155.

10
Maroević, Ivo, „Arhitektura sedamdesetih godina u Hrvatskoj", *Arhitektura*, Zagreb, br. 176/7, 1981., 58.

11
Najopširniji zajednički prikaz centra Koteks Gripe, *Boro i Ramiz* te *Vojvodina* objavljen je sa predgovorom Dimitrija Mladenovića u časopisu *Arhitektura urbanizam*, Beograd, br. 88/89, 1982., 8–22.

1
Ilir Gjinolli and Lulzim Kabashi (ed.), *Kosovo Modern – An Architectural Primer*, Kosovo National Art Gallery, Prishtina, 2015, p. 158

2
Ivan Štraus, *Arhitektura Jugoslavije 1945–1990*, Svjetlost, Sarajevo, 1991, p. 81

3
The work of Ješa Denegri is especially prominent in constructing the concept of a Yugoslav cultural space, with respect to visual and performing arts, for example, in "Inside or Outside 'Socialist Modernism'? Radical Views on the Yugoslav Art Scene 1950–1970", in: *Impossible histories: historical avant-gardes, neo-avant-gardes and post-avant-gardes in Yugoslavia, 1918–1991*, Cambridge, Mass; London: MIT Press, 2003, pp. 170–208

4
The architectural design and construction of Skenderija were presented and covered in the following professional journals: *Čovjek i prostor*, Zagreb, Nos. 183 and 189, 1968, No. 204, 1970; *Arhitektura*, Zagreb, No. 105, 1970, No. 158-9, 1976.

5
Nina Ugljen Ademović and Elsa Turkušić, "A Synthesis of Modern and Traditional Features in Bosnia", in: *Unfinished Modenisations – Between Utopia and Pragmatism*, Association of Croatian Architects, Zagreb, 2012, p. 433; Ivan Štraus, *99 arhitekata sarajevskog kruga: 1930.–1990.*, Sarajevo/Zagreb, 2010, pp. 45–46

6
Ivan Štraus, *99 arhitekata sarajevskog kruga: 1930.–1990.*, p. 64

7
"A distinguishing feature of the Skenderija cultural and sports center is that no special studies on its use were required after the closing of the Olympic Games, for the simple reason that the structure had had a full and rich "life" for almost 15 years and, as such, had acquired a certain reputation and a place in the consciousness of every Sarajevo citizen. It is enough to know that it is the only cultural and sports center in Yugoslavia (and one of only a few in Europe) which has, from its very establishment, received no subsidies, while maintaining the status of the lowest-cost sports facility (for example, the recreation hall can nowadays be rented for an hour for only DIN 1400), cheaper than many high-school sports halls in Sarajevo.", Živorad Janković and Siniša Tomić, "U skladu s logikom - Neki aspekti korištenja dvorana „Skenderija" i „Zetra" u postolimpijskom periodu", *Čovjek i prostor*, Zagreb, No. 385, 1985, p. 13. For the purpose of the 1984 Olympics, a winter sports hall was annexed, without influencing the existing intracommunications or the integrity of Skenderija's original design.

8
Nineteen design team submissions were received in response to the 1969 public, federal tender. The jury gave out three awards and decided on five purchases. The tender rules were purposefully vague with regard to the detailed program of the new cultural center, while the first-prize-winning design was distinguished because of its ambitious building technology. This was probably the reason behind the subsequent rejection of this design. *Arhitektura*, Zagreb, No. 106, 1970, No. 151, 1974, No. 158-9, 1976

9
Lulzim Kabashi and Ilir Gjinolli, *Kosovo Modern – An Architectural Primer*, pp. 98–101, 149–155

10
Ivo Maroević, "Arhitektura sedamdesetih godina u Hrvatskoj", in: *Arhitektura*, Zagreb, No. 176/7, 1981, p. 58

11
The most extensive combined review of the Koteks Gripe, *Boro i Ramiz* and *Vojvodina* centers was published in the foreword by Dimitrij Mladenović to the journal *Arhitektura urbanizam*, Belgrade, No. 88/89, 1982, pp. 8–22

Mejrema Zatrić

TRENJA I PREPLITANJA UNUTAR MODERNOG PROJEKTA

UJEDINJENI PLURALIZAM „SARAJEVSKOG ARHITEKTONSKOG KRUGA”[1]

Mejrema Zatrić

CONTENTION AND COALESCENCE WITHIN THE MODERNIST PROJECT

THE UNITED PLURALISM OF THE "SARAJEVO ARCHITECTURAL CIRCLE"[1]

Na naslovnoj stranici januarsko-februarskog broja sarajevskog arhitektonskog žurnala *ARH* objavljenog 1972. godine reproduciran je frontalni pogled na sportsko-trgovački Centar Skenderija koji su projektovali Živorad Janković i Halid Muhasilović. Kolorit fotografije reduciran je na jedinstven plavičasti ton, a ona položena usred tmine crnih korica *ARH*-a dajući Skenderiji apstraktno okruženje čija neumoljiva homogenost u potpunosti zastire dinamični urbani okvir razvučenog Centra: obronke zelenog brda i grozdove crvenkastih kosih krovova individualnih kuća koje slučajni posmatrač danas teško razlikuje od padina istorijske jezgre osmanskog Sarajeva.

Ono što je dizajn naslovnice žurnala sugerisao, vjerovatno nehotimice, eksplicitno je uobličeno u uvodniku urednika Ivana Štrausa[2] u istom broju. U Štrausovoj interpretaciji, realizacija Skenderije bila je manifestacija dolaska „jednog novog vala, svježe generacije arhitekata uključenih u progresivne tokove arhitekture danas“ koje je opisao kao oslobođene „uticaja bilo koje

Naslovna stranica sarajevskog arhitektonskog žurnala *ARH*, iz 1972. godine
Izvor: *ARH – revija za savremenu arhitekturu*, No. 13–14, 1972.

Cover page of Sarajevo Architectural Journal ARH, from 1972
Source: ARH – Contemporary Architecture Review, No. 13–14, 1972

The cover of the January-February 1972 issue of the Sarajevo architectural journal *ARH* shows the front of the Skenderija sports and shopping centre, designed by Živorad Janković and Halid Muhasilović. The hue of the photograph is reduced to a single bluish tone, while its positioning in the centre of *ARH*'s black covers provides the Skenderija Centre with abstract surroundings, whose relentless homogeneity completely overshadows the dynamic urban frame of the protracted centre: the green hillsides and clusters of reddish sloping house roofs – a sight indistinguishable to a bystander from the slopes of the historical centre of Ottoman Sarajevo.

The implications, most likely unintentional, of the journal's cover design, were made explicit in the issue's editorial by Ivan Štraus.[2] According to Štraus, the building of the Skenderija Centre was the manifestation of the coming of "a new wave, a fresh generation of architects tuned in to the progressive tendencies in contemporary architecture", whom he described as free from "the influence of any 'domestic architectural school' or 'authority'" and unencumbered by "formal folklore elements and a narrow local perspective".[3]

It was as if the disappearance of the Sarajevo urban scenery from the imposing *ARH* cover functioned as a graphic reflection of the thesis of shedding the weight of the local, placing the Skenderija Centre in an imaginary space of autonomous "architectural tendencies". This global architectural and cultural field was, somewhat presumptuously, plied into "tendencies" by Štraus, thanks to his peculiar authorial focus on the dependency of architectural practice upon technology, as well as through his contrasting of the "progressive practice" with the "domestic architectural school". Pinpointing the "school", "authority" and "folklore" as the limiting factors submerged and, therefore, surpassed by the "new wave" was probably intended – among other things – to insinuate the fading of the dominant figure of Juraj Neidhardt[4] into the Sarajevo horizon of what Rayner Barnham, theorist of architecture, referred to in the 1960s as "the second machine age."[5]

Although the ratio of his ideas to their realisations earned him the title of "architect without architecture", which he embraced in a later interview[6], several of his outstandingly successful projects, his conceptual research and his multi-decennial striving to create a regional architectural movement

'domaće arhitektonske škole' i 'autoriteta'" i neopterećene „formalnim folklornim elementima i uskim lokalnim okvirima."[3]

Nestajanje sarajevskog urbanog pejzaža na upečatljivoj naslovnici *ARH*-a kao da je bio grafički odjek ove teze o oslobađanju od lokalnog, smještajući Skenderiju u zamišljeni prostor autonomnih „tokova arhitekture". Ovo globalno arhitektonsko-kulturno polje Štraus je mogao, donekle olako, ujediniti u „tokove" zahvaljujući sebi svojstvenom autorskom fokusu na tehnološku uslovljenost arhitektonske prakse, ali i opisivanjem „progresivne prakse" kao suprotne „domaćoj arhitektonskoj školi". Citiranje „škole", „autoriteta" i „folklora" kao limitirajućih faktora koje je „novi val" plavio i time prevazilazio vjerovatno je, između ostalog, trebalo insinuirati zalazak dominantne figure Juraja Neidhardta[4] na sarajevskom horizontu onoga što je teoretičar arhitekture Rayner Banham početkom 1960-ih godina nazvao „drugo mašinsko doba".[5]

Iako je zbog odnosa broja ideja i realizacija sam Neidhardt prihvatio titulu „arhitekt bez arhitekture" u jednom kasnom intervjuu[6], nekolicina izuzetno uspjelih projekata, njegova konceptualna istraživanja i, naročito, višedecenijska nastojanja na stvaranju regionalnog arhitektonskog pokreta zavrijedili su mu istaknuto mjesto u sarajevskoj arhitektonskoj kulturi. Njegovo

Stambena zgrada *Vakuf Čokardži H. Sulejman*, Sarajevo, arhitekti Reuf Kadić i Muhamed Kadić
Izvor: Petar Perica Vidić i Ibrahim Krzović, (ur.), *Članovi Akademije nauka Bosne i Hercegovine – Likovni umjetnici i arhitekti*, ANU BiH, Sarajevo, 2015., str. 120.

Residential building *Vakuf Čokardži H. Sulejman*, Sarajevo, architects Reuf Kadić i Muhamed Kadić
Source: Petar Perica Vidić and Ibrahim Krzović, (eds.), *Members of the Academy of Sciences of Bosnia and Herzegovina – Fine Artists and Architects*, ANU BIH, Sarajevo, 2015, p. 120

have secured Neidhardt a prominent place within the architectural culture of Sarajevo. His presence in the pan-Yugoslav public life, which began in the inter-war period with a series of authorial exhibitions, was substantially backed by the authority of Le Corbusier, in whose studio Neidhardt had worked in the tumultuous mid-1930s. A series of urban-planning projects and studies on which he had collaborated in those years, as well as several submissions to urban-planning competitions all across the Yugoslav state, had placed him amongst "our" first "urbanists".

Neidhardt successfully boosted his charisma of Le Corbusier's Yugoslav protégé with the image of a researcher and teacher, an architect equally interested in "theory" and building and, above all, one who envisioned the harmonic, coordinated functioning of the entire architectural practice. According to Neidhardt, this coordination was to be achieved by adhering to the organic rules of the region that could best be inferred from the vernacular architectural heritage.

Although it had been present in Neidhardt's work as an ex-temporal paradigm of the harmony between man and his natural environment, at the time of the architect's arrival to Sarajevo, Bosnian Oriental architecture was heavily implied in the political discourses of the time and the economic dynamics which defined the, then decelerated, spatial restructuring of the city. The compact unity of the social centre in the valley (the *čaršija*) surrounded by the residential areas on the hillsides (the *mahalas*), formed during the multi-centennial rule of the Ottoman Empire, had been persisting for decades as the external "Other" of the urban and material culture of Western modernity, which had gained momentum after the retreat of the Ottoman Empire from the area of today's Bosnia and Herzegovina in the late 19th century. This lackadaisical building "next to" without attempts at *integration* was inaugurated by the architects and the regime of the Austro-Hungarian Empire which took over the rule of Bosnia and Herzegovina after the Ottomans and was the first to subject Sarajevo to the collusion of urbanisation and industrialisation. Although the geometrical discipline of Middle-European urbanism of closed blocks and "corridor streets" accentuated the contrasting, "organic" nature of the Oriental city centre, this contrast was but an emblem of the utter discord of the economies of the old

prisustvo u panjugoslovenskom javnom životu, koje je započelo u vremenu između dva svjetska rata serijom autorskih izložbi, bilo je značajno poduprto autoritetom Le Corbusiera u čijem je birou Neidhardt radio u uzburkanoj sredini 1930-ih godina. Serija urbanističkih projekata i studija na kojima je tada sarađivao, kao i nekolicina samostalnih urbanističkih konkursnih radova širom tadašnje Jugoslavije, uvrstili su ga u prve „naše urbaniste".

Na harizmu jednog od jugoslovenskih *protégé*-a Le Corbusiera Neidhardt je uspješno nadogradio imidž istraživača i pedagoga, arhitekta zainteresovanog za teoriju koliko i za građenje i, iznad svega, arhitekta koji je sanjao harmoničnu, uigranu operaciju cjelokupne arhitektonske prakse. Ova uigranost, prema Neidhardtu, postizala se poštivanjem organskih pravila regiona, a najbolja vodilja u razotkrivanju tih pravila bila je vernakularna arhitektonska zaostavština.

Iako je u njegovom radu djelovala kao vanvremenska paradigma harmonije između čovjeka i prirodnog okruženja, u vrijeme Neidhardtovog dolaska u Sarajevo kasnih 1930-ih godina, bosanska orijentalna arhitektura je bila snažno implicirana u onovremenskim političkim diskursima i ekonomskim dinamikama koje su predodređivale tada usporeno prostorno restrukturiranje grada. Kompaktna cjelina društvenog centra u dolini (čaršija) okruženog stambenim naseljima na padinama (mahale), nastala u toku viševjekovne osmanske vladavine, istrajavala je decenijama kao eksterno „drugo" u odnosu na urbanu i materijalnu kulturu zapadne modernosti koja je uzela maha poslije povlačenja Osmanskog carstva s prostora današnje Bosne i Hercegovine u kasnom 19. vijeku. To nezainteresirano građenje *pored* bez pokušaja *integracije* inaugurisali su arhitekti i režim Austro-Ugarske Monarhije koja je tada preuzela vladavinu nad Bosnom i Hercegovinom i prva podvrgla Sarajevo djelovanju sprege između urbanizacije i industrijalizacije. Geometrijska discipliniranost srednjoevropskog urbanizma zatvorenih blokova i „koridor ulica" istakla je, suprotnu joj, „organičnost" orijentalne jezgre, ali je ova suprotnost bila tek emblem za potpunu nepovezanost ekonomija starog i novog režima. Materijalno-društvena degradacija osmanskog Sarajeva koja je tada započela nastavila se i između dva svjetska rata u okvirima Kraljevine Jugoslavije. Bazirana na islamskom pogledu na svijet i neuključiva u tadašnju identitetsku konstelaciju jugoslovenstva, bosanska

and new regime. The material and social degradation of the Ottoman Sarajevo which began in that period continued into the inter-war years in the Kingdom of Yugoslavia. Based on the Islamic world view and incompatible with the then prevailing identity constellation of Yugoslavism, Bosnian Oriental architecture was clear evidence of the sturdy cultural diversity cited by historians as one of the key reasons for the marginalisation of Sarajevo in the development policies of the Kingdom's hegemonistic regime.[7] Indeed, the city layout and infrastructure right before the beginning of World War II were almost identical to those in 1914. During the 1920s and 1930s, the two unrelated urbanistic paradigms, the Oriental and the Middle-European, were "interspersed" with rare interpolations by the first architects to have drawn their knowledge from the achievements of early Modernism. However, the task of devising a concept of urban development was conferred, as a problematic and burdensome legacy, to those architects which would succeed in occupying the leading positions in the urban-planning system of socialist Sarajevo.

In the first half on the 1950s, simultaneously with the sweeping surge of socialist Yugoslavia's development and the culmination of Dušan Grabrijan[8] and Juraj Neidhardt's fifteen-year research project focussed on the formal features and spatial-planning practices of Bosnian Oriental architecture and urbanism, the organisation and coordination of architectural tendencies in Sarajevo were becoming increasingly attached to institutions and losing touch with the avant-garde ideas of creative individuals. It was the time of the long and chaotic preparation of the first Urban Development Master Plan for the City of Sarajevo, during which the notably robust Urban Planning Authority emerged from the plain inter-war cocoon of an institution for "spatial regulation". During this emergence and the establishment of the Sarajevo Faculty of Engineering, along with the first architectural design organizations in socialist Sarajevo, the transfer of expertise from Belgrade, Zagreb and Ljubljana intensified.

Progressive or not, the "architectural trends" shaped in that primeval decade of the spatialisation of the new, socialist society within the Sarajevo architectural and cultural field brought together the influences from the more developed north of Yugoslavia and the local tendencies, which

orijentalna arhitektura bila je jedan od eklatantnih dokaza snažne kulturne raznovrsnosti koju su istoričari indicirali kao jedan od ključnih razloga za marginalizaciju Sarajeva u razvojnim politikama hegemoničnog režima Kraljevine.[7] Zaista, okviri i infrastrukturna opremljenost grada pred početak Drugog svjetskog rata bili su gotovo identični onima iz 1914. Dva nepovezana urbanistička uzorka, orijentalni i srednjoevropski, bili su u toku 1920-ih i 30-ih godina „prošarani" rijetkim interpolacijama uobličenim od prvih arhitekata obrazovanih na tekovinama ranog modernizma, ali je zadatak osmišljavanja koncepta urbanog razvoja ostao kao problematično i teretno nasljeđe onim arhitektima koji će uspjeti zauzeti vrhovne pozicije u sistemu urbanističkog planiranja socijalističkog Sarajeva.

U prvoj polovini 1950-ih godina, paralelno sa snažnim zamahom razvoja socijalističke Jugoslavije i upravo u vrijeme kada je kulminirao petnaestogodišnji istraživački projekat Dušana Grabrijana[8] i Juraja Neidhardta fokusiran na formalne kvalitete i prostorne prakse bosanske orijentalne arhitekture i urbanizma, organizacija i koordinacija arhitektonskih nastojanja u Sarajevu sve se više vezivala za institucije, a sve manje za avangardne ideje kreativnih pojedinaca. Bilo je to vrijeme duge i haotične izrade prvog Generalnog urbanističkog plana za grad Sarajevo u toku koje se iz skromne međuratne kukuljice institucije „prostorne regulacije" rodila naročito robustna institucija Urbanističkog zavoda. U toku ovog rađanja, kao i u toku etabliranja sarajevskog Tehničkog fakulteta i prvih projektnih organizacija u socijalističkom Sarajevu intenzivirao se transfer ekspertiza iz Beograda, Zagreba i Ljubljane.

Progresivni ili ne, „tokovi arhitekture" uspostavljeni u ovoj ranoj deceniji oprostorivanja novog socijalističkog društva unutar sarajevskog arhitektonsko-kulturnog polja ujedinili su pritoke sa razvijenijeg sjevera Jugoslavije s lokalnim strujama koje su – kao i pridošle – usmjeravane dvojnom paradigmom „visokog" i srednjoevropskog modernizma. Ugledni sarajevski ogranak praške arhitektonske škole koji je uključivao arhitekte Reufa i Muhameda Kadića,[9] Jahiela Fincija[10] i Dušana Smiljanića[11] bio je, neosporno, ključni lokalni resurs na raspolaganju ambicioznoj jugoslovenskoj kampanji modernizacije zemlje. Ovim arhitektima bila je bliska ideja mijenjanja društva kroz arhitekturu, formirana u toku njihovog učešća u srednjoevropskim intelektualnim krugovima u kojima je, kao što je primijetio Akos Moravan-

were – like the oncoming ones – directed by the dual paradigm of "high" and Middle-European Modernism. The renowned Sarajevo branch of the Prague school of architecture, which included architects Reuf and Muhamed Kadić[9], Jahiel Finci[10] and Dušan Smiljanić[11], was undoubtedly the key local resource at the disposal of the ambitious campaign of the modernisation of Yugoslavia. These architects believed in the idea of changing society through architecture, formed during their participation in the Middle-European intellectual circles, where, as Akos Moravanszky noted, the implementation of social change was seen as a question of transforming human consciousness, rather than merely one of changing the political and economic system.[12] For example, the hybridisation of the Oriental and the Modernist, which architects such as Grabrijan and Neidhardt had attempted to codify on the formal level, was, on the socio-political level, an integral part of the practice of the Kadić brothers, who united the Islamic medieval institution of the waqf with the avant-garde forms of Middle-European Modernism. However, after World War II, the "Prague school" architects continued their professional development mostly through teaching, research and institutional activities. This failure to realise the Sarajevo interpretation of the Middle-European alliance of "aesthetic invention and social imagination"[13] within the new socio-political framework had almost certainly, from the very start, degraded the potential architectural quality of socialist Sarajevo – especially after the mysterious, almost complete, termination of the Kadić brothers' design activities after 1945.

The space thus cleared on the "market" of architectural ideas formed through the first competitions and social networking, whether formal or informal, was occupied by numerous projects of the newcomer architects exhibiting various degrees of originality. Particularly notable amongst these early works is the "Niemeyerian" V-type colonnade of the *Šipad* commercial building designed by Belgrade architect Tihomir Ivanović. It was an anticipation of the poetics of technology, which would become one of the most prominent characteristics of the Sarajevo architectural circle.

Apart from exerting influence through the channelling of various Western techniques and sensibilities, the mentorship of the "developed North" was evident in the organisation and functioning of institutions – the Ministry of

szky, implementacija društvenih promjena razumijevana kao pitanje transformacije ljudske svijesti, a ne samo mijenjanja političkog i ekonomskog sistema.[12] Hibridizacija između orijentalnog i modernog, na primjer, koju će na formalnom planu nastojati da kodificiraju arhitekti poput Grabrijana i Neidhardta, bila je, na društveno-političkom planu, integralnim dijelom prakse braće Kadića koji su islamskoj srednjovijekovnoj instituciji Vakufa pridružili avangardne forme srednjoevropske moderne. Ipak, arhitekti „praške škole" su poslije Drugog svjetskog rata nastavili profesionalni razvoj pretežno kroz pedagoško, istraživačko i institucionalno djelovanje. Ova neostvarenost sarajevske interpretacije srednjoevropske sprege između „estetske invencije i društvene imaginacije"[13] u novom društveno-političkom okviru sasvim je sigurno, već u samom početku, degradirala mogući arhitektonski kvalitet socijalističkog Sarajeva – naročito s neshvatljivim gotovo potpunim prestankom projektne prakse braće Kadića poslije 1945.

Na taj način uvećani prostor na „tržištu" arhitektonskih ideja, koje se uobličavalo kroz djelovanje prvih konkursa i zvaničnih, kao i nezvaničnih, društvenih mreža, popunjen je mnogim, više ili manje inventivnim, projektima pridošlih arhitekata. Među ovim ranim realizacijama, naročito je zanimljiva kolonada „niemeyerovskih" V-stubova poslovne zgrade *Šipad* beogradskog arhitekta Tihomira Ivanovića, kao anticipacija poetike tehnologije koja će postati jedna od najupečatljivijih odlika sarajevskog arhitektonskog kruga.

Upravna zgrada *Šipada* u Sarajevu, detalj
Foto: Mirsada Begović

The administrative building of the *Šipad* company in Sarajevo, detail
Photo: Mirsada Begović

Construction, building and architectural design organizations, as well as in the preparation of the urban development master plan for the city. Most of all, however, the mentorship was marked by the start of classes at the Sarajevo Faculty of Engineering, founded in 1949. The visiting professors from the Belgrade and Zagreb faculties laid the foundations for the structuring of most courses[14], while the curriculum was coordinated according to the model of the Prague Faculty of Architecture and its characteristically

Zgrada uprave *Šipada* u Sarajevu arhitekta Tihomira Ivanovića iz 1956. godine.
Arhivska fotografija

The administration building of the *Šipad* company, in Sarajevo, architect Tihomir Ivanović, from 1956
Archive photo

Osim djelovanja kroz kanalisanje raznih zapadnih tehnika i senzibiliteta, ovo mentorstvo „razvijenog sjevera“ je u 1950-im godinama bilo izrazito i u organizaciji i funkcionisanju institucija – Ministarstvu građevina, građevinskih i projektnih organizacija, izradi Generalnog urbanističkog plana grada i, naročito, stavljanju u pogon Tehničkog fakulteta u Sarajevu, osnovanoga 1949. godine. Gostujući profesori s beogradskog i zagrebačkog fakulteta postavili su temelje strukturiranju većine predmeta[14], ali je cjelina nastavnog programa koordinirana prema uzoru na praški Arhitektonski fakultet i njemu svojstveno široko tehničko obrazovanje arhitekta.[15] Ovaj srednjoevropski afinitet, koji su kanalisali profesori Dušan Smiljanić, Jahijel Finci i Muhamed Kadić, dobivao je tokom 1950-ih godina narastajući otklon korbuzijanskog funkcionalizma. Iako je Juraj Neidhardt, koji je počeo raditi na Tehničkom fakultetu 1952. godine, nosio titulu „saradnika Le Corbusiera“, njegova heterodoksna interpretacija je doprinijela ovome znatno manje nego utjecaj prvih fakultetski obučenih urbanista, lokalnih arhitekata obrazovanih u Beogradu i Zagrebu koji su u Sarajevu dali urbanizmu akademsku „težinu“.[16]

Reklama za projektnu organizaciju Arhitekt iz 1972. godine. Na slici perspektiva „hotela na Marin Dvoru" autora Ivana Štrausa (kasnije Hotel *Holiday Inn*)
Izvor: *ARH – revija za savremenu arhitekturu*, No.13-14, 1972., str. 7

Advertisment for a project organization Architect from 1972. In the picture-perspective of "hotel on Marin Dvor" by Ivan Štraus (later Hotel *Holiday Inn*)
Source: ARH – Contemporary Architecture Review, No.13-14, 1972, p. 7

comprehensive technical education of architects.[15] During the 1950s, this Middle-European affinity, channelled by professors Dušan Smiljanić, Jahiel Finci and Muhamed Kadić, developed a Corbusian functionalist slant. Although Juraj Neidhardt, who started working at the Faculty in 1952, carried the title of "Le Corbusier's associate", his heterodox interpretation contributed to this development far less than the influence of the first academically trained urbanists[16] – local architects educated in Belgrade and Zagreb, who provided urbanism in Sarajevo with academic "weight".

The introduction to a 1959 publication commemorating the tenth anniversary of the Faculty's founding openly makes reference to the "inherited backwardness" of Bosnia and Herzegovina and depicts the Faculty of Engineering as an agent of reparation and progress invoked by such a situation.[17] In the late 1950s, this kind of "origin myth" could already be read,

Reklama za projektnu organizaciju Dom iz 1972. godine. Na slici fotografija sportsko-trgovačkog centra Skenderija autora Živorada Jankovića i Halida Muhasilovića
Izvor: *ARH – revija za savremenu arhitekturu*, No.13-14, 1972.

Advertisment for a project organization Dom (The House) from 1972. In the picture-photo of a sports & shopping center Skenderija by Živorad Janković and Halid Muhasilović
Source: ARH – Contemporary Architecture Review, No.13-14, 1972

U uvodu publikacije koja je obilježila desetogodišnjicu fakulteta 1959. godine napravljena je otvorena referenca na „naslijeđenu zaostalost" Bosne i Hercegovine, a Tehnički fakultet je predstavljen kao, ovom situacijom prizvan, agent reparacije i unaprijeđenja.[17] U tim poznim 1950-im godinama ovakav „mit o porijeklu" već je, u svom istorijskom kontekstu mogao biti čitan kao emblematska priča jugoslovenske emancipacije: na svoj deseti rođendan Tehnički fakultet je bio opremljen većinom lokalnim kadrom i ispratio nekoliko generacija lokalno obrazovanih arhitekata – među kojima 1958. godine Ivana Štrausa i Zlatka Ugljena[18], koji će se uvrstiti u najistaknutije arhitekte Jugoslavije.

Uspostavljanju samopouzdane arhitektonske scene sa kojom će Sarajevo ući u 1960-e godine doprinijeo je raznovrstan, obiman i stalno narastajući portfolio gradskih projektnih organizacija *Dom* i *Arhitekt*. Iako su ovi veliki arhitektonski biroi, kao okosnica jugoslovenske arhitektonske profesije, bili donekle tipski strukturirani, intimniji uvid otkriva specifične profesionalne kulture koje su u njima bujale nezavisno od propisane državne organizacije. Dok je *Arhitekt* karakterizirao ambijent koji je poticao autorsku individualnost kroz izraženu kompetitivnost, donekle inspirisanu specijalizacijom biroa u oblasti javnih i reprezentativnih zgrada, *Domu* je bio svojstven kolektivizam koji se ostvarivao kroz diskusiju, internu kritiku među kolegama i neophodan konsenzus o kvaliteti prije predaje projekata.

Naročito su impresivne manifestacije istraživačkih projektnih praksi koje su ne samo potvrđivale već i osnaživale novostečeno samopouzdanje sarajevskih arhitekata. Mnoga usmena svjedočanstva opisuju jedan ambijent autorske živosti i kreativne i društvene angažiranosti unutar sarajevskih projektnih organizacija. Ovi opisi krajnje ubjedljivo uspostavljaju sarajevski arhitektonski milje sredine 1960-ih godina kao antipod onom „kancelarijskom projektovanju" koje je slovenski arhitekt Edvard Ravnikar pripisao organizaciji jugoslovenske arhitektonske profesije u poslijeratnim godinama i opisao kao „trpanje arhitekte pod jednu kapu i navlačenje na uvijek isti kalup" prilikom svoje diskusije na Prvom savjetovanju jugoslovenskih arhitekata i urbanista u Dubrovniku 1950. godine.[19] Distanca koju je prevalila sarajevska arhitektonsko-projektna kultura u toku tih 15 godina može se dakle procijeniti emancipatorskom, ne samo u odnosu na njeno poslijerat-

in its historical context, as an emblematic tale of Yugoslav emancipation: on its tenth birthday, the Faculty of Engineering was staffed mostly by locals and had turned out several generations of locally educated architects, among which were, in 1958, Ivan Štraus and Zlatko Ugljen[18], who would come to be ranked with the most prominent Yugoslav architects.

The formation of a confident architectural scene with which Sarajevo would enter the 1960s benefited greatly from the contribution of the diversified, extensive and ever-growing portfolio of the city's architectural design organizations, *Dom* and *Arhitekt*. Although these big offices, the mainstays of the Yugoslav architectural profession, were somewhat uniformly structured, a closer inquiry reveals specific professional cultures which developed in them independently of their state-prescribed organisation. Namely, while *Arhitekt* was characterised by an atmosphere which stimulated authorial individuality through an emphasis on competitiveness, somewhat inspired by the office's specialisation in the field of public and representative buildings, *Dom* nurtured a collectivism achieved through discussion, inter-colleague critique and the indispensable consensus regarding quality prior to project submission.

The outcomes of architectural-design research practices, which not only confirmed, but also strengthened the newly-acquired self-confidence of Sarajevo architects, were particularly impressive. According to numerous oral testimonies, an atmosphere of authorial verve and creative and social engagement pervaded the architectural-design organizations of Sarajevo. These accounts quite convincingly establish the Sarajevo architectural milieu of the mid-1960s as an antipode to the "paper-shuffling design" imputed by Slovenian architect Edvard Ravnikar to the postwar organisation of the Yugoslav architectural profession and defined as the "pigeonholing of architects and stereotyped output" in his speech at the First Conference of Yugoslav Architects and Urban Planners held in Dubrovnik in 1950.[19] Thus, the development of the Sarajevo architectural and design culture in the course of those 15 years can be considered emancipatory, not only with regard to its attribution to the "undeveloped South" in the postwar period, but also in terms of its relevant contribution to the sophistication and refinement of Yugoslav socialist architecture as a complex historical phenomenon.

no pripadanje „nerazvijenom jugu" već kao ravnopravni doprinos usložnjavanju i rafiniranju jugoslovenske socijalističke arhitekture kao kompleksne istorijske pojave.

Interne biblioteke opremljene kurentnom arhitektonskom i urbanističkom periodikom, internacionalna studijska putovanja glavnih projektanata u svrhu prikupljanja informacija za programiranje, koncipiranje i materijalizaciju pojedinih projekata, nagrade na jugoslovenskim i internacionalnim konkursima, fragmenti su arhitektonske kulture koji daju tek nagovještaj vitalnosti i konzistentnosti sarajevskih projektnih organizacija.[20]

O ovome svjedoči i nastajanje koncepcije za trgovačko-sportski centar Skenderija – projekat koji je iniciran kao klasična sajamska hala po ugledu na Beogradski sajam arhitekta Milorada Pantovića, završen 1957. godine. Iako su sredinom 1960-ih godina gradski autoriteti planirali da povjere projektovanje arhitekti Pantoviću, sarajevski arhitekti, braneći lokalni stručni integritet, uspjevaju da preinače ovu odluku u organizaciju konkursa na kome su prvo mjesto osvojili Živorad Janković i Halid Muhasilović.[21] Kritični

Muzej avijacije u Beogradu
autora Ivana Štrausa
Izvor: arhiv autora

Aviation Museum in Belgrade
architect Ivan Štraus
Source: Architect's archive

The in-house libraries equipped with contemporary architectural and urbanistic periodicals, the international study tours of the chief design engineers for the purpose of planning, outlining and realising specific projects, the awards at Yugoslav and international competitions are all fragments of an architectural culture which reveal but a hint of the élan and consistency of the Sarajevo architectural design organizations.[20]

A testament to this culture is the devising of the concept of the Skenderija shopping and sports centre – a project initially envisaged as a traditional trade fair hall modelled according to the Belgrade Fair by Milorad Pantović, which was completed in 1957. In the mid-1960s, despite the city authorities' plan to commission Pantović for the design of the centre, the Sarajevo architects, in defence of the integrity of local professionals, managed to convert the authorities' decision into an announcement of a competition[21], which Živorad Janković and Halid Muhasilović eventually won. Critical of the idea of building a trade fair hall at a key location in the city centre, the architects first redesigned the project brief, guided by the motto that the Skenderija Centre was "not to be empty for a single day of the year", to incorporate additional facilities that Sarajevo had been lacking, such as the Youth Community Centre[22], even though these were not directly linked to the fair hall concept. Subsequent analyses, which revealed that the Skenderija Centre's design brief and construction system had been inspired with the postwar public buildings of the Western-European "welfare state", bear witness to the contemporaneity of architectural concepts in Sarajevo and to the ability of the centre's architects to place their inspirations within a social context, therefore making them more familiar and convincing to the citizens, as well as to the investors.[23]

This crucial skill of persuasion was certainly instrumental to the rise of the public authority of architects as experts and creatives, which was principally abetted by authors who cherished the culture of experimentation in their design work. As far as the professional schedules of the likes of Zlatko Ugljen and Ivan Štraus were concerned, the realisation (and subsequent professional approval) of socially or technologically risky projects had an avalanche effect, bringing about new project tasks, along with an increase in professional self-confidence and pan-Yugoslav acclaim. While the primary creative coordinates of Štraus's Museum of Aviation in Belgrade (1969)

prema zamisli da se sajamska hala postavi na ključnoj centralnoj gradskoj lokaciji, arhitekti su pristupili najprije redizajnu projektnog programa vodeći se idejom da Centar Skenderija „niti jedan dan u sedmici ne bude prazan“ i pridružujući mu elemente, poput Doma mladih[22], koji su nedostajali gradu Sarajevu, iako nisu bili direktno povezani sa tipskom koncepcijom sajma. Kasnije analize koje su ukazale na afinitete projektnog programa i konstruktivnog sistema Skenderije prema poslijeratnim javnim zgradama zapadno-evropske „države blagostanja“, svjedoče o kurentnosti sarajevskih arhitektonskih ideja i sposobnosti arhitekata da ove eventualne inspiracije društveno kontekstualiziraju, čineći ih time bliskima i ubjedljivima za građane, ali i investitore.[23]

Ova ključna vještina ubjeđivanja bila je zasigurno instrumentalna u rastu javne autoritativnosti arhitekata kao eksperata i kreativaca, a naročito su joj doprinijeli autori koji su u svojoj projektnoj praksi njegovali kulturu eksperimenta. U individualnim profesionalnim itinererima, poput onih Zlatka Ugljena i Ivana Štrausa, ostvarivanje (i potonje stručno odobravanje) društveno ili tehnološki riskantnih projekata izazivalo je efekat lavine sastavljene od novih projektnih zadataka, uvećanog profesionalnog samopouzdanja i panjugoslovenske reputacije. Dok su primarne kreativne koordinate Štrausovog Muzeja Avijacije u Beogradu (1969.) zamišljene u sistemu globalnih arhitektonskih tokova, koordinate Ugljenove Bijele džamije u Visokom (1969.) su naprečac čitljive u sistemu neposrednog (neosporno regionalno specifičnog) mjesta na kome se nalazi. Ono što, naime, oba ostvarenja dijele je isijavanje *prisutnosti pronalaska*: precizne koordinacije performansi čije su suštinske koordinate, ipak, izgubljene u nikada potpuno dokučivom ličnom univerzumu autora.

Iako su Ivan Štraus i Zlatko Ugljen predstavnici ove generacije s najpostojanijom reputacijom, zalet „novog vala“ u Sarajevu bio je oglašen upravo Centrom Skenderija, autora Živorada Jankovića i Halida Muhasilovića. U jednom profilu arhitekta Jankovića, istoričar umjetnosti Ibrahim Krzović definisao je drugačiji žanr *prisutnosti* koji su opredmetila njegova ostvarenja, opisujući ih kao „monumentalna djela koja će služiti i stanovnicima grada i gostima iz cijelog svijeta“.[24] Zaista, formulacija „monumentalnost koja služi“ dobro opisuje atmosferu raznovrsnih javnih gradskih skupova organizi-

were set within a system of global architectural trends, those of Ugljen's White Mosque in Visoko (1969) are instantly inferrible from the system of its immediate (and, undoubtedly, regionally specific) surroundings. Nevertheless, what the two works have in common is the emanation of the *presence of discovery*; of a precise coordination of performances whose essential coordinates are lost in the author's personal universe which is never to be fully grasped.

Although Ivan Štraus and Zlatko Ugljen are the representatives of this generation with the most enduring reputation, the onset of the Sarajevo "new

Šerefudin Bijela džamija u Visokom, autora Zlatka Ugljena
Izvor: Stane Bernik, *Arhitekt Zlatko Ugljen*, Međunarodna galerija portreta, Tuzla, 2002., str. 59.

Šerefudin White Mosque in Visoko, architect Zlatko Ugljen
Source: Stane Bernik, *Architect Zlatko Ugljen*, International Portrait Gallery, Tuzla, 2002, p. 59

ranih u Skenderiji 1970-ih godina, a njen danas zapušteni kompleks komunicira monumentalnost na nepretencioznom nivou rasplinutog prostora koji obuhvata, a ne predmeta koji je obuhvaćen pogledom.

Ipak je ova samosvjesna autonomna virtuoznost, bazirana na suverenom vladanju konstrukcijom, tehnologijom građenja, i kasnije programom – čiji će emblem postati upravo centar Skenderija krajem slijedeće decenije – ostala rezervirana za pojedinačne istaknute projekte i nezainteresirana za strukturalno unapređenje grada i tehnologije svakodnevnog života.

Niti jedan od arhitekata „novog vala", čiji je dolazak trebala najaviti Skenderija, nije okupirao zapaženu poziciju unutar introvertne institucije urbanističkog planiranja. To odustajanje od sistematične aplikacije autorske arhitektonske vizije na nivou grada kao cjeline koje je započeto 1950-ih godina, a postalo sasvim primjetno, gotovo zvanično, po usvajanju prvog Generalnog plana za grad Sarajevo 1965. godine, je možda moralo biti cijena bezrezervnih kreativnih investiranja arhitekata u vrhunske projekte arhitekture socijalističke Jugoslavije.

Ovo cijepanje međuratne figure arhitekta-urbanista je u Sarajevu bilo simbolično naznačeno projektnom istorijom urbanističkog rješenja Marijin Dvora – prostora određenog za gradski centar novog socijalističkog grada. Pobjeda projekta Juraja Neidhardta na jugoslovenskom konkursu 1955. godine, oslonjenog na „nepisane zakone" bosanske orijentalne arhitekture i urbanizma, kao da je bila pružila preuranjeno oficijelno-institucionalno priznanje o počinjanju jednog regionalno-arhitektonskog pokreta. Bipolaran prijem Grabrijanove i Neidhardtove knjige *Arhitektura Bosne i put u savremeno* po njenom objavljivanju 1957. godine, kao i postepeno deplasiranje Neidhardtovog projekta za Marijin Dvor koje je kulminiralo usvajanjem drugog rješenja 15 godina kasnije, pokazali su, međutim, ne samo vrlo ograničen zamah Neidhardtovog utjecaja, već i nestajanje jednog urbanizma koji je težio da ujedini široko društveno planiranje i arhitektonsko oblikovanje u jednoj autorskoj gesti.

Neidhardtov projekat koji je počivao na režiranju vidika, pješačkih sekvenci i izgrađenih volumena kao „plastičnih šara" indirektno je kritikovao Ivan

wave" was heralded by none other than the Skenderija Centre by Živorad Janković and Halid Muhasilović. A profile of the architect Janković by art historian Ibrahim Krzović defined the unique genre of *presence* embodied by his achievements, describing them as "monumental works which will be of use both to the residents of the city and visitors from all across the globe."[24] Indeed, the phrase "monumentality put to use" is a fitting description of the atmosphere of various urban gatherings organised in the Skenderija Centre in the 1970s, while the presently neglected state of the complex communicates monumentality at the unpretentious level of a dispersed space which engulfs, rather than of an object which is engulfed by the gaze.

However, this self-confident, autonomous virtuosity, based on a mastery of design, building technology and, later, of programme – for which the Skenderija Centre would come to stand at the end of the following decade – remained limited to individual notable projects and uninterested in the structural advancement of the city and the technology of everyday life.

None of the "new wave" architects, whose emergence was to be heralded by the Skenderija Centre, ever held a prominent position within the introverted institution of urban planning. It might be that this relinquishing of the attempts to systematically implement the authorial architectural visions at the level of the city as a whole, which had begun in the 1950s and became apparent, almost sanctioned, after the adoption of the first Master Urban Development Plan for the City of Sarajevo in 1965, was the price to be paid for its architects' unbridled creative engagement in the top architectural projects of socialist Yugoslavia.

In Sarajevo, this dichotomy within the inter-war figure of the architect-urbanist was symbolised by the project history of the urban-planning solution for Marijin Dvor – the area designated as the centre of the new socialist city. The fact that the federal competition for this neighbourhood was won by Juraj Neidhardt, whose project was founded on the "unwritten laws" of Bosnian Oriental architecture and urban planning, was practically an inaugural official and institutional acknowledgement of the start of a regional and architectural movement. The bipolar reception of Grabrijan and Neidhardt's book *Arhitektura Bosne i put u savremeno* [Architecture

Štraus u članku iz 1972. godine, objašnjavajući opredjeljenja autorskog tima čije je rješenje Marijin Dvora usvojeno (umjesto Neidhardtovog) u toj istoj godini. Za razliku od pristupa sa pozicije „klasicističkih srednjoevropskih gradova ili monumentalne arhitekture s prenaglašenim slobodnim površinama i trgovima" koncepcija autora Živorada Jankovića, Ivana Štrausa i Halida Muhasilovića respektirala je „dominirajuću funkciju saobraćaja u svim vidovima" i prostor Marijin Dvora uobličila kao „veliku raskrsnicu".[25]

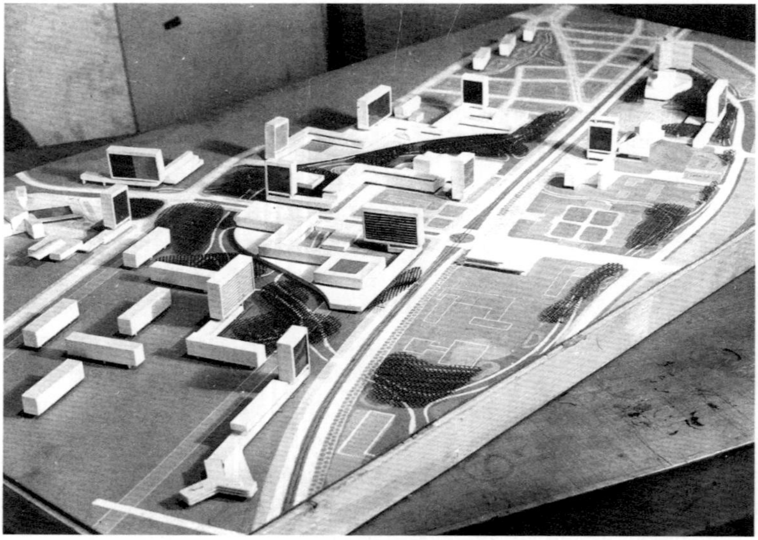

Prezentacija urbanističkog rješenja Marijin Dvora arhitekta Juraja Neidhard[t] iz 1959. godine
Izvor: Originalna fotogra[fija] – vlasništvo arhiva Tatjana Neidhardt, vlasništvo autorsk[ih] prava Tatjana Neidhardt

Presentation of urban planning for Marijin Dvor by architect Juraj Neidhardt from 1959
Source: Original Photography – ownership of the archive Tatjana Neidhardt, copyright Tatjana Neidhardt

Prezentacija urbanističkog rješenja Marijin Dvora arhitekta Juraja Neidhardta iz 1960. godine
Izvor: separat iz časopisa *Arhitektura* br. 4–6, 1960 – vlasništvo arhiva Tatjana Neidhardt, vlasništvo autorskih prava Tatjana Neidhardt

Presentation of urban planning solution for Marijin Dvor by architect Juraj Neidhardt from 1960
Source: separat from the magazine *Arhitektura* no. 4–6, 1960 – archive of Tatjana Neidhardt, copyright Tatjana Neidhardt

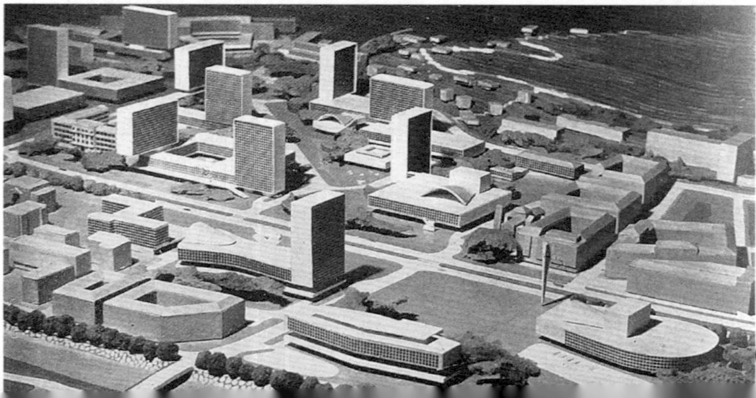

of Bosnia and the Way to Modernity] following its publication in 1957, as well as the gradual downgrading of Neidhardt's Marijin Dvor project which culminated with the adoption of a different plan 15 years later, exposed not only the limits of Neidhardt's influence, but also the disappearance of an urbanism which seeked to unify broad social planning and architectural formation in a single authorial gesture.

Prezentacija urbanističkog rješenja Marijin Dvora arhitekata Živorada Jankovića i Halida Muhasilovića iz 1975. godine
Izvor: Originalna fotografija – vlasništvo arhiva Zavod za planiranje razvoja Kantona Sarajevo, vlasništvo autorskih prava Halid Muhasilović

Presentation of urban planning for Marijin Dvor by architecta Živorad Janković and Halid Muhasilović from 1975
Source: Original photo – ownership of the archive Department of Planning Development of Canton Sarajevo, copyright ownership Halid Muhasilović

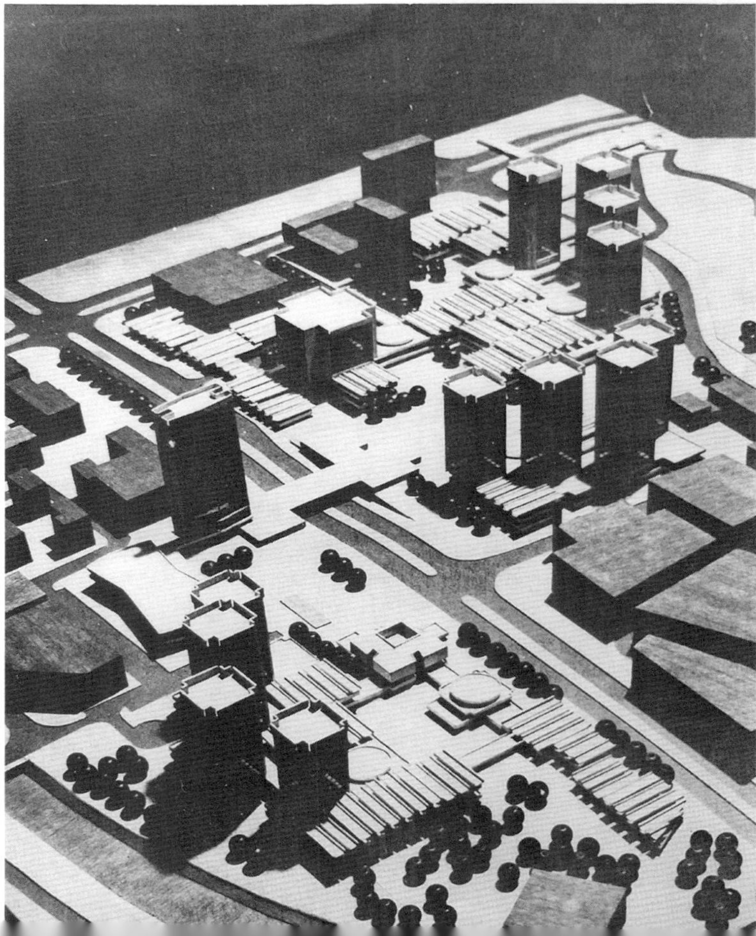

Upoređivanjem jednog od kasnijih Neidhardtovih varijantnih rješenja za Marijin Dvor iz 1960. godine (koje je moralo biti rezultat kompromisa između njegovog inicijalnog projekta i narastajućih ambicija gradske uprave) s rješenjem Jankovića i Muhasilovića iz 1975. godine, najupadljivija je jedna razlika: u projektu autora Skenderije nema dijagonalnog pješačkog pravca od marindvorskog centra do gradske željezničke stanice.

Dok su, prema Štrausovom objašnjenju iz 1972. godine, predstavnici „nove generacije" u ovoj dijagonali vidjeli konkurenciju dominantnoj saobraćajnoj osovini koja bi ugrozila „longitudinalno pulsiranje života u gradu", za Neidhardta je ona bila okosnica kontinuiteta koja je omogućivala konsolidaciju nove i stare geografije grada. Ova afirmacija longitudinalnog pravca u Jankovićevoj i Muhasilovićevoj koncepciji bila je ostvarena više kroz pasivno priklanjanje, nego kroz aktivno učestvovanje.

Arhitektura Marijin Dvora u njihovom projektu je sasvim sigurno u „tokovima" ranih 1970-ih godina – modularna jedinica nebodera i rastresiti parter podsjećaju na formalno nehijerarhijske studije karakteristične za Team 10 – ali je, poput Skenderije, njena gradskost kompaktna i okrenuta unutar sopstvenog svijeta koji kreira. Iako je za ovu introvertnost dijelom kompenzirano pionirskim pristupom slobodnom autorskom modelovanju projektnog programa u kome su urbane deficijencije Sarajeva iskorištene poput modle za osmišljavanje jedne nove tipologije, ostaje jednako izazovna pomisao na moguće ukrštanje novih vrlina „novog vala" i sarajevskih kontinuiteta.

Juraj Neidhardt i Živorad Janković u klubu Arhitektonskog fakulteta u Sarajevu, oko 1975. godine
Izvor: arhiv Tatjane Neidhardt

Juraj Neidhardt and Živorad Janković at the Faculty of Architecture in Sarajevo, around 1975
Source: Tatjana Neidhardt archive

Neidhardt's project, which was based on arranging the vistas, walkway sequences and built volumes as "plastic rug patterns", was indirectly criticised by Ivan Štraus in a 1972 article in which he explained the orientation of the authorial team whose project for Marijin Dvor had been adopted that year (as a replacement for Neidhardt's). Unlike the approach characteristic of "classicist Middle-European cities or monumental architecture with overemphasized vacant surfaces and squares", the concept of Živorad Janković, Ivan Štraus and Halid Muhasilović acknowledged the "dominant function of all forms of traffic" and shaped the space of Marijin Dvor as a "big crossroads".[25]

Of the differences revealed by comparing one of Neidhardt's later versions of the solution for Marijin Dvor from 1960 (which was most likely the result of a compromise between his initial project and the growing ambitions of the city council) with the 1975 solution by Janković and Muhasilović, the most prominent one is the absence of a diagonal walkway from the Marijin Dvor centre to the city railway station.

While the representatives of the "new generation" – as Štraus explained in 1972 – saw this diagonal as competing with the dominant traffic axis and, therefore, as detrimental to the "longitudinal pulsating of city life", for Neidhardt, it was the backbone of continuity which would enable the consolidation of the new and old city geography. Meanwhile, the affirmation of the longitudinal route in Janković and Muhasilović's concept was achieved more through passive inclination than active engagement. In their project, the Marijin Dvor architecture certainly keeps up with the early 1970s' "trends" – the modular skyscraper unit and the unconstrained floor arrangement recall the formally non-hierarchical studies characteristic of Team 10, however, like that of Skenderija, its urbanity is compact and turned towards a world of its own making. Although this introversion was partly compensated for by a pioneer approach to the unconstrained authorial shaping of the design brief, which exploited Sarajevo's urban deficiencies as a mould for designing a new typology, the thought of a possible hybridization of the advantages of the "new wave" and Sarajevo's continuities remains tempting.

Looking back, however, it seems almost certain that this abandonment of the structural architectural-urbanistic frame of mind was inherent to the

U retrospektivi izgleda gotovo sigurno, međutim, da je ovo napuštanje strukturalnog arhitektonsko-urbanističkog razmišljanja bilo inherentno širokopoteznom kretanju političko-ekonomskih i društvenih sprega, netransparentnih za pojedinačne profesionalne agende – utoliko je jasniji emblematski gaf grafičkog rješenja *ARH*-a sa početka ovog teksta.

Dokumentarni snimci manifestacija održavanih u Skenderiji u 1970-im godinama
Izvor: arhiv Centra Skenderija

Documentation of manifestations held in Skenderija in the 1970s
Source: Skenderija Center Archive

broad sweep of the colluded political-economic and social factors which were non-transparent to individual professional agendas – indeed, this would clarify the emblematic gaffe made in designing the *ARH* issue cover mentioned at the beginning of this text. If the photograph of the Skenderija Centre shrouded in mystical darkness was meant to symbolise the activity of Živorad Janković – a model representative of the "new wave" – as engulfed by the infinite immaterial space of global architectural expertise, it misses the point, but still provides a significant historical lesson in architectural autonomy.

Živorad Janković's professional range, which spans from his early projects to the Skenderija Centre project, cuts right through the confusion and complexity of Sarajevo's architectural cultural field, while the latter's latent qualities in the 1960s and 1970s – i.e. the affinity for exploration and experimentation in various stages of architectural design became a part of Janković's design practice in a number of different micro-environments: his two-year professorship at the Faculty of Engineering (1950–52), his long career in the *Dom* architectural design organization (1952–1970), his brief employment in the Urban Planning Institute (1970–1972) and, finally, his return to the Faculty of Engineering in 1972, as professor of Architectural Design Basics.

BLANEX
C.G.Enterprises
ORIENTAL IMORT-EXPORT

Ciech
KB EXPORTERS
union impex
TEHNIČAR
SPLIT

Ako je slika centra Skenderija obavijenog mističnom crninom trebala da sugeriše djelovanje Živorada Jankovića – uzornog predstavnika „novog vala“ – kao direktno obavijeno beskonačnim nematerijalnim prostorom svjetske arhitektonske ekspertize, poenta je promašena, ali formuliše značajnu istorijsku pouku o arhitektonskoj autonomnosti.

Profesionalni raspon između ranih projekata Živorada Jankovića i projekta Skenderije prosječen je pravo kroz neurednost i kompleksnost sarajevskog arhitektonskog kulturnog polja, a njegove latentne kvalitete 1960-ih i 1970-ih godina – sklonost traženju i eksperimentisanju na raznim nivoima arhi-

Centar Skenderija, detalj
Arhivske fotografije

Skenderija Center, detail
Archive photos

This progress through the institutional system was accompanied by a collision and coalescence of various architectural ideas and views, affinities and disagreements, resulting, in Janković's case, in alliances with colleagues such as Muhamed Kadić, Ivan Štraus and Halid Muhasilović, mentorships and collaborations involving his former students – for example, Slaven Rožić, with whom he collaborated on the Koteks Gripe complex in Split – or cursory collegial club exchanges at the Sarajevo Faculty of Architecture.

It was these contrasting dynamics that brought about the historical constitution and emancipation of what Ivan Štraus, in his invaluable historical and theoretical reflections, called the "Sarajevo architectural circle": a potent and brimful architectural and cultural field in which each added element – such as the Skenderija Centre – affected the values of architectural ideas, disrupted the established "power" relations of various professional factions and acted as a potential vehicle of their discursive strategies.

It is precisely this function that Neidhart had attributed to the Centre on one of the last occasions of his involvement in the Yugoslav discussions on architecture and urban planning, when he noted that the "beautiful structures (the Skenderija Centre) were, on their own, marginal" in the midst of our cities which were "increasingly horrifying".[26] Indeed, the consistency of Sarajevo's architectural culture did not guarantee that of the architecture of the city as a whole, which was then (and still is) a framework structured by urban-planning expertise. Although constraining the architects of the

Unutrašnjost Centra Skenderija, detalj
Arhivska fotografija

Interior of the Skenderija Center
Archive photo

tektonskog koncepta – postale su dijelom Jankovićeve projektne prakse u nizu raznih mikro-okruženja: od dvogodišnjeg rada na Tehničkom fakultetu (1950.–1952.), duge karijere unutar projektne organizacije *Dom* (1952.–1970.), kratkotrajnog angažmana u Zavodu za urbanizam (1970.–1972.), do povratka na Tehnički fakultet 1972. godine u svojstvu profesora na Osnovama arhitektonskog projektovanja. Ovo kretanje kroz institucionalni sistem je pratilo trenje i preplitanje raznovrsnih arhitektonskih ideja i pogleda, afiniteta i razmimoilaženja koje je, u Jankovićevom slučaju, rezultiralo alijansom s kolegama poput Muhameda Kadića, Ivana Štrausa i Halida Muhasilovića, mentorstvima i saradnjama s bivšim studentima poput Slavena Rožića – na splitskom kompleksu Koteks Gripe – ili površnim kolegijalnim klupskim razmjenama na Arhitektonskom fakultetu u Sarajevu.

Upravo kroz te suprotstavljene dinamike se konstituiše i emancipuje u istoriji cjelina onoga što je Ivan Štraus u svojim neprocjenjivim istorijsko-teoretskim razmatranjima nazvao „sarajevski arhitektonski krug“: silno gusto arhitektonsko-kulturno polje u kome svaki pridodati predmet – poput Centra Skenderija – utječe na vrijednosti arhitektonskih ideja, uznemiruje uspostavljene odnose „snaga“ raznovrsnih profesionalnih struja i biva mogućim sredstvom u njihovim diskurzivnim strategijama.

Takvu je primjenu Centru našao Neidhardt u jednom od svojih finalnih učešća u jugoslovenskim diskusijama o arhitekturi i urbanizmu, primjećujući da: „lijepi objekti (Skenderija) pojedinačno su sporedni“ usred naših gradova koji su „sve užasniji“.[26] Zaista, konzistentnost sarajevske arhitektonske kulture ne garantira sarajevsku arhitekturu grada koja je tada bila (i ostala) okvir strukturiran urbanističkom ekspertizom. I dok ograničavanje arhitekata „sarajevskog arhitektonskog kruga“ bilo kakvom formalnom koreografijom izgleda, naročito u retrospektivi, sasvim neprihvatljivo, vrijedi zamisliti grad isprepleten projektima kontinuiteta u svim njegovim vidovima – u ovom slučaju zamisliti Skenderiju kao veliku kapiju koja poziva stanovnike iz doline u brda, ali i one sa brda u dolinu.

"Sarajevo architectural circle" with any kind of formal choreography seems utterly unacceptable, especially retrospectively, it would be worth imagining a city interlaced with projects of continuity in all of its forms – imagining, in this case, the Skenderija Centre as a big gate which invites the residents of the valley to climb to the hills, as well as those from the hills to descend into the valley.

Izgled Centra Skenderija, oko 1970. godine
Izvor: Arhiv Centra Skenderija

The look of the Skenderija Center, around 1970
Source: Skenderija Center Archive

Skenderija u svom savremenom urbanom okruženju
Foto: Mejrema Zatrić

Skenderija in its contemporary urban environment
Photo: Mejrema Zatrić

1
Ivan Štraus predlaže koncepciju „sarajevski arhitektonski krug" kao zamjenu za esencijalistički termin „sarajevska škola arhitekture", vidi Štraus, Ivan, *99 arhitekata sarajevskog kruga 1930.–1990.*, TKD Šahinpašić-BTC Šahinpašić, Sarajevo - Zagreb, 2010.

2
Ivan Štraus, arhitekt rođen 1928. godine. Započeo studij arhitekture na Arhitektonskom fakultetu u Zagrebu, diplomirao 1958. godine na Tehničkom fakultetu u Sarajevu. Ključni projektant prolifičnog sarajevskog projektnog preduzeća Arhitekt, specijaliziranog u domeni javnih zgrada i reprezentativne arhitekture. Autor velikog broja realizacija, od kojih su najznačajnije Ministarstvo PTT i Uprava telekomunikacija u Addis Abebi, Etiopija (1969.), Muzej avijacije u Beogradu (1989.), zgrada Elektroprivrede BiH (1982.), Hotel *Holiday Inn* (1983.) i Poslovni centar UNIS (1986.) u Sarajevu. Autor je nekoliko knjiga i prosvijećeni je hroničar arhitekture socijalističke Jugoslavije.

3
Štraus, Ivan, „Nagrada 'Borbe' – Afirmacija arhitekture", *ARH – revija za savremenu arhitekturu*, 13-14, 1972., 2.

4
Juraj Neidhardt (1901.–1979.), arhitekt. Diplomirao na Majstorskoj školi za arhitekturu Akademije likovnih umjetnosti u Beču 1924. godine u klasi profesora Petera Behrensa. U prvoj polovini 1930-ih godina ostvario praksu u Behrensovom birou u Berlinu i Le Corbusierovom birou u Parizu. Između dva svjetska rata djelovao kao učesnik na mnogim konkursima i propagator modernizma u arhitekturi zajedno s arhitektom Dušanom Grabrijanom. Istraživačku i zrelu projektnu aktivnost ostvario u Bosni i Hercegovini 1938.–1979. Njegovo stvaralaštvo obilježilo je traženje sinteze između orijentalne bosanske i moderne arhitekture. Najznačajnije realizacije su mu stambene zgrade u Alipašinoj ulici (1954.), Filozofski fakultet (1960.), Prirodno-matematički fakultet (1970.) i Parlamentarna skupština BiH (1976.) u Sarajevu, kao i stambena arhitektura rudarskih naselja sarajevskog basena. Koautor je, uz Dušana Grabrijana, knjige *Arhitektura Bosne i put u savremeno* (1957.).

5
Banham, Reyner, *Theory and Design in the First Machine Age*, The Architectural Press, London, 1960.

6
Neidhardt, Juraj, Na malim stvarima leži svijet, *Čovjek i prostor*, 310, 1979., 18.

7
Istoričar Robert Donia nazvao je Sarajevo „zaboravljenim gradom Kraljevine Jugoslavije" da naglasi odsustvo razvojnih projekata i oduzimanje upravnih i kulturnih funkcija kao posljedica hegemonizacije i centralizacije vlasti u okvirima Kraljevine. Donia, Robert J., *Sarajevo: biografija grada*, Institut za istoriju, Sarajevo, 2006., 155.

8
Dušan Grabrijan (1899.–1952.), arhitekt. Diplomirao na Fakultetu za arhitekturu u Ljubljani 1924. godine. U toku studija je naročito usvojio utjecaj profesora Jože Plečnika. Bavio se istraživačkim i pedagoškim radom ali ne i projektovanjem. Započeo istraživanja bosanske orijentalne arhitekture i urbanizma po dolasku u Sarajevo sredinom 1930-ih godina. Sarađivao s Jurajem Neidhardtom, najprije analitički i teoretski prateći njegovu projektnu praksu, a zatim na istraživanjima orijentalne arhitekture. Autor je knjiga *Arhitektura Bosne i put u savremeno*, s Jurajem Neidhardtom (1957.), *Makedonska hiša ali sprehod iz stare orientalske v sodobno evropsko hišo* (1976.) i *Plečnik in njegova šola* (1984.).

9
Muhamed Kadić (1906.–1983.) i Reuf Kadić (1908.–1974.), braća, arhitekti. Diplomirali na Fakultetu za arhitekturu i građevinarstvo u Pragu, 1939. i 1934. godine. Među prvim su sarajevskim arhitektima obrazovanim u duhu moderne. Iako su niz projekata realizirali nezavisno, Reuf kao arhitekt Vakufske direkcije u Sarajevu, a Muhamed u partnerstvu sa Dušanom Smiljanićem, najuspjelija su im djela ostvarena u okviru kratkovječnog zajedničkog biroa *Braća Kadić*, uključujući Kuću Kopčić (1939.), Zgradu Mirovinskog zavoda (1940.) i Stambenu koloniju Džidžikovac (1947.) u Sarajevu.

1
Ivan Štraus suggested the term "Sarajevo architectural circle" be used instead of the essentialist "Sarajevo school of architecture", in: Ivan Štraus, *99 arhitekata sarajevskog kruga 1930.–1990.*, TKD Šahinpašić-BTC Šahinpašić, Sarajevo-Zagreb, 2010

2
Ivan Štraus, architect, was born in 1928. Enrolled in the Architecture study programme at the Zagreb Faculty of Architecture and graduated in 1958 at the Sarajevo Faculty of Engineering. Key architect of the prolific Sarajevo architectural design organization Arhitekt, which specialised in public buildings and representative architecture. Author of numerous works, the most significant of which are the headquarters of the Ministry of Post, Telegraph and Telecommunications and the Telecommunications Directorate in Addis Ababa (1969), the Museum of Aviation in Belgrade (1989), the headquarters of the Electric-Power Supply and Distribution Authority of Bosnia and Herzegovina (1982), the *Holiday Inn* hotel (1983) and the UNIS Business Centre (1986) in Sarajevo. He is the author of several books and a devout chronicler of the architecture of socialist Yugoslavia.

3
Ivan Štaus, "Nagrada 'Borbe' – Afirmacija arhitekture", in: *ARH – revija za savremenu arhitekturu*, No. 13-14, 1972, p. 2

4
Juraj Neidhardt (1901–1979), architect. He graduated in 1924 from the Master Class in Architecture conducted by Peter Behrens at the Academy of Fine Arts in Vienna. During the first half of the 1930s, he worked in the studios of Behrens in Berlin and Le Corbusier in Paris. In the interwar period, he participated in numerous competitions and advocated modernism in architecture together with architect Dušan Grabrijan. His research and mature design activities took place in Bosnia and Herzegovina from 1938–1979. His oeuvre was characterised by attempts at synthesis of Oriental Bosnian and modern architecture. His most significant works are the residential buildings in Alipašina Street (1954), the Faculty of Philosophy (1960), the Faculty of Science (1970) and the seat of the Parliamentary Assembly of Bosnia and Herzegovina (1976) in Sarajevo, as well as the residential buildings of the mining districts of the Sarajevo basin. With Dušan Grabrijan, he co-authored the book *Arhitektura Bosne i put u savremeno* [Architecture of Bosnia and the Way to Modernity] (1957).

5
Reyner Banham, *Theory and Design in the First Machine Age*, The Architectural Press, London, 1960

6
Juraj Neidhardt, "Na malim stvarima leži svijet", in: *Čovjek i prostor*, No. 310, 1979, p. 18

7
Historian Robert Donia called Sarajevo "the forgotten city of the Kingdom of Yugoslavia", in order to emphasize the lack of development projects and the stripping of the city of its administrative and cultural functions, which occurred as a consequence of the hegemonisation and centralisation of government in the Kingdom., Rober J. Donia, *Sarajevo: biografija grada*. Institute for History, Sarajevo, 2006, p. 155

8
Dušan Grabrijan (1899–1952), architect. Graduated from the Ljubljana Faculty of Architecture in 1924. In the course of his studies, he was especially influenced by Professor Jože Plečnik. His activities included research and pedagogical work, but not design. He began research on Bosnian Oriental architecture and urbanism after coming to Sarajevo in the mid-1930s. He cooperated with Juraj Neidhardt, first as an analyst and theorist while following the latter's design work, and later as a co-researcher of Oriental architecture. He wrote *Arhitektura Bosne i put u savremeno* (1957) together with Juraj Neidhardt, as well as *Makedonska hiša ali sprehod iz stare orientalske v sodobno evropsko hišo* [The Macedonian House or the Transition from Old Oriental to Modern European House] (1976) and *Plečnik in njegova šola* [Plečnik and His School] (1984).

10
Jahiel Finci (1911.–1977.), arhitekt. Diplomirao na Fakultetu za arhitekturu i građevinarstvo u Pragu 1936. godine. Nositelj je značajnih stručnih institucionalnih funkcija u socijalističkom Sarajevu, učestvovao u osnivanju i organizaciji prvog Tehničkog fakulteta, na kome je i predavao. Autor je niza naučnih radova iz oblasti arhitekture i urbanizma. Njegove najznačajnije realizacije su stambene zgrade u Sarajevu u stilu moderne i Narodno pozorište u Zenici (1974.) u koautorstvu sa Zlatkom Ugljenom.

11
Dušan Smiljanić (1895.–1973.), arhitekt. Diplomirao na Fakultetu za arhitekturu i građevinarstvo u Pragu 1923. godine. Kroz pedagoški rad na Srednjoj tehničkoj školi u Sarajevu između dva svjetska rata i na Tehničkom fakultetu u Sarajevu poslije Drugog svjetskog rata popularizirao „prašku arhitektonsku školu". Sredinom 1920-ih godina preuzima funkciju gradskog arhitekta Sarajeva, kada se intenzivira i njegova projektna praksa. Najznačajnije su mu realizacije Kuća Damić (1927.), Dom društva *Gajret* (1934.), Opća bolnica željezničkog fonda u Sarajevu (1938.) i Đački dom društva *Gajret* u Sarajevu.

12
Moravanszky, Akos, *Competing Visions: Aesthetic Invention and Social Imagination in Central European Architecture, 1867–1918*, MIT Press, Cambridge Mass. and London, 1998.

13
Ibid.

14
Neki od gostiju s Arhitektonskog fakulteta u Zagrebu bili su: Juraj Denzler, Marijan Haberle i Josip Seissel; s Arhitektonskog fakulteta u Beogradu: Petar Anagnosti, Vladimir Bogunović i Branko Maksimović. Vidjeti: *Publikacije Tehničkog fakulteta u Sarajevu. Jubilarna sveska – 1949–1959 deset godina fakulteta*, Tehnički fakultet u Sarajevu, Sarajevo, 1959.

15
Publikacije Tehničkog fakulteta u Sarajevu. Jubilarna sveska – 1949–1959 deset godina fakulteta, Tehnički fakultet u Sarajevu, Sarajevo, 1959.

16
Na primjer, Miloš Somborski (1902.–1983.), arhitekt, diplomirao u Zagrebu, radio u Beogradu kao urbanista. Zamijenio 1949. godine Nikolu Dobrovića na poziciji voditelja tima sa zadatkom izrade Generalnog urbanističkog plana Beograda. Zauzeo poziciju profesora na Tehničkom fakultetu u Sarajevu 1952. godine; Ivan Taubman (1920.–1981.), arhitekt, diplomirao u Beogradu 1946. godine. Radio u republičkim urbanističkim institucijama i, od 1949., na Tehničkom fakultetu kao voditelj urbanističkih predmeta. Autor je prvih planova za Zenicu i Tuzlu.

17
Publikacije Tehničkog fakulteta u Sarajevu. Jubilarna sveska – 1949–1959 deset godina fakulteta, Tehnički fakultet u Sarajevu, Sarajevo, 1959., 3.

18
Zlatko Ugljen, arhitekt, rođen 1929. godine. Diplomirao 1958. godine na Tehničkom fakultetu u Sarajevu. Po regionalističkom senzibilitetu projektne prakse blizak Juraju Neidhardtu koji mu je jedan od ključnih utjecaja. Izuzetno prolifičan, internacionalno cijenjen, ovjenčan nagradom *Aga Khan* za arhitekturu 1983. Od 1960. godine radi na Arhitektonskom fakultetu u Sarajevu, a od 1986. na Akademiji likovnih umjetnosti u Sarajevu. Najznačajnije realizacije su mu Šerefudin Bijela džamija u Visokom (1979.), Hotel *Visoko* u Visokom (1974.), Narodno pozorište u Zenici (1974.) u koautorstvu sa Jahielom Fincijem, Hotel *Bregava* u Stocu (1975.), Hotel *Ruža* u Mostaru (1975.), Hotel *Vučko* na Jahorini (1983.).

19
Ravnikar, Edvard, Arhitekturi dajmo bolje uslove, *Atinska Povelja i misao jugoslovenskih arhitekata i urbanista 1950-ih godina*, ur. Branislav Krstić, Beograd, 2014., 437.

20
Do kraja 1970-ih godina, radna projektna organizacija *Arhitekt* se je, na primjer, mogla pohvaliti sa šest saveznih jugoslovenskih nagrada za arhitekturu *Borba*, kao i nekoliko prvih plasmana na međunarodnim arhitektonskim konkursima.

9
Brothers Muhamed Kadić (1906–1983) and Reuf Kadić (1908–1974), architects. Graduated in 1939 and 1934 from the Prague Faculty of Architecture and Civil Engineering. They were amongst the first Sarajevo architects educated in the spirit of Modernism. Although they individually realised a number of projects, Reuf as an architect of the Waqf Directorate in Sarajevo and Muhamed in partnership with Dušan Smiljanić, their most accomplished works were created while they were working in their short-lived jointly-operated office *Braća Kadić* and include the Kopčić House (1939), the headquarters of the Pension Institute (1940) and the Džidžikovac Residential Colony (1947) in Sarajevo.

10
Jahiel Finci (1911–1977), architect. Graduated in 1936 from the Prague Faculty of Architecture and Civil Engineering. He held notable expert institutional positions in socialist Sarajevo and participated in the founding and organisation of the city's first Faculty of Engineering, where he also taught. He is the author of numerous scholarly papers in the field of architecture and urbanism. His best-known works are the modernist residential buildings in Sarajevo and the Zenica National Theatre (1974), which he co-designed with Zlatko Ugljen.

11
Dušan Smiljanić (1895–1973), architect. Graduated in 1923 from the Prague Faculty of Architecture and Civil Engineering. While working as a teacher at the Secondary Technical School in Sarajevo in the interwar period and as a lecturer at the Sarajevo Faculty of Engineering after World War II, he popularised the "Prague school of architecture". In the mid-1920s, he became the city architect of Sarajevo, during which period his design activities also intensified. His most significant works include the Damić House (1927), the *Gajret* Society headquarters (1934), the Sarajevo Railway Fund General Hospital (1938) and the *Gajret* Society student dorm.

12
Akos Moravanszky, *Competing Visions: Aesthetic Invention and Social Imagination in Central European Architecture, 1867–1918*, MIT Press, Cambridge Mass. and London, 1998

13
Ibid.

14
Guest lecturers from the Zagreb Faculty of Architecture included Juraj Denzler, Marijan Haberle and Josip Seissel; those from Belgrade Faculty of Architecture included Petar Anagnosti, Vladimir Bogunović and Branko Maksimović. Source: *Publikacije Tehničkog fakulteta u Sarajevu. Jubilarna sveska – 1949–1959 deset godina fakulteta*, Sarajevo Faculty of Engineering, Sarajevo, 1959

15
Publikacije tehničkog fakulteta u Sarajevu. Jubilarna sveska – 1949–1959 deset godina fakulteta, Tehnički fakultet, Sarajevo, 1959

16
For example, Miloš Somborski (1902–1983), architect, who graduated in Zagreb and worked as an urban planner in Belgrade. In 1949, he replaced Nikola Dobrović as head of the team assigned with the preparation of the Urban Development Master Plan for Belgrade. He became professor at the Sarajevo Faculty of Engineering in 1952; Ivan Taubman (1920–1981), architect, graduated in Belgrade in 1946. He worked in the republican urban-planning institutions and, as of 1949, at the Faculty of Engineering, as chair of the Department of Urbanism. He is the author of the first urban development plans for Zenica and Tuzla.

17
Publikacije tehničkog fakulteta u Sarajevu. Jubilarna sveska – 1949–1959 deset godina fakulteta, p. 3

18
Zlatko Ugljen, architect, born in 1929. Graduated in 1958 from the Sarajevo Faculty of Engineering. His design practice shares the regionalist sensibility of that of Juraj Neidhardt, who was one of his key influences. Extremely prolific and internationally acclaimed, he was the recipient of the 1983 *Aga Khan* Award for Architecture. Former professor at the Sarajevo Faculty of Architecture (since 1960), he currently works at the Sarajevo Academy of Fine Arts (since 1986). His most significant works include Šerefudin's White Mosque in Visoko (1974), the Zenica National

21
Prema oralnom svjedočanstvu Halida Muhasilovića, jednog od arhitekata Skenderije, u razgovoru sa autoricom ovog teksta, maja 2013. godine.

22
Dom mladih/omladine je termin koji označava instituciju u Socijalističkoj Jugoslaviji koja je okupljala kulturne funkcije usmjerene ka mladima kao primarnoj publici. U vrijeme izgradnje Skenderije bila je pokrenuta potpuno nezavisna inicijativa za izgradnju Doma mladih grada Sarajeva. Na prijedlog arhitekata, programatski sadržaj Doma mladih je uključen u projektni program centra Skenderija.

23
Naročito je upadljiva sličnost sa projektom Wiener Stadthalle arhitekta Rolanda Reinera iz 1958. godine – iako, prema svjedočanstvu arhitekte Muhasilovića, ovaj projekat nije bio poznat autorima prilikom rada na Skenderiji.

24
Krzović, Ibrahim, "Živorad Janković", u: Petar Perica Vidić i Ibrahim Krzović, (ur.), *Članovi Akademije nauka Bosne i Hercegovine – Likovni umjetnici i arhitekti*, ANU BiH, Sarajevo, 2015., 116.

25
Štraus, Ivan, Marindvor budući siti Sarajeva, *Oslobođenje*, 8. juli 1972., 5., citirano u: Karlić-Kapetanović, Jelica, *Juraj Neidhardt: život i djelo*, Veselin Masleša, Sarajevo, 1990.

26
Neidhardt, Juraj, Na malim stvarima leži svijet, *Čovjek i prostor*, 310, 1979., 17.

Theatre (1974), co-designed by Jahiel Finci, the *Bregava* Hotel in Stolac (1975), the *Ruža* Hotel in Mostar (1975) and the *Vučko* Hotel on Jahorina (1983).

19
Edvard Ravnikar, "Arhitekturi dajmo bolje uslove", in: *Atinska Povelja i misao jugoslovenskih arhitekata i urbanista 1950-ih godina*, ed. Branislav Krstić, Beograd, 2014, p. 437

20
For example, by the end of the 1970s, the *Arhitekt* architectural design organization had won six federal *Borba* awards and ranked first at several international architectural competitions.

21
According to the account of Halid Muhasilović, one of Skenderija's architects, given in an interview with the author conducted in May 2013.

22
The youth community centre was an institution in socialist Yugoslavia which brought together the cultural functions directed at youth as the primary audience. At the time of the building of the Skenderija Centre, an independent initiative for building the City of Sarajevo Youth Community Centre was launched. At the architects' suggestion, the programme of the Youth Community Centre was included in the design brief of the Skenderija Centre.

23
The similarity to the 1958 Wiener Stadthalle project by Roland Reiner is particularly striking, although architect Muhasilović claims that the project was unknown to the architects of the Skenderija project at the time they were working on it.

24
Ibrahim Krzović, "Živorad Janković", in: Petar Perica Vidić and Ibrahim Krzović, ed. *Članovi Akademije nauka Bosne i Hercegovine - Likovni umjetnici i arhitekti*, Academy of Sciences and Arts of Bosnia and Herzegovina, Sarajevo, 2015, p. 116

25
Ivan Štraus, "Marindvor budući siti Sarajeva", in: *Oslobođenje*, 8 July 1972, p. 5, quoted in: Jelica Karlić-Kapetanović, *Juraj Neidhardt: život i djelo*, Veselin Masleša, Sarajevo, 1990

26
Juraj Neidhardt, "Na malim stvarima leži svijet", in: *Čovjek i prostor*, No. 310, 1979, p. 17

KSC SKENDERIJA: GRAĐANSKI OTPOR NAJAVAMA RUŠENJA I PREINAKE SARAJEVSKOG MODERNISTIČKOG LANDMARKA

CIVIL RESISTANCE FOLLOWING THE ANNOUNCEMENT OF THE DEMOLITION AND RE-PURPOSING OF SARAJEVO'S MODERNIST LANDMARK

U posljednoj dekadi su česti primjeri devastacije i demolicije vrhunskih ostvarenja moderne arhitekture. Tužne i neshvatljive priče o rušilačkom nagonu koji se ispoljava kroz širok društveni upliv, kao i snažan i emotivan odbrambeni stav kojim mu se suprostavlja struka, nisu u toj mjeri kompleksne i tragične u odnosu na ono što se od trenutka izgradnje dešavalo objektima KSC Skenderija.

U cjelini prekompleksna, prekodirana i stanovništvu Sarajeva, nažalost, nikada do kraja jasna, od otvaranja svojih kapija se borila i bori sa nemarom i neshvatanjem, što je postepeno vodilo zatiranju svega što je čini vrhunskim ostvarenjem Jankovićeve i Muhasilovićeve ideje o objedinjavanju funkcija podno padina Trebevića. Ni održavanje 14. Zimskih olimpijskih igara i činjenice da je njen modernistički plato prihvatio ulogu mjesta na kojem su dodjeljivane medalje najuspješnijim sportistima, nisu uspjeli uvjeriti društvo da posjeduje prostorni i arhitektonski biser u centru kotline u kojoj je smješten grad.

Vrsno oplatovane betonske plohe, samo jedna od komponenti po kojima je arhitektura Centra prepoznatljiva, više nije bilo moguće prepoznati niti vidjeti od reklamnih plahti kojima su prekrivene. Na pristupnom platou su nemarno dograđene neubjedljive trgovke, devastirajuće po konačan dojam Centra.

No, kako je i svi blistavi trenuci nisu uspjeli sačuvati u smislu u kojem je zamišljena, tako je ni rat nije uspio u potpunosti uništiti. Iako iz njega izlazi devastirana, novom društvenom sistemu će biti prepušteno i ponuđeno da joj presudi konačan udarac.

Konkretne najave o rušenju cjelokupnog arhitektonskog fonda KSC Skenderija, prvi put su objavljene 2017. godine. Iste su potekle od najviših organa vlasti Kantona Sarajevo, formalnog vlasnika Centra Skenderija. Time je opasnost konkretnija, a odgovornost stručnjaka, entuzijasta i osviještenog građanstva veća, u nakani da sačuva i povrati sjaj jednom od najvrednijih Jankovićevih arhitektonskih ostvarenja.

The last decade has abounded with examples of the devastation and demolition of the highest achievements of modern architecture. However, not even the sad and baffling stories of a destructive drive manifested through a far-reaching social influence, nor the stalwart and emotional defensive attitude put up in reaction by the expert circles are as intricate and tragic as what had been happening to the buildings of the Skenderija Cultural and Sports Center from the moment they were erected.

Too complex, coded and, unfortunately, never fully comprehensible as a whole to the citizens of Sarajevo, the Center had struggled with negligence and misapprehension from the moment of its opening. This gradually led to the obliteration of all that made it such a supreme embodiment of Janković and Muhasilović's idea of integrating social functions at the foot of the Trebević hill. Neither the hosting of the 14th Winter Olympics nor the fact that the Games' best athletes had received their medals on the Center's modernist plateau convinced the Sarajevo citizens that they had a spatial-planning and architectural treasure in the middle of the valley that contained their city.

The high-quality concrete plating, just one of the distinguishing characteristics of the Center's architecture, was no longer recognizable or even visible from the advertisements taped over it. Some rather out-of-place shops were casually added to the access plateau, with a devastating effect on the Center's overall appearance.

However, just as all of its moments of glory were not enough to preserve its original design, so was the effect of the ensuing war insufficient to ruin it. Devastated as the Center was in the aftermath, it would be up to the new social system to deal it the final blow.

Plans to demolish the entire building stock of the Skenderija Cultural and Sports Center were first announced in 2017, by the government of the Sarajevo Canton, which is the Center's official owner. This makes the

Svojevrstan završni čin pred prodaju i konačan pad, predstavljali su radovi na bojenju(!) sjeverne fasade Dvorane *Mirza Delibašić* i zamjeni dotrajalog popločanja trga, čime je dodatno osnažen osjećaj bizarnosti i nestručnosti stvoren nakon rekonstrukcije objekta Doma mladih, što nažalost ne ulijeva nadu u profesionalan i održiv pristup tretiranja KSC Skenderija, ali je poslužio kao okidač za konačnu reakciju i pokušaj sprečavanja namjera Vlade i stranih investitora da Skenderiju otmu građanima Sarajeva.

Časopis *Tristotrojka* reagovao je na način da je promociju 5. izdanja podredio slučaju Skenderije uz objavu teksta sa kritičkim osvrtom na njen značaj i arhitektonsku vrijednost. Promociju, koja se održala u Sarajevu 8. 2. 2018., pratila je diskusija na kojoj su svoje mišljenje iznijeli stručnjaci iz oblasti arhitekture i urbanizma, Nasiha Pozder i Maroje Mrduljaš, kao i mnoštvo okupljenih arhitekata i građana Sarajeva. Diskusija je izazvala veliku zainteresovanost, te je poslije iste primjetan rast angažovanosti o pitanju Skenderije među ostalim arhitektima, medijima i javnosti uopšte. Cilj jeste uvrštavanje KSC Skenderija na listu nacionalnih spomenika Bosne i Hercegovine u obliku u kakvom je bila po izgradnji druge faze kompleksa, kada je istom dodata “Ledena” dvorana i objekat restorana. Navedeno bi predstavljalo osnovu legalne i formalne zaštite Kompleksa, no ne i krajnje ostvarenje zamisli o budućem životu Skenderije što bi podrazumijevalo aktivni pristup njenoj zaštiti, brendiranje i promociju njenih prostornih vrijednosti među stanovništvom Sarajeva i dalje.

Mirza Mehaković, *Tristotrojka*
proljeće, 2018.

Tristotrojka je studentski časopis za arhitekturu, dizajn i umjetnost. Započet je kao samostalni projekt grupe studenata na Arhitektonskom fakultetu u Sarajevu 2014. godine. Od 2018. godine redakciji se pridružuju *Folder* iz Zagreba i *Oktobarh* iz Novog Sada te se formiraju urednički timovi *Tristotrojke* u Zagrebu i Novom Sadu, koji zajedno sa uredničkim timom u Sarajevu formiraju internacionalnu redakciju *Tristotrojke*.

danger of demolition even more immediate and the responsibility of experts, enthusiasts and concerned citizens greater still, with regard to their intent of preserving and reviving one of Janković's greatest architectural achievements.

In a way, the final act before the sale and ultimate demolition of the Center was to be the rendering of the northern facade of the Mirza Delibašić Hall and the replacement of the worn-out pavement on the square, which further added to the bizarre and unprofessional impression created by the reconstruction of the Dom mladih. While it did not inspire hope in a professional and sustainable approach to the treatment of the Skenderija Cultural and Sports Center, it did provide an impetus for a final reaction and an attempt to prevent the government and foreign investors from snatching the Skenderija Center from the citizens of Sarajevo.

The *Tristotrojka* magazine reacted by dedicating the promotion of its fifth issue to the matter of the Skenderija Center, that is, by critically reflecting on its significance and architectural value. Accompanying the promotion was a discussion at which Nasiha Pozder and Maroje Mrduljaš, architectural and urban-planning experts, along with many other architects and Sarajevo citizens, voiced their opinions. The discussion provoked great interest and noticeably mobilized other architects, the media and the general public on the issue of the Skenderija Center. Presently, the goal is to put the Skenderija Cultural and Sports Center on the list of national monuments of Bosnia and Herzegovina, in the form it was in after the completion of its second building phase, when the Ice Hall and the restaurant building were added to it. This would constitute the grounds for the legal and formal protection of the complex, but not the ultimate realization of any plans for the Skenderija Center's future. The latter should include an active approach to the Center's protection, its branding and the promotion of its spatial value amongst the citizens of Sarajevo and other areas.

Mirza Mehaković, *Tristotrojka*
spring, 2018

Tristotrojka is a student magazine for architecture, design and art. It started as an independent project of a group of students at Faculty of Architecture in Sarajevo in 2014. From the year 2018, the *Folder* from Zagreb and the *Octobarh* from Novi Sad joined the editorial staff, who together with the editorial team in Sarajevo now make the international editorial office of *Tristotrojka* magazine.

Aleksandar Bede

SPENS KAO MERA NOVOSADSKOG URBANITETA

Aleksandar Bede

SPENS AS A MEASURE OF NOVI SAD'S URBANITY

Sportsko-poslovni centar *Vojvodina* u Novom Sadu, poznatiji kao *Spens*, poslednji je izgrađeni član četvorke multifunkcionalnih centara koncipiranih od strane sarajevskog arhitekte Živorada Jankovića i njegovih saradnika. Otvoren je 1981. godine povodom održavanja 36. svetskog prvenstva u stonom tenisu. Lokalno gledano, do realizacije *Spensa* je dovela nekolicina paralelnih urbanističkih procesa koji su karakterisali Novi Sad nakon Drugog svetskog rata, kada je imenovan glavnim gradom Socijalističke autonomne pokrajine Vojvodine.

Prvi od tih procesa možemo pratiti usvajanjem Generalnog plana Novog Sada 1950. godine, prvog takvog planskog dokumenta u istoriji grada, koji je temeljno preoblikovao njegovo prostorno ustrojstvo s idejom da će samo na taj način biti moguće od njega načiniti savremen administrativni centar i jedno od federalnih čvorišta nove države. Kompletno izmeštanje gradske železnice na novu trasu, izmeštanje industrije iz grada, širenje stambenih četvrti prema reci, premeštanje ušća kanala DTD u Dunav i izgradnja nove luke na tom mestu, probijanje nove ortogonalne bulevarske mreže kroz postojeće radijalno tkivo grada – samo su neke od novina ovog plana koje

Skica situacije kompleksa iz brošure svetskog prvenstva.
Izvor: Mrkić, SPENS, 1980.

Situational overview of the complex from the world championship guidebook.
Source: Mrkić, SPENS, 1980

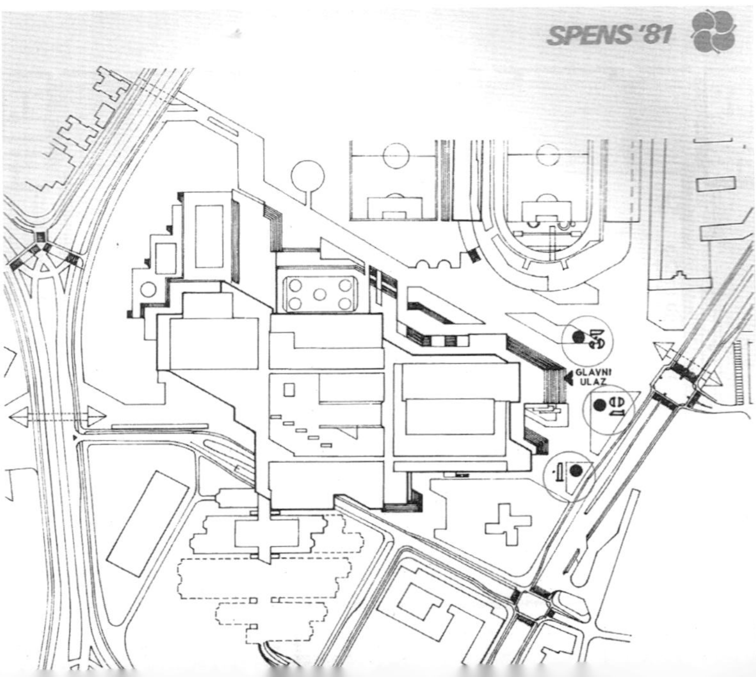

The *Vojvodina* Sports and Business Center in Novi Sad, better known as *Spens*, is the most recently built of the four multi-purpose centers designed by Sarajevo architect Živorad Janković and his colleagues. It was opened in 1981 for the purpose of hosting the 36th World Table Tennis Championship. From a local perspective, the building of *Spens* was the result of several parallel urban-planning processes which characterized Novi Sad after the Second World War, when it was named the capital of the Socialist Autonomous Province of Vojvodina.

The first of these processes can be traced back to the adoption of the Novi Sad General Urban Development Plan in 1950. This was the first planning document of its kind in the history of the city, which would fundamentally reform its spatial organization, in accordance with the principle that this was the only way to transform the city into a modern administrative center and one of the federal hubs of the new state. The complete rerouting of the city railway, the removal of industrial facilities from the city, the expansion of the residential quarters towards the river, the transfer of the mouth of the Danube-Tisa-Danube Canal system into the Danube and the construction of a new port in its former location, the construction of a new orthogonal boulevard grid through the existing radial urban tissue – these were but a few of the novelties introduced by the Plan and consistently implemented throughout the following decades. Even today, the development of Novi Sad is founded on their concepts. Some of these urbanistic interventions, whose extent was unprecedented in Yugoslav cities of a similar size or bigger (such as boulevard construction and the relocation of railway and industrial facilities), opened up new areas for construction right next to the

Maketa kompleksa *Spens*.
Autor fotografije nepoznat.

Model of the *Spens* complex.
Author of the photo unknown.

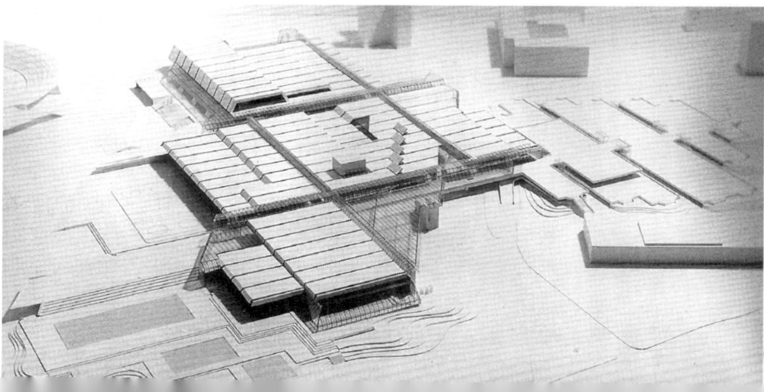

su kasnijih decenija dosledno sprovođene i na čijim se koncepcijama Novi Sad i danas razvija. Neki od ovih urbanističkih zahvata, inače neviđenih u sličnim ili većim gradovima Jugoslavije po svojoj razmeri (probijanje bulevara, izmeštanje železnice i industrije), otvorile su nova područja za izgradnju tik uz gradski centar, na kojima se kasnije smestio i *Spens* i čije se ispunjavanje novim objektima tek danas privodi kraju.

Drugi urbanistički proces tiče se potrage za policentričnom strukturom grada, takođe započete planom iz 1950., ali dodatno naglašene u kasnijim planovima. Postojanje više centara je takođe bilo viđeno kao jedan od načina razvoja grada ka jednoj višoj kategoriji urbanosti, dostojnoj titule pokrajinskog središta. Tipološki, ideje novih centara su varirale od linearnog poslovnog centra uz novi bulevar, preko Petrovaradinske tvrđave kao javnog prostora za rekreaciju izuzetnih ambijentalnih i istorijskih vrednosti, do izgradnje potpuno nove blokovske strukture na sremskoj strani grada (Mišeluk) kojom bi Novi Sad zaista postao grad na obe strane reke, po uzoru na Beograd, Zagreb ili Budimpeštu. Iako danas nije lako ustanoviti da je *Spens* bio planiran kao deo tog koncepta, svojom potonjom funkcijom u urbanoj strukturi grada on je svakako postao jedan novi centar, zahvaljujući prostornoj koncepciji kao javnog prostora pod jednim krovom sa mnoštvom različitih sadržaja i funkcija, raspoređenih na 85 000 m² površine.[1] U tome je uspeo tako što je u gradski prostor uveo potpuno novu razmeru urbanosti: ona koja je između arhitektonske i urbanističke. *Spens* se tako može posmatrati i kao modernistička verzija tradicionalnog centra grada, sa mnoštvom rado posećenih trgova, prolaza, ulica i platoa koje sadrži, posebno kada nude zaštitu od zimskih klimatskih uslova.

Crtež *Spensa* u izgradnji, potpis autora nečitak.
Izvor: Mrkić, Spens, 1980.

Drawing of *Spens* during construction, author's signature unreadable.
Source: Mrkić, Spens, 1980

city center. These would later become the building site for *Spens* and, over time, for an increasing number of other new structures, which have only recently stopped cropping up.

The other urbanistic process concerned the search for a polycentric city structure, which also began with the implementation of the 1950 plan, but was even more emphasized in later plans. The existence of several centers was also perceived as one of the methods of developing of the city towards a higher category of urbanity, one worthy of the title of a regional center. With respect to type, the conceptions of new centers included a linear business district along the new boulevard, the Petrovaradin Fortress as a public recreation area of exceptional environmental and historic value and the construction of a brand-new block structure in the Syrmian part of the city (Mišeluk), which was to finally turn Novi Sad into a city on both river banks, like Belgrade, Zagreb or Budapest was. Although it has nowadays become less clear that *Spens* was planned as a part of such a concept, its subsequent function in the city's urban structure certainly turned it into a new center, owing to its spatial concept, i.e. that of a public space with a multitude of programs and functions under a single roof, spread out across a surface area of 85 000 m^2.[1] This was achieved by introducing into the city space an entirely new measure of urbanity: one that was between the architectural and the urbanistic. Thus, *Spens* can also be seen as the modernist version of the traditional town center, with its many squares, passageways, streets and plateaus brimming with visitors, especially in times when they offer shelter from the winter weather.

Pečat i poštanska markica sa *Spensom*.
Izvor: Ljikar, Spens, 1981.

Stamp and postage stamp with *Spens*.
Source: Ljikar, Spens, 1981

Konačno, i pre svega, ideja u *Spensu* kao multifunkcionalnom centru se kristalizovala tokom 1970-ih, kada se krenulo s izlistavanjem potreba za jednim gradskim sportskim centrom koji će pružiti mogućnost za masovno upražnjavanje fizičke kulture građana, a posebno mladih, kao i koji će udomiti skoro sve sportske klubove u gradu.[2] Širenjem ideje od sportskog ka multifunkcionalnom centru došlo se do programa koji je sadržavao široki izbor drugih javnih funkcija, i na osnovu koga je konačno raspisan arhitektonsko-urbanistički konkurs 1974. godine, a na kom je izabrano pobedničko rešenje sarajevskih arhitekata Živorada Jankovića i Branka Bulića (sa saradnikom Duškom Bogunovićem). Odluka o izgradnji je donesena 1978. godine, kada je Novi Sad dobio kandidaturu za organizovanje 37. svetskog prvenstva u stonom tenisu 1983.[3] Naredne godine je NR Kina odustala od titule domaćina prethodnog, 36. prvenstva, zakazanog za 1981. godinu, tako da se Novi Sad prihvatio organizacije tog prvenstva, što je skratilo rokove izgradnje *Spensa* za dve godine.

Spens je, bez obzira na to, izgrađen do otvaranja prvenstva, ali ne u potpunosti, jer je njegova modularna struktura omogućavala da se pojedini delovi sukcesivno dodaju i narednih godina, tako da su skoro svi njegovi izvorno projektovani delovi izgrađeni do 1990. Samodoprinosom građana Novog Sada, izglasanom na lokalnom referendumu, pokriveno je oko 70 % troškova izgradnje, što *Spens* zaista čini poduhvatom cele zajednice. Održavanje ovog prvenstva je podstaklo i preuređenje još mnogih drugih gradskih prostora i pretvaranje centralnih gradskih ulica u pešačku zonu.

Fotografija istočnog ulaza nakon izgradnje.
Izvor: nepoznat, verovatno neka gradska ustanova, pronađeno na pijaci.

Photo of east entrance upon completion.
Source: unknown, probably from a public institution, found at the flea market.

Finally, and above all, the idea of *Spens* as a multifunctional center crystallized during the 1970s, when the need arose for a city sports center which would enable the mass engagement of citizens, especially young people, in exercise activities, as well as provide the premises for almost all of the city's sports clubs.[2] Expanding the concept of the sports center to include multiple functions resulted in a program which served a wide variety of public purposes. It was also the basis for an architectural and urban-planning competition published in 1974 and won by Sarajevo architects Živorad Janković and Branko Bulić (in collaboration with Duško Bogunović). The decision on the construction of the center was adopted in 1978, when Novi Sad won the nomination for hosting the 37th Table Tennis World Championship of 1983.[3] However, the following year, the People's Republic of China withdrew its nomination for the host of the preceding, 36th championship scheduled for 1981, which enabled Novi Sad to take over the organization of the championship in its stead. This, in turn, shortened the deadline for the construction of *Spens* by two years.

Nevertheless, *Spens* was completed by the opening of the championship, albeit not fully, since its modular structure enabled the successive addition of certain parts over the following years, so that almost all of its originally designed parts were completed by 1990. Considering that the residents of Novi Sad had voted on a local referendum in favour of a voluntary local tax which would cover approximately 70 % of the construction costs, *Spens* was indeed a project of the entire community.

Fotografija istočnog ulaza nakon izgradnje.
Izvor: nepoznat, verovatno neka gradska ustanova, pronađeno na pijaci.

Photo of east entrance upon completion.
Source: unknown, probably from a public institution, found at the flea market.

Spens, istočni ulaz
Foto: Nikola Crevar

Spens, east entrance.
Photo: Nikola Crevar

Iako mu je od 1983. godine zvanični naziv Sportsko-poslovni centar *Vojvodina*[4], u lokalnoj upotrebi je ostao poznatiji prema zvaničnom imenu prvenstva – SPENS '81 – to jest prema njegovoj modifikovanoj skraćenici.[5] Po dovršetku, sportski sadržaji koji su se u kompleksu udomili su bili: tereni za košarku, odbojku, rukomet (velika i mala sala), vaterpolo, stoni tenis, boks, džudo, karate, hokej na ledu, plivanje, kuglanje, streljaštvo, klizanje, rvanje, sambo, futsal, tenis i gimnastika.[6] Pored sportskih, *Spens* sadrži i kapacitete za javne i poslovne manifestacije: kongresni centar sa pratećim sadržajima i galerijom, amfiteatar za skupove i filmske projekcije, a velika sportska sala je korišćena i kao najveći koncertni prostor u gradu. Jedan od glavnih utisaka koje arhitektura enterijera ostavlja jeste da su svi ovi sportovi i drugi sadržaji transparentni prema unutrašnjim koridorima i vidljivi prolaznicima, čineći samu šetnju *Spensom* zarad istovremenog gledanja različitih aktivnosti dovoljnim razlogom za posetu ovom kompleksu.

Vremenom je menadžment *Spensa* (od 1991. godine ustrojenog kao gradsko javno preduzeće) ulagao u sve veću komercijalizaciju prostornih kapaciteta kompleksa, pronalazeći u toj strategiji formulu za njegovu isplativost i finansijsku održivost. Duž hodnika, prolaza i platoa su nanizani lokali za izdavanje, te je kompleks poprimio trgovački karakter koji je nekakvu vitalnost još i pokazivao tokom 1990-ih godina. Prostorno gledano, ovo rešenje se ipak ne bi moglo okarakterisati kao dobro, jer je rezultiralo preuskim i premračnim trgovačkim prostorima koji nisu mogli konkurisati kasnijim atraktivnijim tržnim centrima, kao ni revitaliziranom fokusu na staro grad-

***Spens*, severni ulaz.**
Izvor: fotografija sa interneta, autor nepoznat

***Spens*, north entrance.**
Source: photo from the internet, author unknown

The hosting of the championship also stoked development in many other city areas, as well as the conversion of the central city streets into a pedestrian zone.

Although the center has been officially known as *Vojvodina* Sports and Commercial Center[4] since 1983, locally, it is commonly called after the official title of the championship – SPENS '81, i.e. after its modified abbreviation.[5] Apart from basketball, volleyball and handball courts (in the big and small hall), the complex, after its completion, provided facilities for waterpolo, table tennis, boxing, judo, karate, ice-hockey, swimming, bowling, target shooting, ice-skating, wrestling, sambo, futsal, tennis and gymnastics.[6] *Spens'* capacities also included those for hosting public and business events; namely, a conference center with accompanying facilities and a gallery and an amphitheater for conventions and film shows, whereas the big sports hall has also served as the biggest concert area in the city. One of the main impressions conveyed by the interior architecture is the transparency of all these sports and other events to the building's internal corridors and their visibility to the passers-by. This creates the possibility of simultaneously watching different activities, which is reason enough for visiting *Spens*.

Over time, *Spens'* management (since 1991, the center has been constituted as a public municipal corporation) invested in intensifying the commercialization of the complex's spatial capacities, having discovered, in this strategy, the formula for the center's profitability and financial sustainability.

***Spens*, severni ulaz.**
Izvor: fotografija sa interneta, autor nepoznat

***Spens*, north entrance.**
Source: photo from the internet, author unknown

sko jezgro kao primarnom odredištu za kupovinu i dokolicu u gradu. Tako je ubrzo sve više lokala na *Spensu* ostajalo prazno i ideja o transformaciji u *shopping mall* se pokazala neučinkovitom. Danas, ovi lokali teško opstaju, uprkos činjenici da kroz kompleks svakodnevno prolaze na hiljade ljudi jer kroz njega vode pešački koridori između okružujućih delova grada. Zbog toga je u poslednjih desetak godina moguće ispratiti paralelni istorijat političkih obećanja, menadžerskih ideja, upravljačkih nedoumica i direktorskih ekskursa u nuđenju mogućih rešenja za budućnost centra, usled činjenice da je on ovakav kakav je danas ipak veliki finansijski gubitnik i teret po budžet grada, pre svega zbog njegove velike energetske potrošnje.

Stoga su se pojavljivali predlozi i projekti za poboljšanja na ovom polju, ali se još nije pristupilo realizaciji nekih od njih zbog nespremnosti grada da ulazi u jednu takvu veliku investiciju kao što je rekonstrukcija *Spensa*. Pored toga, nezvanično se mogu čuti i ciničniji komentari s upravljačkih pozicija, kao što su predlozi za rušenje, prodaju, ili lamentiranja nad navodnom nevizionarstvu grada koji „da je tada uložio u izgradnju aerodroma umesto u *Spens*, danas bismo imali *low cost* letove za celu Evropu, a ne ovo" (komentar jednog kolege urbaniste). Iako ovaj *status quo* u njegovoj održivosti i očita nerentabilnost komercijalnih prostora u okviru kompleksa opterećuju imidž *Spensa* izvesnim utiskom neuspeha, ostaje činjenica da su njegovi sportski sadržaji sasvim vitalni, čineći centar posećenim.

A u pronalazak rešenja za budućnost *Spensa* trebalo bi krenuti od činjenice da je on predstavljao jedan od najvećih uspona urbaniteta Novog

Jedan od unutrašnjih holova *Spensa*.
Izvor: autor nepoznat

One of inner hallways of *Spens*.
Source: author unknown

The premises for rent that were springing up along the complex's hallways, passageways and plateau gave it a commercial character and a certain vitality during the 1990s. Nevertheless, in terms of spatial organization, this solution cannot be characterized as favorable, seeing that the newly created commercial areas were too narrow and too dark, and thus unfit to compete either with the more attractive shopping centers built later on or with the old city center, spotlighted anew as the city's primary shopping and leisure destination. Thus, the premises in *Spens* were increasingly emptying out, making the idea of its transformation into a shopping mall appear futile. Nowadays, these premises have a hard time surviving, in spite of the fact that thousands of people pass through the complex every day, since it is interspersed with pedestrian routes which connect the surrounding city areas. This situation has led to a parallel history, written out over the past decade, of political promises, managerial ideas, operational dilemmas and directorial discursions regarding the proposals of potential solutions for the center's future, considering that it represents, in its present state, a big financial loss and burden on the city's budget, primarily because of its high energy consumption. Therefore, proposals and projects for improvements in this area have been submitted, but none have yet been realised, owing to the unwillingness of the city authorities to undertake an investment as large as the reconstruction of *Spens*. One can also come across more cynical off-the-record comments by the management, such as proposals for the center's demolition or sale, as well as laments over the alleged lack of vision demonstrated by the city authorities. According to one such remark by a fellow urban planner, "had they [the city authorities] invested in the

Jedan od unutrašnjih platoa sa fontanom.
Izvor: Teča s Dunava, Panoramio

One of inner courtyards with a fountain.
Source: Teča s Dunava, Panoramio

Sada, zahvaljujući mnogim novim kvalitetima koje je uveo u metabolizam grada, od fizičkih do korisničkih. Stoga je pre svega neophodno raditi na ustanovljenju programskih i prostornih konstanti koje će služiti kao podloge za rekonceptualizaciju centra i prenamenu onih prostora za koje je to neophodno. Arhitektonski gledano, *Spens* je pogodan i za dalje razvijanje i dograđivanje, usled njegove jednostavne modularne strukture koja se može multiplicirati, širiti, sužavati itd. Teme započete u arhitektonskom oblikovanju *Spensa*, kao što su vidljive instalacije i konstruktivni elementi u enterijeru (po uzoru na pariški Centre Pompidou), lak i translucentan krovni pokrivač (koji dodatno ublažava spoljašnju monumentalnost zgrade), te utapanje u okružujući plato putem terasa, platformi i stepeništa – sve su to postupci koji bi se mogli primeniti i u novim intervencijama na objektu.[7] A neke od tih karakteristika su *Spensu* podarile ne samo lokalni spomenički značaj, već su Novi Sad stavile i na svetsku mapu modernizma sedamdesetih godina, iako bilo kakva stručna valorizacija koja bi potvrdila ove pretpostavke tek predstoji.

U tu svrhu bi moglo biti od koristi postaviti još radikalniju hipotezu o prirodi *Spensa*, kao i ostala tri Jankovićeva kompleksa (Skenderija, Koteks Gripe, *Boro i Ramiz*): da su to hibridne megastrukture u kojima se materijalizovala sama hibridnost i eksperimentalnost jugoslovenskog socijalističkog projekta, te koje su se našle u krizi usled nestanka političko-društvenog sistema koji ih je iznedrio. Dodatno, ovi kompleksi su nekom drugačijom sudbinom

Centralni gornji plato *Spensa*.
Foto: Aleksandar Bede

Central upper plateau of *Spens*.
Photo: Aleksandar Bede

construction of an airport instead of *Spens*, today we would have low-cost flights to anywhere in Europe, and not this". Although the image of *Spens* has been tarnished by an impression of failure caused by this status quo with respect to the complex's sustainability and the apparent unprofitability of its commercial premises, the fact remains that its sports programs are quite vigorous and keep attracting visitors.

The search for the solution to the future of *Spens* should start from the fact that the center represented one of the peak achievements of Novi Sad's urbanity, owing to the many new qualities, from the physical to the user-oriented ones, which it introduced into the city's urban metabolism. Therefore, it is essential to determine the programmatic and spatial constants which will function as a basis for the center's reconceptualization and any necessary adaptations within it. From an architectural standpoint, *Spens* also lends itself to further development and addition because of its simple modular structure which can be multiplied, expanded, contracted etc. The themes introduced in the architectural formation of *Spens*, such as installations and structural elements exposed in the interior (modeled after the Centre Pompidou in Paris), lightweight and translucent roofing (which additionally lightens the external monumentality of the building), as well as the blending into the surrounding plateau achieved through terraces, platforms and stairways – all of these are methods which can be applied in new interventions on the structure.[7] Some of these characteristics have earned *Spens* not only local significance as a monument, but also put Novi Sad on the world map of seventies' modernism, although professional evaluations which would confirm this assumption are yet to be undertaken.

To that end, it might be useful to propose an even more radical hypothesis about the nature of *Spens* and the other three of Janković's complexes (Skenderija, Koteks Gripe, *Boro i Ramiz*): namely, that these are hybrid megastructures which embody the very hybridity and experimentality of the Yugoslav socialist project and which are facing a crisis due to the disappearance of the political and social system which produced them. In addition, had they met with a different fate, these complexes could have functioned as a Yugoslav counterpoint to shopping malls, which would not be focused merely on spending, but also on a much broader range of means to meet the pub-

mogli poslužiti i kao jugoslovenska kontra-pozicija *shopping mallu*, koja ne bi bila skoncentrisana samo na potrošnju nego i na mnogo širi dijapazon upražnjavanja javnih kulturnih, sportskih i socijalnih potreba, u okviru javnog domena. Pored upravljačkih, ekonomskih, socioloških, pa i narativnih objašnjenja ovog neuspeha, dodao bih i arhitektonsku interpretaciju koju je ponudio Reyner Banham, upravo u svojoj studiji o megastrukturama. Govoreći o njihovoj sudbini nakon šezdesetih godina 20. veka, Banham zaključuje:

„Ali takođe je jasno da je, do tada, sam koncept bio gotovo iscrpljen. Zašto? Zašto su se mišljenja o njima povukla tako brzo kao oseka i ostavila desetine izgrađenih megastruktura dostojnih tog naziva kao dinosauruse u pustinji nepoverenja i nerazumevanja? Moguće jer je koncept imao ugrađenu grešku kroz unutrašnju kontradikciju koja nije mogla biti razrešena. Negde oko 1968. izgleda da se činilo da bi grad ili veliki deo grada projektovan od strane jednog čoveka, ili bilo kakve grupe dovoljno jedinstvene da proizvede jedan projektantski jezik, bili opasno razređeni, iznureni i osiromašeni prostori, kako vizuelno tako i u većim, manje preciznim kulturnim okvirima.“[8]

Bez obzira na ovo odlično ali pesimistično objašnjenje, postoje sa druge strane i arhitektonska iskustva koja govore o uspešnoj re-integraciji složenih struktura u tkivo grada nakon što su pretrpele neke promene u funkcionisanju u odnosu na izvornu ideju. Doduše, obično se radi o većim sredinama sa posledično većim potrebama za takvim prostorima u odnosu na Novi Sad (ili Split, Sarajevo i Prištinu), ali iz tog razloga potrebno je uposliti više pogleda u dolasku do strategije za život ovakvih objekata u "sekundarnim gradovima". Na kraju bih naglasio da se u takvim analizama i projiciranjima budućnosti, koje teže da budu u tehničkim i menadžerskim domenima, ne sme zanemariti i ona komponenta koja govori o značaju jednog poduhvata demokratskog odlučivanja građana o novom javnom gradskom centru, kakav je svojevremeno bio referendum za samodoprinos za izgradnju *Spensa*. U tom smislu postoji i politička obaveza da se u daljim projekcijama na *Spens* gleda kao na instituciju demokratskog društva i njegovu materijalizaciju, što težinu zadatka upravljanja *Spensom* u budućnosti stavlja u pravu razmeru.

lic's cultural, sports and social needs, within the public domain. In addition to the managerial, economic, sociological and even narrative explanations of this failure, I would like to add the architectural interpretation proposed by Reyner Banham in his study on megastructures. Discussing their fate after the 1960s, Banham concludes:

"But it is also clear that, by then, the concept itself was about exhausted as well. Why? Why did that tide of opinion recede quickly and leave the dozen or so built megastructures worthy of the name stranded like dinosaurs in a desert of distrust and misapprehensions? Possibly because the concept was faulted right through by an inner contradiction that could not be resolved. Some time around 1968 it seems to have been perceived that a city or a large part of a city designed by one man, or by any group unified enough to produce a comprehensive design, would be a parlously thin, starved and impoverished environment, both visually and in larger, less precise cultural terms."[8]

Regardless of this brilliant but pessimistic explanation, certain architectural experiences speak of a successful reintegration of complex structures into the urban tissue after they have undergone functional changes with respect to the original concept. Admittedly, this usually happens in bigger areas which, consequently, have larger needs for such spaces than Novi Sad (or Split, Sarajevo or Prishtina) has, but for this reason, several perspectives should be deployed in devising a strategy for the life of such buildings in "secondary cities". Finally, I would like to point out that such analyses and projections of the future, which gravitate towards the technical and managerial domain, should not disregard the component which conveys the importance of a citizens' democratic decision-making feat concerning a new public city center, which is what the referendum on the voluntary local tax for the building of *Spens* was. In this sense, future projections also carry the political obligation of considering *Spens* an institution of the democratic society and its materialization, which adds proper gravity to the task of managing *Spens* in the future.

Olimpijski bazen na *Spensu*.

Izvor: nepoznat, verovatno neka gradska ustanova, pronađeno na pijaci

Olympic swimming pool at *Spens*.
Source: unknown, probably from a public institution, found at the flea market

1
Jedan od retkih autora koji to primećuje i koji se uopšte bavio *Spensom* je Vladimir Mattioni, u svom eseju „Urbane mreže Vojvodine" u kom na primeru *Spensa* prepoznaje "važan aspekt pojave takvog arhitektonskog programa – stvaranje novog pola urbane centralnosti, nezamislivog u gravitacijskim shemama prethodnih planova" (Mattioni, Vladimir, *Po Mjeri/Bespoke*, UPI-2M Plus, Zagreb, 2012., 307).

2
Interpretaciju u kojoj su ključnu ulogu u inicijativi za izgradnju takvog centra imale gradske omladinske i sportske organizacije nudi monografija JP SPC *Vojvodina* iz 2001. godine, koju je sačinila marketinška služba preduzeća (videti: Brankov, Slobodanka, ur., *Sportski i poslovni centar „Vojvodina"*, SPC „Vojvodina", Novi Sad, 2001., 8.).

3
Prethodno su od jugoslovenskih gradova tu titulu nosili Ljubljana (1965.) i Sarajevo (1973.).

4
Od 1981. do 1983. se nazivao Gradski sportski centar *Vojvodina*.

5
Usled izvesne gramatičke inercije kako lokalne administracije tako i novinarstva, *Spens* se najčešće i dalje piše sa svim velikim slovima kao skraćenica, iako to nije. Smatram da od te prakse treba odustati.

6
Broj terena i borilišta ili kapaciteti za svaki sport: košarka 4, odbojka 4, stoni tenis 9, boks 2, rvanje 1, džudo 2, hokej na ledu 1, kuglanje 8 staza, karate 2, dva kompletna sistema za gimnastiku, olimpijski bazen, bazen za neplivače, 30 pokretnih meta za pucanje, 11 vanjskih teniskih terena i 2 dodatna unutrašnja terena. Svekupno: 13 355 m^2. (videti: Brankov, Slobodanka, ur., *Sportski i poslovni centar „Vojvodina"*, 2001.) Napomena: vanjski teniski tereni su nedavno uklonjeni zarad izgradnje novog tržnog centra.

7
O tome da se na ove arhitektonske novine u gradu nije posle gledalo kao na prolazni trend, nego čak suprotno, govori i istoričar umetnosti Vladimir Mitrović: „'Kosti' i 'koža' arhitekture SPENS-a po prvi put su vidljivi, zanosni u svojoj novotariji, pa i opšteprihvaćeni, što nije ustaljeno kada je reč o značajnim novitetima u domaćoj arhitekturi." (Mitrović, Vladimir, *Arhitektura XX veka u Vojvodini*, Muzej savremene umetnosti Vojvodine, Novi Sad, 2010., 295.).

8
Banham, Reyner, *Megastructure: Urban futures of the Recent Past,* Thames and Hudson, London, 1976., 216., prijevod s engleskog jezika od strane autora teksta.

1
One of the few authors to have observed this or shown interest in *Spens* at all is Vladimir Mattioni. In his essay "Urban Networks of Vojvodina", he recognizes in *Spens* an "important aspect of the emergence of this type of architectural programme – the creation of a new pole of urban centrality, one that was inconceivable in the gravitational schemes of former plans"., (Vladimir Mattioni, *Po Mjeri/ Bespoke*, UPI-2M Plus, Zagreb, 2012, p. 307).

2
An interpretation according to which the city's youth and sports organizations had a key role in the initiative for building such a center is proposed in the monograph prepared by the marketing department of the public company *Vojvodina* Sports and Commercial Center in 2001 (see: Slobodanka Brakov, ed., *Sportski i poslovni centar "Vojvodina"*, SPC "Vojvodina", Novi Sad, 2001, p. 8).

3
Other Yugoslav cities which had hosted the event were Ljubljana (in 1965) and Sarajevo (in 1973).

4
From 1981 to 1983, it was called *Vojvodina* City Sports Center.

5
Owing to a certain kind of grammatical inertia of the local administration and media, the name *Spens* is still usually written in upper case as an abbreviation, although it is not one. I believe that this practice needs to be abandoned.

6
Number of courts and arenas, i.e. capacities, for each sport: 4 basketball courts, 4 volleyball courts, 9 table tennis tables, 2 boxing rings, 1 wrestling arena, 2 judo arena, 1 ice-hockey pit, 8 bowling lanes, 2 karate arenas, two complete gymnastics systems, an Olympic-size pool, a non-swimmers' pool, 30 mobile shooting targets, 11 outdoor tennis courts and 2 additional indoor tennis courts. In total: 13 355 m^2. (See: Slobodanka Brakov, ed., *Sportski i poslovni centar "Vojvodina"*, 2001) Note: the outdoor tennis courts have recently been removed for the purpose of building a new shopping center.

7
Art historian Vladimir Mitrović confirms that the citizens did not perceive these architectural innovations as a passing trend, but rather, as its opposite: "The 'skin' and 'bones' of SPENS' architecture are, for the first time, visible, captivating in their originality, and even generally accepted, which is unusual for major local architectural novelties." (Vladimir Mitrović, *Arhitektura XX veka u Vojvodini*, Muzej savremene umetnosti Vojvodine, Novi Sad, 2010, p. 295).

8
Reyner Banham, *Megastructure: Urban futures of the Recent Past,* Thames and Hudson, London, 1976, p. 216

Eliza Hoxha

PREOBRAZBA MODERNITETA

OMLADINSKI I SPORTSKI CENTAR U PRIŠTINI

Eliza Hoxha

TRANSFORMING MODERNITY

PRISHTINA'S YOUTH AND SPORTS CENTER

Neposredno nakon što je postala glavnim gradom Kosova 1947.[1], Priština je prošla brzu preobrazbu. Iako je ona isprva bila usmjerena na *genius loci* tog grada – baštinjenu jezgru osmanskog naselja – kasnije je zahvatila i postojeće urbano tkivo koje je preoblikovano u moderno. Samo su odabrane sakralne zgrade i stare kuće preživjele taj proces, koji nije ostavio mjesta ni za koje druge ostatke starog grada. Budući da Kosovo i Priština u to vrijeme zbog nedostatka lokalnih stručnjaka nisu raspolagali potrebnim stručnim znanjem, taj je proces uglavnom proveden odozgo.

Iz vremena Kraljevine Jugoslavije nalazimo Regulatorni plan Prištine koji je 1937. sastavio Anastasije Urošević za površinu od 192,72 četvorna kilometra i populaciju od 16 000 stanovnika. Drugi plan, koji je 1948., nakon Drugog svjetskog rata, sastavio M. Prelević u novoj socijalističkoj državi još nije pronađen u javnom arhivu.[2] Kasnije intervencije temeljene na planu Dragutina Partonića iz 1953. bile su usmjerene na rušenje stare tržnice i mnogih dijelova prijašnjeg gradića[3] za potrebe održavanja tadašnjih novih programa i provođenja nove politike. „Srušimo staro i izgradimo novo" bio je slogan i naziv pjesme koji je pratio dobrovoljne radne akcije preoblikovanja grada kako bi odgovarao potrebama novog društva. Tijekom 1960-ih, iako je zemlja još uvijek imala jednostranački sustav, u cijeloj je Jugoslaviji počela decentralizacija politike i vlasti. Godine 1962. Bashkim Fehmiu[4] je u Prištini osnovao Upravu za urbanizam. Fehmiu je bio prvi albanski arhitekt s Kosova koji je diplomirao u Beogradu. Bio je zadužen za koordinaciju radova i procesa urbanizacije u gradu.[5]

Daljnji su koraci bili učinjeni 1965., kada je Nikola Dobrović, profesor na Sveučilištu u Beogradu, sastavio Direktivni plan za prometne i prostorne destinacije odobren 1967.[6] Iako se radilo o okvirnom dokumentu, u tom se razdoblju na temelju njega u Prištini napravilo mnogo toga. Godine 1969. općinske su vlasti odlučile Generalni urbanistički plan iz 1958. staviti izvan snage te ga zamijeniti Direktivnim planom za prometne i prostorne destinacije.[7] U tom je razdoblju Bashkim Fehmiu izradio nekoliko važnih projekata, poput Urbanističkog programa za tri stambene jedinice – Ulpianu, Dardaniju i Lakrishte iz 1962., Generalnog plana za Sveučilišni centar (1971.) i arhitektonskog projekta za *Grand Hotel* u Prištini (1974.).[8]

Immediately after assuming the role of Kosovo's capital city in 1947[1], Prishtina underwent a rapid transformation. At first targeting its *genius loci* – the heart of the inherited Ottoman settlement, it further reshaped the existing urban fabric into a modern one. Only select sacral buildings and old houses survived as this process left no place for any other remains of the old city. It was carried out mainly top-down, since Kosovo and Prishtina did not have the necessary expertise at the time due to a lack of local experts.

From the time of the Kingdom of Yugoslavia, we find a Regulatory Plan of Prishtina drafted in 1937 by Anastasije Urošević, for a surface of 192.72 square kilometers and planned for 16 000 inhabitants. The second plan, made by M. Prelević in 1948, after World War II, under the new socialist state hasn't resurfaced yet in the public archives.[2] Later, based on the plan by Dragutin Partonić in 1953, interventions targeted the demolition of the old bazaar and many parts of the previously existing small city[3], for the purposes of hosting the new programs and new politics of the time. "Demolish the old and build the new" was the slogan and song accompanying the voluntary actions of reshaping the city to host a new society. During the 1960s, even though still under a single party system, the political and governmental decentralization started in the whole of Yugoslavia. In 1962, the Office for Urban Planning was established in Prishtina by Bashkim Fehmiu[4] – the first Albanian architect from Kosovo who graduated in Belgrade. He was in charge of coordinating the works and the urbanization process in the city.[5]

Further steps were taken in the year 1965, when Nikola Dobrović, a professor at the University of Belgrade, drafted the Directive Plan for Traffic and Spatial Destinations which was approved in 1967.[6] This was a framework document, but based on which a lot was done in the city in this period. In 1969 the Municipality decided that the Directive Plan for Traffic and Spatial Destination would be used instead of the General Urban Plan of 1953, which would be abrogated.[7] During this time, several important projects were authored by Bashkim Fehmiu, such as the 1962 Urban Program for three residential units – Ulpiana, Dardania and Lakrishte, the Master Plan for the University Center (1971) and the architectural design project for the *Grand Hotel* in Prishtina (1974).[8]

Omladinski i sportski centar u Prištini
Fotografija iz arhiva arhitekta Živorada Jankovića

The Youth and Sports Center in Prishtina
Photo from the architect Živorad Janković's archives

Daljnjom je decentralizacijom nakon novog ustava Jugoslavije usvojenog 1974. omogućena još veća autonomija federalnih sastavnica države, što je pokrenulo prelazak s visokocentraliziranog na decentralizirano upravljanje, koje je pak omogućilo raspodjelu postupka donošenja odluka između federalne vlade, republika i pokrajinskih i lokalnih vlasti. Dokumentacija povezana s prostornim planiranjem pripremala se na razini republike i pokrajine, što je značilo da su Kosovo i Priština po prvi put imali priliku razviti vlastite aktivnosti prostornog planiranja, iako su glavni infrastrukturni projekti ostali u nadležnosti federalne vlade, koja ih je također financirala.

U socijalističkoj je Jugoslaviji Priština postala kulturni, administrativni i politički centar Kosova, a time i neka vrsta obećane zemlje za mnoge ruralne doseljenike. To je dovelo do naglog porasta broja njezinih stanovnika i značajnog pritiska na njezinu stambenu i javnu infrastrukturu. Temeljem novog ustava iz 1974. Kosovo je također steklo status autonomne pokrajine, a Priština je, kao njezin glavni grad, cvjetala. U to su vrijeme izgrađene važne zgrade poput Tiskare *Rilindja* Georgija Konstatinovskog, Omladinskog i sportskog centra *Boro i Ramiz* Živorada Jankovića, Halida Muhasilovića i Srećka Ešpaka, Sveučilišne knjižnice Andrije Mutnjakovića, *Grand Hotela* Bashkima Fehmiua, Miše Jevremovića i Dragana Kovačevića, Instituta za albanologiju Miodraga Pećića i zgrade *Kosovo Filma* Salija Spahiua i drugih, dok je zgrada Narodne skupštine Kosova rekonstruirana i proširena po projektu Jurja Neidhardta.

Grand Hotel, arhitekti Bashkim Fehmiu, Miša Jevremović i Dragan Kovačević, 1978.
Arhivska fotografija

Grand Hotel, architects Bashkim Fehmiu, Miša Jevremović and Dragan Kovačević, 1978
Archive photo

Further decentralization after the new constitution of Yugoslavia adopted in 1974 enabled an even greater autonomy of the country's federal units, thus initiating a shift from a highly centralized to a decentralized leadership, which made possible the division of the decision-making process between the federal government, the republics and the provincial and local authorities. The planning documents were prepared at the republic and provincial levels, which meant that, for the first time, Kosovo and Prishtina had their chance to develop planning activities on their own, even though the main infrastructural projects remained the responsibility of the federal government, which also financed them.

In socialist Yugoslavia, Prishtina became the cultural, administrative and political center of Kosovo, and, as such, a sort of promised land for many rural migrants. This lead to a sharp increase in population and substantial pressure on housing and public infrastructure. With the new constitution of 1974, Kosovo also gained the status of an autonomous province and Prishtina, as its capital, flourished. Important buildings were built at the time, such as the *Rilindja* Printing House by Georgi Konstatinovski, the *Boro i Ramiz* Youth and Sports Center by Živorad Janković, Halid Muhasilović and Srećko Ešpak, the University Library by Andrija Mutnjaković, the *Grand Hotel* by Bashkim Fehmiu, Miša Jevremović and Dragan Kovačević, the Institute of Albanology by Miodrag Pećić, the *Kosovo Film* building by Sali Spahiu and others, while the Kosovo Assembly building by Juraj Neidhardt was reconstructed and enlarged.

Tiskara *Rilindja*, arhitekt Georgi Konstantinovski, 1970.
Arhivska fotografija

***Rilindja* Printing House, architect Georgi Konstantinovski, 1970**
Archive photo

Nacionalna knjižnica Kosova
Arhitekt Andrija Mutnjaković, 1982.
Foto: Arben Llapashtica

Kosovo National Library
Architect Andrija Mutnjaković, 1982
Photo: Arben Llapashtica

Mnogi stanovnici Kosova to razdoblje pamte kao "zlatno doba" intenzivne modernizacije i razvoja pokrajine, što je njezinom glavnom gradu dalo današnji izgled. Novoizgrađena gradska područja promijenila su sliku grada. U to se vrijeme nije mnogo pazilo na prirodni okoliš; na primjer, vodni putovi unutar grada koje su činile dvije rijeke, Veluša i Prištevka, u potpunosti su zanemareni i prekriveni, tj. pretvoreni u kanalizacijske kolektore.[9] Sve je to izvedeno u sklopu novog Generalnog plana Prištine izrađenog 1975. i prihvaćenog 1985. Projekt je vodio Rexhep Luci, tada glavni arhitekt Općine Priština. Ono što je također bilo značajno za taj plan je činjenica da su arhitekti koji su sudjelovali u njegovoj izradi još uvijek uglavnom bili iz drugih jugoslavenskih republika, dok su lokalni arhitekti u njega bili uključeni u mnogo manjoj mjeri zbog toga što Kosovo tada nije imalo kapacitete za obrazovanje arhitekata. Kao dio modernizacijskih nastojanja, 1970. otvoreno je Sveučilište u Prištini s nastavnim programima na albanskom, a potom je 1978. počeo s radom i Odsjek za arhitekturu Tehnološkog fakulteta koji će ostaviti traga na društvenom i kulturnom krajoliku grada. Na čelu tog procesa bio je Bashkim Fehmiu, zajedno sa Skenderom Hasimjom, Momirom Vučićem i prvom kosovsko-albanskom arhitekticom Suadom Mekuli. Baskhim Fehmiu bio je pročelnik Katedre za urbanizam i prostorno planiranje od osnutka Odsjeka do odlaska u mirovinu 1991.[10] Zbog nedostatka lokalnog kadra, mnoga su istaknuta imena iz drugih dijelova Jugoslavije sudjelovala u studijskom programu Odsjeka. Na primjer, bio je tu Živorad Janković, jedan od arhitekata Centra *Boro i Ramiz*, koji je predavao Osnove projektiranja od 1979. do 1987., Ranko Radović, sa Sveučilišta u Beogradu, koji je predavao od 1982. do 1984., i drugi.[11]

Modernizacija je uhvatila maha i Priština je u tom razdoblju uistinu postala gradom. Međutim, stabilnost nije dugo trajala. Politička i gospodarska kriza nakon Titove smrti 1980. utjecala je na jugoslavensko društvo i ulaganja. Neki od velikih projekata započetih u to vrijeme ostali su nedovršeni sve do danas. Situacija se pogoršala nakon izbijanja rata u Jugoslaviji 1991. Kosovski su Albanci bili izgurani iz javnog života i institucija nakon uvođenja aparthejdnih mjera Slobodana Miloševića kojima je ukinuta autonomija Kosova, a Kosovarima albanske narodnosti onemogućeno sudjelovanje u vlasti. Kao odgovor na to, lokalno je albansko stanovništvo stvorilo paralelni sustav institucija podržan porezom od 3 % uvedenim za albansku dijasporu, koji je prikupljala kosovska vlada u egzilu.[12]

This period is remembered by many inhabitants as the "golden age" of Kosovo, as the province underwent significant modernization and development which gave its capital the shape we recognize today. The newly built city areas would change the image of the city. At the time, not much attention was given to the natural environment; for instance, urban waterways within the city – the two rivers of Vellusha and Prishtevka – were completely ignored and covered, i.e. transformed into collectors, that is, incorporated in the sewage system.[9] All of these developments were a part of the new General Plan for Prishtina initiated in 1975 and approved in 1985. The project was led by Rexhep Luci, the chief architect of the Prishtina Municipality during that period. What is significant about this plan is also the fact that the architects involved in it were still mainly from the other republics of Yugoslavia and very rarely the name of a local architect could be seen, due to the fact that Kosovo had no school of architecture. A part of the modernization efforts included the opening of the University of Prishtina in 1970, with course programs conducted in Albanian, followed by the establishment of the Department of Architecture within the Faculty of Technology in 1978, which would leave its mark on the social and cultural landscape of the city. It was Bashkim Fehmiu, together with Skender Hasimja, Momir Vučić and the first Kosovo-Albanian woman architect of the time Suada Mekuli, that led this process. Baskhim Fehmiu held the position of Chair of Urbanism and Spatial Planning from the establishment of the Department until his retirement in 1991.[10] Because of the lack of local human resources, many distinguished names from other parts of Yugoslavia participated in the Department's curriculum. For instance, there was Živorad Janković, one of the architects of the *Boro i Ramiz* Center, who taught Basic Design from 1979 to 1987, Ranko Radović, from the University of Belgrade, who lectured between 1982 and1984, and others.[11]

The modernization took root and Prishtina became a proper city during this period. However, the stability did not last long. The political and economic crisis after Tito's death in 1980 affected the Yugoslav society and investments. Some of the big projects initiated at that time remain unfinished even today. The situation worsened with the outbreak of the Yugoslav wars in the 1990s. Kosovo Albanians were pushed out of public life and squeezed out of institutions as the Serbian president Slobodan Milošević

Nakon rata 1999. Priština je doživjela novi građevinski procvat. Energija oslobođenja bila je utjelovljena u različitim oblicima i bojama. Često je bila usmjerena na napadanje postojeće modernističke arhitekture iz socijalističkog razdoblja, kao nečega što gradu više nije pripadalo i s čime nitko više nije želio biti povezan. U tom su se razdoblju dogodile radikalne promjene jer je zemljom suupravljala međunarodna zajednica sve do 2008., kada je proglašenjem nezavisnosti Kosova vlast prenesena na lokalne institucije. Nepostojanje vladavine prava i sveprožimajuća korupcija i dalje su dva najveća izazova za grad uhvaćen u moćni kovitlac arhitektonske neformalnosti i ilegalnosti. Glavni arhitekt Općine Priština Rexhep Luci uočio je i shvaćao sav taj pritisak gradnje i nezakonitih aktivnosti te pokušao intervenirati okupljanjem stručnjaka radi osmišljavanja srednjoročne vizije za Prištinu u novim poslijeratnim uvjetima. Ustrijeljen je pred svojom kućom 2000. godine, trećeg dana tog seminara o viziji za Prištinu.[13]

Nakon toga, Priština je krenula silaznom putanjom. Neke od modernističkih zgrada srušene su da bi se napravilo mjesta za nove, dok su druge dobile nove fasade, primjerice administrativni dio zgrade Tiskare. Odmah nakon rata, upravljanje svim društvenim i javnim poduzećima preuzela je Kosovska agencija za fondove koja je kasnije postala Kosovska agencija za privatizaciju. Tijekom privatizacije nije postavljen uvjet očuvanja fizičkog izgleda građevina, što je samo dodatno pogoršalo taj proces. Tako je *Grand Hotel*, koji se nalazio u samom centru grada, postao zgrada s dva lica. Naime, nakon što je hotel privatizirao konzorcij tvrtki, jedan je njegov dio podvrgnut preuređenju radi pripreme za novu funkciju. Budući da su ulaganja kasnije obustavljena bez ikakvog objašnjenja, zgrada je ostala napola preuređena s novim pročeljem na jednoj njezinoj polovici i starim na drugoj, što daje arhitektonski uvid u dva vrlo različita razdoblja. Poslovna zgrada *Bankkosa* (Kosovske banke) koju su projektirali Ljubiša Radosavljević i Dragan Kovačević[14] također je bila prenamijenjena u zgradu državne uprave, a njezin je plašt izmijenjen zbog znatnih oštećenja koja je pretrpio tijekom NATO-ovog bombardiranja susjednog poštanskog ureda 1999 godine. Samo su Sveučilišna knjižnica (danas Nacionalna knjižnica Kosova) i Omladinsko-sportski centar *Boro i Ramiz* (danas *Adem Jashari*) ostali gotovo isti jer su se u njima još uvijek odvijale uglavnom iste aktivnosti. To su dvije najistaknutije modernističke građevine u Prištini, njezine glavne znamenitosti i neodvojivi dijelovi gradskog identiteta.

introduced his apartheid policies abrogating the autonomy of Kosovo and excluding the Kosovars of Albanian ethnicity from power. In response to this, the local Albanian population created a parallel system of institutions which was supported by the 3 % tax levied on the Albanian diaspora and collected by the Kosovo Government in exile.[12]

After the war of 1999, Prishtina experienced a new construction boom. The liberation energy was embodied in many different forms, colors and shapes. Often, it was directed at attacking the existing modernist architecture from the socialist period as something that did not belong to the city anymore and that no one wanted to be affiliated with. In this period, radical changes happened, as it was a period marked by shared governance with the international community up until 2008, when local institutions gained power as Kosovo became an independent state. The lack of the rule of law and crippling corruption remain the two major challenges for the city swept by powerful currents of architectural informality and illegality. The chief architect of the Municipality of Prishtina, Rexhep Luci, understood and saw all this pressure of construction and illegal activities and tried to intervene by gathering professionals to draft a midterm vision for Prishtina in the new post-war conditions. He was shot dead in front of his house on the third day of this vision seminar for Prishtina in the year 2000.[13]

After this, Prishtina went downwards. Some of the modernist buildings were demolished to make space for new ones, while others were covered with a new façade, for example the administrative part of the Printing House building. Immediately after the war, all the socially and publically owned enterprises came under the control of the Kosovo Trust Agency, later to become the Kosovo Privatization Agency. During privatization, there was no requirement to preserve the buildings' physical aspect. This only worsened the process further. The *Grand Hotel*, located at the very heart of the city center, became a building with two faces. After being privatized by a consortium of companies, one part of the building went under reconstruction to be prepared for a new function. Investments were stopped later on without any explanation and the building remains half-reconstructed with a new facade on one half and the old one on the other, offering the architectural insight of two very different periods. The *Bankkos* office block (Bank of

Omladinsko-sportski centar *Boro i Ramiz/Adem Jashari*

Prvi natječaj za izgradnju velike višenamjenske dvorane u Prištini održan je 1970., a žiri je prvu nagradu dodijelio zagrebačkom timu pod šifrom *Mosor* – Ljerki Lulić, Jasni Nosso i Dinku Zlatariću.[15] Projekt, međutim, nikad nije ostvaren.

Godine 1974. objavljen je drugi arhitektonski natječaj za izgradnju novog velikog sportsko-trgovačkog kompleksa u blizini gradskog centra. Pet je arhitektonskih biroa predstavilo svoje prijedloge. Uz to je Institut za arhitekturu Arhitektonskog fakulteta u Skoplju podnio još dva prijedloga. Žiri je prvu nagradu odlučio dodijeliti arhitektonskom studiju *Dom* koji su vodili Živorad Janković, Halid Muhasilović i Srećko Ešpak.[16] Dvojac Janković i Halilović već je imao iskustva sa sličnim tipologijama budući da su prethodno projektirali priznati Centar Skenderija u Sarajevu.[17]

Prištinski kompleks otvoren 1982. sadržavao je dvije arene; veća je imala kapacitet od 8 000 mjesta, dok je manja mogla smjestiti 3 000 gledatelja. Također je sadržavao trgovački centar, zatvoreno parkiralište, knjižnicu u Omladinskom domu, sportske terene na otvorenom i druge objekte. Cijeli kompleks imao je više od 10 000 kvadratnih metara te se odlikovao pažljivo osmišljenim prilazima i protočnošću pješačkog prometa.

Centar *Boro i Ramiz*, presjek
Izvor: Gjinolli, Ilir, Kabashi, Lulzim, (ur.), *Kosovo Modern – An Architectural Primer*, Nacionalna umjetnička galerija Kosova, Priština, 2015., str. 149.

***Boro i Ramiz* Complex, cross section**
Source: Ilir Gjinolli, Lulzim Kabashi, (eds.), *Kosovo Modern – An Architectural Primer*, Nacionalna umjetnička galerija Kosova, Priština, 2015., p. 149

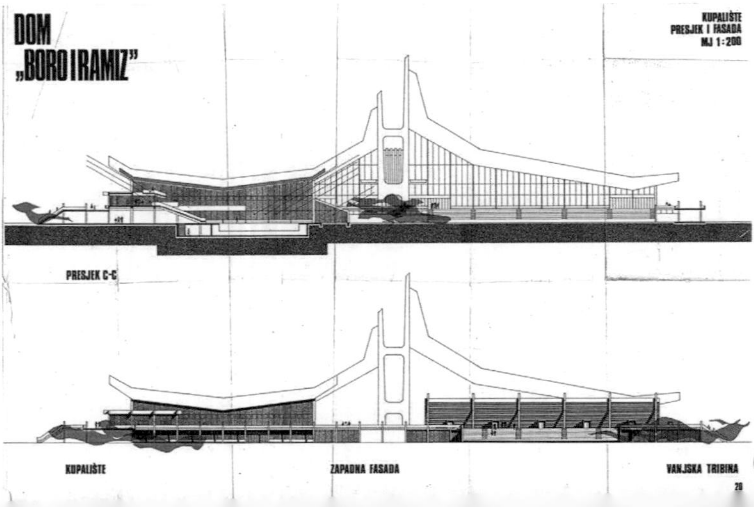

Kosovo) designed by Ljubiša Radosavljević and Dragan Kovačević[14] was also repurposed as a governmental building and its envelope was modified because it was substantially damaged during the 1999 NATO bombings of the adjoining post office. Only the University Library (today the National Library of Kosovo) and the *Boro i Ramiz* (today *Adem Jashari*) Youth and Sports Center have remained almost the same, as they still maintain more or less the same activities. These two are the most prominent modernist structures in Prishtina, its main landmarks and an inseparable part of the city's identity.

Boro i Ramiz/Adem Jashari Youth and Sports Center

The first competition call to build a large multi-purpose hall in Prishtina was held in 1970 and the jury gave the first prize to the Zagreb team under the code *Mosor* – Ljerka Lulić, Jasna Nosso and Dinko Zlatarić.[15] This project was never realized.

In 1974, another architectural competition was launched in order to build a new large sports and commercial complex near the city center. Five architectural offices presented their proposals. Moreover, the Institute of Architecture at the Skopje Faculty of Architecture submitted another two proposals. The jury decided to award the first prize to the architecture studio *Dom*, which was headed by Živorad Janković, Halid Muhasilović and Srećko Ešpak.[16] The Janković and Halilović duo already had experience in similar typologies as they had previously designed the acknowledged Skenderija Center in Sarajevo.[17]

The Prishtina complex was opened in 1982 and included two arenas; the larger one had a capacity of 8 000 spectators, while the smaller one had the capacity of 3 000 spectators. It also included a commercial (shopping) hall, indoor parking, the library in the Youth House, outdoor sports courts and other facilities. The whole building had more than 10 000 square meters of area with carefully planned access points and easy movement of pedestrians inside the complex.

Centar *Boro i Ramiz*, situacija

Izvor: Gjinolli, Ilir, Kabashi, Lulzim, (ur.), *Kosovo Modern – An Architectural Primer*, Nacionalna umjetnička galerija Kosova, Priština, 2015., str. 150.

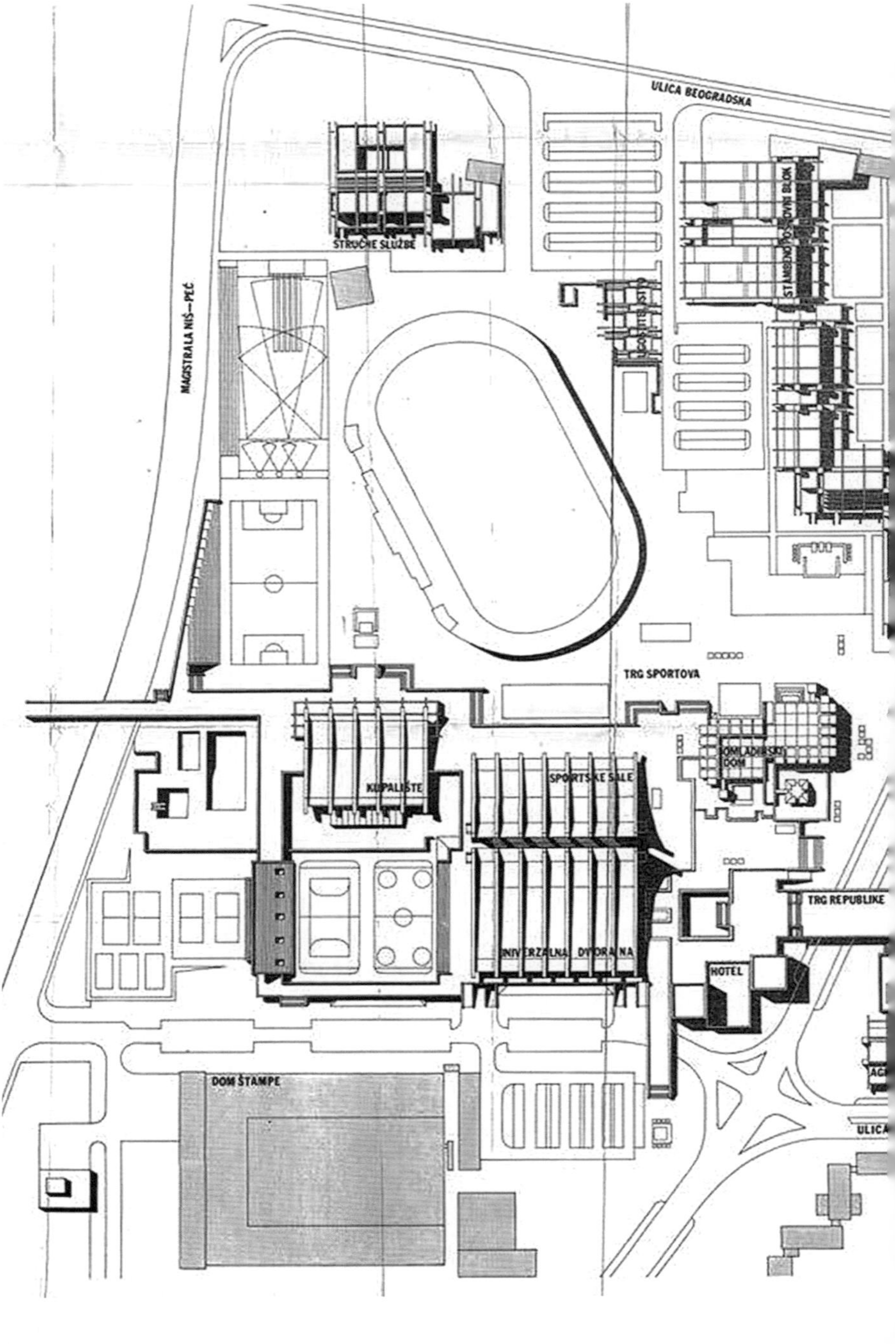

Boro i Ramiz Complex, site plan
Source: Ilir Gjinolli, Lulzim Kabashi, (eds.), *Kosovo Modern – An Architectural Primer,* Nacionalna umjetnička galerija Kosova, Prishtina, 2015., p. 150

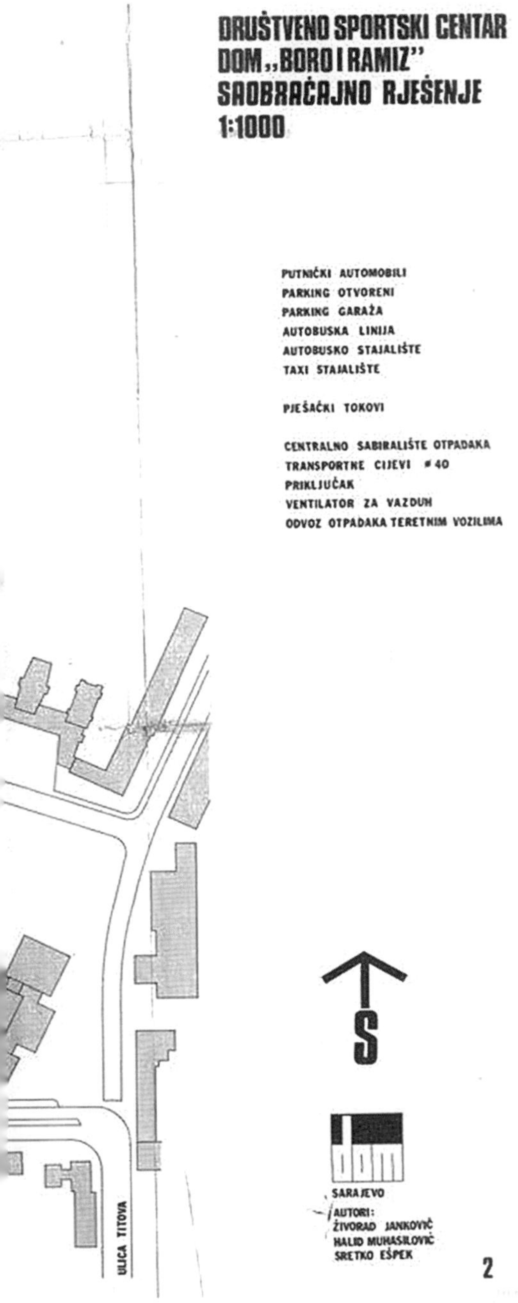

„Nazubljenim" krovom glavne dvorane (čelične rebraste gredne konstrukcije) i svojom veličinom odražavao je rastuće potrebe grada koji se širio, dok je njegov ambiciozni program (nikad u potpunosti ostvaren) odražavala vizualno i strukturno impozantna arhitektonska forma koja je dominirala neposrednom okolicom. Zbog svojih arhitektonskih obilježja, Omladinsko-sportski centar „tumačen je kao simbol osam dijelova jugoslavenske federacije (šest saveznih republika i dviju autonomnih pokrajina), ali i orla".[18]

Ta je megastruktura bila namijenjena smještanju sadržaja koji su Prištini nedostajali, posebno rekreacijskih, no njezin je urbanistički položaj također bio vrlo važan. Centar je ispunjavao važnu neizgrađenu gradsku zonu između glavnih prometnih pravaca i važnih zgrada javne namjene, kao što je bila Tiskara s jedne i glavni stadion s druge strane.

***Boro i Ramiz/Adem Jashari* omladinski i sportski centar, glavni plato**
Foto: Diego Delso

With the “jagged” roof of the main hall (steel ribbed beams), its size was reflecting the growing needs of a city in expansion, while its ambitious program (never fully realized) was reflected in the visually and structurally imposing architectural form that dominated its immediate surroundings. Because of its architectural characteristics, the Youth and Sports Center “has been interpreted as symbolizing eight parts of the Yugoslav federation (six federal republics and two autonomous provinces) but also an eagle“.[18]

This megastructure was designed to house the facilities that Prishtina lacked, especially for recreation, but its urbanistic position was also very important. The Center filled an important undeveloped city zone between major traffic routes and important public buildings, such as the Printing House and the main stadium on the other side.

***Boro and Ramiz /Adem Jashari* Youth and Sports Complex, central plateau**
Photo: Diego Delso

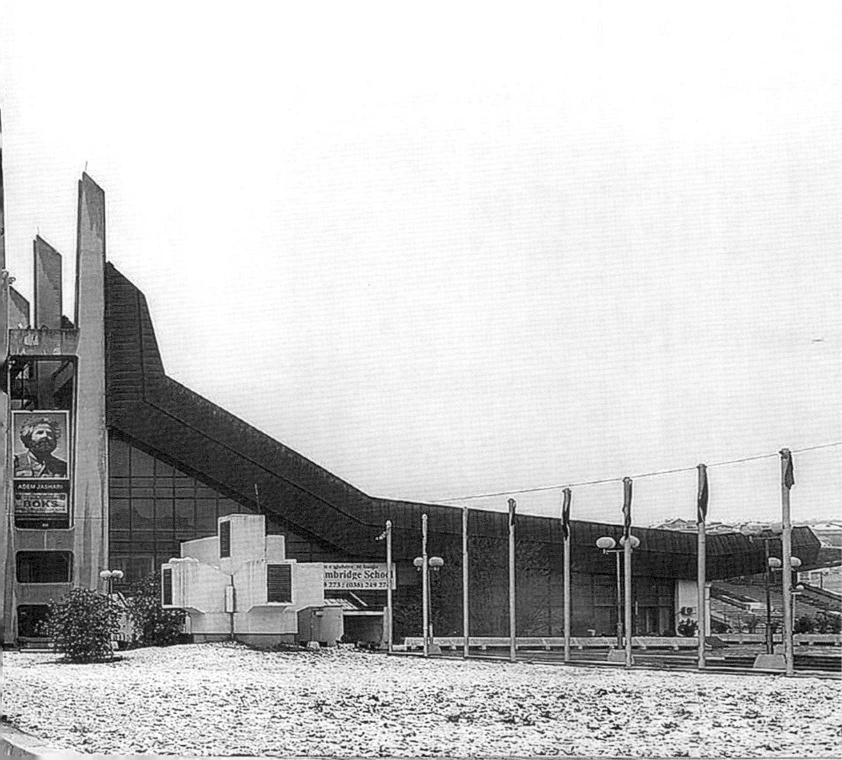

Natječajni prijedlog za Omladinski i sportski centar, arhitekti Ljerka Lulić, Jasna Nosso i Dinko Zlatarić.

Competition entry for Youth and Sports Center,
architects Ljerka Lulić, Jasna Nosso and Dinko Zlatarić.

Prema arhitektima, koncept se sastojao od dvaju različitih paviljona koji su mogli funkcionirati samostalno, a i dalje hodnicima i platformama biti povezani u cjelinu. Zbog svoje važnosti za grad, kompleks je dobio i važno ime. Prvotno je nazvan *Boro i Ramiz* prema herojima Drugog svjetskog rata Ramizu Sadikuu, koji je bio Albanac, i Bori Vukmiroviću, koji je bio Srbin. Pogubljeni su zajedno kao istaknute ličnosti pokreta otpora fašističkoj okupaciji, postavši tako jednim od glavnih simbola bratstva i jedinstva u Autonomnoj Pokrajini Kosovo SFR Jugoslavije. Nakon kosovskog rata za nezavisnost, kompleks je preimenovan po Ademu Jashariju, kosovskom borcu za nezavisnost ubijenom u borbi, koji je postao središnja ličnost novostvorenog nacionalnog identiteta Republike Kosova (prištinska zračna luka također nosi njegovo ime).

Stražnji dio kompleksa s rekreacijskim sadržajima i platforma s prednje strane zgrade koja je trebala povezivati *Grand Hotel* i središnji bulevar, koji je nekada nosio ime Maršala Tita a danas se zove po Majci Terezi, do danas su ostali samo koncepti unutar projekta. Nisu izgrađene ni neke druge građevine i elementi, kao što su unutarnji i vanjski bazeni te teniska igrališta; stoga, kompleks nikad nije dovršen.

Gradnja kompleksa djelomično je financirana iz fondova solidarnosti šest jugoslavenskih republika i pokrajine Vojvodine, kao i iz doprinosa zaposlenih kosovskih građana, odnosno iz obveznih izdvajanja u iznosu od 2 % njihovih mjesečnih plaća za potrebe građenja te velike zgrade javne namjene.[19]

U urbanom okruženju Prištine, Omladinsko-sportski centar je predstavljao vrlo vitalni dvojni (otvoreni i zatvoreni) javni prostor koji je nudio razne aktivnosti za sve građane i interesne, dobne ili kulturne skupine. Kao i neke druge zgrade javne namjene, ta je bila sagrađena u razdoblju intenzivne modernizacije grada 1970-ih i 1980-ih i njezin se stil interpretirao u okviru kritičkog i/ili novog regionalizma, kao paradigme koja je težila prevođenju tradicionalnih elemenata povezanih s raznim etničkim skupinama unutar Jugoslavije u suvremeno okruženje. Te su zgrade svakako odigrale ključnu ulogu u regiji. Postojala je stvarna potreba za njihovom izgradnjom, koja je i zadovoljena. Osvrćući se na to razdoblje, hrvatski arhitekt Andrija Mutnjaković, arhitekt čuvene prištinske knjižnice, govori o „velikoj otvorenosti Ko-

According to the architects, the concept consisted in creating different pavilions that could work independently, while still being linked along the halls and platforms to function as a whole. Due to its importance for the city, it was given an important name. The complex was initially named *Boro i Ramiz* ("Boro and Ramiz") after World War II heroes Ramiz Sadiku, who was of Albanian ethnicity, and Boro Vukmirović, who was of Serbian ethnicity. The two of them were executed together as prominent figures of the movement of resistance to fascist occupation, and as such, became one of the main symbols of brotherhood and unity in the Kosovo Autonomous Province of Yugoslavia. After the Kosovo War of Independence, the complex was renamed after Adem Jashari, a Kosovar independence fighter killed in action, who had become one of the central figures of the newly constructed national identity of the Republic of Kosovo (the Prishtina airport is also named after him).

The back part of the complex with recreational facilities and the platform on the front of the building that was supposed to link in one unit the *Grand Hotel* and the central boulevard, formerly named after Marshall Tito and now after Mother Theresa, remain only as concepts within the project to this day. In addition, some other planned structures and elements were never built, like the indoor and outdoor swimming pools and tennis playgrounds; thus, the complex was never finished.

The construction of the complex was partly financed from the solidarity funds of the six Yugoslav republics and the province of Vojvodina, as well as from the self-contributions of employed Kosovo citizens who mandatorily contributed 2 % of their monthly wages for the purpose of constructing this large-scale public building.[19]

In the urban setting of Prishtina, the Youth and Sports Center was built to represent a very vibrant dual (open and closed) public space, offering different activities for all citizens and interest, age or cultural groups. Together with some other public buildings, this building was constructed under the intense modernization period of the city during the 1970s and 1980s and their style was interpreted within the framework of critical and/or new regionalism, as a paradigm that was searching to translate traditional ele-

sova prema traženju i prihvaćanju arhitektonskih i drugih obilježja moderne arhitekture – od shematskog regionalizma do dinamičkog plasticizma".[20]

Iako je Omladinsko-sportski kompleks ostao nedovršen zbog promjene okolnosti i dramatičnih povijesnih događaja, istovremeno je počinjala njegova promjena iznutra kojom se ostavljalo prostora za privatna poduzeća. Kao trgovački dio, prizemlje je bilo razdijeljeno u manje jedinice za iznajmljivanje, dok je podrum, nekadašnje parkiralište, postao skladište u kojem su mnogi građani Prištine također trgovali. Nakon raspada Jugoslavije i prije stjecanja nezavisnosti, unatoč velikim etničkim tenzijama, prostor se koristio i/ili iznajmljivao za kulturne aktivnosti, poput privatnih muzičkih festivala, sportske aktivnosti te neko vrijeme čak i za potrebe diskoteke *Casablanca*. Godine 2000. kvar na električnim instalacijama u podrumu uzrokovao je požar koji se brzo proširio i koji je bilo teško ugasiti zbog neusklađenosti zgrade s propisima o protupožarnoj sigurnosti. Veći dio zgrade otad nije u funkciji, osim prizemlja koje se koristi za trgovine. Iako je 2010. Europska unija predstavila temeljiti plan obnove funkcionalnog kulturnog i sportskog prostora za lokalnu mladež, bila je prisiljena odustati od tog projekta vrijednog 15 milijuna eura zbog nespremnosti na suradnju Općine Priština.[21] Od 2006. tim kompleksom, koji je prije bio u društvenom vlasništvu, upravlja Kosovska agencija za privatizaciju. U razdoblju neposredno nakon rata, kada su bile privatizirane druge zgrade javne namjene, postojala je namjera za privatizacijom cijelog kompleksa, pa čak i za korištenjem njegovih temelja za novogradnju. Međutim, rušenju kompleksa glasno su se usprotivili stanovnici Prištine.[22] Nakon prestanka rada kompleksa, u njemu su se odvijale umjetničke manifestacije poput festivala *Priština – mon amour*, kako bi se podigla svijest i istaknula važnost zgrade za zajednicu.

Centar *Boro i Ramiz/Adem Jashari*, detalj središnjeg platoa
Foto: Eliza Hoxha

***Boro i Ramiz/Adem Jashari* Complex, central plateau detail**
Photo: Eliza Hoxha

ments associated with the various ethnic groups within Yugoslavia into a contemporary setting. These buildings certainly played a crucial role in the region. A genuine need to have them built had existed and their creation met the need. Regarding this period, Croatian architect Andrija Mutnjaković, author of Prishtina's famous library, notices the spirit of "great openness of Kosovo toward seeking and accepting architectural qualities as well as other features of modern architecture – from schematic regionalism to dynamic plasticism".[20]

Even though the Youth and Sports Complex remained unfinished, due to changing circumstances and dramatic historical occurrences, at the same time, it was starting to be changed from within, leaving space for people to run their privately-owned businesses. As a commercial part, the ground floor was split into smaller units for rent, while the basement, previously the parking lot, became a warehouse where, again, many citizens of Prishtina were doing trade. After the breakup of Yugoslavia and before independence, notwithstanding big ethnic tensions, the space was used and/or rented for cultural activities such as private music festivals, sports activities and, for a time, even a discotheque named *Casablanca*. In 2000, an electrical malfunction in the basement triggered a fire that easily spread and was difficult to extinguish due to the building's lack of adherence to fire safety codes. Since then, aside from the ground floor being used for shops, the bulk of the building has remained non-functional. In 2010, the European Union unveiled solid plans to re-create a functional cultural and athletic space for local youth, yet they were forced to abandon their €15 million renovation project due to the unresponsiveness of the Municipality of Prishtina.[21] Since 2006, the publicly-owned complex has been managed by the Kosovo Privatisation Agency. During the immediate postwar period, other public buildings were privatized and there was a tendency to privatize the whole complex as well, and even to use its grounds to build something new instead. The idea of demolishing the complex was vocally criticized by the people of Prishtina.[22] Since the complex's abandonment, artistic activities, such as the Prishtina – *Mon Amour festival*, have taken place to raise awareness and highlight the importance of the building for the community. Luckily, the building still stands, marking the landscape of the city, even though it is not in the best shape.

Srećom, sama zgrada još uvijek postoji i obilježava gradski pejzaž, iako nije u najboljem stanju.

Godine 2017. Uprava za kulturnu baštinu Ministarstva kulture, mladeži i sporta, zajedno s Regionalnim centrom za kulturnu baštinu u Prištini, uvrstila je zgradu na popis nacionalne baštine pod odjeljkom suvremene arhitekture.[23] Usvajanjem Zakona o Prištini kao glavnom gradu Republike Kosova krajem 2017. postavljeni su temelji za pokretanje postupka traženja povrata vlasništva Općine Priština nad kompleksom i započinjanje ulaganja u njega za potrebe obnove. Danas nazvan Kompleks *Jashari* jedna je od daleko najvažnijih zgrada u Prištini čiji usponi i padovi odražavaju povijest samog grada.

***Boro i Ramiz/Adem Jashari* centar, detalji interijera**
Foto: Arhiv Živorada Jankovića

***Boro i Ramiz/Adem Jashari* Complex, details of interior**
Photo: Živorad Janković's archives

In 2017, the Department of Cultural Heritage within the Ministry of Culture, Youth and Sports, together with the Regional Center for Cultural Heritage – Prishtina, listed the building as national heritage under the modern architecture section.[23] With the Act on Prishtina as the Capital City of the Republic of Kosovo, adopted at the end of 2017, there is now a foundation base on which the Municipality of Prishtina can initiate the process of reclaiming ownership of the complex and start investing in it, so it can rise once again. The present *Jashari* Complex is by far one of the most important buildings in Prishtina which achievements and downfalls reflect the history of the city itself.

Centar *Boro i Ramiz/Adem Jashari*, glavna fasada
Foto: Eliza Hoxha

Boro i Ramiz/Adem Jashari Complex, main facade
Photo: Eliza Hoxha

1
U to je vrijeme pokrajina Kosovo bila dio socijalističke Jugoslavije. Sadašnja je kosovska granica definirana uspostavom socijalističke Jugoslavije.

2
Hoxha, Eliza, *Prishtina Escape*, magistarski rad na Katoličkom sveučilištu u Leuvenu, Belgija, 2006.

3
Monografija Prištine, Općina Priština, 1965.

4
Bashim Fehmiu (1930.), rođen je u Đakovici u Kosovu, a diplomirao je na Arhitektonskom fakultetu u Beogradu 1958. Uz Suade Mekuli, bio je prvi formalno obrazovani arhitekt na Kosovu. Osnovao je Institut za urbanizam u Prištini te bio njegov ravnatelj. Od 1965. predavao je urbanizam na Tehničkom fakultetu u Prištini te je 1978., zahvaljujući njegovoj upornosti, tamo osnovan Odsjek za arhitekturu, čiji je pročelnik Fehmiu bio do umirovljenja 1991.

5
Intervju autorice s Bashkimom Fehmiuom, Priština 2005.

6
GUP-2000, Generalni urbanistički plan – Priština 2000, Gradska skupština Prištine, 1987.

7
Eliza Hoxha, *Prishtina Escape*

8
Gjinolli, Ilir, Kabashi, Lulzim, (ur.), *Kosovo Modern – An Architectural Primer*, Nacionalna umjetnička galerija Kosova, Priština, 2015., 119.

9
Hoxha, Eliza, *Prishtina Escape*

10
Gjinolli, Ilir, Kabashi, Lulzim, (ur.), *Kosovo Modern – An Architectural Primer*, str. 64, 118.

11
Gjinolli, Ilir, Kabashi, Lulzim, (ur.), *Kosovo Modern – An Architectural Primer*, str. 64–71.

12
Hoxha, Eliza, *Prishtina Escape*

13
Hoxha, Eliza, *Prishtina Escape*, također vidi: Surroi, Veton, *Hope on the Ballkans – Kosovo at Crisis 2000*, Institute for War and Peace Reporting

14
Gjinolli, Ilir, Kabashi, Lulzim, (ur.), *Kosovo Modern – An Architectural Primer*, 36.

15
Arber Sadiku, *Značaj društveno-kulturološkog razvoja u arhitekturi Prištine u razdoblju od 1945. do 1990. godine*, Sveučilište u Beogradu, doktorski studij, 2015.

16
www.hiddenarchitecture.net

17
Gjinolli, Ilir, Kabashi, Lulzim, (ur.), *Kosovo Modern – An Architectural Primer*, 152.

18
Kajtazi-Jashari, Teuta, Jakupi-Basha, Arta,*Interpretation of architectural identity through landmark architecture: The case of Prishtina, Kosovo from the 1970s to the 1980s*, Frontiers of Architectural Research, 2017.

19
http://newpolis.org/files/Project-Boro-Ramizi-co.pdf

20
Gjinolli, Ilir, Kabashi, Lulzim, (ur.), *Kosovo Modern – An Architectural Primer*, 152.

21
http://berlin-goes-balkan.blogspot.com.

22
Hoxha, Eliza, *City and Love*, članak "Whose Ramiz?!...", 2013.

23
Ministarstvo kulture, mladeži i sporta, *Akt o novopredloženim građevinama za uvrštenje u kulturnu baštinu Kosova*, 2017.

1
At the time, the Region of Kosovo was within socialist Yugoslavia. The present Kosovo border was defined with the establishment of socialist Yugoslavia.

2
Eliza Hoxha, *Prishtina Escape*, master thesis at KU Leuven, Belgium, 2006

3
Monography of Prishtina, Municipality of Prishtina, 1965

4
Bashim Fehmiu (1930), born in Gjakova, Kosovo, graduated from the Faculty of Architecture in Belgrade in 1958. Together with Suade Mekuli, he was the first formally educated architect in Kosovo. He established and managed the Urbanism Institute in Prishtina. From 1965 on he taught Urbanism at the Technical Faculty in Prishtina and it's thanks to his persistence that the Architecture Department was established in 1978, with him as Chair until his retirement in 1991.

5
Interview with Bashkim Fehmiu, conducted by the author, Prishtina 2005

6
GUP-2000, General Urban Plan – Prishtina 2000, Municipal Assembly of Prishtina, 1987

7
Eliza Hoxha, *Prishtina Escape*

8
Ilir Gjinolli and Lulzim Kabashi (ed.), *Kosovo Modern – An Architectural Primer,* Kosovo National Art Gallery, Prishtina, 2015, p. 119

9
Eliza Hoxha, *Prishtina Escape*

10
Ilir Gjinolli and Lulzim Kabashi (ed.), *Kosovo Modern – An Architectural Primer*, pp. 64, 118

11
Ilir Gjinolli and Lulzim Kabashi (ed.), *Kosovo Modern – An Architectural Primer*, pp. 64–71

12
Eliza Hoxha, *Prishtina Escape*

13
Eliza Hoxha, *Prishtina Escape*, see also: Veton Surroi, *Hope on the Ballkans – Kosovo at Crisis 2000*, Institute of War and Peace Reporting

14
Ilir Gjinolli and Lulzim Kabashi (ed.), *Kosovo Modern – An Architectural Primer*, p. 36

15
Arber Sadiku, *Značaj društveno-kulturološkog razvoja u arhitekturi Prištine u razdoblju od 1945. do 1990. godine*, Belgrade University, doctoral studies, 2015

16
www.hiddenarchitecture.net

17
Ilir Gjinolli and Lulzim Kabashi (ed.), *Kosovo Modern – An Architectural Primer*, p. 152

18
Teuta Kajtazi-Jashari and Arta Jakupi-Basha, *Interpretation of architectural identity through landmark architecture: The case of Prishtina, Kosovo from the 1970s to the 1980s*, Frontiers of Architectural Research, 2017

19
http://newpolis.org/files/Project-Boro-Ramizi-co.pdf

20
Ilir Gjinolli and Lulzim Kabashi (ed.), *Kosovo Modern – An Architectural Primer*, p. 152

21
http://berlin-goes-balkan.blogspot.com.

22
Eliza Hoxha, *City and Love*, article "Whose Ramiz?!...", 2013

23
Ministry of Culture, Youth and Sports, *Document on the new proposed culture heritage buildings in Kosovo*, 2017

Dr. sc. **Tvrtko Jakovina** je povjesničar, bivši pročelnik i profesor na Odsjeku za povijest Filozofskog fakulteta Sveučilišta u Zagrebu, Hrvatska. Autor je knjiga: *Socijalizam na američkoj pšenici; Američki komunistički saveznik; Hrvati, Titova Jugoslavija i Sjedinjene Američke Države 1945. – 1955.; Treća strana Hladnog rata; Hrvatsko proljeće, četrdeset godina poslije* (urednik); *Trenuci katarze: prijelomni događaji XX. stoljeća* i *25 godina hrvatske neovisnosti: kako dalje* (urednik). Autor je niz članaka koji se bave vanjskom politikom Titove Jugoslavije i Hrvatske u 20. stoljeću.

Dr. sc. **Igor Duda** je povjesničar i izvanredni profesor na Odsjeku za povijest Filozofskog fakulteta Sveučilišta Jurja Dobrile u Puli, Hrvatska. Autor je knjiga: *U potrazi za blagostanjem; Pronađeno blagostanje* i *Danas kada postajem pionir.*

Dr. sc. **Sanja Matijević Barčot** je arhitektica i docentica naFakultetu građevinarstva, arhitekture i geodezije Sveučilišta u Splitu, Hrvatska.

Dr. sc. **Ana Grgić** je arhitektica i docentica na Fakultetu građevinarstva, arhitekture i geodezije Sveučilišta u Splitu, Hrvatska.

Dr. sc. **Branislav Dimitrijević** je povjesničar umjetnosti iz Beograda, Srbija. Autor je knjige *Potrošeni socijalizam. Kultura, konzumerizam i društvena imaginacija u Jugoslaviji (1950 – 1974).*

Dr. sc. **Dragan Markovina** je povjesničar iz Splita, Hrvatska. Autor je knjiga *Doba kontrarevolucije, Između crvenog i crnog: Split i Mostar u kulturi sjećanja, Povijest poraženih, Jugoslavenstvo poslije svega, Usamljena djeca juga, Jugoslavija u Hrvatskoj 1918 – 2018.*

Dr. sc. **Darovan Tušek** je arhitekt i redoviti profesor na Fakultetu građevinarstva, arhitekture i geodezije Sveučilišta u Splitu, Hrvatska. Utemeljio je studij arhitekture na tom Fakultetu (2003). Bavi se znanstvenim istraživanjem hrvatske moderne arhitekture; objavio je pet autorskih knjiga iz tog područja i bio glavni urednik knjige *Split Arhitektura 20. stoljeća.* Dobio je nagradu Neven Šegvić Udruženja hrvatskih arhitekata za teorijski, znanstveni i publicistički rad (1997).

Jurica Pavičić je novinar, prozni pisac i scenarist. Rođen 1965. u Splitu, gdje i sada živi. Kolumnist *Jutarnjeg lista* iz Zagreba. Autor sedam romana, više zbirki kratkih priča i nagrađivane Tv serije *Patrola na cesti* (2015). U novinskim tekstovima ponajviše se bavi kulturnom, socijalnom i ekonomskom poviješću svakodnevice Jadrana i Dalmacije u 20. stoljeću. Tekstove na te teme okupio je u knjizi eseja *Knjiga o jugu* (2018).

Diana Magdić je sociologinja i aktivistica iz Splita, Hrvatska. Bila je članica projekta Motel Trogir od 2013. do 2016.

Mariana Bucat je arhitektica i aktivistica iz Splita i Lastova, Hrvatska.

Dr. sc. **Robert Plejić** je arhitekt, profesor i šef Katedre za teoriju i povijest arhitekture i umjetnosti na Fakultetu građevinarstva, arhitekture i geodezije Sveučilišta u Splitu, Hrvatska, gdje je bio i prodekan – voditelj Studija arhitekture od 2010. do 2014. godine. Objavljuje članke, kritike i eseje u knjigama i stručnim publikacijama.

Filip Kobzinek je arhitekt i istraživač moderne arhitekture iz Varaždina i Zagreba, Hrvatska.

Lidija Butković Mićin je povjesničarka umjetnosti, asistentica na Odjelu za povijest umjetnosti Sveučilišta u Zadru, Hrvatska i stručna suradnica projekta Motel Trogir. Objavljuje znanstvene i stručne priloge o povijesti hrvatske arhitekture modernizma, javnih spomenika i vizualnih umjetnosti. Autorica je izložbe i prateće monografije *Ada Felice-Rošić i Nada Šilović – ženski trag u arhitekturi Rijeke* (Muzej grada Rijeke, 2014.).

Tvrtko Jakovina, PhD, is a tenured professor and the former head of the Department of History, Faculty of Humanities and Social Sciences, University of Zagreb, Croatia. He is the author of the following books: "Socialism on the American Grain", "The American Communist Ally; Croats, Tito's Yugoslavia and the United States 1945–1955", "The Third Side of the Cold War", "Croatian Spring, 40 Years Later" (editor); "Moments of Catharsis: Milestones of the 20th Century", "25 Years of Croatian Independence: What is Next?" (editor). Jakovina authored many articles on the foreign policy of Tito's Yugoslavia and on the Croatian history of the 20th century.

Igor Duda, PhD, is a historian and associate professor at the Department of History, Faculty of Humanities, Juraj Dobrila University of Pula, Croatia. He is the author of the following books: "In Pursuit of Well-Being", "Well-Being Found" and "Today, When I Become a Pioneer".

Sanja Matijević Barčot, PhD, is an architect and assistant professor at the Faculty of Civil Engineering, Architecture and Geodesy of the University of Split, Croatia.

Ana Grgić, PhD, is an architect and assistant professor at the Faculty of Civil Engineering, Architecture and Geodesy of the University of Split, Croatia.

Branislav Dimitrijević, PhD, is an art historian from Belgrade, Serbia. He is the author of the book "Used socialism. Culture, Consumerism and Social Imagination in Yugoslavia (1950–1974)".

Dragan Markovina, PhD, is a historian from Split, Croatia. He is the author of the books "The Age of Counterrevolution", "Between Red and Black: Split and Mostar in the Culture of Memory", "History of the Defeated", "Yugoslavism After All", "Lonely Children of the South", "Yugoslavia in Croatia 1918–2018".

Darovan Tušek, PhD, is an architect and full professor at the Faculty of Civil Engineering, Architecture and Geodesy of the University of Split, Croatia. He founded the study of architecture at this Faculty in 2003. He is engaged in the scientific research of Croatian modern architecture; he published five books in the field and was editor-in-chief of the book "Split, 20th Century Architecture". He is the recipient of the Neven Šegvić Award of the Association of Croatian Architects for theoretical, scientific and public work (1997).

Jurica Pavičić is a journalist, prose writer and screenwriter. He was born in 1965 in Split, where he still lives. He is a columnist of the *Jutarnji list* daily paper from Zagreb. He is the author of seven novels, a number of short stories' collections and the award-winning TV series *Highway Patrol* (2015). In newspaper articles he deals mainly with the cultural, social and economic history of everyday life on the Adriatic coast and in Dalmatia in the 20th century. The texts on these topics have been collected in the book of essays "Book of the South" (2018).

Diana Magdić is a sociologist and activist from Split, Croatia. She was an invited member of the Motel Trogir project from 2013 to 2016.

Mariana Bucat is an architect and activist from Split and the island of Lastovo, Croatia.

Robert Plejić, PhD, is an architect, professor and Head of the Department for the Theory and History of Architecture and Art at the Faculty of Civil Engineering, Architecture and Geodesy of the University of Split, Croatia, where he was also Vice-Dean – Director of Architectural Studies from 2010 to 2014. He publishes articles, critiques and essays in books and professional publications.

Filip Kobzinek is an architect and researcher of modern architecture from Varaždin and Zagreb, Croatia.

Lidija Butković Mićin is an art historian working as a research assistant at the Department of Art History, University of Zadar, Croatia and is a member of the Motel Trogir project team. She publishes articles on the history of Croatian modernist architecture, public monuments, and visual arts. She authored the exhibition and the accompanying book "Ada Felice-Rošić and Nada Šilović: a Woman's Touch in the Architectural History of Rijeka" (City Museum of Rijeka, 2014).

Mejrema Zatrić je arhitektica i istraživačica iz oblasti arhitektonske istorije i teorije na Institutu 'gta,' ETH Zürich. Završila je diplomski studij na Arhitektonskom fakultetu Univerziteta u Sarajevu, a magistarski studij "Metropolis" na Arhitektonskom fakultetu ETSAB Politehničkog Univerziteta u Kataluniji, Barcelona. Saradnica je na izložbi *Toward a Concrete Utopia: Architecture in Yugoslavia, 1948–1980* u Muzeju moderne umjenosti (MoMA) u New Yorku i autorica nekoliko naučno-istraživačkih publikacija.

Dr. sc. **Aleksandar Bede** je arhitekt iz Novog Sada, Srbija. Istraživač je na Fakultetu tehničkih nauka Univerziteta u Novom Sadu. Autor je knjige *U paru za društvo: Arhitektura Sibina Đorđevića i Milene Stanković Đorđević* (Akademie Schloss Solitude, 2015.), kao i drugih istraživačkih i izložbenih projekata na temu povijesti jugoslovenskog modernizma. U rukovodstvu je Društva arhitekata Novog Sada i Udruženja arhitekata Srbije.

Eliza Hoxha je arhitektica i predavačica na Fakultetu arhitekture i građevinarstva Sveučilišta u Prištini, Kosovo. Autorica je knjige *Grad i ljubav*. Bila je izbornica paviljona Kosova na Bijenalu arhitekture u Veneciji 2018.

Nataša Bodrožić je kustosica i kulturna radnica iz Zagreba i Trogira, Hrvatska. Inicijatorica je i suosnivačica projekta Motel Trogir, kao i Udruge za suvremene umjetničke prakse Slobodne veze. Redovito u suradnji, uredila je nekoliko knjiga iz područja suvremene umjetnosti, kulturne politike, baštinskog aktivizma: *Politics of Feelings/ Economies of Love* (2014.), *Motel Trogir: Nije uvijek budućnost ono što dolazi (2016.),* Modelling Public Space(s) in Culture: *Rethinking Institutional Practices in Culture and Historical (Dis)continuities* (2018.) itd.

Saša Šimpraga je analitičar prostora i aktivist iz Zagreba, Hrvatska. Autor je knjige *Zagreb, javni prostor.* Suosnivač je projekta Motel Trogir.

Ana Dana Beroš je arhitektica, kustosica i edukatorica čiji je rad usmjeren na stvaranje okruženja koja kataliziraju društvenu promjenu. Živi i radi u Zagrebu gdje trenutno obnaša dužnost potpredsjednice Udruženja hrvatskih arhitekata (UHA).

Nikola Bojić je povjesničar umjetnosti, umjetnik i istraživač iz Splita, Hrvatska.

Dr. sc. **Luka Skansi**, povjesničar arhitekture, docent na Filozofskom Fakultetu u Rijeci, Hrvatska. Njegova istraživačka područja su talijanska arhitektura 20. stoljeća, ruska i sovjetska arhitektura i arhitektura u bivšoj Jugoslaviji. Teme njegovih knjiga, članaka i eseja su Carlo Scarpa, Aldo Rossi, Gino Valle, Costantino Dardi, Pier Luigi Nervi, Myron Goldsmith, Jože Plečnik, Manfredo Tafuri, Nikolaj Ladovskij, Moisej Ginzburg, Peter Behrens, Vladimir Braco Mušič.

Brian Shipman je urbanistički planer i stručnjak za održivi obalni razvoj iz Cornwalla, Velika Britanija. Radi na Centru za regionalni razvoj Ujedinjenih naroda za Mediteran u Splitu, Hrvatska.

Dr. sc. **Borka Bobovec** je arhitektica i istraživačica iz Zagreba. Ravnateljica je Hrvatskog muzeja arhitekture u Zagrebu, Hrvatska.

Dr. sc. **Ivana Prijatelj Pavičić** je povjesničarka umjetnosti i profesorica na Sveučilištu u Splitu.

Christian Maijstre je arhitekt i istraživač moderne arhitekture iz Rotterdama, Nizozemska.

Mirza Mehaković je arhitekt i aktivist iz Sarajeva, Bosna i Hercegovina.

Mejrema Zatrić is an architect and researcher in architecture history and theory at the Institute for the History and Theory of Architecture, Swiss Federal Institute of Technology, (ETH) in Zürich. She holds a graduate degree in Architecture from the Faculty of Architecture of the University of Sarajevo and a master's degree in Architecture from the "Metropolis" program at ETSAB – the Polytechnic University of Catalonia School of Architecture in Barcelona. She was a collaborator on the exhibition "Toward a Concrete Utopia: Architecture in Yugoslavia 1948–1980" at the Museum of Modern Art (MoMA) in New York and an author of several scientific research publications.

Aleksandar Bede, PhD, is an architect from Novi Sad, Serbia. He works as a researcher at the Faculty of Technical Sciences, University of Novi Sad. He is the author of the book "As a Couple, For Society: The Architecture of Sibin Djordjević and Milena Stanković Djordjević" (Akademie Schloss Solitude, 2015), as well as of a number of research and exhibition projects focused on the history of Yugoslav modernism. He is on a member of the management boards of the Association of Novi Sad Architects and the Union of Architects of Serbia.

Eliza Hoxha is an architect and lecturer at the Faculty of Civil Engineering and Architecture of the University of Prishtina, Kosovo. She is the author of the book "City and Love". In 2018, she was the curator of the Kosovo Pavilion at the Venice Architecture Biennale.

Nataša Bodrožić is a curator and cultural worker from Zagreb and Trogir, Croatia. She is the initiator and co-founder of the Motel Trogir project, as well as of Loose Associations, a contemporary art platform. A strong believer in collaborative creation, she co-edited several books in the field of contemporary art, cultural policy and heritage activism, such as "Politics of Feelings / Economies of Love" (2014), "Motel Trogir: It Is Not Future that Always Comes After" (2016), "Modelling Public Space(s) in Culture: Rethinking Institutional Practices in Culture and Historical (Dis) Continuities (2018)" etc.

Saša Šimpraga is a spatial analyst and activist from Zagreb, Croatia. He is the author of the book "Zagreb, Public Space". He is the co-founder of the Motel Trogir project.

Ana Dana Beroš is an architect, curator, editor and educator focused in her work on creating environments that catalyze social change. Currently based in Zagreb, she is the vice-president of Croatian Architects' Association.

Nikola Bojić is an art historian, artist and researcher from Split, Croatia.

Luka Skansi, PhD, is a historian of architecture and assistant professor at the University of Rijeka, Croatia. His research interests include Italian architecture of the 20th century, Russian and Soviet architecture and the architecture of ex-Yugoslavia. He has written books, essays and articles on Carlo Scarpa, Aldo Rossi, Gino Valle, Costantino Dardi, Pier Luigi Nervi, Myron Goldsmith, Jože Plečnik, Manfredo Tafuri, Nikolai Ladovsky, Moisei Ginzburg, Peter Behrens, Vladimir Braco Mušič.

Brian Shipman is an urban planner and expert in sustainable coastal development based in Cornwall, UK. He works for the United Nations Environment Programme Regional Activity Centre for the Mediterranean in Split, Croatia.

Borka Bobovec, PhD, is an architect and researcher from Zagreb. She is the director of the Croatian Museum of Architecture in Zagreb, Croatia.

Ivana Prijatelj Pavičić, PhD, is an art historian and professor at the University of Split.

Christian Maijstre is an architect and modern architecture researcher from Rotterdam, The Netherlands.

Mirza Mehaković is an architect and activist from Sarajevo, Bosnia and Herzegovina.

Uz znatan volonterski rad i institucionalnu podršku, tiskanje ove knjige ne bi bilo moguće bez velikodušne pomoći donatora:

The printing of this book would not be possible without considerable volunteer efforts, institutional support and generous contributions from the following donors:

BIRO!, Zagreb

Tamara Brixy, Zagreb

Caffe bar The Kop, Dubrovnik

Ante Čepić, Split

Magdalena Došen, Sofija / Sofia

Melita Jureša McDonald i/and Derek McDonald, Oakland

Damir Kovačić, Zagreb

Nikola Križanac, Sinj

Libertas inženjering, Dubrovnik

Zdenka i/and Ivo Robić, Toronto / Zagreb

Morana Rozić, Dubrovnik

Jurica Stegić i/and Vanja Šimpraga, Oslo / Zagreb

Katerina Duda: *Korak za Koteks*, video still, 2017.

Katerina Duda: *A Step for Koteks*, video still, 2017

PEJZAŽI POTROŠAČKE KULTURE
U SOCIJALISTIČKOJ JUGOSLAVIJI

SUNAKLADNICI:

SLOBODNE VEZE, udruga za suvremene umjetničke prakse, Zagreb

ONOMATOPEE 152, Eindhoven

IMPRESSUM

CONSUMER CULTURE LANDSCAPES
IN SOCIALIST YUGOSLAVIA

CO-PUBLISHERS:

LOOSE ASSOCIATIONS,
Contemporary Art Practices, Zagreb

ONOMATOPEE 152, Eindhoven

UREDNICI / EDITORS:
Nataša Bodrožić
Lidija Butković Mićin
Saša Šimpraga

AUTORI TEKSTOVA / AUTHORS:
Nataša Bodrožić
Lidija Butković Mićin
Saša Šimpraga
Tvrtko Jakovina
Igor Duda
Ana Grgić
Sanja Matijević Barčot
Branislav Dimitrijević
Dragan Markovina
Darovan Tušek
Jurica Pavičić
Diana Magdić
Mariana Bucat
Robert Plejić
Filip Kobzinek
Mejrema Zatrić
Mirza Mehaković
Aleksandar Bede
Eliza Hoxha
+
Ana Dana Beroš
Nikola Bojić
Luka Skansi
Brian Shipman
Borka Bobovec
Ivana Prijatelj Pavičić
Christian Majistre
Radoslav Bužančić

FOTOGRAFIJE / PHOTOS:
Goran V. Anđelković
Gildo Bavčević
Arhiva Aleksandra Bedea /
Aleksandar Bede's archives
Mirsada Begović
Roko Birimiša
Duška Boban
Lucija Bosančić
Arhiv Centra Skenderija /
Skenderija Center Archive
Nikola Crevar
Diego Delso / Wikipedia
Juilie Desprairies
Rafaela Dražić
Državni arhiv u Splitu /
State Achive in Split
Arhiva Igora Dude /
Igor Duda's archives
Katerina Duda
Energoprojekt
Eliza Hoxha
Sonja Jankov
Arhiva Živorada Jankovića
(ljubaznošću Mirze Huntića i obitelj Janković) /
Živorad Janković's archives
(courtesy of Mirza Huntić and Janković family)
Arhiva muzeja sporta /
Sports Museum, Split
(courtesy of Mladen Cukrov)
Mario Javorčić
Jelena Katavić
Tonči Kranjčević Batalić
Arben Llapashtica
Obiteljski album Hane Letice /
Hana Letica's family album
Boris Ljubičić
Diana Magdić
Filip Maljković / Wikipedia
Bojan Mrđenović
Arhiv Tatjane Neidhardt /
Tatjana Neidhardt's archives
Viktor Popović
Neli Ružić
Saša Šimpraga
Zagreb kakav je bio nekada
Arhiva Mejreme Zatrić /
Mejrema Zatrić's archives

U ovoj publikaciji koristili smo neke fotografije s interneta i nastojali ih sve potpisati. Ukoliko je neka fotografija vaša molimo da nam se javite.
/
In this publication, we used some photos from the Internet and tried to sign them all. If any of the photos are yours, please let us know.

RECENZENTI / REVIEWERS:
dr. sc. Melita Čavlović
dr. sc. Silva Kalčić

DIZAJN / GRAPHIC DESIGN:
Rafaela Dražić

PRIJEVOD / TRANSLATIONS:
Ena Prokić

KOREKTURA / PROOFREADING:
Lidija Butković Mićin

TISAK I UVEZ:
Kerschoffset

NAKLADA / PRINT RUN:
1000

ZAHVALE / ACKNOWLEDGMENTS:
Goran V. Anđelković
Gildo Bavčević
Mirsada Begović
Ana Dana Beroš
Roko Birimiša
BIRO!
Duška Boban
Borka Bobovec
Anica Bodrožić
Luka Bodrožić
Nikola Bojić
Tamara Brixy
Ante Čepić
Enoch Cheng
Mladen Cukrov / Muzej sporta, Split
Juilie Desprairies
Državni arhiv u Splitu
Magdalena Došen
Fabian Fröhlich
Mirza Huntić i obitelj Živorada Jankovića
Aleksandar Hut Kono
Sonja Jankov
Mario Javorčić
Tonči Kranjčević Batalić
Nikola Križanac
Damir Kovačić
Libertas inženjering
Mario Lipovac
Arben Llapashtica
Boris Ljubičić
Christian Majistre
Ivana Meštrov
Bojan Mrđenović
Nedim Mutavelić
Ivana Pavičić Prijatelj
Viktor Popović
Ivo Robić
Zdenka Robić
Morana Rozić
Neli Ružić
Luka Skansi
Brian Shipman
Jurica Stegić
Vanja Šimpraga
Caffe bar The Kop
Tristotrojka (Haris Bulić, Dea Dudić, Mirza Mehaković)
Uroš Živanović

CIP zapis je dostupan u računalnome katalogu Nacionalne i sveučilišne knjižnice u Zagrebu pod brojem 001019666.

ISBN
978-94-93148-00-0
(ONOMATOPEE)

978-953-58895-1-9
(SLOBODNE VEZE / LOOSE ASSOCIATIONS)

CIJENA / PRICE:
200 HRK / 27 EUR

Zagreb, Eindhoven
Prosinac / December, 2018

OVU PUBLIKACIJU PODRŽALI SU / THIS PUBLICATION IS SUPPORTED BY:
Grad Split / The City of Split
Zaklada Kultura nova / Kultura Nova Foundation
Ministarstvo kulture RH / Ministry of Culture of the Republic of Croatia

GRAD SPLIT

Zaklada
Kultura nova

Ova publikacija je tiskana uz financijsku podršku Zaklade "Kultura nova". Mišljenja izražena u ovoj publikaciji odražavaju isključivo mišljenja autora i ne izražavaju nužno stajalište Zaklade "Kultura nova".

Republika Hrvatska
Ministarstvo kulture
Republic of Croatia Ministry of Culture

Mala dvorana sportskog centra Gripe
Foto: Duška Boban

Small Hall of the sports center Gripe
Photo: Duška Boban

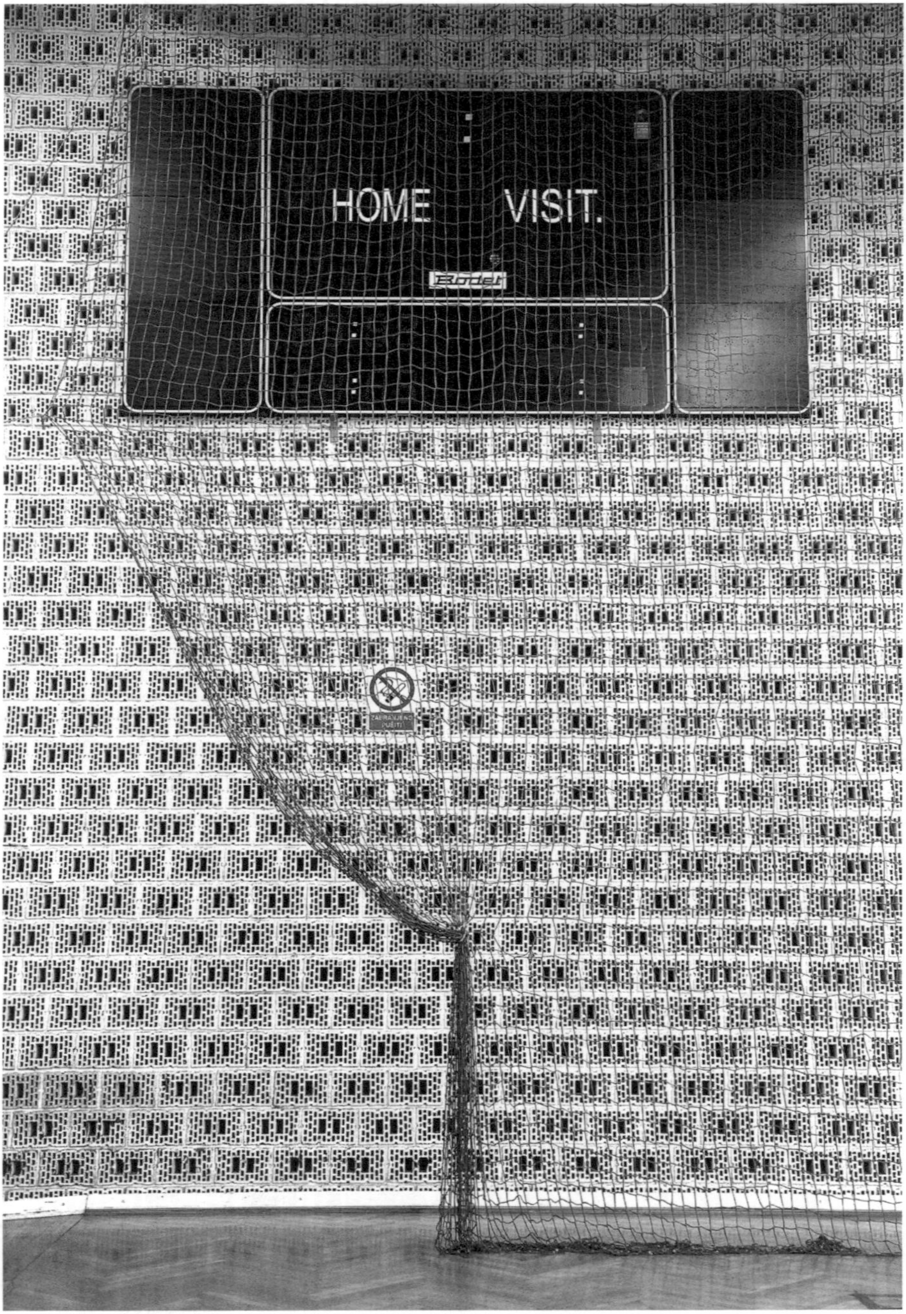